평신도를 위한

신약성서 해설

이　　남 著
유 태 엽 監修

에듀컨텐츠·휴피아
ECH Educontents·Huepia

평신도를 위한 신약성서 해설

2022년 6월 30일 초판 1쇄 인쇄
2022년 7월 10일 초판 1쇄 발행

저 자 | 이 남 著
감 수 | 유 태 엽 監修
발 행 처 | 도서출판 에듀컨텐츠휴피아
발 행 인 | 李 相 烈
등록번호 | 제2017-000042호 (2002년 1월 9일 신고등록)
주 소 | 서울 광진구 자양로 28길 98, 동양빌딩
전 화 | (02) 443-6366
팩 스 | (02) 443-6376
e-mail | iknowledge@naver.com
web | http://cafe.naver.com/eduhuepia
만든사람들 | 기획 · 김수아 / 책임편집 · 이진훈 황혜영 이수민 이지은 김예빈
디자인 · 김미나 유충현 / 영업 · 이순우

ISBN | 978-89-6356-328-2 (93230)
정 가 | 19,000원

[문헌정보QR코드]

추 천 서

18세기 계몽기시대 이후로 성서에 대한 관심은 고조되었으며, 다양한 분야에서 성서를 이해하려는 방법론이 개발되었다. 오늘날까지도 지속적으로 성서 본래의 의미를 파악하기 위한 학자들의 노력은 이어지고 있다. 하지만 아카데미에서 진행되어온 성서학에 대한 폭넓은 발전과는 달리, 성서에 대한 교인들의 이해는 이전과 비교해서 큰 변화가 없으며, 오히려 성서에 대한 관심은 상대적으로 후퇴하고 있다. 학자들이 개발한 이론들은 교인들이 성서를 이해함에 있어서 도움을 제공하지 못했다는 것이다. 이러한 간격을 좁히기 위해서는 평신도의 눈높이로 성서에 다가갈 수 있는 방법론에 대해 고민하여야 할 것이다.

본서는 어떻게 평신도의 눈으로 학문적 도움을 통해서 신약성경을 바라볼 수 있는가에 대한 과제를 제시해준다. 필자는 경건한 신앙의 소유자요, 진실한 기독교인으로서, 또한 사랑으로 환자들을 접하는 의료인으로서, 학문과 현장의 간격을 좁혀보고자 하였다. 필자는 병원을 운영하면서도 지난 10년 동안 학업에 매진하였다. 주경야독의 바쁜 일과 중에서도 자신이 습득한 성경에 대한 이해를 글로 정리해서 속회를 통해 교인들에게 전달하고자 노력하였던 그동안의 삶의 발자취가 아름답게 느껴진다.

필자는 신학교에서 수강한 교수들의 강의내용과 폭넓은 독서를 통해 얻은 지식을 그대로 전달하고 소개하는 것이 아니라, 자신이 이해에 신앙을 덧입혀 전달하고자 하는 노력하였다. 신학교육을 받는 동안에 성서에 관한 지식이 교인들의 믿음성장에 어떤 면에서 도움이 될까를 고민하였다. 누구보다도 교회를 사랑하는 신앙인으로서, 그리고 자신이 속한 교회공동체를 염두에 둔 신앙이해가 밑바탕에 깔려 있다고 볼 수 있다. 이러한 신념을 가지고 일차적으로 자신이 인도하는 속회에서 책의 내용들을 소개함으로서 많은 호응을 얻었다. 따라서 신약성서에 대한 학자들의 이론이 교회에서도 수용될 수 있다는 가능성을 타진할 수 있었다.

본서의 구조는 복음서로 시작하여 계시록까지 주제별로 각 권의 내용을 다루고 있다. 복음서에서 계시록까지 다양한 신학적 논제들을 소개하면서, 그러한 신학적 논의를 신앙적으로 어떻게 수용할 수 있을 것인가 하는 물음을 던져주고 있다. 필자는 각 과에서 학적인 이론들을 소개한 후에, 마지막 부분을 항상 “성도 여러분에게 ... 함께 하시기를 바랍니다”라는 기원과 신앙적 호소로 마치고 있다.

신약성서에서 어떤 신학적 주제가 논의되고 있는가를 알기 원하는 분들에게 이 책의 일독을 권한다. 더불어서 평신도를 위한 교재로도 유용하게 사용될 수 있기를 바란다.

2022년 5월

유 태 엽 교수 씀

(前) 감리교신학대학교

서 문

필자는 늦은 나이에 신학공부를 시작하였습니다. 필자의 딸이 대학에 들어가는 2008년도에 감리교 신학대학 목회신학 대학원에 입학하였습니다. 입학하기 전에 여러 번 성경을 읽었고 여러 기관의 성경 공부 책자들을 선택하여 공부하였지만 늘 어딘가 부족함을 느꼈습니다. 많이 늦었지만 신학 공부에 대한 목마름이 있어 대학원(감리교 목회신학)에 들어가게 되었습니다. 대학원에 들어가서 다양한 신학 학문을 공부하였고 다양한 사고를 가진 교수님을 만나 토론하면서 그리고 토론하는 학생들과의 대화 속에서 참 많은 은혜를 받았습니다. 신학대학에 들어와 신학 공부를 하면 평소 자신이 가지고 있던 믿음과 신앙도 떨어진다는 표현을 하는 학생도 보았고 실제로 그 일로 고민하는 학생도 있었습니다. 그렇지만 필자는 신앙에 관한 다양한 학문을 접하면서 이를 바탕으로 성경 공부를 보다 진지하게 할 수 있었고 많은 은혜를 받았습니다. 신학 공부 외에도 그리스도인으로 살아가야 하는 한 개인의 일상의 작은 사고방식에도 변화와 깨달음이 있었습니다. 교회 생활을 하며 가지고 있던 많은 고민과 문제들을 해결하였고 환자를 대하는 나의 일상의 마음가짐도 달라졌음을 의미합니다.

필자가 2020년도 속회 지도자가 되어 성경공부하기 위해 평신도(신도들은 구별이 없으며 여기서는 단지 신학 공부를 하지 않은 일반 성도를 의미합니다)들을 대하는 시간 한 가지 사실을 깨달았습니다. 교회를 나온 지 얼마 되지 않은 어떤 성도님이 자신을 소개하며 교회에 나오면서 성경에 대하여 너무도 알고 싶어 하는 갈급한 마음을 솔직히 털어놓는 모습을 보고 처음 계획 했던 성경 공부 일정을 지우고 일반 평신도들이 성경을 스스로 읽을 수 있도록 하기 위한 방법들을 생각하며 연구하였습니다. 이런 생각은 필자가 스스로 신학대학에 들어가서 공부하고 싶었던 이유이기도 합니다. 이 책을 쓸 때 평신도들을 위한 여러 성경공부 교재들은 과거에 필자가 흥미를 가지지 못한 것이기에 손에 잡히지 않았고 서재에 있는 수많은 전문 서적과 수백 편의 논문들이 과연 평신도들에게 무슨 소용이 있으며 어떤 의미가 있을까 고민하며 쓰게 되었습니다. 그래서 평신도들이 성경을 읽으며 쉽게 이해하기 위해 기본적으로 알아야 될 기본 지식을 전달하려고 마음먹었습니다.

성경 읽기의 기본 지식이란 성경이 일반 성도들에게 무엇을 말하려고 하는지를 성경의 전체의 틀 안에서 하나의 주제로(부분적이겠지만) 하나님의 복음을 알 수 있도록 하는 것입니다. 일반 성도님들이 성경을 읽으며 신학적인 논쟁에 휩싸이지 않고 성경 저자들이 무슨 의도로 이런 글들을 쓰고 있는지 알 수 있도록 하는 것입니다. 이런 기본적인 사상들을 이해하고 성경에서 말하고자 하는 의미들을 자신의 삶에 어떻게 적용할 수 있게 할지를 고민하였습니다.

이렇게 쓰게 된 계기는 2020년 COVID-19 바이러스가 전국적으로 유행하면서 속회 모임을 가질 수 없게 되어 평신도들이 성경을 스스로 읽을 수 있도록 성경공부들을 계획하며 쓰기 시작하였습니다. 지금 생각해보면 아무리 쉽게 쓰더라도 일반 평신도들이 이 글마저도 이해하기가 쉽지 않다는 것을 알게 되었습니다. 성도님들이 1년 동안 할 수 있는 성경 공부를 계획하고 신약 성경의 전체 구조를 생각하며 주제를 정하여 썼습니다.

이 책은 일반 성도님들이 성경을 이해하는데 도움을 주기 위한 것입니다. 여기 쓰인 글들은 제가 공부하면서 성경을 이해하는 필자의 방식입니다. 이 방식은 성경 연구 방법 중에 고르라면 정경해석 방법과 유사합니다. 정경해석이란 우리에게 정경으로 주어진 최종본문을 그 시대 상황에 맞게 이해하고 그 본문이 오늘날 우리에게 무엇을 이야기하려 하는지에 대한 해석 방법입니다.

필자가 성경공부를 하는 방법은 우선 신약성경 전체를 하나로 보면서 성경이 우리에게 무엇을 말하려고 하는지 알아보는 것입니다. 이렇게 하는 방법은 감리교 신학대학 신약학 강의 시간에 유태엽, 조경철, 임진수 교수님이 강의 시간 내내 그렇게 강조하는 부분입니다. 이렇게 하나로 연결하려면 신약 각 27권의 책을 모두 알고 이해하고 있어야 합니다. 각각의 책 속에 있는 내용의 단어 하나하나의 의미도 알아야 하고 단어가 가지고 있는 상징의 의미들과 단어와 단어 사이 문장과 문장 사이에 놓여 있는 구조와 빈 쉼표의 의미들을 깨달아 알아야 합니다. 이런 사유는 글 속에 있는 구조의 의미뿐만 아니라 각각의 저자가 각각의 책에서 쓰고자 하는 의도도 함께 읽을 수 있어야 가능합니다. 이렇게 이해한 다음 각각의 책을 정경으로 묶어 하나의 신약성경 책을 형성하였기에 마태복음에서 시작된 글이 구조적으로나 사상적으로 요한 계시록에서 끝을 낼 수 있어야 합니다.

지금 필자가 쓰는 글들이 이처럼 되었다는 의미가 아닙니다. 다만 이 책에서 서술한 신약성경 이야기를 토대로 보다 깊게 분석한 신학 서적과 은혜로운 말씀 들을 읽으며 깊은 깨달음을 얻을 수 있는 통로 역할을 할 수 있으면 좋겠습니다.

필자가 설명 드리는 많은 부분들은 신학대학에서 저를 가르쳐 주신 저의 은사님들과 수업시간 공유한 토론이나 읽어 본 논문들 속에 있는 사상들이 은연중에 배여 있습니다. 복음서를 가르쳐 주신 유태엽 교수님, 바울 사상을 가르쳐 주신 조경철 교수님, 요한 사상과 신학 전반을 많이 가르쳐 주신 임진수 교수님께 이 지면을 빌어 감사한 마음을 전합니다. 특히 부족한 내용을 일일이 읽어주시고 교정하여 주신 유태엽 교수님께 진심으로 감사를 드립니다. 유태엽 교수님은 일상의 삶 속에서도 "하나님의 의"를 실천하려는 모습과 끊임없는 기도로 늘 필자의 귀감이 되었습니다. 또한 김득중 총장님은 부족한 저를 알기에 직접 적으신 논문을 보내 주시며 학문의 정진을 위해 기도해 주셔서 감사합니다. 이 책의 성경공부에 기본 바탕이 되는 성경은 성락성결교회 지형은 목사님이 선물해주신 관주 해설 성경전서(독일성서공회 해설 2004 대한성서공회)를 참고하였습니다. 제가 설명 드린 성경의 구조와 사상 그리고 관련 구절들 많은 부분들은 이 성경에서 참조하였습니다. 늘 기도해 주시는 목사님의 은혜는 잊을 수가 없습니다. 매 주일마다 이천중앙교회 김종필 목사님의 은혜로운 설교는 학문하는 저에게 신앙의 기본을 늘 일깨워 주는 바탕이 되었습니다. 항상 용기를 주시는 목사님에게 감사드립니다. 그리고 박사과정을 같이 공부하며 많은 도움을 주신 새힘교회 이강민 목사님은 이 책을 읽으시고 조언과 비평을 아끼지 아니하시며 기도해 주셔서 감사합니다. 아무쪼록 이 글들이 성경을 알고 싶어 하는 평신도들에게 성경에 대해 조금 더 깊이 읽고 이해하며 깨달음의 길에 들어서기를 간절히 기도합니다.

이 책을 씀에는 나의 아내 신성애, 딸 은비, 아들 의연, 사위 신영훈, 손녀 딸 다은이 이들 가족의 기도가 커다란 힘이 되었습니다. 이 책이 나의 자녀들의 앞날에 믿음의 유산으로 남기를 기도합니다.

끝으로 이 책이 출간되기까지 큰 도움을 주신 이상열 대표를 비롯한 도서출판 에듀컨텐츠휴피아 임직원 여러분께 감사의 말을 전합니다.

Anno Domini 2022년 5월
잠실 한강변에서
이 남 씀

목 차

평신도를 위한
신약성서 해설

이 남 著
유태엽 監修

에듀컨텐츠·휴피아
ECH Educontents·Huepia

제1과

예수 그리스도와 하나님의 나라

; 막 1:14-15

요한이 잡힌 후 예수께서 갈릴리에 오셔서 하나님의 복음을 전파하여 이르시되 때가 찼고 하나님의 나라가 가까이 왔으니 회개하고 복음을 믿으라 하시더라.(막 1:14-15)

예수께서 이 땅에 오셔서 지상 사역으로 어떤 일을 하셨을까? 많은 이적 또는 표적도 행하셨고 말씀도 하셨으며, 비유를 들어 하나님 나라의 비밀들을 알려주셨습니다. 예수님은 이 땅에 오셔서 우리를 위해 십자가에 죽으시고 삼일 만에 부활하셔서 하나님 우편에 앉아 계시고 언젠가는 심판하러 오실 것입니다. 이것은 우리가 믿는 기독교의 신앙 고백입니다. 예수께서 이 땅에 오셔서 행한 많은 일들이 있는데 그 이야기의 중심사상은 하나님 나라에 관한 이야기입니다.

지금부터 예수 그리스도와 하나님 나라에 관한 이야기를 하겠습니다. 복음서에는 예수께서 이 땅에 오셔서 많은 말씀과 이적 또는 표적을 행하셨습니다. 요한복음 20:30절에 예수께서 제자들 앞에서 이 책에 기록되지 아니한 다른 표적도 많이 행하셨다고 하였고, 21:25절에는 "예수께서 행하신 일이 이 외에도 많으니 만일 낱낱이 기록된다면 이 세상이라도 이 기록된 책을 두기에 부족할 줄 아노라"고 기록하고 있습니다. 이처럼 예수님은 많은 표적도 행하셨고, 그가 행한 일을 기록하면 너무 많겠지만 우리는 그중에서 성경에 기록되어 있는 것으로 이야기하려고 합니다. 마가복음 1:14-15절은 다음과 같이 기록하고 있습니다.

요한이 잡힌 후 예수께서 갈릴리에 오셔서 하나님의 복음을 전파하여 이르시되 때가 찼고 하나님의 나라가 가까이 왔으니 회개하고 복음을 믿으라 하시더라(막 1:14-15).

마가복음은 1:1절에서 "하나님의 아들 예수 그리스도의 복음의 시작이라"고 선언하고 예수님과 세례요한과의 관계를 기술하고 있습니다.(막 1:2-8) 예수님은 세례요한에게 세례를 받으시고 물에서 올라오실 때 하늘이 갈라짐과 성령이 비둘기같이 자기에게 내려오심을 보시고 "너는 내 사랑하는 아들이라 내가 너를 기뻐하노라"는 하늘로부터 나는 소리를 들었습니다. 이후에 성령에 이끌리어 광야에서 40일 동안 사탄에게 시험을 받으신 이후 갈릴리 사역을 시작하십니다. 예수님은 세례요한이 잡힌 후 갈릴리에 오셔서 하나님의 복음을 전파하기 시작합니다. 그 첫 설교가 "이르시되 때가 찼고 하나님의 나라가 가까이 왔으니 회개하고 복음을 믿으라 하시더라"(막 1:15)입니다.

예수님의 이 땅에서 사역은 "하나님 나라"의 선포에 있습니다. 하나님 나라에 들어가려면 먼저 자기 죄를 알고 회개하며 하나님의 복음을 믿으면 하나님 나라에 들어가게 됩니다. 하나님 나라는 무엇인가요? 이스라엘이라는 관점에서 하나님 나라의 의미를 살펴보겠습니다. 나라에는 백성이 있어야 하고 그 백성이 거주할 땅이 있어야 하며 나라를 통치하는 구조와 주권이 있어야 합니다. 하나님 나라는 하나님이 통치하는 나라입니다. 하나님 나라에 속한 사람이 하나님의 백성입니다. 그 백성이 사는 땅이 하나님 나라가 됩니다. 하나님의 백성은 하나님을 믿는 사람들입니다. 하나님이 세상을 창조하시고 죄가 관영할 때 노아를 통하여 세상을 심판하신 후 여러 민족 중에서 아브라함을 택하시고 하나님이 통치하는 나라를 만듭니다.

이후부터는 하나님을 믿는 사람들을 성경은 특별히 아브라함의 자손이라고 부릅니다. 하나님은 아브라함의 여러 자손 중에서 특히 이삭을 택하였습니다. 따라서 아브라함과 이삭의 자손이라야 하나님의 백성이 될 수 있습니다. 그런데 이삭의 자손 중에서 야곱을 택하신 후 비로소 야곱을 이스라엘이라 부르고 야곱의 아들 12명을 중심으로 이스라엘 12지파 후손들을 세우며 내 백성이라고 말씀하십니다. 그래서 하나님은 아브라함의 하나님, 이삭의 하나님, 야곱의 하나님이 되어 이스라엘의 하나님이 됩니다.

야곱의 12아들 지파는 애급에서 노예로 살며 번성하였는데 노예의 고통이

심해지므로 모세에 의해 출애굽하여 가나안 땅에 나라를 세우며 하나님이 직접 통치 하는 나라 즉 이스라엘을 세웁니다. 하나님은 이스라엘 백성이 출애굽 하는 과정에서 모세를 통하여 이스라엘과 서로 상호간의 언약을 세웁니다. 물론 이 언약은 하나님의 일방적인 언약이지만 계약은 쌍방 간의 관계입니다. 하나님은 야곱의 집 즉 이스라엘에게 말합니다.

"모세가 하나님 앞에 올라가니 여호와께서 산에서 그를 불러 말씀하시되 너는 이같이 야곱의 집에 말하고 이스라엘 자손들에게 말하라 내가 애굽 사람에게 어떻게 행하였음과 내가 어떻게 독수리 날개로 너희를 업어 내게로 인도하였음을 너희가 보았느니라 세계가 다 내게 속하였나니 너희가 내 말을 잘 듣고 내 언약을 지키면 너희는 모든 민족 중에서 내 소유가 되겠고 너희가 내게 대하여 제사장 나라가 되며 거룩한 백성이 되리라 너는 이 말을 이스라엘 자손에게 전할지니라"(출 19:3-6)

"나는 너희 중에 행하여 너희의 하나님이 되고 너희는 내 백성이 될 것이니라"(레 26:12)

하나님은 지도자 모세를 통하여 이스라엘 백성을 출애굽 시키고 시내 산에서 이스라엘 백성과 계약을 체결합니다. 하나님은 이스라엘과 언약을 세우며 내 언약을 지키면 하나님 나라를 세우게 될 때 그 나라는 제사장 나라가 될 것이며 이스라엘 민족은 하나님의 거룩한 백성이 될 것이라고 약속하십니다. 그리고 "나는 너희의 하나님이 되고 너희는 내 백성이 될 것이라"고 선언하십니다.

"오늘 네 하나님 여호와께서 이 규례와 법도를 행하라고 네게 명령하시나니 그런즉 너는 마음을 다하고 뜻을 다하여 지켜 행하라 네가 오늘 여호와를 네 하나님으로 인정하고 또 그 도를 행하고 그의 규례와 명령과 법도를 지키며 그의 소리를 들으라 여호와께서도 네게 말씀하신 대로 오늘 너를 그의 보배로운 백성이 되게 하시고 그의 모든 명령을 지키라 확언하셨느니라 그런즉 여호와께서 너를 그 지으신 모든 민족 위에 뛰어나게 하사 찬송과 명예와 영광을 삼으시고 그가 말씀하신 대로 너를 네 하나님 여호와의 성민이 되게 하시리라"(신 26:16-19)

모세 자신은 요단강을 건너지 못하고 죽게 될 것을 알았습니다.(신 34:4) 모세는 이스라엘 민족과 함께 출애굽 하여 시내 산에서 하나님으로부터 십계명과 율법을 받고 언약을 맺습니다. 모세와 이스라엘 백성은 광야생활 약 40년이 지나서 요단강 건너편인 여리고 맞은 편 모압 평지에 도착합니다.(민 22:1) 그리고 여리고 맞은 편 모압 평지에서 여호와께서 모세를 통하여 이스라엘 자손에게 계명과 규례를 선포합니다.(민 36:13, 신 1:1-5) 이때 선포한 말씀이 신명기입니다. 모세는 여호와께서 주신 규례와 법도를 행하면 하나님 나라의 보배로운 백성이 되고 하나님 여호와의 성민이 되게 하시겠다고 신명기를 통해 약속하고 있습니다.

예수님은 마가복음에서 처음 설교를 하시며 하나님 나라를 선포하고 있습니다. 하나님 나라에 들어가는 사람이 하나님 백성입니다. 하나님의 백성이 되려면 자신의 죄를 알고 회개하며 하나님의 복음을 믿는 사람이 하나님의 백성이 됩니다. 하나님의 나라에 들어왔다는 것은 나의 통치를 하나님께 맡긴다는 것입니다.

예수님 시대는 모세에 의해 약속된 하나님 나라의 도래를 이야기한 지 많은 세월이 지났습니다. 그 사이 이스라엘 국가가 형성되어 흥하기도 했고 망하기도 했습니다. 유다의 멸망 이후 많은 예언자들이 이스라엘의 회복을 소망하였습니다. 마태복음에 나오는 예수님의 족보를 보면 지금까지 이야기한 이스라엘 역사를 한 줄로 서술하고 있습니다.

"그런즉 모든 대 수가 아브라함부터 다윗까지 열네 대요 다윗부터 바벨론으로 사로잡혀 갈 때까지 열네 대요 바벨론으로 사로잡혀 간 후부터 그리스도까지 열네 대더라"(마 1:17)

아브라함과 다윗까지의 시대는 이스라엘 역사에서 하나님의 나라를 꿈꾸는 이상적인 나라 다윗의 왕국을 상징한다면 다윗부터 바벨론으로 사로잡혀 가는 시기는 하나님 앞에 죄를 지은 시기요 바벨론으로 사로잡혀 간 후부터 그리스도까지는 이스라엘이 죄로 인하여 완전 멸망하고 지은 죄를 자복하며 회개하는 시기로 하나님이 약속하셨던 하나님 나라를 다시 꿈꾸며 소망하는 시기입니다. 예수님이 오신 시기는 이 "때"가 찬 시기로 예수님은 세상을 향해 "하나님 나라가 가까이 왔음"을 선포하고 있습니다.

이스라엘 역사를 간략하게 살펴보면 모세의 출애굽시기를 주전 1500(1450)년경, 다윗의 이스라엘 건국시기를 약 주전 1000년경이라고 추정하면 북이스라엘이 앗수르에 패망한 연대가 주전 722(3)년경이고 남 유다가 바빌론에 망한 시기가 주전 587(6)년경입니다. 그리고 이스라엘이 마카비 혁명에 의해 잠시 독립국가를 세우는데 이 시기가 주전 164년경에 독립하여 로마에 의해 멸망한 주전 63년경까지 하스모니안 왕가를 형성하였습니다. 예수님 당시는 로마의 속국이 되어 있었고 이 시기 이스라엘은 헤롯 가문이 통치하였습니다. 여전히 이스라엘의 정치적인 독립을 강하게 꿈꾸던 시절입니다. 그리고 예수님이 십자가에 돌아가시고 주후 70년경 로마와의 1차 유대전쟁(A.D. 66-73)으로 이스라엘은 망하고 예루살렘과 성전은 완전히 폐허가 되고 말았습니다. 돌 하나도 돌 위에 남아있지 않고 무너졌습니다.(막 13:2)

이 시기에 예수님은 하나님이 이스라엘 백성과 약속하셨던 하나님 나라의 도래를 이스라엘 백성들에게 말씀하고 있습니다. 나라 잃은 이스라엘은 언젠가는 메시아가 와서 독립된 이스라엘을 세울 것이라는 대망을 가지고 있던 이 시기에 이스라엘 내부에서는 바리새파, 에세네파, 사두개파, 열심당원등 여러 형태의 종파들이 있었습니다.[1] 특히 성전에 대한 비판적인 세력들이 많이 나타났습니다. 성전에서는 사독 계열의 대제사장만이 제사를 집행하면서 백성의 죄를 사하고 하나님과 화해하는 일들을 전통적으로 행하고 있었습니다. 만일 대제사장이 정통성이 결여된다면 성전에서 행해지는 대제사장에 의한 하나님과 백성 사이의 화해의 제사는 백성들 사이에서 인정받지 못하게 됩니다. 이런 반성전 사상이 나타나는 대표적인 단체가 에세네파로 알려져 있는데 쿰란 공동체가 이런 유형일 것으로 추정하고 있습니다. 열심당원(Zealot)은 비느하스 사건(민 25:1-25)을 기원으로 이들 조직의 정당성을 제공한다고 알려져 있습니다. 이들은 민족의 구원을 위해서는 민족의 배반자를 처단하는 폭력을 행사하더라도 민족을 지키겠다는 단체로 알려져 있습니다.

사두개파는 다윗과 솔로몬 시대의 대제사장 사독에 기원을 두고 있으며 모세 오경을 중심으로 생활하였고 성전 중심의 생활을 하였습니다. 이들은 사후 세계를 인정하지 않았고 죽은 자의 소망인 부활을 믿지 않았으며 천사와 영도 믿지 않았습니다.(행 23:6-9) 이와 달리 사후 세계를 인정하며 죽은 자의 부활과 천사 그리고 영 사상을 믿은 종파로 민중 사이에서 가장 영향력을 끼친 운동이 있었는데 이들이 바리새파입니다.(행 23:8)

바리새파는 제사장들이 아닙니다. 그러나 이들은 성경에서 제사장들이 지켜야 될 율법과 규례들을 일상생활에서 지키려고 노력한 사람들입니다. 사실 따지고 보면 대단한 사람들입니다. 교회에서 '바리새파 같은 사람'하고 말하면 약간 비웃는 표현입니다. 앞뒤로 꽉 막힌 사람 또는 지나치게 어떤 규칙을 강조하는 사람들을 말하기도 합니다. 이들은 일상생활에서 제사장이 지켜야 할 율법과 규례를 지켜야하기 때문에 제사장의 거룩함을 일상생활에서 지키려고 노력하는 사람들입니다. 대표적인 곳이 식탁 공동체인데 이들은 식탁에서 구별된 것만을 먹음으로 거룩함을 유지하며 율법과 규례를 지키려고 하였습니다. 따라서 채소와 식물들도 십일조를 구별하여 헌물 한 것만을 거룩한 음식으로 여겨 식탁에 올라올 수 있었습니다. 십일조와 안식일을 거룩하게 지킬 수 있는 바리새파 사람들을

1) 유태엽, <복음서 이해>, 감리교신학대학 출판부, 서울, 2009 p.95

구별하여 공동체를 형성함으로서 자기들끼리 거룩함을 위해 식탁공동체를 형성할 수밖에 없었습니다. 이들은 스스로 구별하여 의인이 되었고 자신들의 공동체를 구별된 하나님 백성으로 여겼습니다. 성경에서 예수님이 세리와 죄인들과 식사하는 것을 비난한 것은 세리와 죄인들은 그들이 보기에 거룩하지 않다고 여겼고 세리와 죄인과 식사하는 예수님도 거룩함을 범했다는 이유로 비난한 것입니다.

이런 이스라엘의 다양한 유대교의 환경과 바리새파를 포함한 여러 운동 속에서 예수님의 하나님 나라 운동이 시작되었습니다. 예수님이 주장하는 하나님 나라는 무엇인가요? 이번에 성경공부를 통해서 이야기할 중요한 주제입니다. 예수님은 하나님 나라의 거룩한 백성은 바리새인들이 생각하는 것처럼 겉으로 드러나는 율법주의에 있지 않다고 말씀하고 있습니다. 예수님은 하나님 나라는 무엇인지 어떤 사람이 하나님 나라에 들어가는지, 어떻게 들어가는지를 하나님 나라의 비밀을 알려 주는 말씀과 비유로 그리고 이적과 표적으로 예수님의 지상사역으로 말씀하고 있습니다. 성경은 이 말씀들을 기록하며 예수님의 오심과 말씀과 사역 그리고 십자가에서 죽으심과 부활의 사건들이 무슨 의미가 있는지 말씀하고 있습니다.

한 나병(한센병)[2] 환자가 예수께 나아와 “원하시면 저를 깨끗하게 하실 수 있습니다”하고 말하자 예수께서 불쌍히 여기시고 손을 내밀어 그에게 대시며 내가 원하노니 깨끗함을 받으라 하고 말씀하시며 그를 치료해줍니다. 당시 율법 규정 레위기 13장을 보면 나병(한센병)환자가 발생하면 정결하게 될 때까지 만져서는 부정하게 되어 만지는 사람은 거룩할 수 없습니다. 그러나 예수님은 손을 내밀어 대시며 이런 율법적 행위에 대한 규례를 깨뜨리고 있습니다.(막 1:40-45) 안식일에 배고플 때 밀 이삭을 자르는 행위(막 2:23-28)와 병자를 고치는 행위를 통해(막 3:1-6)서 바리새파의 율법의 행위인 안식일의 규례를 재해석하고 진정한 안식일의 의미를 바리새인들과 달리 새롭게 해석을 하고 있습니다. 그리고 예수님은 “안식일의 주인은 나다” 하고 선포하고 있습니다.(막 2:28) 이처럼 예수님은 하나님 나라를 설명하며 그곳에 들어갈 기준을 새로 제시하고 있습니다. 예수 그리스도가 중심이며 예수 그리스도를 믿음으로 하나님 나라에 들어갈 수 있습니다.

“율법과 선지자는 요한의 때까지요 그 후부터는 하나님 나라의 복음이 전파되어 사람마다 그리로 침입하느니라”(눅 16:16)

여러분들도 예수님을 통해서 하나님 나라의 복음을 믿음으로 하나님 나라에

2) 나병은 성경에서 사용되는 질병명이고 한센병은 나병의 현대식 병명입니다. 그러므로 일반적으로 말할 때는 한센병으로 지칭하여 사용하여야 합니다.

들어가게 되었습니다. 하나님 나라의 복음은 하나님과의 바른 관계를 맺는 것을 말합니다. 다시 말하면 하나님과 새 언약 관계에 들어가는 것입니다. 하나님과 새 언약 관계는 예수 그리스도의 피로 맺어집니다. 막 14:23-24절에 "또 잔을 가지사 감사 기도하시고 그들에게 주시니 다 이를 마시매 이르시되 이것은 많은 사람을 위하여 흘리는 나의 피 곧 언약의 피니라"라고 말씀하고 있습니다. 눅 22:20절에는 "이 잔은 내 피로 세우는 새언약이니"라고 말씀하고 있습니다. 바로 예수님 말씀이 복음이 된 것일 뿐만 아니라 예수 그리스도 그 자체가 복음이 된 것입니다. 그래서 막 1:1에 복음서의 시작을 하나님의 아들 예수 그리스도의 복음의 시작이라고 적고 있습니다. 사도 바울은 로마서 1:1에 예수 그리스도의 종 바울은 사도로 부르심을 받아 하나님의 복음을 위하여 택정함을 입었다고 선언하고 롬 1:2-4절에 이 복음은 하나님의 아들에 관한 것인데 이미 이 사실은 구약 성경에 기록된 것이고 약속된 것이라고 설명하고 있습니다. 구약성경의 예언이 예수님에 의해 성취된 것입니다.

그렇다면 하나님의 백성이 되신 여러분 성경은 그 백성들이 어떻게 살아가야 하는지 설명하고 있습니다. 그리스도의 백성 된 여러분, 선을 행하십시오. 거기에는 영광과 존귀와 평강이 있습니다. 악을 멀리하십시오. 거기에는 환란과 곤고가 있습니다.(롬 2: 6-10)

하나님과 예수 그리스도 안에서 새로운 언약관계를 가지신 여러분은 하나님의 백성으로 하나님 나라를 지킬 수 있는 병사가 되어야합니다. 이때 병사들은 하나님 나라를 지키기 위하여 무장을 하여야 합니다. 엡 6:10-17절에 하나님 나라를 대적하는 무리들을 성경은 마귀라고 표현하고 있습니다. 마귀를 물리치기위해서 하나님 나라를 지키는 병사들은 전신 갑주를 입어야 합니다. 병사들은 진리로 허리띠를 띠고, 의의 호심경을 붙이고, 평안의 복음으로 된 신을 신고, 믿음의 방패를 가지고, 구원의 투구를 쓰며, 성령의 검 곧 하나님의 말씀을 가져야 합니다. 이 책은 신약 성경의 전반적인 이야기를 할 것입니다. 진리가 무엇인지, 하나님의 의가 어떻게 이루어지는지, 평안의 복음이 무엇인지, 믿음을 가진다는 것은 무엇을 의미하는지, 구원은 무엇을 말하는 것인지, 그리고 성령의 검 곧 하나님의 말씀은 무엇을 말하는 것인지 앞으로 우리가 이야기할 주제들입니다.

성도 여러분, 여러분이 참 하나님 나라의 백성입니다. 하나님의 말씀을 확실히 가지는 것 그 자체가 성령을 가지는 것입니다. 지금 이 시간이 예수님께서 말씀하신 "때가 찼고"(막 1:15)의 시간입니다. 주님의 때가 된 것입니다. 하나님의 백성이 여러분이며 하나님 나라가 여러분의 것입니다. 세상에서 고난과 환난 속에 있더라도 예수님으로 인하여 평안하며 승리하시는 삶이되시기를 기도합니다. 세상에서는 환난을 당하나 담대하십시오. 예수님이 세상을 이겼던 것처럼 성도님도 하나님의 말씀으로 세상에서 승리하실 것입니다.(요 16:33)

“

”

제2과

복음서를 읽는 눈

; 눅 10:17-24

그때에 예수께서 성령으로 기뻐하시며 이르시되 천지의 주재이신 아버지여 이것을 지혜롭고 슬기 있는 자들에게는 숨기시고 어린아이들에게는 나타내심을 감사하나이다 옳소이다 이렇게 된 것이 아버지의 뜻이니이다. 내 아버지께서 모든 것을 내게 주셨으니 아버지 외에는 아들이 누구인지 아는 자가 없고 아들과 또 아들의 소원대로 계시를 받는 자 외에는 아버지가 누구인지 아는 자가 없나이다 하시고 제자들을 돌아보시며 조용히 이르시되 너희가 보는 것을 보는 눈은 복이 있도다. 내가 너희에게 말하노니 많은 선지자와 임금이 너희가 보는 바를 보고자 하였으되 보지 못하였으며 너희가 듣는 바를 듣고자 하였으되 듣지 못하였느니라. (눅 10:21-24)

신학대학에서 신약이해 시간에는 신약 성경의 순서를 따라 각각의 책의 특징을 중심으로 이해하며 설명합니다.[3] 그렇지만 신약 신학사상을 중심으로 공부

3) 조경철, <신약성서가 한눈에 보인다>, 땅에쓰신글씨, 2007, 서울; 조경철 교수는 신약성경의 순서에 따라 설명하고 있다. 한스 콘첼만, <신약성서 어떻게 읽을 것인가>, 안드레아스 린데만 개정증보, 박두환 옮김, 한국신학연구소, 2006, 서울; 한스 콘첼만은 신약성

하는 신약신학 강의에서는 바울서신과 복음서 그리고 요한 문서 순서로 설명하는 경우가 많이 있은데 이렇게 하는 이유는 바울 신학을 알고 복음서와 요한 문서를 보는 것이 이해하기 쉽기 때문입니다.[4] 이 책의 순서는 신약이해 시간 공부하는 것처럼 정경의 순서대로 이해하기를 할 것입니다. 왜냐하면 신약성경 전체를 하나로 보는 훈련을 하려고 하기 때문입니다. 복음서와 바울서신 그리고 요한 문서들을 각각 해석할 것이 아니라 신약 성경 전체의 테두리 안에서 한 흐름으로 읽도록 하겠습니다. 이 시간은 "복음서를 읽는 눈"이라는 주제를 가지고 복음서를 이해하기 위한 또는 성경을 읽기 위한 기본 개념을 먼저 이야기하도록 하겠습니다.

복음서는 마태복음 마가복음 누가복음 요한복음 이렇게 네 권의 책으로 이루어져 있습니다. 그중에서 공관 복음서는 마태복음 마가복음 누가복음 세권을 말합니다. 복음서 중에서 요한복음을 제외시키고 있습니다. 공관이란 말 그대로 같은 관점을 가지고 있다는 뜻입니다. 영어로 Synoptics(The Synoptic Gospels)라고 부르며 같은 관점을 가진다는 영어식 표현입니다. 이 말은 마가복음을 중심으로 마태복음과 누가복음을 비교하면 보다 명확히 알 수 있습니다. 마가복음이 661절 그리고 마태복음이 1,068절 그리고 누가복음이 1,149절로 이루어져 있습니다. 이 중에서 마태복음은 1,068절중 마가복음 약 600절 정도를 포함하고 있어 마가복음 구절의 약 90%에서 마태복음으로는 약 56%에서 서로 일치하고 있으며 누가복음은 1,149절중 마가복음 구절 약 300절 정도를 포함하여 마가복음 구절의 약 45%에서 누가복음으로는 약 26%에서 서로 일치하고 있습니다.[5] 공관복음 세 복음서를 대조하는 책들도 참고하면 이런 경향을 쉽게 알 수 있습니다.

마태 마가 누가 복음은 예수님에 대한 이야기도 비슷하고 책의 내용이 전개되는 과정과 구조도 비슷하게 이루어져 있습니다. 때로는 유사한 문장과 어휘가 존재합니다. 그래서 이를 "공관 복음서"라고 부릅니다. 그렇지만 마태복음의 44%는 마태복음만의 독특한 이야기로 되어 있고(마가 마태 비교) 누가복음도 74%는 누가복음만의 독특한 이야기로 채워져 있습니다.(마가 누가 비교) 이런 점은 마태

서를 이해하기 위한 순서를 바울서신을 먼저 설명하고 복음서와 사도행전을 설명한 후 요한 문서와 묵시록 그리고 히브리서와 "가톨릭 서신"을 설명하는 순서를 가진다. 신학자의 설명과 이해에 따라 신약 신학을 설명하는 경우와 신약의 전반적인 이해를 설명하는 순서가 달라지고 있음을 알 수 있다.

4) 조경철, <신약성서신학>, kmc, 서울 2004; 조경철 교수님의 강의 순서는 바울신학 복음서 신학 요한신학 순서로 설명하고 있다. 한스 콘첼만, <신약성서신학>, 안드레아스 린데만 개정증보, 박두환 옮김, 한국신학연구소, 2011, 서울; 한스 콘첼만은 복음서신학 바울신학 요한신학 순서로 책을 쓰고 있다. 신학자의 설명과 이해에 따라 설명하는 순서가 달라지고 있음을 알 수 있다.

5) 유태엽, <복음서 이해>, 감리교 신학대 출판부, 2009, p.39

복음 마가복음 누가복음이 비슷한 구조로 보이지만 많이 다름을 알 수 있습니다.

그래서 어떤 학자들은 "공관 복음"이라기보다는 각각의 복음서는 자신들만이 가지고 있는 독특한 말씀과 복음이 담겨 있다고 설명하고 있습니다. 간단한 요약을 먼저 하겠습니다. 공관 복음서의 구조와 내용이 비슷하게 전개되어 같은 관점을 보인다 하여도 다른 복음서입니다. 이 말씀은 공관 복음서와 요한복음은 마태, 마가. 누가, 요한이라는 이름이 다르듯이 예수 그리스도에 대한 네 가지의 다른 표현이라고 생각하면 됩니다. 공관 복음서에는 예수 그리스도의 오심과 이 땅에서의 사역과 의미 그리고 십자가의 죽으심과 의미 그리고 부활하심에 대하여 예수 그리스도의 말씀을 중심으로 세 복음서가 비슷한 구조로 다르게 고백하고 있고 요한복음도 서술하는 방식과 구조가 다르더라도 같은 내용으로 서술되어 있습니다. 네 복음서는 예수님이 그리스도가 되시고 하나님의 아들이 되었음을 증언하는 다른 방식의 책들 입니다. 어느 종교에서는 이 다름을 성경공부하면서 마치 틀림으로 설명하는 것을 볼 수 있는데 이것은 성경을 부인하는 것입니다. 성경은 마지막 요한 계시록까지 기독교 신앙 안에서 완전한 것입니다.

그렇다면 어떻게 이 세 복음서가 같은 관점을 가지고 있으면서 다르게 이루어져 있을까요? 이것이 오늘 말씀드리려는 주제입니다. 오늘 본문인 누가복음 10장 17-24절 말씀은 누가복음 공동체를 이해하기 위한 신학적 의미와 구조를 풀 수 있는 열쇠(창문)와 같은 중요한 구절입니다. 누가복음의 전체 구조는 서론과 예수의 탄생과 사역 준비(1:1-4:13), 갈릴리 사역(4:14-9:50), 예루살렘 여행기(9:51-19:27), 예루살렘 사역과 십자가상의 죽음 그리고 부활과 승천(19:28-24:53)으로 되어있습니다. 누가복음은 마가복음의 구조를 따르지만 가장 차이 나는 부분이 예루살렘 여행기에 있습니다. 따라서 누가복음의 신학적 독특성은 예루살렘 여행기에 많이 나타납니다. 오늘 본문의 말씀은 예루살렘 여행기의 시작 부분에 있습니다. 그래서 오늘 본문 말씀이 누가 공동체의 신학적 의미를 해석하는 중요한 부분입니다.

누가복음에서 독특한 부분은 제자들의 파송이 두 번 이루어집니다. 한번은 누가복음 9:1-6절까지 열두 제자에게 예수의 능력과 권위를 주어서 파송합니다. 이것은 갈릴리 사역 마지막 부분에 있습니다. 그런데 10장 1-12절까지 주님께서 자신이 직접 가시려는 동네와 각 지역을 선교하기 위해 70인을 따로 세워 파송합니다. 누가복음에서 가장 신학적 독특성이 나타나는 예루살렘으로 가는 도상의 시작 부분에 있으며 이들이 돌아와 예수님께 파송의 결과를 보고하는 자리에서 예수님이 하신 말씀이 오늘 본문입니다.

그때에 예수께서 성령으로 기뻐하시며 이르시되 천지의 주재이신 아버지여 이것을 지혜롭고 슬기 있는 자들에게는 숨기시고 어린아이들에게는 나타내심을 감사하나이다 옳소이다 이렇게 된 것이 아버지의 뜻이니이다. 내 아버지께서 모든 것을 내게 주셨으니 아버지 외에는 아들이 누구인지 아는 자가 없고 아들과 또 아들의 소원대로 계시를 받는 자 외에는 아버지가 누구인지 아는 자가 없나이다 하시고 제자들을 돌아보시며 조용히 이르시되 너희가 보는 것을 보는 눈은 복이 있도다. 내가 너희에게 말하노니 많은 선지자와 임금이 너희가 보는 바를 보고자 하였으되 보지 못하였으며 너희가 듣는 바를 듣고자 하였으되 듣지 못하였느니라.(눅 10:21-24)

예수님은 자신을 대신해서 추수할 일꾼을 부르는 일에 70인 제자를 두 번째로 파송을 합니다.(첫 번째는 열두 사도들) 이들 칠십 인들이 돌아와서 예수님께 보고합니다. 주여 주의 이름이면 귀신들도 우리에게 항복하였습니다. 예수님은 사탄이 하늘에서 떨어지는 것을 보았다고 말씀하시며 귀신들이 항복하는 것으로 기뻐하지 말고 너희 이름이 하늘에 기록된 것을 기뻐하라고 말씀하십니다. 요한계시록의 표현대로 한다면 너희 이름이 생명책에 기록된 것으로 기뻐하라는 말씀입니다. 그리고 예수님은 하나님께 기도하며 찬양합니다. 성령으로 기뻐하시며 천지를 주관하시는 하나님이 지혜롭고 슬기 있는 자들에게는 숨기시고 어린아이들에게는 나타내는 이것에 대해 감사하며 이것은 아버지의 뜻임을 밝힙니다. 그런데 "이것"은 무엇입니까? 예수님은 내 아버지께서 나(예수님)에게 모든 것을 주셨다고 말씀하고 있습니다. 그래서 아버지 외에는 아버지의 아들이 누구인지 아는 자가 없습니다. 그런데 하나님 아버지를 아는 사람이 있는데 당연히 아버지의 모든 것을 받은 아들은 아버지를 정확히 압니다. 그래서 그 아들(예수님)의 소원대로 아들의 계시를 받은 자만이 하나님 아버지를 정확히 안다는 것입니다. 다시 말씀드리면 예수님의 계시를 받은 제자들만이 하나님 아버지를 정확히 알기에 아버지가 알고 있는 그 아들에 관하여 정확히 안다는 것입니다. 이런 예수님의 말씀을 인용한 초대 교회의 고백은 요한 계시록의 묵시 문학 형태를 만드는 사상의 주류를 이루고 있습니다.

그리고 예수님은 자신 앞에 있는 제자들을 하나하나 돌아보십니다. 그리고 그들의 눈을 마주치며 말씀하십니다. 너희가 지금 나를 보는 눈 즉 예수의 계시를 받고 예수를 바라보는 눈 그것이 복되다는 것입니다. 더 나아가서 제자들이 예수 그리스도를 바라보는 눈 그것을 보는 또 다른 눈이 복되다고 눅 10:23절에 선언하고 있습니다. 다시 설명해보겠습니다. 예수 그리스도를 바라보는 눈 즉 아버지로부터 모든 것을 받은 예수가 그리스도시요 하나님의 아들임을 고백하며 바라보는 제자들의 눈이 복되다는 것인데 이 제자들이 예수님을 향하여 고백하고 바라보는 눈을 그대로 바라보는 제자의 제자들의 눈도 똑 같이 복되다는 것입니다. 성도 여러분, 여러분이 바로 “제자들의 제자”입니다. 왜냐하면 예수님의 제자들이 기록한 복음서를 같은 관점에서 보고 있는 여러분이 바로 제자들이 보고 있는 눈을 같은 관점에서 보고 있는 눈이 되는 것입니다. 예수님은 이 “제자들의 제자”들을 복되다고 말씀하고 있습니다. 예수가 그리스도가 되시고 하나님의 아들이 되심을 과거 많은 선지자와 임금이 보고 싶어 했지만 보지도 못하였고 듣지도 못하였습니다. 바울 사도는 고전 2:8절에서 이 지혜는 이 세대의 통치자들이 한 사람도 알지 못하였나니 만일 알았더라면 영광의 주를 십자가에 못박지 아니하였을 것이라고 설명하고 있습니다.(고전 2:8) 그러나 제자들은 예수님을 통하여 하나님의 비밀을 보며 듣기도 하며 깨달아 알게 되었습니다. 그러므로 복음서는 제자들이 예수님을 바라보며 깨달은 것을 기록한 책입니다. 바로 예수님에 대한 “제자들의 깨달음의 눈” 그 시각으로 복음서를 기록하였습니다.

이제 오늘의 주제인 “복음서를 읽는 눈”에 대하여 결론을 내려야 하겠습니다. 요한복음을 포함한 공관 복음서는 예수님이 하시는 말씀을 기억하였다가 제자들이 예수님에 관하여 기록한 책들입니다. 공관복음서뿐만 아니라 요한복음까지 제자들이 예수님에 관하여 바라보고 예수님은 그리스도시요 하나님의 아들이었음을 고백하며 예수 그리스도를 자신들이 바라본 시각을 통해서 복음서에 기록하고 있습니다. 마태복음 마가복음 누가복음 요한복음이 모두 한분 예수님에 관한 기록을 자신들이 받은 성령과 은혜로 그리고 영감으로 각각 네 가지로 표현하고 있습니다. 그래서 비록 네 개의 복음서가 서로 각각 강조하는 점이 다르고 표현이 다르다고 하여도 한 성령, 한 주, 그리고 하나의 하나님을 고백하고 있습니다.

그러므로 제자들이 예수 그리스도를 바라보며 기록한 이 책을 그대로 믿고 따르면 제자들에게 주셨던 같은 복을 우리들에게도 주시는 것입니다. 복음서에서 제자들과 제자 공동체가 예수 그리스도에 대하여 어떻게 바라보고 어떻게 고백하였는지를 공부하며 그대로 따라 하는 것이 “복음서를 읽는 눈”일 뿐만 아니라 “성경을 읽는 우리의 눈”이 되는 것입니다. 그 “제자들의 제자”의 눈을 주님께서는 축복하고 있습니다. 성도님들 모두가 예수님의 제자들인 마태 마가 누가 요한처럼 예수님은 그리스도시오 살아계신 하나님의 아들임을 그대로 따라서 고백해 보시기 바랍니다. 그러면 제자들에게 주시는 복을 성도님들에게 똑같이 주실 것입니다.

평신도를 위한

신약성서 해설

마가복음 이해하기

제3과

하나님의 아들 예수 그리스도, 마가복음 이해하기

; 마가복음 1:1, 8:27–30, 15:39

하나님의 아들 예수 그리스도의 복음의 시작이라(막 1:1)

또 물으시되 너희는 나를 누구라 하느냐 베드로가 대답하여 이르되 주는 그리스도시니이다 하매(막 8:29)

예수를 향하여 섰던 백부장이 그렇게 숨지심을 보고 이르되 이 사람은 진실로 하나님의 아들이었도다 하더라(15:39)

마가복음 1장 1절은 "하나님의 아들 예수 그리스도의 복음의 시작이라"고 기록하고 있습니다. 이 표제어 같은 문장은 사실 마가복음의 전체 주제이기도 하고 자신이 쓰려는 글의 목적이기도 합니다. 마가복음의 저자는 독특한 양식의 글 즉 "복음서"라는 형식을 사용하고 있습니다. 예수님이 이 땅에서 행하신 일들을 기록하고 있지만 "역사적인 전기(biography)" 형태가 아닙니다. 역사적인 서술 형식을 가지고 있는 누가복음도 마찬가지이지만 마가복음도 복음서 형식을 띤 "신학적 역사이야기"입니다. 마가는 이 복음서 형식의 이야기를 통해서 예수님은 그리스도가 되시고 하나님의 아들이었음을 독자들에게 이야기하고 있습니다. 그러면 마가복음에 나오는 그리스도와 하나님의 아들이 나오는 구절을 읽어보며 마가복음이 우리들에게 하고 싶은 이야기가 무엇인지 "복음의 시작이라"고 한 복음이 무엇인지 알아보도록 하겠습니다.

마가복음을 분석하는 많은 개론서와 신약신학 책들이 있습니다. 그중에서 여러분에게 소개해드리는 책이 김영봉 목사님의 "신앙 공동체를 위한 신약성서 이해"입니다.[6] 이 책에 나와 있는 마가복음의 구조가 오늘 이야기하려는 주제를 설명하기에 유용합니다.

1:1-8:26 이적 이야기 중심
  1:1-13 서막(준비)
      예수의 정체: 비밀 계시 1:11
  1:14-8:30 예수의 이적 사역
    1:14-5:43 갈릴리에서의 이적 사역
    6:1-8:30 갈릴리 주변에서의 이적 사역
  8:27-30 베드로의 신앙고백("선생님은 그리스도십니다")
8:31-16:20 수난 이야기 중심
      예수의 정체: 소그룹에 대한 계시 9:7
  8:31-10:52 수난과 제자직: 갈릴리에서 예루살렘으로
  11:1-14:42 예루살렘에서의 사역
  14:43-15:47 체포, 심문, 처형
      예수의 정체: 공적 계시 14:61
  16:1-20 부활
  15:39 백부장의 신앙고백("참으로 이 분은 하나님의 아들이셨다")

필자는 여러분에게 마가복음을 소개하면서 세 가지 주요 단어를 중심으로 서술하려고 합니다. 세 단어는 첫째는 그리스도요, 둘째는 하나님의 아들이고, 셋째는 복음이라는 단어입니다. 공관 복음서(마태, 마가, 누가복음)를 읽어 나가면 중요한 지리적인 흐름을 볼 수 있습니다. 예수님의 활동이 갈릴리에서 시작하여

6) 김영봉, "신앙 공동체를 위한 신약성서 이해" 성서연구사, 서울, 1995

갈릴리 주변을 선교하시고 갈릴리 선교를 마치고 예루살렘으로 향하는데 이때 예루살렘으로 가는 도상에서 제자들을 교육하며 그 이후 예루살렘에서 수난을 당하시고 죽으시고 부활하시는 지리적인 구조로 되어있습니다. 이렇게 지리적인 구조로 분석하는 대부분의 책들은 마가복음을 전반부인 1:1-8:26; 갈릴리 이야기와 후반부인 8:27-16:9; 예루살렘 이야기와 16:9-20; 부활이야기로 나눕니다. 그래서 마가복음 8장 27-30절을 예루살렘 여행의 시작점으로 보는 많은 책들이 후반부 시작 부분으로 이 부분을 분석합니다. 8장 27-30절을 읽어보겠습니다.

예수와 제자들이 빌립보 가이사랴 여러 마을로 나가실새 길에서 제자들에게 물어 이르시되 사람들이 나를 누구라고 하느냐. 제자들이 여짜와 이르되 세례 요한이라 하고 더러는 엘리야, 더러는 선지자 중의 하나라 하나이다. 또 물으시되 너희는 나를 누구라 하느냐 베드로가 대답하여 이르되 주는 그리스도시니이다 하매 이에 자기의 일을 아무에게도 말하지 말라 경고하시고(막 8:27-30)

위 구절은 마가복음의 이적이야기를 중심으로 전반부를 끝내고 빌립보 가이사랴에서 "주는 그리스도"였음을 나타내는 베드로의 고백이 포함되어 있습니다. 많은 책들은 예루살렘으로 향하는 지리적인 분석으로 위 구절들을 후반부 서문격으로 분석을 하지만 김영봉 목사님의 위 구조는 이 부분을 마치 전반부의 결론 부분으로 분석을 하고 있습니다. 물론 이 부분은 전반부와 후반부를 연결하는 중요한 구절들이기에 전반부의 결론이요 후반부의 시작이라고 하여도 무방할 것입니다. 위의 구조에서 확연히 드러나는 구절이 보이시나요? 밑줄 친 부분입니다. 막 8:29절에 베드로가 예수님을 그리스도로 고백하는 장면과 막 15:39절에 수난 당하시고 죽으신 예수님을 향해 백부장이 하나님의 아들로 소개하는 장면입니다. 이처럼 위의 구조를 보면 마가복음은 예수님을 그리스도시요 하나님의 아들임을 나타내는 구조로 되어있음을 알 수 있습니다. 그러면 마가복음에서 그리스도라는 말과 하나님의 아들이라는 단어가 어디에서 사용되고 있는지 그 구절들을 읽으며 우리가 논의하려는 주제들을 살펴볼 것입니다.

먼저 그리스도란 단어들이 나오는 구절은 마가복음 1:1, 8:29, 9:41, 12:35, 12:37, 13:21, 13:22, 14:61, 15:32절에서 사용되고 있습니다. 또한 하나님의 아들이란 단어는 1:1, 1:11, 3:11, 5:7, 9:7, 13:32, 14:61, 15:39에서 사용되고 있습니다. 그리고 아들과 그리스도가 동시에 사용된 구절이 14장 61절입니다.

예수님에 대한 칭호는 그리스도와 하나님의 아들 외에 여러 가지를 사용하고 있습니다.[7] 헬라어 "그리스도(Christos)"는 히브리어 "메시아(Messiah)"와 같은 의미로 "기름 부음을 받은 자"란 뜻입니다. 구약에서 왕과 제사장 그리고 선지자

등에 사용되거나 의미를 두어 사용되었습니다. 특히 다윗은 구약 성서 안에서 대표적인 "기름 부음을 받은 자"입니다. 구약성서 안에서 메시아사상은 다윗의 후손으로 하여금 무너진 다윗 왕국 즉 이스라엘의 회복을 기대하고 있습니다. 이 사상은 사무엘하 7장 16절 "네 집과 네 나라가 내 앞에서 영원히 보전되고 네 왕위가 영원히 견고하리라 하셨다 하라"에서 나오는 영원한 집인 다윗 왕조의 영원함에 대한 언약 사상에서 찾을 수 있습니다.

또한 신명기에서 모세에 의해 예언된 신명기 18장 15절에서 "네 하나님 여호와께서 너희 가운데 네 형제 중에서 너를 위하여 나와 같은 선지자 하나를 일으키시리니 너희는 그의 말을 들을지니라"에서 보듯이 모세와 같은 선지자는 복음서에서 예수 그리스도에 의해 성취되었습니다.[8] 또한 마가는 메시아에 연결된 사상에서 가장 중요한 요소인 예언서들의 성취를 기록하고 있습니다.[9] 그중에서 예수님에 의한 이사야서의 예언과 성취는 복음서에서 아주 중요합니다. 이사야서의 사상들 중에 메시아사상이 있습니다. 마가복음은 1:1-8:26 이적 이야기 중심과 8:31-16:20 수난 이야기 중심으로 나눌 수 있습니다. 이때 이적 이야기의 중심에는 이사야 예언서에서 나오는 예언이 예수님에 의해 성취되었음을 나타냅니다. 이런 이야기가 마태복음 11:2-6절과 누가복음 7:18-23에 세례요한과의 대화 속에서 기록되어 있습니다.

요한이 옥에서 그리스도께서 하신 일을 듣고 제자들을 보내어 예수께 여짜오되 오실 그이가 당신이오니이까 우리가 다른 이를 기다리오리이까 예수께서

---

7) 유태엽, <복음서 이해>, 감리교신학대학출판부, 서울, 2008; 마가복음에서 나오는 칭호는 메시아, 하나님의 아들, 다윗의 자손, 인자와 같은 호칭이 사용되고 있다. 누가복음은 다양한 칭호가 나타나고 있다. 메시아, 모세적 메시아(Mosaic), 고난받는 종, 엘리야, 인자, 하나님의 아들, 주 또는 구세주와 같은 칭호가 사용되며 그 외에도 다양한 호칭들이 사용되고 있다. p 207-209 참조. 요한복음은 더 다양한 호칭과 칭호들이 사용되고 있다. p249 참조.

8) 요한복음 1:45, 6:14, 7:40 사도행전 3:22-23, 7:37에서 예수 그리스도 안에서 이루어졌음을 알 수 있습니다. 마가복음 9:7에서 예수와 함께 베드로와 야고보와 요한이 변화산에 올랐을 때 예수님이 엘리야과 모세와 함께 말씀을 나눌 때 들린 음성입니다. "마침 구름이 와서 그들을 덮으며 구름 속에서 소리가 나되 이는 내 사랑하는 아들이니 너희는 그의 말을 들으라 하는지라"(막 9:7) 신명기에는 "그의 말을 들을 지니라"가 마가복음에는 "그의 말을 들으라"로 표현되었습니다. 예수님이 모세가 말한 "나와 같은 선지자임"을 말하는 것입니다.

9) 예수님이 말씀하신 누가복음 24:44절에 기록된 대로 모세의 율법과 선지자의 글과 시편에 예수님이 그리스도가 되시고 하나님의 아들 됨을 기록하고 있다고 말씀하고 있습니다. "또 이르시되 내가 너희와 함께 있을 때에 너희에게 말한 바 곧 모세의 율법과 선지자의 글과 시편에 나를 가리켜 기록된 모든 것이 이루어져야 하리라 한 말이 이것이라 하시고"(눅 24:44). 여기서 시편은 영원한 다윗의 왕국을 그리는 사상이 주를 이루고 있습니다.

대답하여 이르시되 너희가 가서 듣고 보는 것을 요한에게 알리되 맹인이 보며 못 걷는 사람이 걸으며 나병환자가 깨끗함을 받으며 못 듣는 자가 들으며 죽은 자가 살아나며 가난한 자에게 복음이 전파된다 하라 누구든지 나로 말미암아 실족하지 아니하는 자는 복이 있도다 하시니라(마 11:2-6)

"오실 그이가 당신이오니이까" 세례 요한의 질문은 대망하는 메시아가 예수님인지를 묻는 질문입니다. 그 때 예수님이 마가복음에 있는 이적이야기 "맹인이 보며 못 걷는 사람이 걸으며 나병(한센병)환자가 깨끗함을 받으며 못 듣는 자가 들으며 죽은 자가 살아나며 가난한 자에게 복음이 전파되는 것"에 대한 이사야의 예언이 예수님에 의해 성취되었음을 이야기합니다. 메시야(그리스도)로 오실 그이가 예수님임을 말씀하고 있습니다.

이사야서에는 모세가 애굽에서 노예로 있던 이스라엘 백성을 출애굽 시켜 해방 시키듯이 바빌론에서 노예로 있는 이스라엘 백성을 해방시키는 출바빌론 사상이 담겨 있습니다. 이런 출애굽 또는 출바빌론 사상은 구원 공동체를 이루어 가는 역사적인 현장에서 예수님에 의해 하나님 나라가 성취되는 사상과 연결되어 있습니다. 이사야서를 포함한 예언서의 "남은 자 사상"이 있는데 이런 "남은 자 사상"은 수난 받는 마가 공동체를 향해 끝까지 깨어 있어 구원을 이루는 구원받은 공동체가 "남은 자"임을 말씀하고 있습니다. 이런 사상들은 마가복음 13장인 작은 묵시록 안에 나타나고 있습니다.[10] 고난 받는 종은 이미 이사야서에서 예언된 것입니다. 예수님이 십자가에 죽으신 것은 예수님은 세상 죄를 감당하고 죽으신 "의의 종"입니다. 예수님이 십자가의 고난과 죽음은 성경의 예언 된 것을 이루기 위함입니다.(막 14:49) 이처럼 마가복음 안에는 예수님에 대한 다양한 사상들이 씨줄과 날줄처럼 형성되어 있습니다. 그중에서 "그리스도"와 "하나님의 아들"을 중심으로 살펴보겠습니다.

마가복음에서 그리스도란 단어들이 나오는 구절은 1:1, 8:29, 9:41, 12:35, 12:37, 13:21, 13:22, 14:61, 15:32절에서 사용되고 있고 이 중에서 예수님과 직접 관련된 그리스도는 1:1, 8:29, 14:61, 15:32절입니다. 마가복음 1:1절은 마가복음 전체의 주제이며 서술 목적입니다. 막 8:29절은 이적이야기의 결론과 수난이야기의 서론 격으로 나오는 베드로의 고백입니다. 막 14:61절은 예수님은 그리스도시오 하나님의 아들임을 나타내는 구절입니다. 이는 성경에서 나오는 예언을 이루기 위한 것으로 십자가를 지기까지 하나님의 비밀이었던 것이 예수님을 통하여 세상에 드러나고 있습니다. 막 15:32절은 십자가에 지신 예수 그리스

10) 로마서 9장 27절, 11장 4-5절 참고하시오.

도를 군인들이 조롱하는 장면입니다. 이사야서에 나타난 고난 받는 "의의 종" 사상으로 멸시받는 메시아(사 53:3)의 의미를 담고 있습니다.

마가복음에서 그리스도를 표현한 12:35-37절은 예수님과 예수님의 말씀을 배우는 회중과의 대화에서 나옵니다. 예수님의 질문은 서기관들이 어찌하여 "그리스도를 다윗의 자손이라고 하느냐"입니다.(막 12:35) 예수님의 대답은 시편 110편 1절을 인용하고[11] 다윗이 그리스도를 주라 하였은즉 어찌 그의 자손이 되겠느냐고 오히려 서기관들에게 반문하고 있습니다. 이 말씀은 그리스도는 단순히 다윗의 후손 즉 다윗의 왕권을 이어받는 정치적인 메시아가 아님을 말하고 있습니다. 로마서 1:3-4절과 사도행전 2:33절에서도 밝히듯이 그리스도는 단순한 정치적인 메시아(그리스도)가 아니라 하나님의 아들이 되심을 말하고 있습니다. 사도행전 13:32-37에서 사도 바울은 예수님과 다윗을 비교하며 시편 2편에 기록된 다윗을 향한 "너는 내 아들"의 뜻이 예수님에 의해 예언이 성취된 하나님의 아들 되심을 말하고 있습니다.

막 13:21-22절의 그리스도는 묵시적인 종말 사상에서 사용됩니다. 이 종말 사상은 마가복음에서 예수님은 스스로 인자라고 부릅니다. 인자사상은 다니엘서 7장 13-14절과 연결되어 있습니다.(막 13:26, 단 7:13) "멸망의 가증한 것이 서지 못할 곳에 선 것을 보거든" 그때는 큰 환란이 있을 종말의 시기를 말합니다. 이런 구절들은 다니엘서 9:27, 11:31, 12:11절에서 볼 수 있습니다. 이처럼 마가복음에는 작은 묵시록 형태의 구절이 보이는데 막 13:21-22절의 그리스도는 오직 예수님만이 진정한 그리스도이며 하나님의 아들임을 말하고 있고 요한 계시록의 표현으로 하면 예수님은 알파와 오메가가 되심을 말하고 있습니다. 마가복음 공동체의 시기나 지금 이 시기나 거짓 그리스도가 나타나 이적과 기사를 행하여 택하신 자들을 미혹하고 넘어뜨리려 하고 있습니다. 그러므로 마가 공동체는 항상 깨어 있음으로 환난 날에도 신앙을 끝까지 지키라고 말씀하고 있습니다. 이렇게 끝까지 믿음을 지킨 마가 공동체가 구원받은 "남은 자"들입니다.

마가복음 안에서 하나님의 아들이라는 직접적인 고백은 메시야 고백보다 좀 더 많이 나옵니다. 마가복음 1:1절은 표제어이고 1:11절은 예수님이 요단강에서 요한에게 세례를 받으시고 물에서 올라오실 때 하늘로부터 "너는 내 사랑하는 아들이라 내가 너를 기뻐하노라 하시니라" 소리가 납니다. 3:11과 5:7절은 예수님이 많은 이적과 기사를 일으키시는데 귀신들도 예수님을 하나님의 아들임을 알아봅니다. 9:7절은 예수와 함께 베드로와 야고보와 요한이 변화산에 올랐을 때 예수

11) 사도행전 2:33, 히브리서 1:13에서도 인용하고 있습니다.

님이 엘리야와 모세와 함께 말씀을 나눌 때 들린 음성입니다.[12] 14:61-62절은 공회에서 그리스도와 함께 하나님의 아들임을 예수님 스스로 자기 정체성을 말씀하고 있습니다. 모든 이적과 수난 사건의 진행과정이 정점을 이루는 이 구절을 향하여 있습니다. 15:39절에 예수님이 십자가에서 죽으심을 바라보며 백부장이 "하나님의 아들"이라고 고백합니다.

예수를 향하여 섰던 백부장이 그렇게 숨지심을 보고 이르되 이 사람은 진실로 하나님의 아들이었도다 하더라(막 15:39)

마가복음에 따르면 이렇게 복음서 중간 중간에 그리스도시요 하나님의 아들임을 고백하는 예수님의 정체성에 대하여 설명하고 있지만 예수님은 제자들에게 심지어는 귀신에게도 이 사실에 대하여 침묵 명령을 내립니다. 이 침묵이 깨지는 사건이 바로 십자가의 죽음입니다. 우리는 여기서 두 가지 사실을 가지고 고민하는 제자들을 볼 수 있습니다. 하나님의 영광과 수난 사이에서 예수님이 그리스도시요 하나님의 아들이라는 사실이 도대체 무슨 의미가 있는지에 대한 고민입니다. 베드로조차 8:29절에 예수님을 메시아 즉 그리스도라고 고백하면서 바로 뒤이어 사탄이라고 지적을 받는 장면이 이 사실을 더욱 잘 나타내고 있습니다. 베드로가 고백하는 그리스도는 부르는 명칭은 맞지만 예수님이 생각하는 그리스도와는 맞지 않다는 이야기입니다. 예수님은 영광된 그리스도일 뿐만 아니라 수난받는 종이며 의의 종인 그리스도입니다.[13] 이 두 가지 사실이 맞지 않음에 대하여 마가복음 저자는 "메시아의 비밀"이라는 주제로 복음서 전반에 걸쳐 이야기하고 있습니다. 예수님이 메시아(그리스도)가 되심에 대한 "메시아의 비밀"은 마가복음 전체의 비밀이며 이 비밀은 마가 공동체만이 알 수 있는 하나님 나라의 비밀입니다. 그 당시 마가복음을 읽고 있는 마가 공동체나 오늘 우리가 읽고 있는 마가복음 이야기는 더 이상 비밀이 아닙니다. 그렇지만 예수님은 그리스도가 되시고 하나님의 아들임을 깨달아 알지 못하거나 거부하는 자들에게는 그 때나 지금도 영원히 알 수 없는 비밀인 셈입니다. 이 사실은 하늘에서 알려주는 비밀이며 지혜입니다. 이 비밀과 지혜는 예수님이 알려주는 비유와 같은 의미입니다. 마가복음 4:10-12절에서 비유는 하나님 나라의 비밀을 알려주는 방법입니다. 메시야의 비밀처럼 비유도 깨닫는 자는 알 수 있지만 들어도 깨닫지 못하는 자에게는 영원한 비밀이 될 수밖에 없습니다.

이처럼 메시아의 비밀은 예수님은 그리스도시요 하나님의 아들이지만 수난

12) "마침 구름이 와서 그들을 덮으며 구름 속에서 소리가 나되 이는 내 사랑하는 아들이니 너희는 그의 말을 들으라 하는지라"(막 9:7)
13) 예수님은 예루살렘으로 향하며 8: 29절 이후 세 번에 걸쳐 수난 예고를 합니다.

받는 종입니다. 마가복음은 전반부는 이적이야기로 채워져 있고 후반부는 수난의 길을 그리고 있습니다. 이 역설적인 것을 현재 제자들이 깨닫지 못하고 있지만 제자들이 걸어가야 할 길입니다. 이것이 마가복음이 말하려고 하는 "십자가 신학"입니다. 이것이 지혜입니다. 예수님의 십자가의 죽음은 유대인에게는 거리끼는 것이요 이방인들에게는 미련한 것입니다.(고전 1:23) 그러나 우리에게는 하나님의 지혜가 되고 능력이 됩니다.(고전 1:24) 이것이 십자가의 길(Via Dolorosa)이고 예수님을 따르는 제자들의 삶입니다. 이제 십자가의 길을 통과하고 이 의미를 아는 자만이 예수님이 그리스도시요 하나님의 아들임을 아는 자들입니다. 예수님을 향해 바라보는 눈이 달라진 것입니다. 예수님을 믿는 자들은 예수님이 십자가를 지신 길처럼 환난과 핍박이 올 것입니다. 그러나 참고 견디십시오.(막 13:9-13) 예수님은 다니엘서 7:13-14절처럼 인자 같은 이가 되어 하늘 구름 타고 다시 오실 것입니다.(막 14:62) 이것이 복음입니다.

성도 여러분 마가복음 이해하기를 정리하여야 할 때입니다. 마가복음은 베드로를 통해서 예수는 그리스도라는 고백을 하게 됩니다. 그러나 베드로는 여전히 예수님을 이스라엘을 속량하실 분으로 여깁니다. 다른 제자들도 정치적인 메시아가 되면 주어질 자신의 자리를 가지고 다투고 있습니다.(막 9:33-37) 예수님은 예루살렘을 향하여 가는 길에서 수난 받으실 것을 세 번이나 설명하는 대도 그들은 깨닫지 못합니다.(막 8:31, 9:31, 10:32-4; 마가복음에 나타난 세 번의 수난예고) 예수님은 자신이 그리스도 됨과 하나님의 아들이 되었음을 십자가의 죽음을 앞두고 대 제사장과 장로들과 서기관들이 다 모인 공회에서 자신을 드러냅니다.

침묵하고 아무 대답도 아니하시거늘 대제사장이 다시 물어 이르되 네가 찬송 받을 이의 아들 그리스도냐 <u>예수께서 이르시되 내가 그니라</u> 인자가 권능자의 우편에 앉은 것과 하늘 구름을 타고 오는 것을 너희가 보리라 하시니(막 14:61-62)

그리고 마지막으로 백부장을 통해서 하나님의 아들이 되었음을 고백합니다. 유대인에게 나타나던 복음이 이방인으로 흘러가고 있음을 나타냅니다.[14] 그렇지

14) 조경철, 『신약성서가 한눈에 보인다』, 땅에 쓰신 글씨, 서울, 2007 p.89 조경철 교수님은 마가복음 12:1-12 악한 포도원 농부들에 관한 비유에서 포도원 주인이 포도원 소출 얼마를 받으려고 사랑하는 아들을 보냈지만 농부들이 그 아들을 죽여 포도원 밖에 내던졌습니다. 주인은 포도원을 다른 사람에게 주었다고 기록하고 있습니다. 이 비유는 조경철 교수님에 의하면 예루살렘을 구원의 중심으로 보는 유대교의 구원사상을 뒤바꿈으로써 마가는 구원이 유대인들로부터 이방인들에게 넘어가는 것을 강조하고 있다고 보았습니다.

만 그리스도요 하나님의 아들은 이미 율법에 나타난 모세처럼 시편에 나타난 다윗처럼 그리고 이사야서에 나타난 선지자들의 예언들이 모두 예수님에 의해 성취가 이루어졌습니다.(눅 24:44) 이런 성취는 제자들이 기대했던 정치적 메시아가 아니라 고난 받는 종으로서의 메시아입니다. 따라서 마가 공동체 제자들은 예수님이 걸어가신 고난의 길에서 흔들리지 말고 믿음을 지켜야 됩니다.(막 13:9-13) 왜냐하면 인자이신 예수님은 다니엘서에서 예언된 인자로서 구름타고 다시 오실 것입니다. 이것이 마가복음이 전하는 복음입니다.

마가복음 안에는 다양한 사상들이 씨줄과 날줄처럼 얽혀 있습니다. 모세의 구원 공동체를 이루는 출애굽 사상과 다윗의 왕권 사상들 그리고 선지자들의 예언 사상과 묵시사상이 어울려져 있습니다. 구약 사상에서 모세 오경의 인과응보 사상은 죄가 없어도 고난 받는 "의의 종" 사상으로 확대되었고 이 사상은 십자가 신학의 핵심을 이루고 있습니다. 십자가의 길은 제자들이 따라가야 할 길이 되었고 십자가의 죽음과 부활의 신앙을 가진 자만이 진정한 제자가 되었음을 고백하고 있습니다. 이러한 마가 공동체가 하나님의 비밀을 알고 깨달은 구원 공동체가 됩니다. 성도 여러분 우리는 예수 그리스도를 믿으며 하나님의 영광 안에 살고 있습니다. 그러나 그 영광은 자기 십자가를 지고 가는 것과 함께 합니다.

무리와 제자들을 불러 이르시되 누구든지 나를 따라오려거든 자기를 부인하고 자기 십자가를 지고 나를 따를 것이니라. 누구든지 자기 목숨을 구원하고자 하면 잃을 것이요 누구든지 나와 복음을 위하여 자기 목숨을 잃으면 구원하리라.(막 8:34-35)

"누구든지 나를 따라오려거든 자기를 부인하고 자기 십자가를 지고 나를 따를 것이니라." 이 말씀은 십자가를 지는 것이 결국 목숨을 잃는 것처럼 보이지만 참 생명을 얻으며 구원에 이른다는 말씀입니다. 오늘도 이 말씀을 묵상하며 주님을 따르는 제자로서 세상에서 승리하고 주 안에서 참 기쁨을 누리는 성도들이 되시기를 기도합니다. 이것이 마가가 전하는 복음입니다.

평신도를 위한

신약성서 해설

마태복음 이해하기

“

”

제4과

마태복음 시작하기, 우리와 함께 하시는 예수님

; 마태복음 1:23, 28:20

보라 처녀가 잉태하여 아들을 낳을 것이요 그의 이름은 임마누엘이라 하리라 하셨으니 이를 번역한즉 하나님이 우리와 함께 계시다 함이라(마태복음 1:23)

내가 너희에게 분부한 모든 것을 가르쳐 지키게 하라 볼지어다 내가 세상 끝날 까지 너희와 항상 함께 있으리라 하시니라(마태복음 28:20)

신약성경의 맨 처음에 나오는 책이 마태복음입니다. 신약성경을 읽기 위해 마태복음을 처음 읽기 시작하면 1장 1절에 "아브라함과 다윗의 자손 예수 그리스도의 계보라"고 적혀 있습니다. 그리고 예수님의 족보(계보)가 나오는데 왜 이런 족보를 먼저 소개하는지도 모르고 열심히 읽었던 기억이 납니다. 마태복음은 교회에서 마태복음에 나와 있는 주기도문(마 6:9-13)을 외우는 것처럼 신앙교육에 사용하는 구절들이 많이 있어 아주 사랑하는 책입니다. 마태복음 안에는 예수님 탄생 이야기와 다섯 개의 큰 말씀 꾸러미(학자들 간의 숫자는 견해 차이가 있습니다)와 위에 적은 마 28:18-20절과 같은 선교 명령과 같은 구절이 있어 교회에서 성도(제자)들을 교육하고 훈련할 때 아주 유용합니다. 마태복음의 다양한 구절들은 예수님의 말씀을 성도들에게 설명할 때 이해하기 쉽게 그 내용이 체계적으로 구성되어 있기 때문입니다.[15] 그럼에도 불구하고 복음서를 연구하는 학자들은 마태복음의 전체 구성과 내용을 독자들이 이해하기 쉽게 하나로 연결된 구조를 만드는 것을 굉장히 어려워합니다. 그래서 어떤 학자는 마태복음을 이해하기 위해 어떤 구조에 집착하는 것은 적절하지 않다고 설명하기도 합니다.

마태복음이 기록된 목적이 무엇일까요? 마가복음에서 이야기 한대로 마태복음 역시 예수님은 그리스도시오 하나님의 아들 되심을 설명하는 글임을 우선 기억하고 있어야 합니다. 마가복음은 16장 또는 661절로 구성되었으며 마태복음은 28장 또는 1,068절로 구성되었습니다. 마태복음 1,068절 안에는 마가복음 구절 중 약 600절 정도가 포함되어 있어 마가복음으로는 약 90%, 마태복음으로는 약 56%에서 일치하고 있습니다. 물론 마가복음의 내용의 일부는 마태 공동체에 맞도록 수정 보완하고 있습니다.

마태복음이 서술하는 지리적 구조도 마가복음을 따라 갈릴리에서 예루살렘으로 향하고 있으며 예수님은 마가복음처럼 예루살렘에서 수난을 당하시고 십자가에 죽으시며 부활하십니다. 마태복음의 기본 구조도 마가복음을 따르고 있으므로 마가복음 이야기의 모든 사상들이 들어 있습니다.

마태복음의 서술 목적은 마가복음처럼 예수님이 그리스도가 되시고 하나님의아들 되심을 설명하는 글임을 잊어서는 안 됩니다. 그렇다면 마태복음은 마가복음의 사상들을 포함하고 있지만 마가복음과 달리 마태공동체를 위해 강조하려는 것이 무엇인지, 마태복음서의 특징은 무엇인지 앞으로 우리가 공부하려는 주제들입니다. 이점을 알기 위해 마태복음에서 마가복음 부분을 제외하고 44%에 해당하는 마태복음의 내용은 무엇인지가 중요할 수 있습니다. 또한 마태복음에서 나타나는 마가복음 서술과의 차이점 그리고 구조의 위치와 변경에 따라 마태복음을 생성해 낸 마태공동체가 마태복음을 통하여 무엇을 강조하려고 하였는지를 알게 되면 조금은 이해할 수 있습니다.

마가복음에 비교하여 마태복음에서 달라진 서문부분(마 1:1-4:11)과 수난을 당하시고 부활하신 부분(26:1-28:20)을 마태복음 이해하기를 시작하며 먼저 보

15) 유태엽, 『마태의 신학』 감리교 신학대학교 출판부, 서울 2008.

겠습니다. 우선 마가복음 서문격인 1:1-13절에 해당하는 부분을 마태복음은 1장에서 4장 11절까지 확대하고 있습니다. 마태복음에서 마가복음에 없는 예수님의 족보(마 1:1-17)와 예수님의 수태와 탄생이야기 그리고 애굽(이집트)으로 피신과 귀환(마 1:18-2:23)과 마가복음에서 짧게 서술된 세례요한의 등장이 마태복음에서는 보다 구체적으로 행적과 사역을 서술하고 있습니다.(마 3:1-12) 그리고 예수님이 세례요한으로부터 세례를 받으시고(마 3:13-17) 광야에서 시험을 받으시는 이야기(마 4:1-11)로 구성되어 마가복음 서론 부분을 확대해서 마태복음 서론을 구성하고 있습니다. 마가복음 1:14절과 마태복음 4:12절은 갈릴리에서 공생애를 시작하는 같은 지점입니다. 마태복음 4:17절에 "이때부터 예수께서 비로소 전파하여 이르시되 회개하라 천국이 가까이 왔느니라 하시더라"고 천국을 선포하고 있습니다. 이 부분은 마가복음 1:15절에 하나님 나라를 선포하는 것과 같습니다. 마가복음 "하나님 나라"가 마태복음에서는 "천국"이라고 바뀌어 있습니다.

그리고 마가복음 14:1절과 마태복음 26:2절은 예수님의 수난이 시작하는 같은 지점입니다. 마가복음 14:1절에서 16장 8절까지 서술되어 있는 수난과 부활 이야기는 마태복음 26:2절에서 28:8절까지 거의 동일한 순서와 내용으로 구성되어 있고 마태 공동체에 맞게 수정 보완하고 있습니다. 일부는 마태복음에서만 나오는 구절이 있습니다. 마태복음은 28:9절에서 28:20절까지 마가복음 보다 구체적으로 부활 이후에 나타나신 예수님의 이야기가 서술되었습니다. 28:9-10절에서 막달라 마리아와 다른 마리아가 부활하신 예수님을 전하는 천사를 만나는 장면이 소개되어 있고 28:11-15까지 이 여인들이 부활의 소식을 전하는 일들을 방해하는 대제사장과 장로들의 이야기가 서술되어 있습니다. 마 28:16-20절까지 제자들은 예수께서 지시하신 갈릴리 지역의 산에서 부활하신 예수님을 만나 경배합니다. 이렇게 부활의 믿음을 가진 마태 공동체에게 주님은 마태복음 이야기 중에서 아주 중요하고 대미를 장식하는 선교 명령을 하고 있습니다.

예수께서 나아와 말씀하여 이르시되 하늘과 땅의 모든 권세를 내게 주셨으니 그러므로 너희는 가서 모든 민족을 제자로 삼아 아버지와 아들과 성령의 이름으로 세례를 베풀고 내가 너희에게 분부한 모든 것을 가르쳐 지키게 하라 볼지어다 내가 세상 끝날까지 너희와 항상 함께 있으리라 하시니라(마태복음 28:18-20)

지난 제2과에서 공부하였던 "복음서를 읽는 눈"에서 설명하였듯이 예수님은 자신에 대하여 "하나님은 하늘과 땅의 모든 권세를 나에게 주었습니다"로 설명하고 있습니다. 누가복음 10장 22절과 마태복음 11장 27절은 하나님으로부터 전권위임을 받은 예수님에 관한 동일한 본문입니다.

하나님은 하늘과 땅의 모든 권세를 예수님에게 주셨습니다.(마 11:27, 마 28:18) 예수님의 가르침대로 지키고 따르기로 결심한 제자들에게 예수님은 하나님으로부터 위임받은 전권을 제자들에게 다시 위임하며 "모든 민족을 제자로 삼아 아버지와 아들과 성령의 이름으로 세례를 베풀고 내가 너희에게 분부한 모든 것을 가르쳐 지키게 하라"고 마지막 선교 명령을 하고 있습니다.

이렇게 예수님의 마지막 선교 명령을 받은 마태 공동체는 자신들이 받은 말씀을 모든 민족을 제자로 삼아 가르쳐 지키게 하기 위하여 세상에 나아갈 것입니다. 제자들이 세운 제자들에게 예수님의 말씀을 다시 위임할 것입니다. 세상에 나간 제자들은 예수님이 세상에서 고난을 받은 것처럼 많은 박해와 환난을 겪을 것입니다. 그러나 임마누엘(마 1:23;하나님께서 우리와 함께 계심)이신 예수님은 세상 끝날 때까지 우리와 항상 함께 계실 것이라고 약속하고 있습니다.(마:28:20) 오늘도 예수님은 우리와 함께 계실 것입니다. 그리고 언젠가는 인자로서 구름타고 다실 오실 것을 믿습니다.

제5과

아브라함과 다윗의 자손 예수 그리스도의 계보라(서문 1부)

; 마태복음 1:1-4:11

아브라함과 다윗의 자손 예수 그리스도의 계보라(마 1:1)

지난 시간 "마태복음 시작하기" 글에서 이야기하였듯이 마태복음은 마가복음에 비해 서론 부분은 '막 1:1-13절'을 '마 1:1-4:11절'까지 확장하고 있고 부활과 관련된 기사를 좀 더 자세히 설명하고 있습니다. 예수님의 출생은 "자기 백성을 그들의 죄에서 구원할 자"로서 "임마누엘; 하나님이 우리와 함께 계시다"는 의미입니다.(마 1:23) 예수님은 제자들을 가르치고 세상에 내보내며 하나님으로부터 받은 모든 것을 위임하고 선교 명령을 하고 있습니다. 그리고 마지막으로 "내가 세상 끝날까지 너희와 항상 함께 있으리라"고 선언합니다. 학자들은 "함께 하심"이 말씀은 예수님의 말씀이 현실의 삶 속에서 적용되며 예수님이 현존하는 의미를 담고 있다고 설명하고 있습니다. 성도 여러분 삶 속에서 어떤 환경에 있을지라도 항상 "함께 하시는 예수님"이 있게 되시기를 기도합니다.

이번시간에는 마태복음에 나타난 아브라함과 모세 그리고 다윗과 솔로몬에 대한 이야기를 하며 마태복음 서론 부분을 설명하겠습니다.

마태복음 1:1절을 먼저 보겠습니다. "아브라함과 다윗의 자손 예수 그리스도의 계보라"(마1:1) 마태복음을 읽어보면 첫 절부터 마가복음과 많이 다릅니다. 우선 마가복음 첫 문장은 "하나님의 아들 예수 그리스도의 복음의 시작이라"(막 1:1)입니다. 마가복음 첫 문장은 마가복음 서술 목적과 의도 그리고 글 전체의 요약이라 해도 무리가 없습니다. 그렇지만 마태복음 1:1절은 전체를 의미하기에는 다소 부족한 감이 있습니다. 왜냐하면 예수님은 그리스도뿐만 아니라 하나님의 아들임을 설명하는 책이 마태복음인 것을 우리가 알기에 첫 문장에 그리스도만 서술하는 것은 전체를 의미하는 것이 아니라 다음 이어지는 예수님의 족보(계보)를 시작하는 문장으로 또는 서문을 시작하는 문장으로 마태복음의 저자가 의도하고 있는 것으로 보입니다. 첫 문장에서 두 명의 인물이 나옵니다. 바로 아브라함과 다윗입니다. 그리고 예수님의 족보가 14대로 이어지는 족보가 세 번에 걸쳐 나옵니다.

그런즉 모든 대 수가 아브라함부터 다윗까지 열네 대요 다윗부터 바벨론으로 사로잡혀 갈 때까지 열네 대요 바벨론으로 사로잡혀 간 후부터 그리스도까지 열네 대더라(마 1:17)

이스라엘 역사에서 아브라함은 민족의 조상입니다. 구약성경에서 하나님을 부를 때 아브라함의 하나님, 이삭의 하나님, 야곱의 하나님으로 부릅니다. 야곱의 다른 이름은 이스라엘이기에 민족적 이스라엘은 야곱의 12아들을 중심으로 형성되었습니다. 즉 민족적 이스라엘은 아브라함, 이삭, 야곱으로 이어지는 혈통중심임을 알 수 있습니다. 예수님의 족보는 그런 혈통으로 예수님은 태어났음을 의미합니다. 사도 바울은 로마서에서 유대인 이스라엘에 관하여(로마서 9-11장) 다음과 같이 말하고 있습니다.

그들은 이스라엘 사람이라 그들에게는 양자 됨과 영광과 언약들과 율법을 세우신 것과 예배와 약속들이 있고 조상들도 그들의 것이요 육신으로 하면 그리스도가 그들에게서 나셨으니 그는 만물 위에 계셔서 세세에 찬양을 받으실 하나님이시니라 아멘 (로마서 9:4-5)

예수님은 육신으로는 이스라엘 민족의 혈통으로 태어났습니다.(롬 9:5) 그래서 아브라함의 자손(마 1:1)이라고 첫 줄에 말하고 있습니다. 또한 위에 14대에 걸친 예수님의 족보에서 중요한 인물은 다윗입니다. 다윗의 히브리어는 דוד(달레트;4, 와우;6, 달레트;4)인데 이 단어의 알파벳의 숫자 의미는 4-6-4가 됩니다. 다윗의 단어 알파벳 숫자를 다 더하면 14가 되어 14대를 뜻하는 숫자는 다윗을 의미하는 수비학(숫자로 의미를 나타내는 방법) 표현이라고 학자들은 말하고 있습니다.(학자들 생각은 이해하기 위해 참고만 하시면 됩니다) 예수님은 족보에 의하면 아버지인 요셉은 다윗의 자손(마 1:20)이기에 육신으로는 다윗의 자손에 해당됩니다. 그러나 예수님은 동정녀 마리아에게 성령으로 잉태되어 비록 육신의 몸을 입었지만 그는 하나님의 아들이 됩니다. 바울은 로마서 9장 5절에 예수그리스도가 육신으로는 이스라엘 사람의 혈통을 따라 났지만 그는 만물 위에 계셔서 세세에 찬양을 받으실 하나님임을 선언하고 있습니다. 다시 말씀드리면 예수님은 비록 육신으로는 아브라함과 다윗의 자손으로 태어나셔서 당시 유대인 사회에서 기대하던 그리스도(메시아)가 되셨음을 예수님의 족보를 통해서 이야기하고 있습니다.(마 1:1) 구약에서의 메시아 예언이 예수님에 의해 성취되었음을 말하고 있습니다.

마태복음 1:1절에서 시작된 아브라함 자손과 다윗의 자손 사상은 마태복음 본문으로 진행하면서 그 의미와 영역이 달라지는 것을 볼 수 있습니다. 마태복음 3:9절에 세례요한의 입을 통하여 아브라함 자손 개념이 달라졌음을 선포하고 있습니다.

속으로 아브라함이 우리 조상이라고 생각하지 말라 내가 너희에게 이르노니 하나님이 능히 이 돌들로도 아브라함의 자손이 되게 하시리라. 이미 도끼가 나무 뿌리에 놓였으니 좋은 열매를 맺지 아니하는 나무마다 찍혀 불에 던져지리라. 나는 너희로 회개하게 하기 위하여 물로 세례를 베풀거니와 내 뒤에 오시는 이는 나보다 능력이 많으시니 나는 그의 신을 들기도 감당하지 못하겠노라 그는 성령과 불로 너희에게 세례를 베푸실 것이요 손에 키를 들고 자기의 타작마당을 정하게 하사 알곡은 모아 곳간에 들이고 쭉정이는 꺼지지 않는 불에 태우시리라. (마 3:9-12)

아브라함의 자손 개념은 민족적인 혈통에서 형성된 이스라엘이 아니라 구약에서 예언된 그리스도(메시아)의 종말 심판에 의하여 새롭게 변화 되었습니다. 이때 형성될 이스라엘은 혈통적인 민족적 개념이 아니라 이후에 나타날 그리스도가 초대하는 천국(하나님의 나라) 백성이 이스라엘이 될 것입니다.(마 4:17)

예수님은 이와 관련된 이야기를 마태복음 21장 23절에서 22장 14절까지 하나님의 비밀을 알려주는 방식인 비유를 통해서 설명하고 있습니다. 예수님은 마태복음 21장에서 나귀를 타고 예루살렘에 입성하였습니다.(마 21:1-11) 그리고 성전정화를 하신 후(마 21:12-17) 성 밖 베다니에 머무시다가 다시 성전에 들어오십니다.(마 21:20) 그리고 성전에서 예수님이 가르치실 때 대 제사장과 백성의 장로들이 나와서 예수님에게 "네가 무슨 권위로 이런 일을 하느냐 또 누가

이 권위를 주었느냐"고 묻습니다.(마 21:23) 예수님은 세례 요한의 세례를 예로 들어 자신의 권위를 설명합니다. 당시의 세례 요한은 백성들로부터 선지라라고 인정을 받았습니다.(마 3:1-12, 11;7-19, 14:5,12, 21:32) 예수님도 자신의 권위가 사람으로부터 온 것이 아니라 하늘에서 온 것임을 간접적으로 말하고 있습니다. 그리고 이어지는 두 아들에 대한 비유(마 21:28-32), 악한 포도원 소작하는 농부들(마 21:33-46), 그리고 아들을 위한 임금님의 혼인잔치(마 22:1-14)의 비유를 통해서 예수님이 초대하여 응하지 않은 포도원(이스라엘)에 속한 사람들을 내 쫓고 다른 농부에게 주겠다는 비유를 말씀하고 있습니다.

그러므로 내가 너희에게 이르노니 하나님의 나라를 너희는 빼앗기고 그 나라의 열매 맺는 백성이 받으리라. 이 돌 위에 떨어지는 자는 깨지겠고 이 돌이 사람 위에 떨어지면 그를 가루로 만들어 흩으리라 하시니 대제사장들과 바리새인들이 예수의 비유를 듣고 자기들을 가리켜 말씀하심인 줄 알고 잡고자 하나 무리를 무서워하니 이는 그들이 예수를 선지자로 앎이었더라(마 21:43-46)

세례요한이 예언한 "이미 도끼가 나무뿌리에 놓였으니 좋은 열매를 맺지 아니하는 나무마다 찍혀 불에 던져지리라"는 말씀이 예수님의 비유를 통해서 이스라엘 개념의 변화를 구체적으로 선포하고 있는 것입니다. 이처럼 아브라함의 자손 개념인 이스라엘은 민족적 개념이 아니라 예수님이 모으시는 천국에 들어가는 자들이 하나님 나라가 되고 이스라엘이 됩니다. 예수님은 혈통적으로는 아브라함의 자손으로 왔지만 예수님은 약속의 자녀로 오신 분으로서 아브라함의 자손이며 그리스도입니다. 바울은 갈라디아서와 로마서에서 다음과 같이 설명하고 있습니다.

이 약속들은 아브라함과 그 자손에게 말씀하신 것인데 여럿을 가리켜 그 자손들이라 하지 아니하시고 오직 한 사람을 가리켜 네 자손이라 하셨으니 곧 그리스도라(갈 3:16)

그러나 하나님의 말씀이 폐하여진 것 같지 않도다 이스라엘에게서 난 그들이 다 이스라엘이 아니요 또한 아브라함의 씨가 다 그의 자녀가 아니라 오직 이삭으로부터 난 자라야 네 씨라 불리리라 하셨으니 곧 육신의 자녀가 하나님의 자녀가 아니요 오직 약속의 자녀가 씨로 여기심을 받느니라(롬 9:6-8)

이제 아브라함의 자손 개념은 족보에 있는 민족적인 혈통 개념에서 예수님을 믿고 천국에 들어가는 자들로 바뀌었습니다. 약속의 자녀가 하나님의 자녀가 된 것입니다. 마태복음의 흐름은 유대인에서 시작된 천국(하나님 나라)의 개념이 점차 이방인을 포함하는 천국의 개념으로 넘어가고 있음을 뜻합니다. 이렇게 예수님의 오심은 천국(하나님 나라)의 백성을 모으며 하나님 나라를 이루어 나감과 동시에 이스라엘과 세상에는 심판의 날이 동시에 올 것임을 세례요한의 예수님에 대한 예언을 통해서 말씀하고 있습니다.

아브라함이 하나님을 믿으매 그것을 그에게 의로 정하셨다 함과 같으니라. 그런즉 믿음으로 말미암은 자들은 아브라함의 자손인 줄 알지어다. 또 하나님이 이방을 믿음으로 말미암아 "의"로 정하실 것을 성경이 미리 알고 먼저 아브라함에게 복음을 전하되 모든 이방인이 너로 말미암아 복을 받으리라 하였느니라. 그러므로 믿음으로 말미암은 자는 믿음이 있는 아브라함과 함께 복을 받느니라(갈 3:6-9)

너희가 그리스도의 것이면 곧 아브라함의 자손이요 약속대로 유업을 이을 자니라(갈 3:29)

아브라함의 자손은 예수님을 가리키지만 예수님은 하나님 아들이 되시며 그리스도가 되십니다. 예수 그리스도를 믿음으로 그리스도에 속한 공동체는 아브라함의 자손이 되고 아브라함에 주시고자 하셨던 약속된 축복이 예수님을 믿는 믿음의 공동체에게 주어집니다.

마태복음의 서론에 해당하는 오늘 본문 중 아브라함에 관한 것을 설명하였습니다. 다음 시간에는 다윗과 모세와 솔로몬에 대하여 설명하도록 하겠습니다.

오늘 말씀을 토대로 작은 결론을 내도록 하겠습니다. 사도 바울은 하나님의 자녀란 육신의 자녀가 아닌 약속의 자녀가 씨(자손)라 칭할 수 있다고 설명하고 있습니다.(롬 9:8) 사도 바울은 이미 민족적인 이스라엘에서 믿음의 이스라엘 즉 예수 그리스도를 믿는 믿음의 공동체로 이스라엘이 넘어갔음을 말하고 있습니다.

이스라엘은 유대인과 이방인을 포함한 믿음의 공동체가 이스라엘이 되었습니다. 믿음의 공동체 즉 예수 그리스도 공동체인 이스라엘에 속한 사람들이 바로 하나님과 관계 속에서 하나님의 아들이 되어 하나님을 아버지라 부를 수 있습니다. 이들이 하나님의 영광과 함께 하는 자들이며 하나님과의 언약이 예수님을 통해서 새롭게 새 언약으로 계약된 자들입니다. 바로 그리스도 공동체가 율법도 바로 세우는 사람들이며 하나님과의 관계 속에서 산 예배를 드리는 사람들일 뿐만 아니라 이들이 하나님의 약속의 터 위에 유업을 이어 받는 사람들입니다. 그래서 우리는 아브라함을 신앙 공동체 안에서 믿음의 조상이라고 부를 수 있습니다.

제6과

아브라함 다윗 모세 솔로몬 (서문 2부)

; 마태복음 1:1-4:11

예수께서 대답하여 이르시되 이제 허락하라 우리가 이와 같이 하여 모든 의를 이루는 것이 합당하니라 하시니 이에 요한이 허락하는지라(마 3:15)

지난 시간 아브라함 자손에 대한 이야기를 하였습니다. 오늘은 서론에서 나타나는 다윗과 모세와 솔로몬에 대하여 이야기하려고 합니다. 다윗과 솔로몬은 간략하게 설명하고 모세에 대한 이야기를 주로 하겠습니다.

다윗의 자손의 의미는 메시아사상과 연결되어 있습니다. 제3과 마가복음 이해하기에서 설명하였습니다. 헬라어 "그리스도(Christos)"는 히브리어 "메시아(Messiah)"와 같은 의미로 "기름 부음을 받은 자"란 뜻입니다. 구약에서 왕과 제사장 그리고 선지자 등에 사용되거나 의미를 두어 사용되었습니다. 특히 다윗은 구약성서 안에서 대표적인 "기름 부음을 받은 자"입니다. 구약성서에서 메시아사상은 다윗의 후손으로 하여금 무너진 다윗 왕국 즉 이스라엘의 회복을 기대하고 있습니다. 이 사상은 사무엘하 7장 16절 "네 집과 네 나라가 내 앞에서 영원히 보전되고 네 왕위가 영원히 견고하리라 하셨다 하라"에서 나오는 영원한 집인 다윗 왕조의 영원함에 대한 언약 사상에서 찾을 수 있습니다.

마태복음 1:1-17까지 예수님의 족보가 나온 다음 1:18-2:23까지 예수님의 탄생이야기와 애굽으로 피신하신 것과 헤롯에 의한 2세 이하의 아이의 죽음과 이후에 애굽으로부터 다시 귀환 하는 장면이 서술되어 있습니다.

이 본문은 구약 성경이야기를 들어 보신 분은 금방 어떤 인물이 떠오릅니다. 그 인물이 모세입니다. 모세는 구약 성경에서 사상적으로 가장 중요한 인물이며 모세 오경(창세기, 출애굽기, 레위기, 민수기, 신명기)은 구약성경의 중심입니다. 오경은 토라를 의미하지만 모세 오경이라고 부르는 이유는, 창세기에서 세상의 창조에서 시작하여 족장의 시대를 서술하고 있지만 두 번째 책인 출애굽기 1장에서부터 모세의 탄생이 나오고 오경의 마지막 책인 신명기서의 끝에 모세의 죽음이 서술되어 있기 때문입니다. 오경 중에서 출애굽기, 레위기, 민수기, 신명기서 네 권이 모세의 일생과 관련된 책입니다.

이때 출애굽기에서 보여준 모세의 탄생과 오경에서 나타나는 모세의 일생이 예수님의 탄생과 일생과 비교가 되는 것입니다. 모세의 탄생에서 많은 어린아이들이 죽습니다. 예수님의 탄생 때에도 헤롯이 베들레헴과 그 모든 지경 안에 있는 사내아이를 동방박사들에게 자세히 알아본 그때를 기준하여 두 살부터 그 아래로 다 죽입니다.(마 2:16) 모세 오경은 모세가 애굽에서 노예상태로 있던 이스라엘 민족을 이끌어 내어 하나님의 말씀(율법)을 주고 그들을 광야에서 훈련을 시킨 다음 하나님 백성으로 살아가는 구원 공동체 즉 이스라엘을 이루어가는 과정을 담고 있습니다. 예수님도 태어나면서 모세와 같은 운명을 지닌 인물로 나타납니다. 신명기에서 모세에 의해 예언된 신명기 18장 15절 "네 하나님 여호와께서 너희 가운데 네 형제 중에서 너를 위하여 나와 같은 선지자 하나를 일으키시리니 너희는 그의 말을 들을지니라"는 구절에서 보듯이 모세와 같은 선지자는 예수 그리스도에 의해 성취되었습니다.[16]

마태복음에서 예수님은 세례요한으로부터 세례를 받습니다.(마 3:13-17) 예

16) 요한복음 1:45, 6:14, 7:40 사도행전 3:22-23, 7:37에서 예수 그리스도 안에서 이루어졌음을 알 수 있습니다. 마가복음 9:7에서 예수와 함께 베드로와 야고보와 요한이 변화산에 올랐을 때 예수님이 엘리야과 모세와 함께 말씀을 나눌 때 들린 음성입니다. "마침 구름이 와서 그들을 덮으며 구름 속에서 소리가 나되 이는 내 사랑하는 아들이니 너희는 그의 말을 들으라 하는지라"(막 9:7) 신명기에는 "그의 말을 들을 지니라"가 마가복음에는 "그의 말을 들으라"로 표현되었습니다. 예수님이 모세가 말한 "나와 같은 선지자임"을 말하는 것입니다.

수께서 세례를 받으시고 곧 물에서 올라오실 때 하늘이 열리고 하나님의 성령이 비둘기 같이 내려 자기 위에 임하심을 보았습니다.(마 3:16)

하늘로부터 소리가 있어 말씀하시되 이는 내 사랑하는 아들이요 내 기뻐하는 자라 하시니라(마 3:17)

이렇게 마태복음에서도 마가복음에서 들렸던 하늘의 음성으로 예수님이 하나님의 아들 되심에 관한 음성을 듣게 됩니다. 이와 같은 음성은 예수님이 마태복음 17장 1-9절에서 높은 산에 올라 변형되어 모세와 엘리야와 함께 말씀을 나눌 때 들렸던 음성과 같습니다.

말할 때에 홀연히 빛난 구름이 그들을 덮으며 구름 속에서 소리가 나서 이르시되 이는 내 사랑하는 아들이요 내 기뻐하는 자니 너희는 그의 말을 들으라 하시는지라(마 17:7)

이처럼 마태복음 안에는 예수님이 모세가 말씀한 "나와 같은 선지자"로 모세와 같은 모습으로 표현되는 것을 볼 수 있습니다. 그럼에도 불구하고 모세와 같은 선지자의 모습을 가지고 있지만 예수님은 하늘에서 들리는 음성처럼 "내 사랑하는 아들이요 내 기뻐하는 자"가 됩니다.(마 3:17, 17:7)

그때(마태복음 4:1)에 성령에게 이끌리어 마귀에게 시험을 받으러 광야로 가서 사십일을 밤낮으로 금식하신 후 주리신 상태에서 시험을 받으십니다.(마 4:1-2) 40이라는 숫자는 구약에서 모세가 출애굽하는 과정에서 이스라엘 민족이 광야에서 훈련을 받은 기간인 40년과 숫자에서 유비를 이룹니다.[17](숫자는 상징으로 이해하려는 수준으로 생각하면 됩니다)

마귀는 예수님이 인간적으로 극한의 주리신 상태에서 세 가지 시험을 합니다. 첫째는 "네가 하나님의 아들이어든 명하여 이 돌들을 떡덩이가 되게 하라"입니다. 이때의 대답을 예수님은 신명기 8장 3절을 인용합니다. 예수께서 대답하여 이르시되 기록되었으되 사람이 떡으로만 살 것이 아니요 하나님의 입으로부터 나오는 모든 말씀으로 살 것이라 하였느니라 하시니(마태복음 4:4, 신명기 8:3) 이

17) 사도행전 7장 스데반의 설교에서 스데반은 모세의 일생을 3등분합니다. 모세가 120세에 죽게 되므로(신명기 34:7) 태어나서 40세까지 바로의 궁중생활을 하였고(사도행전 7:23) 도망하여 미디안 생활을 40년을 하게 됩니다.(사도행전 7:30) 그리고 시내 산 광야 가시나무 떨기 불꽃에서 하나님의 음성을 듣고 이스라엘 민족과 함께 광야 생활을 포함하여 40년 동안 출애굽 시킵니다. 모세의 일생이 40-40-40으로 이루어졌으며 마지막 40년을 이스라엘 백성의 선지자로서 광야에서 하나님의 말씀 즉 율법을 수여하는 지도자가 됩니다.

렇게 예수님은 신명기 구절을 인용하여 대답을 하십니다. 두 번째는 예수님을 거룩한 성으로 데려다가 성전 꼭대기에 세우고 "네가 하나님의 아들이어든 뛰어 내리라" 그러면 시편 91편 11-12절 말씀처럼 그의 사자들을 통하여 다치지 않고 건져주신다는 시험입니다. 이때도 예수님은 신명기 6장 16절을 인용하여 대답합니다. "예수께서 이르시되 또 기록되었으되 주 너의 하나님을 시험하지 말라 하였느니라 하시니"(마태복음 4:7, 신명기 6:16)라고 대답합니다. 세 번째는 마귀가 또 그를 데리고 지극히 높은 산으로 가서 천하 만국과 그 영광을 보여 이르되 "만일 내게 엎드려 경배하면 이 모든 것을 네게 주리라"고 시험합니다. 이때도 예수님은 신명기서 6장 13절의 말씀을 인용하며 대답합니다. "이에 예수께서 말씀하시되 사탄아 물러가라 기록되었으되 주 너의 하나님께 경배하고 다만 그를 섬기라 하였느니라"고 대답합니다.(마태복음 4:10, 신명기 6:13) 이에 마귀는 예수를 떠나고 예수님은 천사들이 나아와서 수종드니라(마 4:11)고 마태복음은 기록하고 있습니다.

이처럼 마태복음은 마귀에 의한 예수님의 시험을 모세와 율법과 연관시키며 신명기 말씀으로 마귀를 물리치고 시험을 이기는 것을 볼 수 있습니다. 이 장면은 앞으로 있을 본문에서 제기될 예수님의 말씀과 모세의 율법과 비교하는 서술입니다. 예수님이 이 땅에 오심은 모세가 예언한 "나와 같은 선지자"로서 또 다른 모세와 같은 분으로 오셨습니다. 그래서 서문에서(마 1:1-4:11) 이어지는 예수님의 말씀들에 대한 성격이 드러납니다. 예수님의 말씀은 율법을 폐하러 온 것이 아니라 완전하게 하려 함인 것입니다.

내가 율법이나 선지자를 폐하러 온 줄로 생각하지 말라 폐하러 온 것이 아니요 완전하게 하려 함이라. 진실로 너희에게 이르노니 천지가 없어지기 전에는 율법의 일점일획도 결코 없어지지 아니하고 다 이루리라. 그러므로 누구든지 이 계명 중의 지극히 작은 것 하나라도 버리고 또 그같이 사람을 가르치는 자는 천국에서 지극히 작다 일컬음을 받을 것이요 누구든지 이를 행하며 가르치는 자는 천국에서 크다 일컬음을 받으리라. 내가 너희에게 이르노니 너희 의가 서기관과 바리새인보다 더 낫지 못하면 결코 천국에 들어가지 못하리라(마태복음 5:17-20)

예수님은 본문에서 "모세와 같은 선지자"의 모습으로 모세가 신명기에서 이스라엘 백성을 향해 하나님의 말씀을 가르치고 율법을 수여하는 것처럼 마태 공동체에게 말씀을 가르치시고 말씀으로 이루어진 마태복음을 수여할 것입니다. 예수님은 마태복음 4:12절에서 갈릴리로 물러가셨다가 17절에서 "회개하라 천국이 가까웠느니라" 하시면서 말씀을 전파하기 시작합니다. 그리고 4:12-25장까지 예수님은 천국에 대하여 바리새인과 논쟁하며 제자들에게 말씀을 가르치십니다. 이 본문 안에는 커다란 말씀 덩어리가 다섯 개가 있습니다. 예수님께서 가르쳐 주신 마태복음 말씀을 가지고 마태 공동체는 모든 민족을 제자로 삼아 아버지와 아들과 성령의 이름으로 세례를 베풀고 예수님이 분부한 모든 것을 가르치고 지키게 할 것입니다.

예수님은 갈릴리로부터 세례요한이 있는 요단강으로 옵니다.(마 3:13) 그리고 세례요한으로부터 세례를 받으려 합니다. 세례요한의 입장에서 보면 예수님은 "내 뒤에 오시는 이"지만 세례요한이 감당할 수 있는 분이 아닙니다. 세례요한은 나는 너희로 회개하게 하기 위하여 물로 세례를 베풀지만 예수님은 나보다 능력이 많으신 분으로 나는 그의 신을 들기도 감당하지 못할 뿐 아니라 예수님은 성령과 불로 너희에게 세례를 베푸실 분으로 고백하고 있습니다.(마 3:11) 예수님이 다가오자 세례요한은 "내가 당신에게서 세례를 받아야 할 터인데 당신이 내게로 오시나이까"라고 묻습니다.(마 3:13-14) 이때 예수님은 대답합니다.

예수께서 대답하여 이르시되 이제 허락하라 우리가 이와 같이 하여 모든 의를 이루는 것이 합당하니라 하시니 이에 요한이 허락하는지라(마 3:15)

예수님께서 이 땅에 오셔서 하셔야 될 일들을 한마디로 요약하고 있습니다. 예수님은 이 땅에서 천국(하나님 나라)을 이루시는데 이 세상 안에서 "하나님의 모든 의"를 이루시기 위해 오셨다는 것입니다. 마태복음 26장-28장에 이르는 수난과 십자가상에서의 죽음 그리고 부활에 이르기까지 하나님 의를 이루시기 위한 하나님의 깊은 섭리입니다. 4장 12절부터 25장까지 여기에는 커다란 다섯 개의 말씀 꾸러미가 있고 이적이 있으며 말씀 안에 비유도 있고 제자들이 걸어가야 할 길이 있고 마지막에 있을 심판과 다시 오심에 대한 이야기들이 있습니다. 이렇게 말씀하시는 예수님의 말씀은 하늘에서 비밀로 있던 것을 알려주는 하나님의 지혜이며 예수님은 지혜 그 자체가 되는 것입니다.(마 11:19) 이런 지혜는 솔로몬의 '세상의 지혜'보다 높은 '하나님의 지혜'로 예수님은 솔로몬보다 "더 큰 이"가 되며(마 12:42) 이 지혜로 제자들을 가르칩니다.

이제 마태복음 서론부분(서론부분의 범위는 학자들마다 다 다르기에 참고만 하시면 됩니다)의 설명을 마치려 합니다. 마태복음은 예수님은 아브라함과 다윗의 자손으로 오셔서 그리스도(메시야)가 되셨습니다. 예수님을 믿는 공동체가 하나님이 아브라함에게 약속하셨던 자손이 되고 아브라함의 축복된 유업을 이어받을 수 있습니다. 다윗의 자손으로 그리스도(메시야)가 되셨지만 유대인만을 위한 정치적인 메시야가 아니라 이방인을 포함한 온 인류를 위한 하나님의 아들이요 그리스도가 되셨습니다. 예수님은 모세가 예언한 다시 오실 "나와 같은 선지자"이지만 하나님의 아들로서 하나님의 모든 권위를 받으신 분입니다. 예수님의 말씀은 세상의 지혜가 아니라 하늘에 있는 하나님의 지혜가 됩니다. 마태 공동체는 이제 예수님으로부터 말씀과 이적과 비유와 예수님의 삶을 통해서 예수님은 그리스도시요 하나님의 아들임을 고백하는 공동체가 되었습니다. 이 공동체가 천국(하나님 나라)을 이루는 구원 공동체가 된 것입니다. 이 믿음을 가지고 고백하는 공동체만이 동방박사가 예수님의 오심으로 경배하러 왔던 것처럼(마 2:2) 진정으로 예수님을 경배할 것입니다.(마 28:17) 이렇게 예수님을 경배하는 제자들과 마태 공동체는 예수님이 가르쳐 주신 말씀과 지혜를 가지고 모든 민족을 제자로 삼아 가르치고 지키게 할 것입니다. 성도 여러분 여러분도 예수님이 가르쳐 주신 말씀을 가지고 잘 지키며 가르칠 수 있기를 기도합니다. 임마누엘 예수님이 여러분 삶속에서 항상 함께 계실 것입니다.

제7과

마태복음의 다섯 개의 말씀 꾸러미

; 마 4:23, 마 23:8-12

예수께서 온 갈릴리에 두루 다니사 그들의 회당에서 가르치시며 천국 복음을 전파하시며 백성 중의 모든 병과 모든 약한 것을 고치시니(마 4:23)

지난 시간 마태복음 1:1-4:11에 나타난 서문의 사상들을 살펴보았다면 오늘은 마태복음 4:12에서 25장까지 본문에 있는 다섯 개의 말씀 꾸러미를 중심으로 이야기 하려고 합니다. 마태복음에서 5개의 말씀 꾸러미가 있다고 하는 것은 많은 학자들이 이야기 하는 주제입니다. 이에 대한 근거는 예수님이 마태복음에서 말씀을 하시고 "예수께서 말씀을 마치매~"라고 하는 구절이 다섯 번 반복되어 나타나는 것을 중요시 여깁니다. 마태복음 7:28, 11:1, 13:53, 19:1, 26:1절 이렇게 다섯 군데에서 나타납니다. 물론 24장과 25장에 대한 논란은 여전히 존재하지만 우리는 이렇게 다섯 번 나타나는 "말씀을 마치매" 이전에 존재하는 집약된 말씀 군을 살펴보려 합니다. 어떤 학자는 이렇게 존재하는 다섯 개의 말씀 군을 가지고 오경과 유사성을 말하려고 하지만 3장에 있는 예수님에 대한 세례요한의 이야기나 28장 26-28절에 있는 선교 명령도 마태복음 전체의 사상으로 보면 예수님에 관한 또는 예수님의 매우 중요한 말씀들이기도하고 그리고 다섯 개의 말씀 군 외에 마가복음과 연결된 말씀들도 아주 중요하기에 5개라는 숫자는 의미상 크게 중요해 보이지 않다고 설명하는 학자도 있습니다. 그러면 5개의 "말씀을 마치매" 앞에 있는 말씀 덩어리에 어떤 내용들이 있는지 살펴보겠습니다. 그에 앞서 다음 구절을 먼저 읽어보겠습니다.

예수께서 온 갈릴리에 두루 다니사 그들의 회당에서 가르치시며 천국 복음을 전파하시며 백성 중의 모든 병과 모든 약한 것을 고치시니(마 4:23)

마태복음을 설명하려면 위 구절의 동사들을 먼저 설명하는 경우가 많습니다. 마 4:23절에 나오는 밑줄 친 동사들 이 세 가지가 마태복음의 구조를 설명하는데 도움이 되기 때문입니다. 마태복음에서 보여주는 예수님의 지상 사역은 첫 번째는 제자들에게 가르치려는 의도가 있습니다. 두 번째는 천국(하나님 나라) 복음을 전파하는데 있습니다. 그리고 세 번째는 하나님 나라 백성들의 병과 약한 것을 고쳐주시기 위함인 것입니다. 우선 두 번째에 해당하는 천국(하나님 나라)의 전파는 제1과 "예수 그리스도와 하나님 나라"에서 설명하였듯이 예수님이 이 땅에 오신 목적이 됩니다. 마태복음은 "천국(하나님 나라)의 전파"를 세 번이나 강조합니다. 첫째는 마 3:1-2절에 "세례요한이 이르러 유대 광야에서 전파하여 말하되 회개하라 천국이 가까이 왔느니라 하였으니"라고 전파합니다. 그리고 마 4:17절에 "예수께서 비로소 전파하여 이르시되 회개하라 천국이 가까이 왔느니라 하시더라"고 천국을 전파하고 있습니다. 예수님은 열두 명의 제자를 선택하시고(마 10:1-2) 예수께서 이 열둘을 내보내시며 명하여 이르시되 "가면서 전파하여 말하되 천국이 가까이 왔다 하고"(마 10:7) 하시면서 천국이 가까이 왔음을 선포하고 회개하여 하나님 나라를 이룰 것을 말씀하고 있습니다. 예수님은 천국(하나님 나라)을 전파하셨지만 이제 제자들은 예수님이 이 땅에 오심과 가르치심과 예수님이 그리스도가 되시고 하나님의 아들이 되셨음을 전파할 것입니다. 이 천국 복음이 모든 민족에게 증언되고 온 세상에 전파 될 것입니다. 이것이 하나님의 복음이며 이 복음을 믿음으로 간직하는 자는 하나님의 백성이 되며 구원을 얻을 것입니다.

그러나 끝까지 견디는 자는 구원을 얻으리라. 이 천국 복음이 모든 민족에게 증언되기 위하여 온 세상에 전파되리니 그제야 끝이 오리라(마 24:13-14)

또한 마 4:23절에서 세 번째에 해당하는 사역인 병과 약한 것을 고치시는 예수님을 볼 수 있습니다. 마가복음을 두 부분으로 나눈다면 하나는 이적이야기 다른 하나는 수난이야기로 구분할 수 있습니다. 이 두 이야기는 하나님의 영광을 나타내지만 그러나 수난을 동반하지 않는 영광은 예수님을 바로 알지 못한 것입니다. 마가복음에 나타난 이적이야기 그 중에서도 병자들과 약한 자들을 고쳐 주시는 이야기들은 메시아로 오신 예수님과 관련된 이야기입니다. 이렇게 마가복음에 나타난 예수님의 사상들을 마태복음도 그대로 이어받고 있습니다.

그런데 마태복음은 특이하게도 위 구절 4:23절에서 첫 번째 사역에 해당하는 가르침에 대한 이야기가 많이 나옵니다. 마가복음에도 예수님의 말씀이 있고 비유도 있어 하나님 나라의 비밀들을 알려 주는 예수님에 대한 이야기가 있지만 마태복음은 더욱 말씀에 대한 이야기가 많이 나오고 이 말씀의 가르침을 강조하고 있습니다. 이 글의 서론에서 말씀드린 대로 "말씀을 마치매~" 앞에 있는 다섯 개의 말씀들이 어떠한 것인지 알아보겠습니다.

첫 번째 말씀 덩어리는 마태복음 5장에서 7장까지 아주 커다란 말씀 군입니다. 5장 1-2절에 "예수께서 무리를 보시고 산에 올라가 앉으시니 제자들이 나아온지라 입을 열어 가르쳐 이르시되"(마 5:1-2)로 말씀을 시작하여 팔복을 설명하는 구절과 함께 참으로 긴 강화(설교)가 이어집니다. 보통 산상수훈으로 알려진 말씀입니다. 그리고 마 7:28-29절에서 "예수께서 이 말씀을 마치시매 무리들이 그의 가르치심에 놀라니 이는 그 가르치시는 것이 권위 있는 자와 같고 그들의 서기관들과 같지 아니함일러라"(마 7:28-29)고 말씀을 마치시는 것을 알 수 있습니다. 이 긴 마태복음 5-7장 안에 마가복음과 관련된 구절은 5:13-16절 소금과 빛에 대한 이야기와 5:31-32절 이혼에 대한 이야기 정도이며 나머지는 마가복음에 없는 말씀입니다. 이 말씀 안에는 팔복을 포함하여 주옥같은 다양한 예수님의 말씀들이 들어 있습니다.

이렇게 긴 예수님의 말씀을 어느 한 주제로 말씀드리기는 어려운 것 같습니다. 이 안에는 팔복을 시작으로 그리스도인들이 살아가는 데 필요한 많은 삶의 규정들이 들어 있습니다. 가장 눈에 띄는 것은 율법과 비교하는 반 주제(antitheses) 문장들입니다. 보통 여섯 개의 반제(six antitheses)라고 부르고 옛 율법에는 이렇게 말하였지만 "나는 너희에게 이르노니~"로 시작하는 대립 명제들입니다. 마태복음 5:21-26(살인 의미 수정), 5:27-30(간음 의미 수정), 5:31-32(이혼증서 폐기), 5:33-37(맹세 폐기), 5:38-42(눈에는 눈, 이에는 이 율법을 비폭력 무저항으로 수정), 5:43-48(이웃 사랑, 원수 증오를 원수까지도 사랑으로 수정)에서 보듯이 예수님은 율법을 수정하거나 폐기할 수 있는 분입니다.[18] 이렇게 할 수 있는 이유는 하나님으로부터 모든 것을 받은 예수님은 이 땅

에서 하나님의 모든 의를 이루기 위함입니다.(마 3:15)

두 번째 말씀 덩어리는 마태복음 10장으로 제자들을 선택하시고 제자들을 파송하시면서 하시는 말씀입니다. 마태복음 10:1절에 예수께서 그의 열두 제자를 부르시고 더러운 귀신을 쫓아내며 모든 병과 모든 약한 것을 고치는 권능을 주신 후 제자들을 파송합니다. 마태복음 10:5절에 "예수께서 이 열둘을 내보내시며 명하여 이르시되~"하고 파송 말씀을 시작하십니다. 마태복음 11:1절에 "그리고 예수께서 열두 제자에게 명하기를 마치시고~"하고 말씀을 마칩니다. 이 부분은 마가복음에서도 제자를 파송하는 이야기가 있지만 예수님의 강화(설교)는 마태복음에만 있습니다. 예수님은 제자들에게 "또 너희가 내 이름으로 말미암아 모든 사람에게 미움을 받을 것이나 끝까지 견디는 자는 구원을 얻으리라(마 10:22)"고 말씀하시며 "또 자기 십자가를 지고 나를 따르지 않는 자도 내게 합당하지 아니하며 자기 목숨을 얻는 자는 잃을 것이요 나를 위하여 자기 목숨을 잃는 자는 얻으리라(마 10:38-39)"고 말씀하고 있습니다. 예수님이 제자들을 향한 "제자도"에 대한 설명입니다.

세 번째는 13장 1-3절에서 "그날 예수께서 집에서 나가사 바닷가에 앉으시매 큰 무리가 그에게로 모여 들거늘 예수께서 배에 올라가 앉으시고 온 무리는 해변에 서 있더니 예수께서 비유로 여러 가지를 그들에게 말씀하여 이르시되~(마 13:1-3a)로 시작하여 비유를 말씀하시고 마태복음 13:53절에 "예수께서 이 모든 비유를 마치신 후에~"하고 말씀을 마칩니다. 비유는 천국(하나님 나라)의 비밀들입니다. 제자들은 이 비밀들을 깨닫는 자입니다. "그러나 너희 눈은 봄으로, 너희 귀는 들음으로 복이 있도다"(마 13:16)하고 말씀하고 있습니다.

네 번째는 마태복음 18장 1-3절에 "그때에 제자들이 예수께 나아와 이르되 천국에서는 누가 크니이까? 예수께서 한 어린아이를 불러 그들 가운데 세우시고 이르시되 진실로 너희에게 이르노니~"(마 18:1-3a)하며 천국에 대하여 강화(설교)를 하기 시작하십니다. 그리고 19장 1절에 "예수께서 이 말씀을 마치시고~"하고 말씀을 마치십니다. 천국(하나님 나라)은 앞으로 다가올 나라이기도 하지만 지금 성도들의 공동체에서도 천국을 미리 맛보는 삶의 공동체를 보여주고 있습니다. "이르시되 진실로 너희에게 이르노니 너희가 돌이켜 어린아이들과 같이 되지 아니하면 결단코 천국에 들어가지 못하리라"(마 18:3)고 말씀하고 있습니다.

18) 김영봉, 신약성서 이해, 성서연구사, 서울 1995 p89

다섯 번째는 26장 1절에 “예수께서 이 말씀을 다 마치시고~”라는 구절이 있어 지금까지처럼 말씀을 끝맺음하려는 것으로 보입니다. 그런데 문제는 말씀의 시작점을 어디로 보는지가 학자마다 약간 다르게 서술하고 있습니다. 우선 가장 많이 인정하고 있는 부분이 24장 3절에서 감람산에 앉으셔서 말씀하시는 것을 시작점을 들 수 있습니다. 24-25장은 종말과 심판에 관한 중요한 예수님의 말씀입니다. 24장은 마가복음을 따르거나 수정되었습니다. 그렇지만 25장은 마태복음에만 나오는 종말 심판에 대한 비유입니다. 24장에 나타나는 종말과 심판에 대한 사상이 마태복음 25장에 잘 연결되어 드러나고 있습니다. “그러므로 깨어 있으라 어느 날에 너희 주가 임할는지 너희가 알지 못함이니라.”(마 24:42)

마태복음에서 다섯 번의 “말씀을 마치시매~”로 구성된 말씀 덩어리를 살펴보았습니다. 이 안에는 마태복음에서 강조하는 말씀을 가르치시는 예수님의 특징이 잘 나타나고 있습니다. 그렇지만 다섯 번의 말씀 덩어리만으로 마태복음의 말씀의 특징을 설명하는 것은 무엇인가 서운한 감이 있습니다. 왜냐하면 필자는 23장의 예수님의 말씀 덩어리를 빼놓고 설명하는 것은 아주 어렵기 때문입니다. 그래서 저는 네 번째와 다섯 번째 사이에 23장인 말씀 덩어리를 하나 더 넣고 싶습니다. “비록 말씀을 마치시매~”라는 문장은 없어도 23:1절에 “이에 예수께서 무리와 제자들에게 말씀하여 이르시되~(마 231:1)”로 시작하여 23:39절에 “내가 너희에게 이르노니 이제부터 너희는 찬송하리로다 주의 이름으로 오시는 이여 할 때까지 나를 보지 못하리라 하시니라”고 말씀을 종결하고 있기 때문입니다. 23장은 예수님이 서기관과 바리새인과 랍비에 대한 논쟁 이야기가 핵심이기에 필자가 여러분에게 마태복음을 설명하려는 중심 주제를 설명하는데 중요한 말씀을 담고 있습니다. 이 23장 말씀 덩어리 역시 마태복음에만 있습니다.(비교대상은 마가복음입니다)

여기서 다시 한번 강조하여야겠습니다. 위에 설명하는 다섯 또는 여섯 가지 말씀 군은 마가복음과 비교하여 주로 마태복음에 나와 있은 말씀들입니다. 그렇지만 마가복음 안에 있는 예수님의 말씀의 내용들이 마태복음 12장에서 마가복음 2장 23절과 만나기 시작하여 마태복음 13장의 비유 그리고 14장을 지나면서 이적과 기사들과 연결된 말씀들이 많이 존재한다는 사실을 잊어서는 안 됩니다. 마가복음의 기본 골격인 예수님은 그리스도가 되시고 하나님의 아들 되심에 대한 내용을 마태 공동체도 똑같이 증언하고 있다는 사실을 꼭 기억하고 있어야 하며 성경 읽기에서도 그 흐름을 놓쳐서는 안 됩니다. 다만 마태복음 안에 말씀 군이 많다고 하는 사실은 마태복음이 강조하는 “말씀을 가르치시는 스승”으로서 예수님을 보다 더 강조하고 있는 것을 알 수 있습니다. 말씀을 가르치시는 예수님은 솔로몬의 지혜와 같은 것이 아니라 솔로몬보다 “더 큰 이”로서 천국(하늘나라)의 비밀을 알려주는 하나님의 아들이 되심을 말하고 있습니다.

이제 오늘의 이야기를 마치려 합니다. 마태복음에서는 예수님은 태어날 때부터 모세의 출생과 아주 유사하게 태어났습니다. 모세의 일생이 이스라엘 백성을 노예에서 해방시켜 구원에 이르게 하고 이스라엘 민족의 지도자로서 하나님의 말씀인 율법을 이스라엘 백성에게 수여하듯이 예수님도 천국(하나님 나라)을 전파하시며 하나님 나라 백성을 모으고 마태복음의 말씀을 수여하고 그 하나님 백성을 죄에서 해방시켜 구원하시는 분입니다. 유독 마태복음이 제자들을 교육하기 위해서 잘 정돈된 말씀 덩어리가 많은 이유가 모세와 같은 또는 모세보다 더 뛰어난 스승으로 예수님을 이야기하고 있습니다.

예수님이 가르쳐 주신 이 천국 복음이 모든 민족에게 증언되기 위하여 마태 공동체를 부르셨던 것처럼 성도 여러분도 부르셨습니다. 성도 여러분이 전하는 예수 그리스도에 대한 증언이 온 세상에 전파될 때에 그제야 끝이 올 것입니다. (마 24:13-14) 이런 과정을 묵시적으로 고백한 책이 요한 계시록입니다.

그러나 너희는 랍비라 칭함을 받지 말라 너희 선생은 하나요 너희는 다 형제니라. 땅에 있는 자를 아버지라 하지 말라 너희의 아버지는 한 분이시니 곧 하늘에 계신 이시니라. 또한 지도자라 칭함을 받지 말라 너희의 지도자는 한 분이시니 곧 그리스도시니라(마 23:8-10)

모세가 신명기 6장 4절에서 "이스라엘아 들으라 우리 하나님 여호와는 오직 유일한 여호와이시니"(신명기 6:4)라고 선포하고 있습니다. 예수님도 우리가 믿는 하나님만이 유일한 아버지가 되신다고 선포하고 있습니다. 그 하나님으로부터 모든 것을 받으신(마 11:27, 28:18) 예수님은 하나님의 능력과 지혜를 받으시고 하나님의 의를 완성하신 분입니다. 예수 그리스도만이 우리의 스승(선생)이 되시고 지도자가 된다는 사실을 기억하여야만 합니다. 마태 공동체는 모세보다 더 위대한 가르침의 스승으로서 예수님을 고백하고 있습니다.

제8과 ✝

산상수훈

; 마 5:1-7:29

그러므로 무엇이든지 남에게 대접을 받고자 하는 대로 너희도 남을 대접하라 이것이 율법이요 선지자니라(마 7:12)

마태복음의 산상수훈에는 일상에서 많이 들었거나 일반적인 상식으로도 알 수 있는 유명한 말씀들이 많이 들어 있습니다. 산상수훈 5장 안에는 유명한 팔복의 말씀이 있고(5:1-12) 빛과 소금이 되라는 말씀도 있으며(5:13:16) 옛 계명과 새 계명을 대조하는 말씀도 있습니다.(5:21-48) 6장에는 주기도문이 있고(6:5-15) 그리고 자선에 대하여(6:1-4) 금식에 대하여(6:16-18) 설명하며 자선과 기도와 금식할 때 사람 앞에 보이려고 하는 행위를 하지 않도록 주의를 주고 있습니다.(6:1) 그리고 마 6:19-34절까지 재물에 대하여 설명하며 하나님과 재물을 겸하여 섬기지 못함을 선언하고 있습니다. 7장에는 공동체의 삶에 대하여 설명하고 있습니다. 공동체로 살아가는 기본적인 행동은 "비판을 받지 아니하려거든 비판하지 말라"입니다.(7:1) 거룩한 말씀은 믿음을 받아들이는 공동체에만 주어집니다.(7:6) 그리고 예수님을 믿고 간절히 기도하면 응답해 주신다는 예수님의 말씀 선포를 통해서 믿음으로 구할 것과 찾을 것을 말씀하고 있습니다.(7:7-11) 이런 모든 것을 아우르는 공동체의 핵심 주제는 "남에게 대접을 받고자 하는 대로 남을 대접하는 것"(7:12)이라고 말씀하고 있습니다.

지금까지 읽은 산상수훈인 마태복음 5-7장은 현재 나와 있는 고대 기록 중에서 3세기 교부들의 해설을 읽을 수 있을 정도로 오래전부터 다양하게 해설되었습니다.[19] 예수님은 제자들이 어떤 사람들인지 먼저 설명합니다. 제자들은 팔복을 받는 자들입니다. 팔복이란 예수님의 마음(성품)을 가지는 것입니다. 예수님은 말씀하고 계십니다. 나는 심령이 가난한 자이며 애통하는 자이고 온유한 자이며 의에 주리고 목마른 자로서 긍휼을 여기는 자입니다. 나는 마음이 청결한 자이며 화평하게 하는 자입니다. 그리고 의를 위하여 박해를 받는 자로 심한 모욕도 당하고 거짓으로 모함을 받으며 악한 말을 들었습니다. 제자 여러분 나와 같은 마음을 가지십시오. 이렇게 예수님의 마음을 가지면 하나님의 의를 이루게 되고 복을 받을 것입니다. 심령이 가난하면 천국을 얻을 것이며 애통하는 자는 위로를 받고 온유한 자는 땅을 기업으로 받을 것입니다. 의에 주리고 목마른 자는 그들이 배부를 것이며 긍휼히 여기는 자는 긍휼이 여김을 받을 것이며 마음이 청결한 자는 하나님을 볼 것이며 화평하게 하는 자는 하나님의 아들이라 일컬음을 받을 것이며 의를 위하여 박해를 받은 자는 천국을 소유할 것입니다. 그래서 예수님의 마음을 품고 예수님을 따르는 제자가 되면 팔복을 누리며 그들은 하늘의 상이 클 것입니다.(마 5:1-12)

이런 제자는 세상의 소금과 빛이 될 것이며 제자들의 착한 행실로 많은 사람들이 하나님 아버지께 영광을 돌릴 것입니다.(마 5:13-16) 이제 예수님의 마음을 품은 제자들은 하나님의 의를 이룬 사람으로서 세상에 나아가서 하나님의 계명을 지킬 것입니다. 제자들이 가진 하나님의 의는 서기관과 바리새인보다 더 나은 의로서 천국(하나님 나라)에 들어갈 것입니다.(마 5:17-20)

서기관과 바리새인 보다 나은 의를 가지는 그리스도인들이 가져야 할 계명에 대하여 여러 구절이 이어서 나오는데 우리는 이 구절을 대할 때마다 참 많은 생각을 하게 합니다. 산상수훈에 나오는 옛 율법과 예수님의 말씀을 비교하는 여섯 개의 반 주제(antitheses) 문장들입니다. 옛 율법에는 이렇게 말하였지만 "나는 너희에게 이르노니~"로 시작하는 대립 명제들입니다. 마태복음 5:21-26(살인 의미 수정; 살인뿐만 아니라 형제에게 노하거나 욕하지도 말 것), 5:27-30(간음 의미 수정; 간음뿐만 아니라 음욕도 품지 말 것), 5:31-32(이혼증서 폐기; 음행하는 것 이외는 이혼하지 말 것), 5:33-37(맹세하는 것 모든 것 폐기),

19) 유태엽, <마태의 신학>, 감리교신학대학교출판부, 서울, 2008 p177

5:38-42('눈에는 눈 이에는 이' 율법을 비폭력 무저항으로 수정), 5:43-48(이웃 사랑; 원수 증오를 원수까지도 사랑으로 수정)에서 보듯이 예수님은 율법을 수정하거나 폐기하기도 하며 예수님은 그렇게 할 수 있는 분임을 나타냅니다. 이렇게 할 수 있는 이유는 하나님으로부터 모든 것을 받은 예수님은 이 땅에서 하나님의 모든 의를 이루기 위함입니다.(마 3:15) 하지만 학자들은 예수님이 새 계명으로 가르쳐 주신 이 가르침을 과연 현실에서 적용할 수 있는지를 두고 많은 논란이 있습니다.[20] 오늘 여기서는 여섯 개의 반제 말씀 중에 보복에 관한 한 구절만 소개하며 어떻게 새 계명을 이해할 수 있는지 설명하도록 하겠습니다.

또 눈은 눈으로, 이는 이로 갚으라 하였다는 것을 너희가 들었으나 나는 너희에게 이르노니 악한 자를 대적하지 말라 누구든지 네 오른편 뺨을 치거든 왼편도 돌려 대며 또 너를 고발하여 속옷을 가지고자 하는 자에게 겉옷까지도 가지게 하며 또 누구든지 너로 억지로 오 리를 가게 하거든 그 사람과 십 리를 동행하고(마 5:38-41)

이 본문의 말씀은 영화에서 예수님을 믿는 사람들을 뺨을 때리며 괴롭히는 장면에서 자주 나오는 대사입니다. 예수님을 믿는 우리가 이 구절의 의미를 생각하면서 영화의 대사를 들으면 우리의 마음을 착잡하게 만듭니다. 이 계명을 현실에서 지킬 수 있을까 자문해 봅니다. 그래서 많은 학자들이 현실에서 지킬 수 없다고 판단하여 다양한 해석을 시도하고 있습니다. 우리는 그런 해석보다도 성경에 나와 있는 말씀을 가지고 이해하도록 하겠습니다. 로마서 12장 19-21절 말씀을 읽어 보겠습니다.

내 사랑하는 자들아 너희가 친히 원수를 갚지 말고 하나님의 진노하심에 맡기라 기록되었으되 원수 갚는 것이 내게 있으니 내가 갚으리라고 주께서 말씀하시니라 네 원수가 주리거든 먹이고 목마르거든 마시게 하라 그리함으로 네가 숯불을 그 머리에 쌓아 놓으리라 악에게 지지 말고 선으로 악을 이기라(롬 12:19-21)

위에 마 5:38-41절 예수님의 말씀은 사도바울의 로마서 12:19-21절 말씀과 별반 다르지 않습니다. "눈은 눈으로 이는 이로~" 법규는 출애굽기 21:18-25절에 나오는 "동해보복법"입니다. 받은 만큼 돌려주는 법으로 같은 크기로 보복을 행하는 것입니다. 그런데 예수님은 "악한 자를 대적하지 말라 누구든지 네 오른편

---

20) 유태엽, <마태의 신학>, 감리교신학대학교출판부, 서울, 2008 p182-184

뺨을 치거든 왼편도 돌려 대며~(마 5:39)"라고 말씀하고 계십니다. 예수님은 출애굽기 21:24-25절에 나오는 "동해보복법"을 그대로 실천함으로 하나님 의를 이룰 수 있다고 생각하는 서기관과 바리새인들과 달리 예수님의 제자들은 친히 원수를 갚지 말 것을 말씀하고 있습니다. 악한 자들이 행하는 악은 하나님의 진노하심으로 갚을 수 있기에 원수 갚는 것은 자신이 친히 하지 말고 하나님께 맡기고 오히려 원수가 주리거든 먹이고 목마르거든 물을 주어 마시게 하라는 것입니다.(롬 12:19-21) 악한 자들의 악행을 악으로(동해보복법) 갚지 말고 선으로 악을 이기라(롬 12:19-21)는 말씀입니다. 이어지는 "이웃을 사랑하며 원수도 미워하지 말고 사랑하라"는 구절(마 5:43-48)과도 연결이 되어 있습니다.

필자가 이렇게 해석하고 있지만 참 지키기 어려운 말씀입니다. 그렇지만 예수님의 말씀 자체는 참 대단하다는 생각이듭니다. 예수님은 이 구절의 결론으로 "너의 아버지의 온전하심 같이 너희도 온전하라"고 말씀하고 있습니다.(마 5:48) 이 구절은 5:21-5:48절에 이르는 여섯 개의 반제(six antitheses)에 해당하는 예수님의 말씀의 결론이라고 하여도 무방할 것입니다. 이와 같은 말씀을 들은 무리들은 그 가르치심에 놀라고 권위 있는 자라고 생각하며 자기 무리들의 서기관과 같지 않다고 여겼습니다.(마 7:28-29) 이처럼 마태복음 안에 있는 여섯 개의 반제는(마 5:21-48)는 예수님이 율법이나 선지자를 폐하러 온 것이 아니라 완전하게 하려는 것을 의미합니다.(마 5:17) 예수님은 율법을 더 완전하게 세우시는(롬 3:31) 분으로 예수님이 가르치신 계명을 지키라고 제자들에게 말씀하고 있습니다. 서기관과 바리새인 보다 더 나은 의를 실천하라는 뜻입니다.

제6장에 나오는 구제하는 것과(6:2-4) 기도하는 것(6:5-15) 그리고 금식에 관한 것(마 6:16-18)과 재물에 관한 것(6:19-34)에 대한 구절은 사람에게 보이려는 행위(외식하는 행위)(마 6:1)를 하지 말 것을 명하고 있습니다. 이런 말씀들은 서기관과 바리새인들의 의와 비교하며 "하나님의 의"를 완전히 이루려는 예수님의 말씀입니다. 이렇게 예수님의 말씀과 서기관과 바리새인 사상과 비교하는 본문이 마태복음 23장의 말씀입니다.

마태복음 23장은 예수님이 마태복음에서 주장하는 많은 계명들을 바리새파의 사상들과 대조하고 있습니다. 23장에 등장하는 랍비 즉 선생이라는 뜻은 서기관과 바리새인 또는 율법학자로서 율법을 해석하고 가르치는 유대교의 선생들입니다. 이미 예수님 당시 바리새파들은 유대교 안에서 바리새파 운동을 하고 있었으며 유대 민족 안에서 그들은 상당히 인정받는 종파였습니다. 이들은 철저히 율법을 준수하려고 하였으며 안식일을 지키는 것은 물론 식탁 공동체에서 십일조를 드린 음식을 먹음으로 거룩한 집단이 되기를 원했던 사람들입니다. 마태복음 23장 23절의 말씀을 보겠습니다.

화 있을진저 외식하는 서기관들과 바리새인들이여 너희가 박하와 회향과 근채의 십일조는 드리되 율법의 더 중한 바 정의와 긍휼과 믿음은 버렸도다. 그러나 이것도 행하고 저것도 버리지 말아야 할지니라(마 23:23)

예수님이 서기관과 바리새인을 비판하는 일곱 개의 "화 선언" 중 하나로 핵심적인 내용입니다. 바리새인들은 그들이 말하는 거룩한 하나님 나라는 철저히 율법을 지키는 것으로 가능하다고 생각하였습니다. 그들은 율법을 지키고 거룩함을 유지하기 위해서 율법을 지키는 바리새인들끼리만 생활하였습니다. 식탁 공동체마저도 자신과 같은 거룩한 식탁을 공유하는 사람들끼리만 배타적인 생활을 할 수 밖에 없었습니다. 예수님은 그들이 추구하는 이런 배타적인 율법 행위로 인한 거룩한 하나님 나라는 율법을 지킬 수는 있을지 몰라도 그곳에는 정의와 긍휼과 믿음이 없음을 말씀하고 있습니다. 예수님은 율법을 지키되 정의와 긍휼과 믿음도 지켜야 한다고 강조하고 있습니다. 그러면 예수님의 말씀은 바리새인들이 철저히 지키는 율법을 지켜야 한다고 하면서 비판하는 이유가 무엇일까요? 그것이 오늘 본문의 말씀처럼 남을 보여주기 위한 위선적인 행동은 하늘에 계신 하나님 아버지로부터 상을 받지 못한다는 것입니다.(마 6:1)

이것이 마태가 말하려는 "하나님의 의"를 이루는 사상입니다. 바리새파적인 위선적인 행위를 하지 않으면서 하나님의 계명을 지키며 살아갈 수 있는 믿음의 공동체 즉 예수를 믿는 마태 공동체는 어떠해야 하는지 7장에서 설명하고 있습니다. 거룩한 공동체의 기본 핵심은 "그러므로 무엇이든지 남에게 대접을 받고자 하는 대로 너희도 남을 대접하라 이것이 율법이요 선지자니라(마 7:12)"는 말씀 안에 들어 있습니다. 이 말씀 안에 팔복의 사상이 들어 있으며 제자들이 살아가야할 빛과 소금의 역할과 구제와 기도와 금식에 관한 사상도 이 말씀 안에 다 들어 있습니다. 그러므로 예수를 믿는 믿음의 마태 공동체는 서로 비판하지 말라는 것입니다.(7:1)

거룩함이란 바리새인들이 추구하는 구별(분리)된 존재로서 추구하는 것과 같은 방법이지만 예수님을 믿는 성도(거룩함)로서 구별(분리)된 존재는 예수 그리스도의 사랑 안에서 부르심을 받은 존재로서 구별(분리)된 존재여야 합니다. 예수님의 사랑 안에 존재하는 구별된 존재 즉 성도는 거룩함을 자신의 정체성 안에 담고 있어야 합니다. "남에게 대접을 받고자 하는 대로 너희도 남을 대접하라" 이것이 율법 그 자체이고 선지자가 말한 율법의 해석과 같습니다. 첫째는 "네 마음을 다하고 목숨을 다하고 뜻을 다하여 주 너의 하나님을 사랑하라" 그리고 둘째는 "네 이웃을 네 자신 같이 사랑하라" 바로 이 두 계명이 그리스도인의 귀한 율법과 선지자의 강령이 되는 것입니다.(마 22:36-40) 하나님을 사랑하는 것과 네 이웃을 사랑하는 것이 큰 계명이 됩니다.

그리고 산상 수훈의 결론으로 예수님은 누가 천국(하나님 나라)에 들어가는지 이야기하고 있습니다.

나더러 주여 주여 하는 자마다 다 천국에 들어갈 것이 아니요 다만 하늘에 계신 내 아버지의 뜻대로 행하는 자라야 들어가리라(마 7:21)

그러므로 누구든지 나의 이 말을 듣고 행하는 자는 그 집을 반석 위에 지은 지혜로운 사람 같으리니(마 7:24)

오늘 우리가 이야기하는 산상수훈에 관하여 결론을 내려야 할 때가 되었습니다. 예수님은 제자들에게 이 세상을 살아가면서 많은 거짓 선지자들을 만날 텐데 그들은 양의 옷을 입은 것처럼 나타나 많은 양들을 유혹할 것이라고 주의를 당부합니다. 이들은 종말에는 찍혀서 불에 던져지는 신세가 될 것입니다. 그리고 성도들에게 바리새인처럼 위선적인 행동인 "주여 주여 하는 자"가 아니라 하나님 아버지의 뜻대로 행할 것을 말씀하고 있는 것입니다. 예수님을 믿고 따르는 제자들이 이 땅의 삶에서 할 수 있는 것은 아름다운 나무가 되고 아름다운 열매를 맺는 것입니다. 이 열매는 성령의 열매이며 "사랑과 희락과 화평과 오래 참음과 자비와 양선과 충성과 온유와 절제"입니다.(갈 5:22-23) 이것이 예수님이 말씀하려는 율법을 다시 세우는 그리스도의 법입니다.(갈 6:2)

너희가 짐을 서로 지라 그리하여 그리스도의 법을 성취하라(갈 6:2)

"남에게 대접을 받고자 하는 대로 너희도 남을 대접하라"와 "너희가 짐을 서로 지라"는 같은 의미로 그리스도의 법의 성취는 그리스도의 사랑을 나타내고 있습니다. 이렇게 사랑의 법인 그리스도의 법을 지키고 행하는 자는 그 집을 반석 위에 지은 지혜로운 사람이 됩니다.(마 7:24) 반석 위에 지은 집은 비가 내리고 창수가 나는 어떠한 시련과 어려움에도 무너지지 않을 것입니다.(마 7:25) 성도 여러분 예수 그리스도의 믿음을 잘 간직하십시오. 그 마음을 품으십시오. 예수 그리스도를 믿음과 그의 말씀을 따르는 자는 팔복을 받게 되며 아름다운 열매를 맺을 것입니다.

제9과 ✝

수고하고 무거운 짐 진 자들아, 마태복음 구조 이해하기

; 마 11:28-30

수고하고 무거운 짐 진 자들아 다 내게로 오라 내가 너희를 쉬게 하리라. 나는 마음이 온유하고 겸손하니 나의 멍에를 메고 내게 배우라 그리하면 너희 마음이 쉼을 얻으리니 이는 내 멍에는 쉽고 내 짐은 가벼움이라 하시니라(마 11:28-30)

마태복음이 전체 구조 안에서 통일성 있게 설명하는 것이 매우 어려운 이유가 다양한 주제가 마가복음 보다 훨씬 복잡하게 얽혀 있기 때문입니다. 마가복음도 짧은 지면에 일부만 소개하고 있듯이 여기서 설명하는 마태복음의 구조 설명도 필자가 강조하는 어느 한 면만을 소개하고 있습니다. 마태복음은 마가복음 1:1-13절 서문을 마태복음은 1:1-4:11절까지 확장하였고 마가복음 14:1-16:20절 수난 이야기는 마태복음 26:2-28:20절까지 수난과 십자가의 죽으심 그리고 부활에 대하여 이야기하며 부활 사건에 대하여 보다 확장하여 설명하고 있습니다. 제7과에서 설명하였듯이 마태복음 4:12-26:1절까지 전체 본문 안에는 다섯 개 또는 여섯 개로 이루어진 독특한 말씀 덩어리로 구성되었습니다.(일부는 마가복음과 중복됨) 그렇지만 마태복음 안에 나타난 예수님의 말씀은 위에 설명한 5-6개의 말씀 덩어리 외에도 많은 말씀이 있습니다. 이 말씀들은 마가복음에 있는 말씀들을 인용하거나 수정 보완하고 있습니다. 마가복음에서 인용된 말씀들과 마태복음에 주로 나타나는 5-6개의 말씀 덩어리와는 서로 밀접하게 연결되고 있습니다.[21](마태복음과 마가복음을 비교할 때)

그 중에서 마태복음 11장을 읽어 보며 11장 이전과 이후의 구조 변화를 살펴보겠습니다. 11장에는 세례요한이 묻는 메시아가 예수님임을 설명하고 있으며 지난 시간 제2과에서 "복음서를 읽는 눈"을 설명할 때 말씀드렸던 많은 내용이 마태복음 11장에 있습니다. 누가복음 10:21-22절 내용이 마태복음 11:25-27에 평행본문으로 있습니다.

내 아버지께서 모든 것을 내게 주셨으니 아버지 외에는 아들을 아는 자가 없고 아들과 또 아들의 소원대로 계시를 받는 자 외에는 아버지를 아는 자가 없느니라(마 11:27)

예수님은 하나님 아들로서 하나님으로부터 모든 것을 받았으므로 자신의 계시를 제자에게 줍니다. 예수님의 계시를 받은 자만이 하나님 아버지를 정확히 알고 하나님 아버지가 알고 있는 하나님 아들에 관하여 정확히 압니다. 그 예수님은 무거운 짐으로 고난 받는 제자들에게 다 내게로 오라 말씀하시고 예수님에 대하여 정확히 알고 깨닫는 제자들에게 내가 쉼을 주시겠다고 말씀합니다.(마 11:28-30)

이렇게 마태복음 11장에는 예수님은 세례요한의 질문에 이사야가 예언한 메시야로서 "오실 그 이"임을 밝히고 하나님으로부터 모든 것을 받은 하나님의 아들임을 선언하고 있습니다. 마태복음 11장도 마가복음에는 없는 마태복음에만 나오는 말씀으로 마태복음 전반부의 중요한 본문입니다. 이어서 나오는 마태복음 12장 1절은 안식일에 밀 이삭을 잘라 먹는 기사로 마가복음 2장 23절과 연결되고 있어서 마태복음은 1장에서 11장까지 마태복음의 독특한 사상을 먼저 설명하

21) 유태엽, <마태의 신학>, 감리교신학대학교출판부, 서울, 2008 p185-221 제6장 마태의 예수 이야기

고, 다시 마가복음의 사상을 막 2:23절부터 순서대로 따라가며 서술하고 있습니다. 그러므로 마태복음 1장에서 11장까지는 마가복음 서론 부분 1:1-13절의 내용이 마태복음 1:1-4:11절까지 확장하고 있으며 산상수훈을 포함한 예수님의 가르침을 기록하고 있고 마가복음의 이적이야기를 모아서 이적에 관한 장을 제시하고 예수님의 말씀과 이적이야기를 제자들의 파송과 연결하여 인용하고 있습니다. 그러면 마가복음의 많은 이적 이야기들이 모아 있는 마태복음 8:1-9:34절의 본문을 살펴보겠습니다.

마태복음 8:1-4 / 마가복음 1:40-44 ; 나병 환자의 치유
마태복음 8:5-13 가버나움의 백부장 하인의 중풍병 치유
마태복음 8:14-17 / 마가복음 1:29-34 베드로의 집에서 장모 치유
마태복음 8:18-22 따름의 진지성에 대하여 말씀
마태복음 8:23-27 / 마가복음 4:35-41 풍랑을 잔잔하게 하심
마태복음 8:28-34 / 마가복음 5::1-17 귀신들린 두 가다라 사람을 고치심
마태복음 9:1-8 / 마가복음 2:1-12 중풍병자의 치유
마태복음 9:9-13 / 마가복음 2:13-17 마태를 부르심, 세리들과의 식사
마태복음 9:14-17 / 마가복음 2:18-22 금식에 대한 논쟁(요한의 제자)
마태복음 9:18-26 / 마가복음 5:21-43 혈루증 앓는 여인 치료, 야이로의 딸을 살리심
마태복음 9:27-34 맹인 둘과 말 못 하는 한 사람 치유

이렇게 마가복음의 이적이야기를 많이 모아서 마태복음은 이적 단락 8:1-9:34절을 만들어 마가복음이 말하고자 하였던 예수님이 그리스도(메시야)로 오심에 대하여 서술한 다음 마태복음 9장 35-38절까지 마가복음 6:34절에 있는 말씀과 연결하여 "추수할 일꾼에"에 대해 서술하고 있습니다. 다시 말씀드리면 마태복음에서 예수님이 그리스도(메시야)로 오심은 제자들을 부르시고 가르치시고 복음을 전파하고 모든 병과 약한 것을 고치시는 예수님과 연결되어 있습니다.

예수께서 모든 도시와 마을에 두루 다니사 그들의 회당에서 가르치시며 천국 복음을 전파하시며 모든 병과 모든 약한 것을 고치시니라. 무리를 보시고 불쌍히 여기시니 이는 그들이 목자 없는 양과 같이 고생하며 기진함이라. 이에 제자들에게 이르시되 추수할 것은 많되 일꾼이 적으니 그러므로 추수하는 주인에게 청하여 추수할 일꾼들을 보내 주소서 하라 하시니라(마 9:35-38)

위 구절 9장 35절에 나오는 동사 세 가지는 지난 제7과 "마태복음의 다섯 개의 말씀 꾸러미"에서 설명한 4장 23절의 세 동사와 일치하고 있습니다. 그래서 마태복음 4:23절에서 9:35절까지를 하나의 괄호로 묶어서 구조를 설명하기도 합니다.[22] 그리고 10장 1-4절까지 열두 제자를 부르시고 10:5절부터 열두 제자를 파송하며 말씀(두 번째 말씀 꾸러미)을 하고 있습니다. 이때 연결되는 마가복음 구절이 6:7-13절입니다. 이렇게 마태복음은 11장까지 예수님이 먼저 제자들에게 산상수훈 말씀을 통하여 가르치시고 많은 이적들을(4:23-9:35절) 행하며 병든 자와 약한 것을 고쳐주시고 천국 복음을 전파하는 것을 보여 주고 있습니다. 이제 예수님은 제자들을 세상에 파송하고 제자들은 목자 없는 양들을 위해 추수할 일꾼이 되어 천국 복음을 전파하며 병든 자와 약한 것을 고쳐주며 예수님의 말씀을 가르치기 위해 세상에 나아갈 것입니다. 그리고 이어지는 마태복음 11장에서 예수님은 그리스도시요 하나님의 아들로서 자기 정체성을 선언하고 있습니다. 예수님의 자기 정체성을 드러내는 세례 요한의 물음을 통한 그리스도 되심(11:2-6)과 하나님께서 아들인 예수님에게 아버지의 뜻으로 모든 것을 주심으로 하나님의 아들 되심에 대하여 설명함으로서(마 11:25-30) 지금까지 마태복음이 말하려고 하였던 사상들을 정리하고 있습니다.

내 아버지께서 모든 것을 내게 주셨으니 아버지 외에는 아들을 아는 자가 없고 아들과 또 아들의 소원대로 계시를 받는 자 외에는 아버지를 아는 자가 없느니라. 수고하고 무거운 짐 진 자들아 다 내게로 오라 내가 너희를 쉬게 하리라 (마 11:27-28)

이렇게 마태복음은 10장에서 제자들을 파송하고 11장에서 하나님 아버지와 아들인 예수님과 예수님을 따르는 제자들과의 관계를 설명하며 제자들을 부르시고 천국(하나님 나라)을 만들어 가는 결론을 내면서 마무리 한 다음 마태복음 12장을 시작하고 있습니다.

마태복음 12장 1절부터 마가복음 2:23절과 다시 만나고 안식일에 밀 이삭을 자르는 기사를 시작으로 마가복음의 구조를 따라 마태복음 서술을 다시 시작하면서 수정과 첨가를 하며 마가복음을 따라가고 있습니다. 11장에서 예수님은 그리스도가 되시며 하나님의 아들 됨에 대한 자기 정체성을 설명한 후 마태복음 12장에는 예수님에 대하여 여러 구약의 인물들을 소개하며 예수님이 어떤 분인지 다양하게 서술하고 있습니다. 1장에서부터 12장까지 마태복음이 소개하는 예수님을 요약해 보겠습니다.

---

22) 조경철, <신약성서가 한 눈에 보인다>, 땅에 쓰신 글씨, 2007, 서울 p.71

예수님은 아브라함과 다윗의 자손으로 약속으로 오신 그리스도(메시아)이십니다. 그분은 모세가 예언한 "나와 같은 선지자"로 오셔서 하나님의 말씀인 율법을 새롭게 해석하고 수여함으로서 율법을 바로 세우시는 분입니다. 그러므로 예수님은 예언서에서 예언한 그리스도(메시아)가 되시며 그분이 하나님의 아들이 되십니다. 예수님은 천국(하나님 나라)을 전파하시고 하나님 백성을 모으시고 제자 삼아 하나님 나라의 비밀을 알려주시고 가르치시는 분입니다. 그분은 이 땅에서 병과 약한 것을 고쳐 주시는 분입니다.

12장에 들어서서 예수님은 그리스도시요 하나님의 아들로 오셔서 성전보다 더 큰 이이며(마 12:6), 인자로서 안식일의 주인(12:8)이 되십니다. 예수님은 이사야가 예언한 고난 받는 하나님의 종(12:17-21;이사야 종의 노래)이며 하나님의 성령을 힘입은 자(12:26)입니다. 예수님은 요나보다 더 큰 이(12:41)이며 천국(하나님 나라)의 비밀을 알려주는 자로 솔로몬보다 더 큰 이로서(12:42) 하나님의 능력과 지혜를 모두 받은 분으로 설명하고 있습니다.

이렇게 마태공동체는 예수님에 관하여 다양하게 고백하고 있습니다. 예수님의 자기 정체성을 드러내는 세례 요한의 물음을 통한 그리스도 되심(11:2-6)과 하나님께서 아들인 예수님에게 아버지의 뜻으로 모든 것을 주셨으므로 예수 그리스도가 하나님의 아들 되심에 대하여 설명함으로서(마 11:25-30) 예수님은 성전보다 더 큰 이이며(마 12:6) 인자로서 안식일의 주인(12:8)이 되심을 말씀하고 있습니다. 그래서 12장 14절에서 바리새인들은 어떻게 하면 예수를 죽일까 의논하기 시작합니다.(마 12:14; 막 3:6) 마태복음은 여기서부터 예수님의 수난의 시작을 알리고 있습니다.

오늘의 이야기를 정리하겠습니다. 마태복음은 1장에서 11장까지 예수님은 하나님으로부터 모든 것을 받았기에 제자들을 가르치시고 천국복음을 전파하시며 병든 자와 약한 것을 고쳐 주시며 제자들을 파송하고 있습니다. 제자들은 예수님께 받은 계시대로 세상에 나아가서 예수님의 말씀을 하나님의 말씀으로 여겨 가르치고 병든 자와 약한 것을 고치고 예수님이 그리스도가 되시고 하나님의 아들됨에 대한 천국복음을 전파할 것입니다.

예수님은 지금 이 시간 여기에서 성도님들을 부르고 계십니다. 수고하고 무거운 짐 진 자들아 다 내게로 오라 내가 너희를 쉬게 하리라고 말씀하십니다.(마 11:28) 그런데 예수님은 다음과 같이 조건을 붙입니다. "나의 멍에를 메라" 이때 멍에는 무엇일까요? 예수님의 마음입니다. 예수님은 나는 마음이 온유하고 겸손하다고 말씀하면서 멍에를 메고 예수님에게 배우라고 권면하고 있습니다. 우리는 예수님이 지워 주신 멍에가 세상에서 살면서 결코 가볍지 않고 쉽지 않다는 것을 경험을 통해서 너무나도 잘 알고 있습니다. 예수님께서 주신 산상수훈과 이적의 말씀 그리고 제자들을 파송하며 하신 말씀들을 세상의 삶에서 지키는 것이 너무나 어렵다는 것도 잘 알고 있습니다. 그럼에도 불구하고 예수님은 세상을 살아나가면서 온유하고 겸손하라고 말씀하고 있습니다. 예수님이 앞으로 걸어가실 고난의 길을 따라오라고 하시면서 세상은 사랑의 법으로 살아갈 것을 당부하고 있습니다. 예수님이 지신 십자가의 길(Via Dorolosa; 비아 돌로로사)을 걸어가며 사랑의 법을 세상 안에서 실천한다면 우리의 마음이 쉼을 얻으며 예수님이 지워주신 멍에는 쉬워지고 가벼울 것입니다. 성도 여러분 예수님의 소원대로 예수님이 주시는 가르침(계시)을 받고 제자가 되어 하나님 아버지를 바로 알고 예수 그리스도에 대한 믿음을 가진 자가 되어 주님 주시는 안식과 쉼 안에서 마음이 평안하시기를 기도합니다.

제10과

마태복음의 베드로 이야기

; 마 16:13-20

예수께서 빌립보 가이사랴 지방에 이르러 제자들에게 물어 이르시되 사람들이 인자를 누구라 하느냐 이르되 더러는 세례 요한, 더러는 엘리야, 어떤 이는 예레미야나 선지자 중의 하나라 하나이다. 이르시되 너희는 나를 누구라 하느냐 시몬 베드로가 대답하여 이르되 주는 그리스도시요 살아 계신 하나님의 아들이시니이다. 예수께서 대답하여 이르시되 바요나 시몬아 네가 복이 있도다 이를 네게 알게 한 이는 혈육이 아니요 하늘에 계신 내 아버지시니라. 또 내가 네게 이르노니 너는 베드로라 내가 이 반석 위에 내 교회를 세우리니 음부의 권세가 이기지 못하리라. 내가 천국 열쇠를 네게 주리니 네가 땅에서 무엇이든지 매면 하늘에서도 매일 것이요 네가 땅에서 무엇이든지 풀면 하늘에서도 풀리리라 하시고 이에 제자들에게 경고하사 자기가 그리스도인 것을 아무에게도 이르지 말라 하시니라(마 16:13-20)

이번 시간에는 마 16:13-20절에 나와 있는 베드로의 고백을 중심으로 마태복음의 베드로 이야기를 하도록 하겠습니다. 이 구절들은 마가복음에서는 막 8:27-30절에 해당하는 내용입니다. 지난 시간 제3과 마가복음 이해하기에서 설명하였듯이 마가복음을 두 부분으로 나누면 막 1:1-8:26절까지 이적 이야기 중심과 막 8:31-16:20절까지 수난 이야기 중심으로 나눌 수 있습니다. 이때 두 부분 사이에 있는 구절(막 8:27-30절)에 있는 베드로의 신앙고백인 "선생님은 그리스도십니다"를 전반부 "이적이야기"의 결론으로 하기도 하고 후반부 "수난이야기"의 서론으로 구조를 분석하는 경우도 있다고 말씀드렸습니다. 마가복음은 이 부분에서 베드로의 고백은 "예수님은 그리스도"라고 고백하고 있습니다.(막 8:29) 이렇게 고백된 베드로의 "그리스도"는 마가복음이 전하는 "하나님의 아들 예수 그리스도의 복음"(막 1:1)에 관한 완전한 고백이 될 수 없습니다. 마가복음은 예수님께서 십자가에서 죽으실 때 예수님을 향하여 섰던 백부장이 예수님의 숨지심을 보고 "이르되 이 사람은 진실로 하나님의 아들이었도다"라고 고백하고 있습니다.(15:39) 그래서 베드로의 고백과 백부장의 고백이 동시에 일어났을 때 완전한 고백이 될 수 있습니다.

예수님의 하나님 나라 전파가 처음에는 예수님에 의해 천국(하나님 나라)복음이 전파되었지만 예수님이 부활하신 이후에는 제자들이 예수님의 말씀을 깨닫고 예수님의 오심과 이 땅에서 하신 말씀과 이적 그리고 십자가에 죽으심과 부활 승천에 이르기까지 이 사실을 하나님의 복음으로 전파하였습니다. 이런 제자들의 고백은 처음에는 베드로와 같은 유대인으로 시작하였습니다. 왜냐하면 예수님은 아브라함과 다윗의 후손인 유대인으로 태어났습니다. 그렇지만 백부장의 고백처럼 하나님의 복음은 유대인에서 이방인으로 흘러들어 갔고 지역으로는 유대지역에서 이방지역으로 복음이 흘러 들어갔습니다. 그러므로 예수님이 전파하셨던 하나님의 나라는 유대인과 이방인이 함께 예수님을 믿고 경배하는 공동체로서 하나님 나라의 백성으로 구원을 이루어 감을 의미합니다. 그런 의미에서 마가복음은 베드로와 백부장의 고백이 동시에 이루어져야 온전한 고백이 될 수 있습니다.

그렇다면 마태복음의 베드로의 고백은 어떠할까요? 마태복음에 나오는 베드로의 고백은 예수를 믿는 우리 신앙인들에게는 아주 완벽한 신앙고백이 됩니다. 일종의 신앙고백의 모범 답안이라 할 수 있습니다. 그래서 마태복음은 제자들을 교육하기 위한 책으로 교회 안에서 자주 읽히며 교육의 자료로 사용되고 있습니다.

마태복음은 마가복음의 기본 구조와 사상들을 그대로 가지고 오면서도 마태공동체만의 특징을 살리고 있습니다. 지난 시간 마가복음 1:1절에서 "하나님의 아들 예수 그리스도의 복음의 시작이라"고 하였던 것처럼 마태복음도 예수님을 하나님의 아들과 그리스도로 설명하는 데 많은 부분을 할애하고 있는 것을 알 수 있습니다. 예수님을 그리스도로만 이야기하는 마 1:1절은 마태복음 전체를 설명하기에는 부족한 감이 있습니다. 오히려 베드로의 고백이 완벽합니다.

시몬 베드로가 대답하여 이르되 주는 그리스도시요 살아 계신 하나님의 아들이시니이다(마 16:16)

예수님의 제자로서 완벽한 모범답안인 신앙고백을 베드로가 하고 있습니다. 베드로가 이렇게 완벽한 고백을 하였음에도 불구하고 마태복음의 구조는 마가복음과 유사하게 유대인에서 시작된 복음은 모든 민족으로 흘러 들어가고 있습니다. 마태복음에는 10장에서 열두 제자를 파송할 때는 천국(하나님 나라)복음을 유대인을 중심으로 선교를 하고(마 10:5-6; 유대지역 선교) 이후에는 유대 주변의 나라와 민족에게 전파하며(마 15:21-28; 가나안 여인의 구원) 그리고 모든 민족에게 선교할 것을 제자들에게 명령합니다(마 28:19-20). 따라서 마태복음도 선교의 흐름이 처음에는 유대인과 유대지역에 그리고 유대 지역 주변에 그리고 이방인과 이방지역에 선교함으로서 예수님의 복음의 방향이 유대지역에서 이방지역으로 흘러가고 있음을 알 수 있습니다. 이런 선교의 방향은 사도 바울의 시각이나 다른 복음서와도 일치하고 있습니다.

마태복음에서 베드로가 완벽한 신앙고백을 하고 있지만, 마가복음처럼 예수님이 수난 받으실 것을 설명하자 베드로는 반대합니다. 그 때 예수님은 베드로에게 사탄이라고 부르며 내 뒤로 물러있으라고 명령한 후 마가복음처럼 제자들은 십자가의 길을 갈 것을 말씀하고 있습니다. 그렇지만 마가복음처럼 제자들이 무지한 것이 아니라 조금씩 깨달아 알아 가는 모습을 볼 수 있습니다. 이처럼 마태복음은 마가복음에 비하여 열두 제자들에게 호의적으로 묘사하고 있으며 베드로에게 모든 제자들보다 우선권을 주고 있습니다. 오늘 읽은 본문의 말씀이 제자들 중에서도 특히 베드로가 제자들의 중심 역할을 하는 모습을 보여주고 있습니다. 교회를 반석(베드로)위에 세우겠다고 말씀하고 있습니다.[23)]

그래서 마태복음은 다른 복음서보다는 베드로에 대해 보다 많은 이야기를 담고 있으며 어떤 부분을 보면(반대하는 학자도 있습니다) 베드로 중심의 제자모습을 찾아 볼 수 있습니다. 마태복음에 나오는 베드로에 관한 이야기 중 몇 군데를 찾아 읽어 보며 마태복음에서 베드로가 어떤 역할을 하는지 알아보겠습니다.[24)]

마 4:18-22절 예수님은 첫 제자를 부를 때 베드로라 하는 시몬을 먼저 부릅니다. 마 16:16에서 비로서 시몬 베드로의 이름을 명명함에도 불구하고 처음

23) 물론 교회의 뿌리는 예수님이고 교회가 반석이고 교회가 천국 열쇠를 가지는 것이겠지만 그만큼 마태공동체는 베드로의 중요성을 강조하고 있습니다.
24) 유태엽, <마태의 신학>, 감리교 신학대학교 출판부, 서울 2008, p.145-152

부를 때 같은 이름을 마태복음은 언급하고 있습니다. 마 10:2절에 예수님의 열두 제자 명단이 나오는데 “열두 사도의 이름은 이러하니 베드로라 하는 시몬을 비롯하여~”(마 10:2)라고 시작합니다. 왠지 베드로는 열두 사도의 대표 격을 가지고 있습니다. 마태복음 10:16-19절에 나오는 말씀과 연결되어 있을 것입니다.

마태복음 14:22-33절은 예수님이 바다 위로 걸어서 오는 이적을 보여주고 있습니다. 이 본문은 마가복음 6:42-52절과 평행 본문입니다. 마가복음에서는 예수님만 바다 위를 걸어서 제자들에게 다가가지만 제자들은 예수님을 알지 못합니다. 마가복음에서는 제자들이 예수님이 어떤 분인지 깨닫지 못하는데 이는 그들 스스로가 마음이 둔하여 졌기 때문입니다.(막 6:45-52) 그러나 마태복음은 마가복음과 유사하게 진행하지만 베드로는 예수님이 물 위로 걷는 것을 보고 그대로 따라합니다. 비록 물에 빠져 실패하여 예수님이 구해 주시는 모습을 기록하고 있지만 마가복음과 다르게 서술하고 있습니다. 마가복음은 제자들이 예수님에 대하여 무지하다고 전하지만 마태복음은 예수님을 따라 하는 제자 베드로를 보여줌으로서 자신을 따라 하지 못하는 제자에게 “믿음이 작은 자여”라고 믿음의 무지가 아닌 믿음이 작음을 지적하고 있습니다. 그리고 마태복음은 이런 기적을 본 배에 있는 사람들이 예수께 절하며 “진실로 하나님의 아들이로소이다”라고 고백하고 있습니다. 예수님의 제자들은 마가복음보다는 훨씬 깨달음도 깊어지고 진전된 고백을 하고 있습니다.

그리고 마 16:16에서 베드로는 예수님에 대한 완벽한 고백을 하고 있고 이렇게 베드로의 완벽한 고백 후에 예수님은 첫 번째 수난에 대한 예고를 하고 계십니다.(마 16:21) 베드로의 완벽한 고백은 하나님 아버지의 계시로 알게 된 것이고 하나님 아버지의 계시를 알게 된 것은 예수님의 말씀과 계시를 통해서 알게 된 것입니다.(마 11:27) 예수님의 소원대로 계시를 받은 제자 베드로는 예수님으로부터 천국 열쇠를 받게 되는 것입니다.(마 16:19)

이때로부터 예수 그리스도께서 자기가 예루살렘에 올라가 장로들과 대제사장들과 서기관들에게 많은 고난을 받고 죽임을 당하고 제삼일에 살아나야 할 것을 제자들에게 비로소 나타내시니(마 16:21)

이때부터 예수님은 앞으로 닥칠 수난에 대하여 말씀하시지만 베드로는 예수님의 진정한 고난을 이해하지 못합니다. 베드로가 예수님을 붙들고 항변하면서 말합니다. “주여 그리 마옵소서 이 일이 결코 주께 미치지 아니할 것입니다.”(마 16:22) 예수님이 베드로에게 말합니다. “베드로에게 이르시되 사탄아 내 뒤로 물러가라 너는 나를 넘어지게 하는 자로다 네가 하나님의 일을 생각하지 아니하고 도리어 사람의 일을 생각하는 도다”라고 하십니다. 그리고 이 모든 일들에 대하여 예수님은 자신을 따르는 제자들에게 그들이 걸어가야 할 길 "제자의 도"를 설명하고 있습니다.

이에 예수께서 제자들에게 이르시되 누구든지 나를 따라오려거든 자기를 부인하고 자기 십자가를 지고 나를 따를 것이니라. 누구든지 제 목숨을 구원하고자 하면 잃을 것이요 누구든지 나를 위하여 제 목숨을 잃으면 찾으리라(마 16:24-25)

예수님에 대한 베드로의 완벽한 고백과 그럼에도 불구하고 예수님이 십자가의 고난을 당하여야 하는 이유를 알지 못하는 베드로에 대하여 설명하고 참된 제자는 "자기를 부인하고 자기 십자가를 지고 예수님을 따르는 것"임을 설명하고 있습니다.

이어지는 17장 1-9절에 나와 있는 변화산의 사건도 예수님은 베드로 야고보 요한을 데리고 올라가셔서 모세와 엘리야와 대화를 나눕니다. 이때 제자들의 대표로 등장하는 사람도 베드로입니다. 17장 24-27절에 나오는 성전세 지불에 대한 기사에서도 예수님과 베드로를 위해 바다에서 낚시로 잡은 물고기의 입에서 얻은 한 세겔의 돈으로 지불하라고 말씀하고 있는 것도 베드로가 열두 제자들의 대표격으로 나오고 있습니다. 마 19:27절에도 "따름에 대한 보상"에 관한 문제제기를 제자들의 대표 자격으로 베드로가 질문하고 있습니다.

베드로는 예수님이 마태복음 26:69-75절에서 잡히시고 공회에서 심문 받으실 때 예수님을 세 번이나 부인하고 있습니다. 예수님이 체포당하시는 날 제자들은 모두 예수님을 버리고 도망갔습니다.(마 26:56) 그나마 베드로는 예수님이 잡히시고 공회에서 재판받으시는 날 바깥뜰까지 뒤따라가기는 하지만 세 번이나 부인하는 것입니다.(마 26:69-75) 이런 베드로의 모습이 예수님을 따라가는 제자들의 모습이 되고 현재 우리들의 삶의 모습과 많이 닮아 있습니다.

이제 마태복음에 나와 있는 베드로의 모습을 살펴보며 오늘 말씀의 결론을 내야겠습니다. 마태복음도 처음에는 제자들을 파송할 때 유대지역을 중심으로 천국복음을 전파하였습니다. 그리고 유대 주변 지역과 민족에게 전파하고 마지막에는 모든 민족에게 천국 복음을 전파하는 선교 명령을 예수님은 말씀하고 있습니다. 예수님은 마태복음에서 제자들에게 천국 복음에 대하여 분부하고 가르치실 때 베드로가 중심 역할을 담당하는 것으로 보입니다. 이런 베드로의 모습이 오늘날 우리가 제자로서 살아가는 삶에서 자신의 모습으로 다가옵니다. 예수님은 산상수훈을 통해서 말씀하시고 이적과 말씀을 통해서 분부하고 가르치시지만 우리는 깨닫지 못하기도 하고 믿음이 작아서 예수님을 따르지 못하고 물에 빠질 때가 있습니다. 때로는 우리 앞에 놓여 있는 커다란 고난과 환난 앞에서 예수님을 모른 체하거나 부인할 때가 있습니다. 마태복음은 그런 제자들에게 간곡하게 부탁합니다. "끝까지 견디는 자는 구원을 얻을 것입니다."(마 24:13) "깨어 있으십시오. 어느 날에 너희 주가 임할는지 알 수 없습니다."(마 24:42)

예수께서 나아와 말씀하여 이르시되 하늘과 땅의 모든 권세를 내게 주셨으니 그러므로 너희는 가서 모든 민족을 제자로 삼아 아버지와 아들과 성령의 이름으로 세례를 베풀고 내가 너희에게 분부한 모든 것을 가르쳐 지키게 하라 볼지어다 내가 세상 끝 날까지 너희와 항상 함께 있으리라 하시니라(마 28:18-20)

이 천국 복음이 모든 민족에게 증언되기 위하여 온 세상에 전파되리니 그제야 끝이 오리라(마 24:14)

마태복음의 제자들은 모든 민족을 제자로 삼아 예수님께서 분부하신 모든 것을 가르치고 지키게 하여야 할 것입니다. 마태 공동체는 자신들이 예수님이 분부하신 말씀들을 모든 민족에게 가르치고 지키게 하는 공동체로 여겼습니다. 성도 여러분 이렇게 예수님이 가르쳐 주신 천국 복음을 증언하며 증인으로 살아갈 때 복음은 온 세상에 전파될 것입니다. 그러면 세상의 끝이 올 것입니다. 성도 여러분 마태 공동체의 제자들처럼 예수님의 가르침에 순종하며 끝까지 견디는 성도가 되어야 합니다. 베드로의 고백이 우리 모두의 고백이 되며 베드로가 받았던 축복이 여러분의 축복이 되시기를 기도합니다.

평신도를 위한

신약성서 해설

누가복음 이해하기

제11과

누가복음 시작하기 예수님과 예수님의 증인들

; 눅 1:1-4, 눅 24:44-53, 행 1:1-11, 행 28:16-31

우리 중에 이루어진 사실에 대하여 처음부터 목격자와 말씀의 일꾼 된 자들이 전하여 준 그대로 내력을 저술하려고 붓을 든 사람이 많은지라 그 모든 일을 근원부터 자세히 미루어 살핀 나도 데오빌로 각하에게 차례대로 써 보내는 것이 좋은 줄 알았노니 이는 각하가 알고 있는 바를 더 확실하게 하려 함이로라(눅 1:1-4)

데오빌로여 내가 먼저 쓴 글에는 무릇 예수께서 행하시며 가르치시기를 시작하심부터 그가 택하신 사도들에게 성령으로 명하시고 승천하신 날까지의 일을 기록하였노라(행 1:1-2)

오직 성령이 너희에게 임하시면 너희가 권능을 받고 예루살렘과 온 유대와

사마리아와 땅 끝까지 이르러 내 증인이 되리라 하시니라(행 1:8)

성도 여러분 누가복음과 사도행전은 "누가"가 썼다고 알려져 있습니다.[25] 누가복음 서문(눅 1:1-4)에서 누가는 누가복음을 저술하려는 자신의 의도와 목적을 적고 있습니다. 누가가 누가복음을 쓰려고 할 때 예수님의 사역을 목격한 자와 말씀을 전하려는 사역자들 즉 말씀의 일꾼들이 전하여 준 그대로 예수님에 관하여 글을 쓰는 사람들이 이미 많이 있었습니다. 누가는 이 문서들을 자세히 살핀 다음 데오빌로라는 각하에게 누가와 누가 공동체에서 일어난 일들을 중심으로 예수님시대부터 차례대로 쓰고 있습니다. 학자들은 이런 누가복음 서문 양식은 헬라-로마시대에 역사가들이 글을 쓸 때 사용된 방식과 유사하다고 말하고 있습니다.[26] 이 의미는 누가복음도 역사적 이야기의 형식을 많이 사용하고 있다는 뜻입니다. 사도행전 시작인 1장 1절에 "데오빌로여 내가 먼저 쓴 글에는~"하고 시작하고 있습니다. 내가 먼저 쓴 글은 당연히 누가복음이 되겠지요. 사도행전 1-2절에 누가복음의 내용을 요약하고 있습니다. 예수님이 행하신 일 그리고 하나님의 말씀을 가르치시는 일 그리고 예수님이 사도들을 택하시고 성령을 주시고 성령으로 증인 된 자로 살며 선교를 명하시고 승천하는 일까지 기록된 책이 누가복음입니다.(행 1:1-2)

현재 성경의 순서는 누가복음 뒤에 요한복음이 있고 사도행전으로 이어집니다. 예수님의 이야기 복음서 네 권을 앞에 배열하고 사도행전을 그 뒤에 배치하였습니다. 그렇지만 사도행전은 누가복음과 함께 읽어야 글이 이어집니다. 누가복음과 사도행전은 누가문서(누가-행전)의 전편과 후편이라는 독특한 양식으로 성경의 한 부분을 차지하고 있습니다.

누가복음이 역사적 서술 형식을 많이 가지고 있는 것은 예수님의 역사적 이야기들과 사도들의 역사적 사실을 기록한 사도행전과 하나의 연속된 글이 되기 때문입니다. 누가-행전(누가복음과 사도행전의 줄임말)이 역사적 사실에 근거하여 기록하고 있더라도 누가복음의 주요 저술 목적은 예수님의 역사적 일대기(biography)를 적으려고 하는 것은 아닙니다. 누가복음이 역사적 서술 형식을 가지고 있더라도 우리가 지금까지 복음서를 공부하였던 것처럼 예수님은 그리스도시요 하나님의 아들임을 나타내려는 전체적인 신학적 목적을 가지고 있는 신학적 역사이야기입니다.(눅 22:66-71)[27] 눅 2:1-2절[28] 예수님의 탄생기사 시작부분과

---

25) 김득중, <누가의 신학>, 컨콜디아사 서울 1991 p.13
26) 유태엽, <복음서 이해>, 감리교신학대학출판부 서울 2009 p.214
27) 김득중, <누가의 신학>, 컨콜디아사 서울 1991 p.12
28) 그 때에 가이사 아구스도가 영을 내려 천하로 다 호적하라 하였으니 이 호적은 구레뇨가 수리아 총독이 되었을 때에 처음 한 것이라.(눅 1:1-2)

눅 3:1-2[29] 세례요한의 탄생과 등장 구절에 역사적인 인물과 시기를 구체적으로 적고 있습니다. 그러나 누가복음은 시대적인 역사의 흐름을 확인하면서도 신학적인 역사의 흐름을 중요하게 여깁니다. 누가복음에 이러한 신학적인 역사의 시기를 결정하는 중요한 구절이 있습니다.

율법과 선지자는 요한의 때까지요 그 후부터는 하나님 나라의 복음이 전파되어 사람마다 그리로 침입하느니라(눅 16:16)

한스 콘첼만(Hans Conzelmann)은[30] 시간의 중심(Die Mitte der Zeit)이라는 누가신학(The Theology of St. Luke) 책을 저술하였습니다. 그의 저서 "시간의 중심: 누가의 신학"에서 그는 민족적 이스라엘의 시대, 예수의 시대, 교회의 시대로 삼등분하여 인간의 구원사(구원역사)를 역사적 입장에서 서술하고 있습니다. 그렇지만 우리는 지금까지 배운 것처럼 예수님을 중심으로 그 이전은 율법의 시대 그리고 이후로는 하나님의 복음의 시대로 구분하여도 됩니다. 이렇게 시대를 구분하는 것은 인간의 구원 역사의 흐름과 같은 의미입니다. 하나님이 세상을 창조하시고 인간을 만드신 후 인간의 타락으로 인해 죽을 수밖에 없을 때 인간을 구원시키기 위한 원대한 계획이 역사 안에 있습니다. 그 인간의 구원 역사의 중심에 예수님이 있습니다.

누가복음 3:23-38절까지 예수님의 족보가 나옵니다. 이 족보의 특징은 예수님의 족보 맨 위에 하나님이 계시다는 것입니다. 하나님으로부터 시작된 역사는 예수의 시대가 되었음을 말하고 있습니다. 따라서 누가복음은 예수님의 시대이고 예수님과 관련된 이야기입니다. 그 목적은 예수님은 그리스도이시고 하나님의 아들이심에 대한 서술입니다.(눅 22:66-71) 이렇게 민족적 이스라엘의 시대인 율법의 시대를 지나고 예수님의 오심과 사역 그리고 십자가에 죽으시고 부활하셔서 승천하시는 내용이 누가복음에 있습니다. 사도행전에서 오순절 날 다락방에 다 같이 모여(행 2:1, 1:15 약 120명 정도) 오순절 성령을 받고 교회의 시대를 열며 예수님이 다시 오실 때까지 누가 공동체는 예수님의 증인이 됩니다.

누가복음에서 예수님이 활동하시는 주된 공간적 배경은 예루살렘입니다. 예수님은 자라나고 살았던 곳이 나사렛이므로 나사렛 출신 예수이지만 누가복음에

---

29) 디베료 황제가 통치한 지 열다섯 해 곧 본디오 빌라도가 유대의 총독으로, 헤롯이 갈릴리의 분봉 왕으로, 그 동생 빌립이 이두래와 드라고닛 지방의 분봉 왕으로, 루사니아가 아빌레네의 분봉 왕으로, 안나스와 가야바가 대제사장으로 있을 때에 하나님의 말씀이 빈 들에서 사가랴의 아들 요한에게 임한지라.(눅 3:1-2)

30) 한스 콘첼만(Hans Conzelmann, 1915년 10월 27일-1989년 6월 20일)은 독일의 개신교 신학자이며 신약성서신학자이다. 루돌프 불트만의 제자로서 튜빙겐 대학교에서 공부를 하였다.(출처: 인터넷 위키백과 사전)

서는 태어나기를 예루살렘 근처인 베들레헴에서 태어나시고(눅 2:4) 예루살렘에서 8일만에 정결 예식을 합니다.(눅 2:22-24) 또한 어린 예수(12세)의 기록이 누가복음에만 있는데 예루살렘 성전에 있었던 사건을 기록하고 있습니다.(눅 2:41-52)

누가복음은 1:1-4:13; 서론과 4:14-9:50; 갈릴리에서 활동을 하시고, 9:51-19:27; 예루살렘으로 가는 여정이 그려지고, 19:28-21:4; 예루살렘 활동을 그리고, 21:5-38; 종말에 관한 이야기가 서술되고, 22-24장까지 예루살렘에 있었던 예수님의 수난과 죽음 부활 승천에 이르는 이야기가 나옵니다. 마지막 승천 전에 예수님은 그리스도가 고난을 받고 삼일 만에 죽은 자 가운데서 살아날 것과 또 그리스도 이름으로 죄 사함을 받게 하는 회개가 예루살렘에서 시작하여 모든 족속에게 전파될 것이며 이 기록된 것 모든 일에 제자들이 증인 될 것을 명령하고 있습니다. 승천 후에 예수님을 보낸 후 목격자들은 예루살렘으로 돌아오고 성전에서 하나님을 찬송합니다.(눅 24:52-53) 누가복음의 주요 무대는 시작과 끝이 모두 예루살렘임을 알 수 있습니다.

그렇다면 사도행전은 교회의 시대입니다. 사도행전에 나오는 중요한 인물들이 있습니다. 베드로와 요한, 스데반과 빌립 그리고 바울이라는 예수님 이후 성령을 받은 초대 교회의 중요한 사도 또는 집사로서 예수 그리스도의 증인 역할을 한 사람들입니다. 사도행전 1:15절에 약 120명 제자들이 예루살렘에 모여 12번째 제자 맛디아를 가룟유다(예수님을 배반하고 죽었습니다) 대신 뽑고 2장에 오순절 날 성령을 받은 후 예루살렘 선교를 베드로가 시작합니다.

베드로와 요한이 2:14-5:42까지 예루살렘을 중심으로 사역하고 6장-7장에서 스데반의 순교와 빌립이 사마리아선교와 에디오피아 내시에게 선교합니다. 그리고 9장 1-31절에서 바울의 회개와 소명이 나오고 9:32-12:25절까지 베드로가 온 사방으로 다니며 유대선교와 이방인 고넬료에게 선교를 합니다. 그리고 12장에서 제자 야고보의 순교와 베드로가 감옥에 갇혔다가 나오는 이야기로 되어 있습니다. 13장-28장까지 사도 바울에 대한 이야기입니다. 바울의 1차 2차 3차 선교여행을 끝내고 예루살렘으로 여정을 향하고 예루살렘에서 체포되어 로마로 가는 여정과 2년 동안 로마에서의 선교가 사도행전에서 나오는 사도바울의 일생입니다. 한마디로 요약하면 로마로 가는 길입니다. 이렇게 정리하고 나니까 어떤 도표가 떠오르나요? 사도행전 1장 8절을 읽어보겠습니다.

오직 성령이 너희에게 임하시면 너희가 권능을 받고 예루살렘과 온 유대와 사마리아와 땅 끝까지 이르러 내 증인이 되리라 하시니라(행 1:8)

사도행전의 구조는 이 구절을 그대로 따라가고 있습니다. 누가복음에서 시작된 예수 그리스도에 의한 하나님의 복음은 이제 예루살렘에서 시작되어 온 유대와 사마리아를 거쳐 로마에 이르고 땅 끝까지 이르는 여정에서 누가 공동체에게 예수 그리스도의 "증인"이 될 것을 말씀하고 계십니다. 사도행전의 끝은 사도 바울이 로마에서 2년간의 사역을 중심으로 끝나고 있지만 사도 바울은 로마서에서 로마를 거쳐 서바나(스페인)로 갈 계획을 편지에 쓰고 있습니다.(롬 15:22) 그래서 사도행전이 말하는 땅 끝이 로마를 말하는 것인지 바울이 가려는 곳 서바나(스페인)인지 당시 시대상황에서 말하는 땅 끝이 어디인지는 정확히 알 수 없습니다.

사도행전을 한마디로 요약하면 무엇일까요? 예수 그리스도에 대한 증인되는 삶을 살아간 제자들의 이야기입니다. 그들의 앞날이 어떠했는지는 전해져 내려오는 이야기를 들을 수 있습니다. 스데반의 순교(행 6:8-7:60), 제자 야고보의 순교(행 12:1-2), 그리고 베드로와 바울도 전승에 의하면 순교 당하였다고 알려져 있습니다. 성경에 없는 전승은 전승된 이야기로만 들으시면 됩니다. 그러나 베드로와 바울이 순교의 기록은 없지만 사도행전에서 겪는 박해와 시련은 상상이상일 것입니다. 이런 박해와 시련, 그리고 순교의 역사가 사도행전에서 예수 그리스도의 증인으로 살아가는 제자들의 이야기입니다.

사도행전 마지막장 28:16-31을 읽어보면 바울이 로마에 도착하여 생활한 기록이 남아 있습니다. 마지막 사도행전 28:30-31을 읽어보면 바울이 2년간 자기 셋집에 머물면서 자기에게 오는 사람을 다 영접하고 하나님의 나라를 전파하며 주 예수 그리스도에 관한 모든 것을 담대하게 거침없이 가르쳤다고 되어 있습니다. 이렇게 사도행전의 마지막을 장식하는 문장이 책을 종결하는 문장으로 괜찮은지에 대한 많은 학자들의 연구가 되어 있습니다. 일부 학자들은 이 문장이 책을 종결하는 의미로 괜찮다고 하지만 많은 학자들은 무엇인가 어색하다고 여깁니다.

사도행전에 나타난 종결 부분의 어색한 점 또는 미완성처럼 느끼는 이유를 많은 학자들이 연구하여 발표하고 있습니다.[31] 학문적인 이야기 보다는 만일 사도행전의 이야기가 무엇인가 어설프게 끝나고 있다면 어떤 이유일까 하고 상상을 해볼 수 있습니다. 우리는 사도행전이 끝난 이후의 여백을 깊게 묵상하는 것입니다.[32] 많은 학자들이 말하는 것처럼 이 여백은 사도행전을 종말의 시간까지 즉 예수님이 다시 오시는 날까지 끝나지 않은 긴 여백으로 남긴 것으로 볼 수도

31) 김영봉, <신앙공동체를 위한 신약성서이해>, 성서연구사, 1995, 서울 p.158 "독자의 몫으로 남겨진 나머지 역사"를 참조하시오.
32) 김영봉, 같은 책 p.159

있습니다. 이 시간 우리는 사도 바울 이후 약 2000년(조금 안되지만)의 긴 시간 예수님의 증인으로 살았던 믿음의 선조들을 생각하지 않을 수 없습니다. 더러는 이름을 남긴 사람도 있지만 빛도 없이 이름도 없이 믿음을 끝까지 지키며 하나님 나라에 간 수많은 사람들을 생각하며 묵상하지 않을 수 없습니다. 그들이 있었기에 우리는 지금 여기에 있습니다.

이제 오늘의 주제인 예수님과 예수 그리스도의 증인으로 살아가는 제자들의 이야기의 결론을 내려야 할 때가 되었습니다. 예수님은 누가복음에서 하나님나라를 전파하셨습니다. 우리는 예수님을 믿음으로 구원받은 하나님 나라의 백성이 되었습니다. 부르심을 받은 성도로서 우리는 무엇을 할 수 있을까요?

예수님은 지금도 말씀하고 계십니다. 지금 여기에(Here and Now), 지금 이 시간 그리고 나의 삶의 일터가 예수님의 증인으로서 사역을 감당하는 시간이며 공간입니다. 우리가 살고 있는 이 역사의 한 페이지인 나의 삶은 오로지 주님의 역사의 한 페이지를 성도 여러분이 걸어가며 감당하고 있습니다. 성도 여러분 이제 여러분이 가지고 있는 믿음을 지켜 낼뿐만 아니라 주님의 증인으로서 그리스도인이라는 자신의 정체성에 확고한 신념을 가져야만 합니다. 예루살렘에서 시작된 그리스도의 증인의 역사가 한반도에 이르렀고 지금 여러분의 삶의 자리에 도착한 것입니다. 여러분이 증인으로서 사도행전 마지막 여백의 한 부분을 담당하고 있습니다. 그 자리는 박해와 시련이 있을 수 있습니다. 그렇지만 성도 여러분 복음을 부끄러워해서는 안 됩니다. 이 복음은 모든 믿는 자에게 구원을 주시는 하나님의 능력이 되기 때문입니다.(롬 1:16)

제12과

누가복음 네 개의 찬송(서문 1부)

; 눅 1:1-4:13,

마리아 찬가 : 눅 1:46-55

그의 팔로 힘을 보이사 마음의 생각이 교만한 자들을 흩으셨고
권세 있는 자를 그 위에서 내리치셨으며 비천한 자를 높이셨고
주리는 자를 좋은 것으로 배불리셨으며 부자는 빈손으로 보내셨도다
그 종 이스라엘을 도우사 긍휼히 여기시고 기억하시되
우리 조상에게 말씀하신 것과 같이 아브라함과 그 자손에게 영원히 하시리로다 하니라(눅 1:51-55)

누가복음 서론(눅 1:1-4:13)의 특징은 1:1-4절은 누가복음의 기록 방법과 목적을 서술하며 헬라 로마시대의 역사서를 기술하는 특징을 가지고 있으며 그 이후에는 세례요한의 탄생이야기와 예수님의 탄생 이야기를 비교하며 서술하고 있습니다. 세례요한의 탄생 예고(눅 1:5-25)와 예수님의 탄생 예고(눅 1:26-38) 그리고 예수님의 육신의 어머니 마리아와 세례요한의 어머니 엘리사벳의 만남 이야기(1:39-56) 후에 세례요한의 출생 이야기(1:57-80)와 예수님의 탄생 이야기(눅

2:1-20)가 대조하며 서술되어 있습니다. 그 이후 예수님의 어린 시절 이야기(2:21-52)가 차례대로 소개하고 있습니다. 3장에서 세례요한의 사역(3:1-20)과 예수님의 세례(3:21-22), 예수님의 계보(3:23-38) 그리고 예수님의 마귀에 의한 시험이야기(4:1-13)로 서론이 구성되어 있습니다. 물론 그 이후는 예수님의 사역과 수난 부활 승천에 관한 기록을 전하면서 예수님이 그리스도가 되시고 하나님의 아들 되심에 관한 이야기를 통해 제자들이 어떻게 깨달아야 하는지 서술 하고 있습니다.

서론에서 가장 큰 특징 중 하나는 예수님은 태어나실 때 베들레헴에서 여관이 없어 구유에서[33] 태어나시고(눅 2:1-7) 팔일 만에 할례를 받으시고 율법을 따라 모든 것을 마치시는 예수님의 모습을 볼 수 있습니다.(눅 2:39) 이렇게 예수님은 육신으로는 가난한 유대인의 후손으로 태어나 율법에 따라 성장하였음을 말하고 있습니다.

누가복음 서론 1:1-4:13절에는 예수님이 앞으로 사역하는 예루살렘과 유대지역 사역 그리고 제자들의 이방사역을 암시하는 사상들이 들어 있는데 그 중에서 네 개의 노래 속에 예수님이 누가복음과 사도행전에서 보여 주시는 모습을 잘 나타내고 있습니다. 네 개의 노래는 어떤 내용인지 무엇을 의미하는지 알아보겠습니다. 누가복음에 나타난 네 개의 찬송을 후대 신앙인들은 다음과 같이 특정하여 제목을 붙여서 찬송하고 있습니다.

첫째는 마리아 찬가로 "Magnificat"로 불리며 누가복음 1:46~55절에 해당됩니다. 두 번째는 사가랴의 찬가(축복송)로 "Benedictus"로 불리며 누가복음 1:67~79절에 해당합니다. 세 번째는 천군 천사들의 찬송(영광송)으로 "Gloria"로 불리며 누가복음 2:14에 해당합니다. "지극히 높은 곳에서는 하나님께 영광이요 땅에서는 하나님이 기뻐하신 사람들 중에 평화로다 하니라" 이 한 구절에 참 많은 사상들이 있습니다. 네 번째는 시므온의 찬송(고별송)을 "Nunc Dimitis"로 불리며 누가복음 2:28~32절에 해당합니다. 이 네 노래는 누가복음에만 있으며 누가복음과 사도행전의 예수 그리스도에 대한 사상들을 암시하거나 예수님에 대하여 말하고자 하는 누가 공동체의 고백과 찬양이 여기에 있습니다. 누가 공동체는 이 찬송들을 어떻게 노래하며 이해하고 있는지 이야기하도록 하겠습니다.

조경철 교수님의 "신약성서가 한눈에 보인다"는 책에서 마태복음은 괄호 묶기라는 문학 기법을 사용하고 있다고 주장하고 있습니다.[34] 예를 들면 마태복음

33)눅 2:7절은 구유 즉 여물통 같은 장소로 보이며 동물의 이름은 없다. 이사야서 1장 3절을 참고할 수 있다.

34) 조경철, <신약성서가 한눈에 보인다> 땅에 쓰신 글씨, 서울 2007 p.66

은 "임마누엘" 단어가 나오는데 하나님이 함께 계신다는 주장을 1:21-23절과 28:18-20절에 배치함으로서 마태 공동체는 하나님과 예수님이 항상 우리와 함께 하시는 분으로 인식할 수 있도록 문학적 장치를 사용하여 치밀한 구조를 보이고 있다고 설명하고 있습니다. 이와 유사하게 마태복음은 경배라는 주제가 2:1-12절까지 동방박사들이 예수님을 경배하러 왔으며(마 2:2) 28:16-20절에 예수님이 죽으시고 부활하신 후 제자들에게 지시하신 산에 나타났을 때 예수를 뵈옵고 경배하였다고 기록함으로서 예수님은 경배 받으실 분으로 묘사하고 있습니다. 이런 관점에서 보면 누가복음은 예수님을 찬송 받으시기에 합당하신 분으로 묘사하고 있습니다. 위에서 설명한 대로 누가복음에만 나타나는 특징으로 설명한 네 개의 노래의 시작을 보면 다음과 같습니다.

마리아 찬가의 시작은 눅 1:46절에 "마리아가 이르되 내 영혼이 주를 <u>찬양하며</u>~"로 시작하고 있습니다. 마리아 찬가 "Magnificat"라는 말은 라틴어인 "내 영혼이 주님을 찬미한다(Magnificat anima mea Dominum)"의 첫 구절에서 그 명칭이 유래하였다고 알려지고 있습니다. 사가랴의 찬가(축복송)는 눅 1:67-68절에서 "그 부친 사가랴가 성령의 충만함을 받아 예언하여 이르되 <u>찬송하리로다</u> 주 이스라엘의 하나님이여 그 백성을 돌보사 속량하시며"로 시작하고 있습니다. 천군 천사들의 찬송(영광송)은 "홀연히 수많은 천군이 그 천사들과 함께 하나님을 <u>찬송하여</u> 이르되 지극히 높은 곳에서는 하나님께 영광이요 땅에서는 하나님이 기뻐하신 사람들 중에 평화로다 하니라"로 되어 있습니다. 시므온의 찬송(고별송)은 "시므온이 아기를 안고 하나님을 <u>찬송하여</u> 이르되"로 시작하고 있습니다. 위에 사용된 밑줄 친 헬라어는 약간씩 다른 언어를 사용하지만 누가복음 개역개정 번역에서 우리 말 사용은 모두 찬송이란 단어를 사용하고 있습니다. 그리고 누가복음 마지막 절인 24: 53절은 "늘 성전에서 하나님을 찬송하니라"로 끝을 맺고 있습니다. 그러고 보면 마태복음은 예수님을 경배의 대상으로 묘사하고 있다면 누가복음은 찬송의 대상으로 보고 있다고 해도 될 것입니다. 누가 공동체는 찬양을 좋아하고 즐겨 부르는 찬송공동체가 아니었을까 추측해 봅니다. 이제 누가복음 서문의 네 개의 노래들을 살펴보겠습니다.

마리아의 찬가는 누가복음 1:46~55절에 해당됩니다:

마리아가 이르되 내 영혼이 주를 찬양하며
내 마음이 하나님 내 구주를 기뻐하였음은
그의 여종의 비천함을 돌보셨음이라
보라 이제 후로는 만세에 나를 복이 있다 일컬으리로다
능하신 이가 큰 일을 내게 행하셨으니 그 이름이 거룩하시며

긍휼하심이 두려워하는 자에게 대대로 이르는도다(눅 1:46-50)
그의 팔로 힘을 보이사 마음의 생각이 교만한 자들을 흩으셨고
권세 있는 자를 그 위에서 내리치셨으며 비천한 자를 높이셨고
주리는 자를 좋은 것으로 배불리셨으며 부자는 빈손으로 보내셨도다
그 종 이스라엘을 도우사 긍휼히 여기시고 기억하시되
우리 조상에게 말씀하신 것과 같이 아브라함과 그 자손에게 영원히 하시리로다 하니라(눅 1:51-55)

마리아 찬가는 두 부분으로 나눌 수 있습니다. 눅 1:46-50절까지 예수님 육신의 모친이신 마리아에 대한 이야기가 나옵니다. 비천한 여종 마리아를 통해서 능하신 하나님이 큰일을 행하시게 되어 만세에 복이 있다고 불리게 됩니다. 마리아에게 하나님이 큰일을 행하신 것에 대하여는 눅 1:30-35절에서 찾아 볼 수 있습니다.

천사가 이르되 마리아여 무서워하지 말라 네가 하나님께 은혜를 입었느니라 보라 네가 잉태하여 아들을 낳으리니 그 이름을 예수라 하라 그가 큰 자가 되고 지극히 높으신 이의 아들이라 일컬어질 것이요 주 하나님께서 그 조상 다윗의 왕위를 그에게 주시리니 영원히 야곱의 집을 왕으로 다스리실 것이며 그 나라가 무궁하리라 마리아가 천사에게 말하되 나는 남자를 알지 못하니 어찌 이 일이 있으리이까 천사가 대답하여 이르되 성령이 네게 임하시고 지극히 높으신 이의 능력이 너를 덮으시리니 이러므로 나실 바 거룩한 이는 하나님의 아들이라 일컬어지리라(눅 1:30-35)

천사가 마리아에게 알려준 내용은 처녀로 잉태된 아기는 예수님인데 이는 다윗의 왕위를 이어받을 자로 그리스도가 되시고 야곱의 집인 이스라엘을 다스릴 왕으로서 그 나라가 영원할 것이며 그 예수님은 하나님의 아들이라 불릴 것이라는 말씀입니다. 이렇게 마리아를 통해서 예수님의 오심의 의미는 그리스도가 되시고 하나님의 아들 됨을 선포하는데 그 분은 다윗의 후손이요(눅 1:32-33) 아브라함의 자손이(눅 1:55) 된다고 말씀하고 있는 것입니다. 지금까지 복음서를 공부하며 여러 번 반복되었던 내용들이 여기에 다 들어 있습니다. 마리아 찬가의 마지막 절(눅 1:55)을 보시면 이미 구약성경에서 예언된 아브라함 자손으로 오신 하나님의 종인 예수 그리스도와 그의 사역을 마리아 찬가 안에 기록하고 있습니다. 마리아 찬가 안에 서술하고 있는 예수 그리스도의 사역이 누가복음과 사도행전에 나타나는 전반적인 사상들을 요약정리하고 있습니다.

예수님이 이 땅에서 행하신 사역은 무엇일까요? 마리아의 노래를 통해서 요약해 보겠습니다. 눅 1:51절에 서술된 “그의 팔로 힘을 보이사”의 의미는 예수님은 하나님으로부터 모든 것을 받은 분으로 그리스도가 되시고 하나님의 아들로서 다음과 같은 사역을 담당하실 것입니다. 첫째는 마음이 교만한 자를 흩으시고 둘째는 권세 있는 자를 그 위에서 내리치셨으며 셋째는 비천한 자를 높이시고 넷째는 주리는 자를 좋은 것으로 배불리셨으며 다섯째는 부자는 빈손으로 보내셨다고 서술하고 있습니다.(눅 1:51-53) 이 땅에 하나님의 긍휼하심은 하나님을 두려워하는(경외하는) 자에게 주어지고 “마음이 교만한 자”와 “권세 있는 자” 그리고 “부자”를 심판하시고 “비천한 자”와 “주리는 자”를 높이시고 배불리시겠다는 선언입니다. 이 땅에 소외되고 가난하고 병든 자를 위해 예수님이 오셨음을 말하고 있습니다.

그래서 누가복음의 관심부분은 이 땅에 예수님이 말씀하신 하나님 나라를 세우시고 말씀으로 가르치시며 누가 하나님 나라에 들어가는지에 대한 설명에서 철저히 소외되고 비천하고 가난한 자들에게 집중하고 있음을 말합니다. 성경 본문에 나오는 가난한 자에 대한 모티브는 “세리와 죄인들”, “가난한 자들” 또는 “여인들”, “병든 자들”로 나타나며 지역적인 차별을 받는 “사마리아인들”에 관하여 관심이 집중되어 서술하고 있습니다.

이제 오늘은 서문의 일부인 마리아 찬가를 중심으로 결론을 내리려 합니다. 하나님 나라에 들어가는 것은 하나님에 의해 통치가 이루어지는 하나님 백성으로 살아가는 것을 의미하는 것으로 그 나라는 하나님의 의가 이루어지는 이스라엘입니다. 이 나라는 다윗의 후손 왕이 통치할 것이며 약속받은 아브라함 자손들이 하나님의 백성이 될 것이라고 이야기하고 있습니다. 이스라엘을 이루는 아브라함 자손이 누구인가에 대해 누가 공동체는 세례요한의 사역에서 장차 오실 예수님에 관해 진술하며 아브라함 자손에 대해 말하고 있습니다.

그러므로 회개에 합당한 열매를 맺고 속으로 아브라함이 우리 조상이라 말하지 말라 내가 너희에게 이르노니 하나님이 능히 이 돌들로도 아브라함의 자손이 되게 하시리라(눅 3:8)

누가 공동체가 그리는 예수님이 이 땅에 오셔서 하나님 나라를 이루는 아브라함의 자손으로 이루어진 이스라엘은 결코 바리새인들이 말하는 것처럼 율법적 행위를 하는 민족적 이스라엘이 아닙니다. 바리새인이 주장하는 것처럼 하나님 나라에 들어가는 거룩한 백성은 할례와 율법 또는 성결법을 지킴으로 민족적 이스라엘 사람이 되어야 이스라엘이 되는 것이 아니라 돌들로 표현한 것처럼 누구에게나 하나님의 뜻에 따르는 사람이 이스라엘 사람이 되고 하나님 나라 백성이 된다는 뜻입니다. 마리아 찬가를 보면 하나님 나라와 백성은 교만한 자나 권세 있는 자나 부자들의 나라가 아니라고 강조하며 이들로 이루어진 나라는 이스라엘이 아니라는 것입니다. 오히려 회개하고 하나님 나라에 합당한 열매를 맺는 사람들에 의해 이루어집니다.

예수 그리스도가 이 땅에 오셔서 하나님의 말씀을 통하여 이루고자 하는 하나님 나라는 비천하고 소외되고 가난한 자들에 의해 이루어집니다. 누가복음 안에는 이렇게 가난하고 소외된 자들에 대한 구원의 사회학적인 특징을 가지고 있습니다. 누가복음에는 예수님에 의한 하나님의 복음이 가난한 자에게 전파되는 것이 유독 강조되고 있으며 그런 예수님이 바로 메시아(그리스도) 이심에 대하여 다른 책들보다 더욱 강조하여 서술하고 있습니다. 성도 여러분, 누가복음에서 '가난한 자'에 대한 특징을 설명하는 김득중 교수님의 누가신학[35] 중 일부를 소개하겠습니다.

누가에게 있어서 복음은 오직 "가난한 자들"을 위한 것이다. 뿐만 아니라 누가에게 있어서 하나님의 축복도 "가난한 자들"에게 선포되고 있다. 누가는 예수님이 "가난한 자는 복이 있나니 하나님의 나라가 너희 것임이요"(누가 6:20) 그리고 또한 "이제는 주린 자는 복이 있나니 너희가 배부를 것임이요"(누가 6:21)라고 "가난한 자"와 "주린 자"를 축복했다고 강조한다. 이것은 마태가 예수님의 축복선언을 소개하면서 "가난한 자"와 "주린 자"를 영적으로 혹은 정신적으로 해석하여 "심령이 가난한 자"(마 5:3) 또는 "의에 주리고 목마른 자"(마 5:6)가 복이 있다고 강조한 것과 대조를 이루고 있다. 가난과 굶주림을 영적인 것으로 이해했던 마태와는 달리 누가는 "가난"과 "주림"을 글자 그대로 물질적이며 경제적인 "가난"과 물질적이며 육체적인 "굶주림"을 의미하고 있다.(김득중, 누가신학 p.81)

누가복음만이 가지고 있는 독특한 사상들을 조금 이해하실 수 있나요? 사실 이 "가난"이라는 주제만 해도 누가복음의 전체 사상 중에 한 부분이지만 참 많은 생각을 해야 하는 부분입니다. 자본주의 시대에 누가복음이 전하는 복음은 세상을 살아가면서 부딪치는 큰 벽과 같은 것입니다. 성도 여러분 누구도 가난하고 싶지 않습니다. 그러나 성경은 "가난한 자는 복이 있나니 하나님의 나라가 너희 것임이라"고 선언하고 있습니다. 마리아찬가는 예수님의 첫 설교로 이어집니다. (눅 4:16-21) "가난한 자에게 복음을 전하게 하시려고 내게 기름을 부으시고~" 구절의 의미는 예수님은 가난한 자에게 복음을 전하기 위해 그리스도가 되셨음을 말하고 있습니다.

---

35) 김득중, <누가신학>, 컨콜디아사, 서울 1991 p.80-86

"가난"이라는 주제는 누가복음과 사도행전에서 예수님의 제자가 되기 위한 사회학적 사상의 근본이 되는 깊은 사상을 가지고 있습니다. 누가 공동체는 마리아 찬가를 통해서 이처럼 예수님에 대한 자신들의 깊은 영적인 믿음의 삶을 노래하고 있습니다. 여러분의 깊은 영성과 기도와 찬양이 오늘의 말씀을 이해하는 지혜가 있기를 기도합니다.

집 하인이 두 주인을 섬길 수 없나니 혹 이를 미워하고 저를 사랑하거나 혹 이를 중히 여기고 저를 경히 여길 것임이니라 너희는 하나님과 재물을 겸하여 섬길 수 없느니라(눅 16:13)

제13과 ✝

누가복음 네 개의 찬송(서문 2부)

; 눅 1:1-4:13
사가랴의 찬송 : 눅 1:67-79, 천군 천사들의 찬송 눅 2:14, 시므온의 찬송 눅 2:28-32

주재여 이제는 말씀하신 대로 종을 평안히 놓아 주시는도다
내 눈이 주의 구원을 보았사오니
이는 만민 앞에 예비하신 것이요
이방을 비추는 빛이요 주의 백성 이스라엘의 영광이니이다 하니(눅 2:29-32)

지난 시간 누가복음 서론 네 개의 노래 중에서 마리아의 찬가에 관한 이야기를 하였습니다. 사실 마리아의 찬가 중에서 많은 이야기가 있지만 그중에서 "마음의 생각이 교만한 자들을 흩으셨고 권세 있는 자를 그 위에서 내리치셨으며 비천한 자를 높이셨고 주리는 자를 좋은 것으로 배불리셨으며 부자는 빈 손으로 보내셨도다"고 노래한 부분을 이야기 하였고 이 마리아 찬가는 예수님의 첫 설교에서 "가난한 자에게 복음을 전하기 위하여 예수님이 그리스도가 되었음"을 연결

하여 이야기 하였습니다. 이 찬송은 마리아 찬가로 "Magnificat"로 불리며 누가복음 1:46~55절에 해당합니다.

이 시간에는 사가랴의 찬가(축복송)로 "Benedictus"(눅 1:67～79)와 천군 천사들의 찬송(영광송) "Gloria"(눅 2:14)와 시므온의 찬송(고별송) "Nunc Dimitis"(눅 2:28～32)을 이야기 하며 누가복음과 사도행전에서 네 개의 찬송이 가지는 여러 의미들을 살펴보겠습니다.

사가랴의 찬송입니다.(눅 1:67～79)

찬송하리로다 주 이스라엘의 하나님이여 그 백성을 돌보사 속량하시며
우리를 위하여 구원의 뿔을 그 종 다윗의 집에 일으키셨으니
이것은 주께서 예로부터 거룩한 선지자의 입으로 말씀하신 바와 같이
우리 원수에게서와 우리를 미워하는 모든 자의 손에서 구원하시는 일이라
우리 조상을 긍휼히 여기시며 그 거룩한 언약을 기억하셨으니
곧 우리 조상 아브라함에게 하신 맹세라
우리가 원수의 손에서 건지심을 받고
종신토록 주의 앞에서 성결과 의로 두려움이 없이 섬기게 하리라 하셨도다(눅 1:68-75)
이 아이여 네가 지극히 높으신 이의 선지자라 일컬음을 받고 주 앞에 앞서 가서 그 길을 준비하여 주의 백성에게 그 죄 사함으로 말미암는 구원을 알게 하리니
이는 우리 하나님의 긍휼로 인함이라(눅 1:76-78a)
이로써 돋는 해가 위로부터 우리에게 임하여
어둠과 죽음의 그늘에 앉은 자에게 비치고 우리 발을 평강의 길로 인도하시리로다 하니라(눅 1:78b-79)

사가랴의 찬송을 보니 그동안 우리가 열심히 공부한 내용들이 한 눈에 들어오실 것입니다. 누가복음 서문에 나타난 마리아와 관련된 사상에서 마리아의 수태고지 내용 안에 예수님이 하나님의 아들 되심과 다윗의 후손으로 오신 메시아(그리스도) 사상과 이스라엘(야곱의 집) 왕으로서 통치에 대한 고지가 있습니다.(눅 1:30-33) 그리고 마리아 찬가 속에서 예수님의 사역인 "마음의 생각이 교만한 자"와 "권세 있는 자"와 "부자"를 심판하시며 "비천한 자"를 높이시고 "주리는 자"를 배불리신다고 노래하면서 예수 그리스도로 인한 백성들이 하나님과 아브라함의 약속(언약)으로 이루어진 하나님 나라의 백성임을 찬송하고 있습니다.(눅 1:51-55)

사가랴 찬송은 세례요한의 아버지로서 세례요한의 출생이 갖는 의미를 노래하는 찬송입니다. 사가랴 찬송을 읽어 보면 마태복음에서 이야기하였던 예수님은 다윗의 자손과 아브라함의 자손으로 오신 사상(마 1:1)에 대한 내용이 요약되어 있습니다. 그 뿐만 아니라 예수님이 이 땅에 오신 사역의 의미까지 이야기하고 있습니다. 우리가 마태복음을 공부하며 제5과 "아브라함과 다윗의 자손 예수 그리스도의 계보라"에서 예수님에 대해 아브라함의 자손이라고 하는 의미가 무엇인지 공부하였고 제6과 "아브라함 다윗 모세 솔로몬"에서 예수님의 다윗의 후손 메시아로 오신 의미가 무엇인지 자세히 설명하였습니다. 꼭 읽어보시기 바랍니다.

사가랴의 찬송을 크게 세 부분으로 나눌 수 있습니다. 첫 번째는 눅 1:68-75절까지 아브라함과 다윗에게 한 예언이 예수님에 의해 성취되었음을 말하고 있습니다. 그리고 두 번째는 76-78a절까지 세례요한의 역할을 설명하는 부분으로 마가복음에서 보여 준 예수님의 길을 "준비하는 자"로 서술되고 있습니다. 그리고 세 번째는 예수님이 이 땅에 빛으로 오셔서 하신 사역에 대하여 암시를 하고 있습니다.

첫 번째 부분은 가장 길며 중요한 아브라함과 다윗의 후손으로 오신 예수님이 그리스도가 되시고 하나님의 아들 됨에 대한 예언의 성취를 이룬 이야기입니다. 하나님은 선지자들이 예언한 대로 이스라엘의 구원을 위해 "구원의 뿔" 즉 메시아(그리스도)를 다윗의 집 후손을 통하여 세우시고 아브라함의 언약을 통해 하나님 백성을 삼으신다는 내용이 들어 있습니다. 선지자의 예언이 예수 그리스도에 의해 성취되었으며 아브라함과 맺은 언약 백성은 예수님을 믿는 백성으로 이들이 약속으로 이루어진 하나님 나라 백성이 됩니다.

사가랴의 찬가 중에서 두 번째 해당하는 눅 1:76-78a 구절에서 사가랴는 자신의 아들인 세례요한을 향하여 다음 같이 노래합니다.

이 아이여 네가 지극히 높으신 이의 선지자라 일컬음을 받고 주 앞에 앞서 가서 그 길을 준비하여 주의 백성에게 그 죄 사함으로 말미암는 구원을 알게 하리니 이는 우리 하나님의 긍휼로 인함이라(눅 1:76-78a)

성경에 있는 네 개의 복음서에서 모두 등장하는 세례요한에 대한 이야기는 조금씩 다르긴 하지만 오늘은 세례요한에 대하여 누가복음을 중심으로 이야기하겠습니다. 공관복음서(마태, 마가, 누가)에 나오는 세례요한의 정체성은 "주 앞에 앞서 가서 그 길을 준비하는 자"입니다. 이 이야기는 마가복음 서문(막 1:2-8)에 나오는 구약의 예언인 말라기 3:1절과 이사야 40:3절에 나오는 이야기이며 마가복음에 있는 세례 요한의 사역을 요약하고 있습니다. 세례요한은 하나님의 선지자로 불릴 것이며 주의 백성에게 세례를 통하여 죄 사함을 알게 하는데 이는 하나님의 긍휼을 입었기 때문입니다.(눅 1:76-78a) 세례요한의 사역에 대하여는 누가복음 3:1-20절까지 기록하고 있습니다. 세례요한은 눅 3:4절에 이사야 40:3절을 인용하며 "주의 길을 준비하는 자"로 기록하고 있습니다. 그리고 장차 올 진노를 피할 수 있는 방법 즉 "죄 사함으로 말미암는 구원"(눅 1:77)에 대한 구체적인 방법을 세례요한의 사역을 통해 알려 줍니다.

요한이 세례받으러 나아오는 무리에게 이르되 독사의 자식들아 누가 너희에게 일러 장차 올 진노를 피하라 하더냐 그러므로 회개에 합당한 열매를 맺고 속으로 아브라함이 우리 조상이라 말하지 말라 내가 너희에게 이르노니 하나님이 능히 이 돌들로도 아브라함의 자손이 되게 하시리라 이미 도끼가 나무뿌리에 놓였으니 좋은 열매 맺지 아니하는 나무마다 찍혀 불에 던져지리라(눅 3:7-9)

누가복음은 세례요한을 서술하며 그는 "예수님의 길을 준비하는 자"(눅 3:4, 사 4:3)로 이야기할 뿐 아니라 "모든 육체가 하나님의 구원을 보리라"(누가 3:5, 사 4:5)를 추가하고 있습니다. 이 서술은 사가랴의 찬가에서 세례요한을 설명하며 장차 올 진노를 피할 수 있는 죄 사함의 구원에 대한 이야기와 연결되고 있습니다. 아브라함의 자손은 민족적 이스라엘이 아니라 하나님의 뜻에 따라 좋은 열매를 맺는 사람들이 아브라함의 자손으로 구원받은 백성이 됩니다. 그래서 이 말씀을 들은 여러 직종에 있는 사람들이 구체적으로 하나님의 진노를 피하는 방법에 대하여 물어봅니다.(눅 3:10) 이때 세례요한은 세 종류 사람들을 이야기합니다. 첫째는 불특정 다수의 사람인 무리들에게 옷 두 벌 있는 자는 옷 없는 자에게 나눠 주고 먹을 것이 있는 자도 그렇게 하라는 것입니다. 두 번째는 세리들에게 죄 사함의 방법을 알려줍니다. 즉 세리에게 부과된 것 외에는 거두지 말 것을 이야기합니다. 세 번째는 군인들에게 죄 사함의 방법을 알려줍니다. 자기가 가진 힘으로 약한 사람들에게 강탈하지 말며 거짓으로 고발하지 말고 받는 급료로 족한 줄 알고 살라는 것입니다. 세례요한의 설교의 의미는 이후에 있는 예수님의 사역 안에 나타나는 사회학적인 사상들을 구체적으로 미리 이야기 하는 특징을 가지고 있습니다.

마리아 찬가 속에서 보이는 비천한 자 또는 주린 자와 같은 사회적 약자들에 대한 배려가 세례요한의 설교 속에서도 그대로 나타나고 있습니다. 누가 저자는 누가 공동체가 하나님 나라를 이루어가는 공동체의 현실의 삶에서 사회 경제에 관하여 구체적으로 어떻게 하여야 하는지 역사적 실제 사례를 들어 서술하고 있습니다. 무리들에게는 옷 한 벌이면 족하다는 것입니다. 옷 두벌이면 남는 것이므로 공동체를 위해 나누어 주고 먹을 것도 자기가 먹을 양식만 먹고 남는 것이 있다면 나누어 주라는 것입니다. 예수님 당시의 세리에 관한 많은 연구 논문들이 있습니다.[36] 세리들은 당시 이스라엘 민족에서 따돌림을 받는 직종입니다. 왜냐하면 세리들은 이스라엘을 위해 일하는 것이 아니라 당시 로마의 세금 대리인으로 로마를 위해 이스라엘 사람들에게 할당된 세금을 징수하는 자들이기 때문입니다. 그래서 때로는 민족의 배신자로 이스라엘 민족에게 배척당하고 있었습니다. 복음서에 보면 특히 누가복음 안에 세리들이 하나님의 백성으로 선택되는 경우가 많이 있습니다. 세리들은 세례요한에게 구체적으로 구원을 위한 죄 사함의 방법을 물어 봅니다. 세례요한의 대답은 세금을 책정하고 거둘 때 부과된 것 외에 자기의 이익을 위해 더 세금을 걷지 말라고 설명합니다. 또 하나의 직종의 사람들이 찾아오는데 군인들입니다. 군인들은 하나님의 진노를 피하고 하나님 나라에 들어가 하나님 백성으로 살아가려면 어떻게 하여야 하는지 묻습니다. 이 때 대답도 군인 신분으로 자기보다 약한 사람에게 강탈하지 말고 거짓으로 고발하여 자기의 이익을 취하지 말고 자신이 받는 급료로 만족하라고 말합니다. 누가 공동체의 사회 경제 관념들을 이해할 수 있는 구체적인 사례들입니다. 이렇게 세례요한이 설교하자 백성들이 세례요한이 그리스도가 아닐까 생각했습니다. 세례요한은 모든 사람들에게 대답합니다. 나는 그리스도가 아니라 그리스도를 위해 "준비하는 자"입니다.

요한이 모든 사람에게 대답하여 이르되 나는 물로 너희에게 세례를 베풀거니와 나보다 능력이 많으신 이가 오시나니 나는 그의 신발 끈을 풀기도 감당하지 못하겠노라 그는 성령과 불로 너희에게 세례를 베푸실 것이요 손에 키를 들고 자기의 타작마당을 정하게 하사 알곡은 모아 곳간에 들이고 쭉정이는 꺼지지 않는 불에 태우시리라(눅 3:16-17)

세례요한은 자신은 그리스도가 오심을 "준비하는 자"로 나는 물로 세례를 주었지만 그 분은 성령과 불로 세례를 베풀며 종말에는 알곡과 쭉정이를 구별하여 심판하는 주로서 오실 것이라고 말하고 있습니다.

사가랴의 찬가 중에서 중요한 세 번째 단락이 나옵니다. 예수님이 오심은 아침 해가 떠오를 때 내는 빛처럼 위로부터 우리에게 임하여 어둠과 죽음의 그늘에 앉은 자에게 비치고 우리 발을 평강의 길로 인도하신다고 노래하고 있습니다. 예수님이 이 세상에 빛으로 오심에 대한 요한복음의 고백을 조용히 들어 보십시오.

그 안에 생명이 있었으니 이 생명은 사람들의 빛이라 빛이 어둠에 비치되 어

---

36) 임진수, <예수 운동 기원에서 보는 세금 징수 청부인들> 한국서양고대역사문화학회 제49집 p.141-174

둠이 깨닫지 못하더라(요한복음 1:1-5)

참 빛 곧 세상에 와서 각 사람에게 비추는 빛이 있었나니 그가 세상에 계셨으며 세상은 그로 말미암아 지은 바 되었으되 세상이 그를 알지 못하였고 자기 땅에 오매 자기 백성이 영접하지 아니하였으나(요 1:9-11)

예수께서 또 말씀하여 이르시되 나는 세상의 빛이니 나를 따르는 자는 어둠에 다니지 아니하고 생명의 빛을 얻으리라(요 8:12)

나는 빛으로 세상에 왔나니 무릇 나를 믿는 자로 어둠에 거하지 않게 하려 함이로라(요 12:46)

아침에 돋는 해처럼 이 세상에 빛으로 오신 예수님을 영접하고 그 이름을 믿은 자들에게는 하나님의 자녀가 되는 권세를 주셨고 어둠과 죽음을 이겨내고 빛과 생명을 얻게 됩니다.(요 1:12) 그래서 예수님은 우리를 평강의 길로 인도하실 것입니다.(눅 1:79)

성도 여러분 사가랴의 찬가 속에는 이렇게 아브라함과 다윗의 후손으로 오신 메시야(그리스도)와 하나님의 아들되심을 설명하는 것이 들어 있을 뿐만 아니라 세례요한을 통해서 예수님의 구원 사역이 어떠한지에 대하여 미리 그 의미라 방법들을 구체적으로 설명하고 있습니다. 또한 빛으로 오신 예수님은 어둠과 죽음을 이겨내듯이 예수님을 믿는 우리도 그리스도의 빛 안에 거하면 영원한 생명을 얻게 됩니다.

누가복음 서문에 나타나는 세 번째 노래로 천군 천사들의 찬송입니다.

지극히 높은 곳에서는 하나님께 영광이요 땅에서는 하나님이 기뻐하신 사람들 중에 평화로다 하니라(눅 2:14)

그 지역에 목자들이 밤에 밖에서 자기 양 떼를 지킬 때 주의 사자가 곁에 서고 주의 영광이 그들을 두루 비추며 말하였습니다. “천사가 이르되 무서워하지 말라 보라 내가 온 백성에게 미칠 큰 기쁨의 좋은 소식을 너희에게 전하노라”(눅 2:10) 여기서 “기쁜 소식”이란 영어로 하면 "Good News" 헬라어는 “유앙겔리온” 그리고 우리말로는 “복음”이라고 번역합니다. 목자들이 예수님의 오심을 표현하는 말로 “예수님의 오심”은 “복음”이 되는 것입니다. 이 복음은 “오늘 다윗의 동네에 너희를 위하여 구주가 나셨으니 곧 그리스도 주시니라”는 천사의 음성입니다. 다윗의 후손으로 오신 그리스도 예수는 좋은 소식인 복음이며 하나님의 표적이 됩니다. 이 땅에 예수님의 오심을 보며 천군 천사들이 찬송을 합니다. "지극히 높은 곳에서는 하나님께 영광이요 땅에서는 하나님이 기뻐하신 사람들 중에 평화로다"고 노래합니다. 예수님이 이 땅에 오심은 하늘에 계신 하나님께는 영광이 되고 땅에 있는 사람들에는 평화의 의미가 된다는 묵시적인 표현입니다. 그리고 예수님의 오심에 대한 천사들의 예언을 들은 목자들은 자신들이 보고 들은 이 복음을 아기 예수님을 찾아뵙고 예수님의 오심에 대한 복음을 다른 사람에게도 전하게 됩니다. 목자들이 전한 복음이 오늘날 우리에게도 복음으로 전해지게 되었고 이 복음을 온 세상에 전할 의무가 누가 공동체와 우리에게 있는 것입니다. (누가 2:17-20) 목자들은 자기들이 듣고 본 그 모든 것으로 인하여 하나님께 영광을 돌리고 찬송하며 돌아간 것처럼 우리도 예수님의 오심을 기뻐하고 찬송하며 영광을 돌리는 것입니다.

마지막으로 시므온의 찬송입니다.

주재여 이제는 말씀하신 대로 종을 평안히 놓아 주시는도다
내 눈이 주의 구원을 보았사오니
이는 만민 앞에 예비하신 것이요
이방을 비추는 빛이요 주의 백성 이스라엘의 영광이니이다 하니(눅 2:29-32)

시므온은 "이스라엘의 위로" 즉 "이스라엘의 구원"을 바라며 기도하며 계시를 기다리는 사람입니다.(눅 2:25) 시므온은 성전에 들린 아기 예수님을 바라보며 그토록 기다리던 그리스도임을 알아보고 찬송합니다. 이제 이스라엘의 구원을 보게 되었다고 고백하고 있습니다.(눅 2:30) 지금까지 마리아 찬가와 사가랴의 찬가 그리고 천군 천사들의 찬송이 아브라함과 다윗의 후손으로 오신 예수님은 그리스도가 되시고 하나님의 아들임을 이야기하고 있다면 시므온의 찬송은 유대인으로 오신 예수님은 이스라엘의 빛일 뿐만 아니라 만민을 위한 구원의 빛으로 오셨으며 이방과 이방인을 위한 빛이 되심을 선포하고 있습니다. 구약의 많은 구절이 있지만 이사야서 42:6절과 49:6절 "종의 노래" 말씀 중 일부와 이사야서 60:1-2절을 읽어 보겠습니다.

나 여호와가 의로 너를 불렀은즉 내가 네 손을 잡아 너를 보호하며 너를 세워 백성의 언약과 이방의 빛이 되게 하리니(이사야 42:6)

그가 이르시되 네가 나의 종이 되어 야곱의 지파들을 일으키며 이스라엘 중

에 보전된 자를 돌아오게 할 것은 매우 쉬운 일이라 내가 또 너를 이방의 빛으로 삼아 나의 구원을 베풀어서 땅 끝까지 이르게 하리라(이사야 49:6)

일어나라 빛을 발하라 이는 네 빛이 이르렀고 여호와의 영광이 네 위에 임하였음이니라 보라 어둠이 땅을 덮을 것이며 캄캄함이 만민을 가리려니와 오직 여호와께서 네 위에 임하실 것이며 그의 영광이 네 위에 나타나리니 나라들은 네 빛으로, 왕들은 비치는 네 광명으로 나아오리라(이사야 60:1-3)

시므온의 찬송은 이스라엘을 포함한 만민에게 내려질 구원의 빛을 찬송하며 하나님의 영광을 위해 노래를 하고 있습니다.

성도 여러분 이제 누가복음 서론의 네 개의 찬송에 대하여 마무리하며 결론을 내야겠습니다. 네 개의 노래의 핵심 주제는 예수 그리스도가 이 땅에 오심은 구약의 계시대로 아브라함과 다윗의 자손으로 오셨고 예수님이 그리스도가 되시고 하나님의 아들 되심에 대한 찬송입니다. 구약의 계시가 예수님에 의해 성취되었습니다. 마리아 찬가와 사가랴의 찬송과 세례요한의 사역 속에서 예수님이 이 땅에 오심에 대한 의미가 무엇을 뜻하는지도 꼭 기억하셔야 합니다. 예수님이 그리스도로 오심은 "가난한 자"에게 복음을 전하기 위함이며 소외된 자를 위한 것임을 노래하고 있습니다. 이 노래들은 누가 공동체가 예수님을 믿으며 그들이 만들어 갈 공동체의 사회 경제적인 사상들에 대하여 이야기를 하고 있습니다. 자신에게 필요한 일용할 양식 외에는 나누어 주라는 것입니다. 옷 두 벌이 있으면 한 벌은 나누어 주고 자신이 받는 급료로 만족하며 비천하고 소외되고 사회적으로 약자인 사람들을 도와주며 그들에게 자신이 가지고 있는 힘을 이용하여 이익을 취하지 말라는 것입니다.

천군 천사들이 목자들에게 전하는 기쁨의 좋은 소식인 예수님의 오심은 예수님이 "그리스도 주"가 되신다는 것입니다. 이 복음을 널리 전하는 목자처럼 "하나님의 복음"과 천군 천사들의 찬송인 "하늘에는 영광 땅에는 평화"인 찬송을 널리 전하는 귀한 성도들이 되시기를 기도합니다. 마지막 시므온의 찬송은 예수님이 이 땅에 오심은 이스라엘과 이방인을 포함한 만민을 위한 빛으로 오신 그리스도임을 노래하고 있습니다.

이렇게 읽어 보니 누가복음 서론에 있는 네 개의 노래는 누가복음과 사도행전에서 이야기하려는 예수님의 사역과 제자들의 사역에서 보여 주는 수많은 사상들을 요약하며 서술하고 있습니다. 여러분이 지금 듣고 계신 이 네 개의 노래를 하나씩 들어 볼 수도 있지만 합창하듯이 한꺼번에 하모니로 울려 퍼지는 것을 상상해 보셨나요? 저는 가만히 이 네 개의 노래를 합창의 울림으로 동시에 느껴봅니다. 하늘나라의 천군 천사들의 노래가 소프라노 알토 테너 베이스로 들려질 때 네 개의 노래가 동시에 울려나오는 천상의 합창을 말입니다.

성도 여러분 누가복음과 사도행전에서 들려주는 누가 공동체의 삶 속에서 오늘 우리의 삶을 되돌아보며 나 자신의 신앙을 점검하고 하늘에서 들려주는 네 개의 찬송을 통하여 하나님 나라의 깊은 비밀들을 깨달아 알아가는 귀한 시간들이 되시기를 기도합니다.

제14과

누가복음 예루살렘 여정의 길에서, 누가복음 구조 이해하기와 예수님에 대한 배척 사상

; 눅 9:51-56

예수께서 승천하실 기약이 차가매 예루살렘을 향하여 올라가기로 굳게 결심하시고 사자들을 앞서 보내시매 그들이 가서 예수를 위하여 준비하려고 사마리아인의 한 마을에 들어갔더니 예수께서 예루살렘을 향하여 가시기 때문에 그들이 받아들이지 아니 하는지라 제자 야고보와 요한이 이를 보고 이르되 주여 우리가 불을 명하여 하늘로부터 내려 저들을 멸하라 하기를 원하시나이까 예수께서 돌아보시며 꾸짖으시고 함께 다른 마을로 가시니라(눅 9:51-56)

누가복음의 구조는 눅 1:1-4:13절까지 누가복음 서론과 4:14-9:50절까지 갈릴리에서 예수님의 사역 그리고 9:51-19:27절까지 예루살렘으로 가는 여정의 길에서 예수님은 제자들을 가르치시고 교육하고 있습니다. 마지막으로 19:28-24:53

절까지 예루살렘 사역과 수난 죽음 부활 그리고 승천으로 구성 되었습니다.

오늘은 눅 9:51-19:27절에 있는 예루살렘 여정에서 제자들을 교육하는 예수님의 이야기를 할 것입니다. 위의 누가복음 구조를 보면 눈에 띄는 특징이 하나 있습니다. 유독 예수님은 예루살렘으로 향하는 길에서 제자들을 향하여 말씀을 가르치시는데 그 분량이 누가복음 총 24장에서 무려 약 10장을 차지하고 있습니다. 특히 이 부분이 누가복음에서만 나오는 이야기가 많이 있어 누가복음만이 가지는 사상들을 잘 나타내고 있습니다.

누가복음과 사도행전에는 "어디로 향해 가는 길" 이야기가 많이 나옵니다. 대표적인 길을 떠올려 보겠습니다. 누가복음에서는 예수님이 "예루살렘으로 향하는 길"이 있는데 예수님은 예루살렘으로 가는 도상에서 제자들을 가르치고 있으며 누가복음에서 이 여행기는 가장 중요한 길입니다.(눅 9:51-19:27) 그리고 엠마오로 가는 두 제자의 길(눅 24:13-35), 에디오피아로 가는 길(행 8:26-40; 빌립), 다메섹으로 가는 길(행 9:1-31; 바울의 회심), 바울의 선교 여행기(행 13:1-14:28, 15:36-18:22, 18:23-19:20) 바울의 예루살렘으로 가는 길(행 19:21-21:14) 바울의 로마로 가는 길(행 27:1-28:31)이 있습니다. 사실 눅 4:14-9:50절 까지도 갈릴리 여러 지역을 여행하며 선교하는 모습도 여행기 또는 도상에서 제자들을 가르치는 것을 알 수 있습니다. 그렇지만 예루살렘 도상에 있는 여행기는 예루살렘을 향하고(눅 9:51) 여리고를 거쳐(눅 18:35, 19:1) 예루살렘을 거의 도착하는 지점(눅 19:28)으로 형성되어 있어 이 부분을 특별한 지명 없이 예루살렘으로 향하는 도상으로 설명하고 있습니다. 누가복음에서 예루살렘 여행기의 의미가 무엇인지는 다음시간 제15과 승천사상에서 설명하고 오늘은 누가복음의 전체 구조에 대해 먼저 이야기 하겠습니다.

마태복음과 누가복음의 구조의 차이점과 특징을 마가복음과 비교하며 설명하겠습니다. 마태복음은 마가복음의 내용 중 거의 90% 정도 인용하고 있고(마태복음으로는 약 55%) 그 내용을 마태 공동체에 맞도록 수정 또는 보완 인용하며 마태만의 독특한 사상들을 확장하여 전함으로서 마태 공동체가 예수님을 믿으며 살아갈 공동체의 말씀으로 삼고 있습니다. 마태복음 안에는 다섯 개 이상의 말씀 덩어리가 마태복음 전반에 걸쳐 있고 마태의 독특한 사상이 이 말씀 군에 많이 있습니다. 그래서 예수님은 그리스도가 되시고 하나님의 아들로서 이 땅에 오셔서 참 랍비(스승)로서 말씀을 가르치시고 하늘나라(천국)의 비밀을 알려주는 모세보다 뛰어난 참된 스승임을 이야기하였습니다. 마태복음의 구조를 보면 마 1:1-4:11절까지 서론으로 구성되어 있고 마 4:13절에서 11:30절까지 갈릴리 지역 선교를 하는데 이 안에 산상수훈(마 5-7장)과 마가복음에 나와 있는 많은 예수님의 이적들을 마태복음 8:1-9:34절에 묶어 놓고 예수님이 메시아(그리스도) 되심에 대하여 제자들에게 가르치신 다음 마 9:35-10:42절까지 제자들을 파송하며 제자의 길을 가르치십니다. 그리고 11장에 세례요한의 물음에 답하며 예수님의 자기 정체성을 설명하신 후(마 10:25-30) 제자들의 배움과 따름에 대하여 설명하고 있습니다. 그래서 마태복음은 마태 공동체의 특징이 1-11장까지 잘 나타나고 있으며 이 부분이 마태의 독특한 사상들을 잘 나타내고 있다고 하였습니다. 그리고 마 12:1절에서 마가복음 2:23을 다시 만나며 마가복음 구조를 따라 예수님의 사역을 서술하고 있습니다. 마태복음 12:1절 이하의 구조를 보면 마가복음의 구조에 따라 예수님이 갈릴리 유대 지역과 유대지역 주변을 선교하십니다. 마가복음의 구조적 특징 중 하나가 예수님의 선교 지역이 갈릴리와 갈릴리 주변의 두로와 시돈 지역까지 확장되는 것을 볼 수 있습니다. 그러면 마가복음과 마태복음 그리고 누가복음의 선교지역에서 차이를 보이는데 세 복음서의 평행본문을 통하여 이를 확인하여 보겠습니다.

마가복음에서 예수님의 이적인 풍랑진압이 막 4:35-41절(마 8:18, 23-27, 눅 8:22-25)까지 서술되고 야이로의 딸과 혈루병 여인을 고치시는 이야기가 막 5:21-43절(마 9:18-26, 눅 8:40-56)에 나오고 오천명을 먹이신 오병이어의 역사가 막 6:35-43절(마 14:13-21, 눅 9:10-17)까지 이어지는데 이는 갈릴리 지역을 중심으로 유대인 지역의 선교입니다. 그런데 위에 서술한 사건이 반복되는 것처럼 보이는 구절이 이어서 기록되어 있습니다. 예수님이 물위를 걸으시는 이적이 막 6:45-52(마 14:22-33)절까지 이어지고 수로보니게 여인의 딸을 고치신 이야기가 막 7:24-30(마 15:21-28)절까지 이어지고 4천 명을 먹이시는 칠병이어(떡 일곱 개와 생선 두어마리) 이적이 막 8:1-10(마 15:32-39)절까지 서술되어 있습니다. 수로보니게 여인의 딸의 치유와 귀 먹고 말 더듬는 자를 치료한 지역이 두로(막 7:24)와 시돈(막 7:31)을 중심으로 있었으므로 이 사건들이 갈릴리 주변의 이방지역에서 일어났다고 볼 수 있습니다. 마태복음에도 15:21절에 “예수께서 거기서 나가사 두로와 시돈 지방에 들어가시니~”로 기록하며 가나안 여인의 딸을 치료함으로서 이방지역 선교를 하고 있습니다.

물론 마가복음에서 예수님이 물 위를 걸으시는 기적의 현장 지명과 칠병이어의 현장이 정확히 어디인지는 알 수 없으나 안산대학 신약학 김성희 교수님의 의견은 마가복음에서 “갈릴리 지역의 선교와 이적”인 풍랑진압, 야이로의 딸과 혈루병 여인을 고치시는 이적, 오병이어 기적과 “이방지역의 선교와 이적”인 물위를 걸으시는 이적, 수로보니게 여인의 딸을 고치시는 이적, 칠병이어의 기적이 유사하게 반복되는 것은 갈릴리 지역과 이방지역이 같은 이적과 선교를 함으로서 차별이 없음을 설명하고 있다고 하였습니다.[37)]

위 마가복음 사건의 평행본문을 마태복음과 누가복음에서 일어난 사건과 연결하여 괄호 안에 넣었는데 차이점이 보이시나요? 이 두 지역 사건 즉 갈릴리 지역을 중심으로 유대지역에서 일어난 기적과 유대지역 밖에서 일어난 기적을 마태복음은 마가복음을 그대로 따르며 수정 인용하고 있지만 누가복음은 다릅니다. 누가복음은 위사건 중에서 갈릴리 지역에서 일어난 사건은 인용하되 이방지역에서 일어난 사건은 생략하고 있습니다. 누가복음은 마가복음 중에 6:45-8:26절까지 생략하고 있으며 마가복음의 내용도 누가 공동체에 맞게 수정 또는 확대하여 인용하고 있습니다.[38] 그래서 누가가 전하는 복음서에는 마가복음 내용 중 약 46% 정도 인용하고 있으며(누가복음으로는 약 26% 해당) 많은 부분이 누가의 독특한 이야기들로 채워져 있습니다.(마가와 누가의 비교)

이렇게 누가복음의 서술은 우리가 먼저 이야기 한 대로 누가 1:1-4:13절까지 서론을 서술하고 눅 4:14절에서 마가복음 1:14절을 만나며 그 이후 갈릴리 지역의 선교를 시작으로 마가복음을 따라 예수님의 사역인 말씀과 이적과 비유를 통해서 예수님이 그리스도가 되심과 하나님의 아들 되심을 수정 확대하여 서술하고 있습니다. 마태복음은 1장부터 11장까지 제자들을 가르치고 파송한 후 다시 12장 1절에서 마가복음 2:23절을 만나 마가복음 사상을 마태복음에 맞도록 수정과 확대하여 인용하면서 전하고 있다면 누가복음은 먼저 마가복음을 따라 갈릴리 선교 현장을 따라 서술하며 누가 공동체에 맞게 수정과 확대하여 인용하고 마가복음과 같이 제자들을 파송하고 있습니다.(눅 4:14-9:50)(약간의 차이는 있습니다) 그리고 갈릴리 이외의 이방지역 선교는 생략하고 바로 9장 51절에서 예루살렘을 향하고 있습니다. 그런 다음 눅 9:51-19:27절까지 무려 약 10장에 이르는 긴 이야기를 예수님은 예루살렘으로 향하는 도상에서 제자들에게 말씀을 하고 있습니다.

다시 설명하면 마태복음은 마태 공동체 제자들에게 1-11장까지 마태만이 가지는 독특한 사상을 배치하여 큰 스승(랍비)으로서 천국의 말씀을 제자들에게 가르치시고 제자들을 파송하는 예수님의 모습을 보여주고 있다면 누가복음은 오히려 마가복음을 따라서 갈릴리 지역 선교를 마무리하고 제자들을 파송한 이후인 "예루살렘 여행기"(눅 9:50-19:27) 안에 누가복음만이 가지고 있는 독특한 사상들을 제자들에게 가르치고 있습니다. 마가복음과 마태복음은 예수님의 선교의 방향이 갈릴리 지역에서 출발해서 갈릴리를 벗어난 이방지역을 선교하고 예루살렘으로 와서 수난과 죽음을 당하시고 부활하신 후 갈릴리에서(마 28:16-20) 제자들에

37) 안산대학 신약학 김성희 교수 강의록에서

38) 유태엽, <복음서 이해>, 감리교신학대학교출판부, 서울 2009, p.184 ; 누가복음에서 막 6:45-8:26절의 생략을 학자들은 "the big omission"(큰 삭제)이라고 부릅니다.

게 모든 민족을 제자로 삼아 예수님께서 분부한 모든 것을 가르치고 지키게 하라고 선교 명령을 내리고 있습니다. 그렇지만 누가복음은 마가복음의 갈릴리를 벗어난 이방지역의 선교를 생략함으로서 갈릴리 선교와 예루살렘 여정에서 제자들을 가르치시고 예루살렘에서 수난 당하시고 죽음을 당하시며 부활하시고 제자들에게 예루살렘 성을 떠나지 말고(눅 24:49) 위로부터 능력을 입을 때까지 머물라고 말씀하고 있습니다. 그리고 예수님은 베다니 앞에서 승천하심으로서 제자들은 예루살렘으로 돌아가 성전에서 하나님을 찬송하였습니다.(눅 24:50-53) 예수님의 승천 소식은 누가복음만이 전하고 있습니다.

예수님이 제자들에게 예루살렘에 머물게 한 것은 누가복음과 사도행전을 연결하여 한 권으로 읽을 때 이해 할 수 있는 선교의 방향성에 그 이유가 있습니다. 누가복음 24:47-49절과 사도행전 1:8절의 말씀을 읽도록 하겠습니다.

또 그의 이름으로 죄 사함을 받게 하는 회개가 예루살렘에서 시작하여 모든 족속에게 전파될 것이 기록되었으니 너희는 이 모든 일의 증인이라 볼지어다 내가 내 아버지께서 약속하신 것을 너희에게 보내리니 너희는 위로부터 능력으로 입혀질 때까지 이 성에 머물라 하시니라(눅 24:47-49)

오직 성령이 너희에게 임하시면 너희가 권능을 받고 예루살렘과 온 유대와 사마리아와 땅 끝까지 이르러 내 증인이 되리라 하시니라(행 1:8)

이렇게 누가복음의 선교 방향은 구약에서 예언 한 대로 예루살렘에서 시작하여 모든 민족에게 전파되듯이 예루살렘과 온 유대와 사마리아와 땅 끝까지 이르는 여정이 선교의 방향이 되는 것입니다. 누가복음은 사도행전이 있기에 예루살렘 중심의 복음서가 되고 누가-행전의 사도행전에서 예루살렘에서 시작된 복음이 온 유대와 사마리아와 땅 끝까지 전해지는 선교 현장을 볼 수 있습니다. 그러므로 누가복음과 사도행전은 연결된 책으로서 전편 후편으로 생각하는 것이 훨씬 이해하기 쉽습니다. 누가-행전을 연결된 책으로 본다면 마가복음과 마태복음이 말하려는 예루살렘과 유대지역에서 시작된 복음이 이방지역으로 흘러들어가고 유대인과 이방인을 모두 포함한 선교로 이어지는데 이 선교의 방향이 누가-행전을 하나의 책으로 본다면 예루살렘에서 시작된 복음이 이방으로 흘러들어가는 것으로 마가복음 그리고 마태복음과 같은 사상을 담고 있다는 뜻입니다. 사도행전 마지막 28장 28절에 사도 바울이 다음과 같이 고백을 하고 있습니다.

이 백성들의 마음이 우둔하여져서 그 귀로는 둔하게 듣고 그 눈은 감았으니 이는 눈으로 보고 귀로 듣고 마음으로 깨달아 돌아오면 내가 고쳐 줄까 함이라

하였으니 그런즉 하나님의 이 구원이 이방인에게로 보내어진 줄 알라 그들은 그것을 들으리라 하더라(사도행전 28:27-28)

이처럼 유대지역과 유대인에서 시작된 복음이 이방지역과 이방인에게 흘러들어가는 사상으로 누가복음은 사도행전과 하나로 연결하여 읽는 것이 필요합니다. 마가복음 마태복음 누가복음을 공관 복음이라고 말씀드렸습니다. 같은 관점을 가진 책이라는 뜻입니다. 그렇지만 이들은 각각 자신들이 속한 공동체가 예수님을 바라보며 예수님은 그리스도가 되시고 하나님의 아들 되심에 대한 고백들을 자신의 공동체에 맞게 기록하고 있기에 다르게 기록하고 있습니다. 그러므로 우리에게 주어진 네 개의 복음서(마태 마가 누가 요한)를 깊게 이해하고 예수님에 관하여 하나로 이해하는 것이 중요합니다.

오늘은 누가복음에서 예루살렘 여행기를 시작하는 본문의 말씀을 읽어보며 오늘의 주제들을 이야기하려고 합니다.

예수께서 승천하실 기약이 차가매 예루살렘을 향하여 올라가기로 굳게 결심하시고 사자들을 앞서 보내시매 그들이 가서 예수를 위하여 준비하려고 사마리아인의 한 마을에 들어갔더니 예수께서 예루살렘을 향하여 가시기 때문에 그들이 받아들이지 아니 하는지라 제자 야고보와 요한이 이를 보고 이르되 주여 우리가 불을 명하여 하늘로부터 내려 저들을 멸하라 하기를 원하시나이까 예수께서 돌아보시며 꾸짖으시고 함께 다른 마을로 가시니라(눅 9:51-56)

위 구절에는 “예수께서 승천하실 기약이 차가매 예루살렘을 향하여 올라가기로 굳게 결심하시고~”로 시작하는 예루살렘 여행기의 시작 부분으로 크게 두 가지 주제가 있습니다. 하나는 승천 사상이고 또 하나는 예수님을 배척하는 사상이 여기에 있습니다. 오늘은 예수님을 배척하는 사상들을 먼저 설명하고 승천 사상은 다음 성경공부에서 이야기하겠습니다.

예수님이 이 땅에 빛으로 오셔서 어둠과 죽음의 그늘에 앉은 자에게 비추어 빛과 생명을 주시고 우리를 평강의 길로 인도하시려 오셨지만 세상은 예수님을 영접하지 아니하고 배척하고 있습니다.(눅 1:78b-79, 요 1:9-13) 이 땅에 오신 예수님을 배척하는 주제가 복음서에 전반적으로 깔려 있습니다. 누가복음에 여러 부분에서 나오지만 대표적인 곳이 예수님이 첫 설교를 하는 나사렛에서의 배척입니다.(눅 4:16-30) 나사렛은 예수님께서 자라나신 곳으로 회당에 들어가셔서 말씀을 하실 때 예수님의 은혜로운 말씀에 놀라지만(눅 4:22) 예수님의 말씀에 그들은 화를 내고 동네 밖으로 쫓아내고 죽이려고 합니다.

두 번째 중요한 배척 장면이 본문에 나와 있습니다. 예수님은 승천하실 기약이 차가매 예루살렘으로 향하여 올라가기로 굳게 결심하고 사자들을 갈릴리에서 예루살렘 가는 여정에 사마리아 지역을 통과하려고 합니다. 그런데 먼저 보냈던 사자들 아마도 제자들이 와서 보고합니다. 사마리아인들은 예수님이 예루살렘으로 향하여 가시기 때문에 사마리아를 통과하여 가는 것을 받아들이지 않겠다고 하고 있습니다. 그래서 예수님은 다른 마을로 갑니다. 우리는 예수님이 돌아서 간 다른 마을이 사마리아의 다른 마을로서 유대지역인지 이방지역인지는 알 수 없습니다. 누가복음 흐름에서 보면 갈릴리 선교를 시작하면서 나사렛 지방에서 배척받으신 후 갈릴리 지역과 유대지역을 여행하며 선교하시기 때문에 여기서도 사마리아 지역에서 배척받으신 후 사마리아 인근 지방 선교를 하였다고 주장하는 학자도 있습니다. 그렇지만 본문에서 보면 예수님은 사마리아 지역을 직접 가지 않으시고 사자들(또는 제자들)을 먼저 보내시고 통과 할 수 있는지 알아보신 것을 보면 사마리아의 다른 마을로 향하시더라도 이방지역을 직접 가지는 않았을 것으로 보입니다.

오히려 이 사건 이후 예수님은 제자들이 예수님을 "따름"에 있어 어떻게 하여야 하는지 구체적으로 설명합니다.(눅 9:57-62) 예수님을 따름은 뒤로 미루지 말고 "지금 여기(Here and Now)에서" 시작되어야 한다고 말씀하고 있습니다. 그리고 70인의 제자들을 파송합니다. 누가복음은 특이하게도 제자들을 두 번 파송합니다. 첫 번째는 12제자들을 파송하고(눅 (9:1-6) 두 번째는 70제자들을 파송합니다.(눅 10:1-12) 여기서 12숫자는 이스라엘의 열두 지파(이스라엘)를 상징하기도 하고 70이라는 숫자는 세계열방들을 상징한다고 학자들은 설명합니다.[39] 그래서 우리는 12제자들은 예수님이 선교한 갈릴리와 유대지역에 선교를 위해 파송했다고 생각할 수 있습니다. 그렇지만 이어서 보내는 70인의 제자들의 파송지역은 갈릴리와 유대지역을 벗어난 이방지역도 선교의 대상이 되었는지는 정확히 알 수 없습니다. 분명한 것은 예수님은 갈릴리와 사마리아 지역을 통과하는 유대-사마리아 지역을 벗어나지 않고 있다는 사실입니다. 오히려 유대지역에 있는 고라신과 벳새다 지역을 한탄하시며(눅 10;13) 마가복음과 마태복음에서 선교지역으로 나왔던 이방지역 두로와 시돈에서 전하였더라면 이들 지역은 회개하

39) 어떤 학자는 구약 민수기에서 보면 1장에서부터 이스라엘 12지파가 나오고 그들의 대표가 한 명씩 나와서 12명이 됩니다. 민수기 13장에서 가나안 정탐을 보낼 때도 12지파에서 한 명씩 뽑아 12명을 보냅니다. 70이라는 숫자는 민수기 11:16절에 모세를 도와줄 70인의 장로를 세웁니다. 70이라는 숫자는 구약의 이런 상징적인 숫자를 의미할 수 있습니다. 출애굽기 24:1,9절도 참조할 것. 여러 상징적인 숫자는 참고만 하시면 됩니다.

고 돌아왔을 텐데 하고 한탄하고 있습니다.

예수님이 이 땅에 오셨고 그리스도가 되시고 하나님의 아들임을 선포하며 하나님 나라에 초대함에도 이스라엘은 예수님을 영접하지 아니하고 배척하고 있는데 가장 중요한 배척 사건이 십자가의 죽으심입니다. 누가복음 22장 이하에서 보면 공회에서(눅 22:66-71) 이스라엘의 대제사상과 서기관들로 시작하여 예수님을 배척하고 빌라도 앞에서 무리들이(눅 22:13-25) 예수님을 받아들이지 않고 배척하고 있습니다. 이러한 예수님에 대한 이스라엘의 배척은 복음이 유대인에서 이방인에게 흘러 들어가고 있고 유대지역에서 이방지역으로 흘러 들어가는 사상으로 복음서와 사도행전 전반에 나타나고 있습니다. 예수님이 시작한 하나님 나라 선교가 예루살렘에서 시작하여 땅 끝까지 흘러가고 있습니다.

그리고 이후에 이어지는 서술은 제2과 "복음서를 읽는 눈"에서 설명한 아주 중요한 구절입니다. 예수님의 자기 정체성을 설명하는 눅 10:17-24절은 누가복음 공동체 사상을 이해 할 수 있는 열쇠 같은 말씀입니다.

예루살렘 여행기를 시작하는 누가복음 9장 51절에 예수님의 배척 사상 외에 또 하나의 중요한 주제가 나옵니다.

예수께서 승천하실 기약이 차가매 예루살렘을 향하여 올라가기로 굳게 결심하시고(눅 10:51)

누가복음에만 나오는 "승천사상"입니다. 예수님은 마가복음과 마태복음에서는 예루살렘을 향하여 가시는 이유가 수난을 받으시기 위해 올라갑니다. 그 이유에 대해 제자들은 깨닫지 못합니다. 누가복음도 물론 수난을 예고하시며 수난을 받기 위해 올라가시지만 결정적인 전환점인 누가복음 9장 51절에 전하는 이야기는 예수님은 예루살렘에 가시는 이유가 승천하기 위해서입니다. "예수께서 승천하실 기약이 차가매~" 이 이야기는 다음 시간에 하겠습니다.

성도여러분 이제 오늘 이야기의 결론을 내려야 할 때가 되었습니다. 오늘은 누가복음에서 너무나 중요한 예루살렘 여행기에 들어가기 전에 누가복음 전반적인 구조를 먼저 설명하였습니다. 누가복음의 구조를 이해하면 누가 공동체가 무엇을 강조하고 있는지 그 의미를 알 수 있습니다. 그래서 누가복음 안에 예루살렘 여행기를 이해하는 것이 무엇보다 중요합니다.

누가복음은 예루살렘 여행기를 시작하며 승천사상과 배척사상을 먼저 기록하고 있습니다. 이번 시간은 예수님을 배척하는 사상을 먼저 서술하였습니다. 이어서 제자도를 설명하고 있습니다.

길 가실 때에 어떤 사람이 여짜오되 어디로 가시든지 나는 따르리이다 예수께서 이르시되 여우도 굴이 있고 공중의 새도 집이 있으되 인자는 머리 둘 곳이 없도다 하시고(눅 9:57-58)

성도 여러분 예수님은 지금 여기에서(Here and Now) "나를 따라 오세요" 이렇게 간곡히 부탁하고 있습니다. 많은 사람들은 지금 처한 현실에서 급하게 하여야 할 일을 먼저 이야기합니다. 필자를 포함해서 말입니다. 예수님은 지금 이 시간에 "너는 가서 하나님 나라를 전파하라"고 말씀하고 있습니다. 우리는 예수님을 따르는 일이 결코 쉬운 일이 아님을 잘 알고 있습니다. 여우도 굴이 있고 공중의 새도 집이 있지만 나는 머리 둘 곳도 없습니다. 예수님은 이렇게 말씀하시며 제자들을 부르십니다. 예수님은 나사렛에서 배척당하시고 사마리아에서 배척당하시고 이스라엘 전체에서 배척을 당하셨습니다. 예수님은 "그래도 나를 따를 수 있나요?"하고 물어보십니다. 성도 여러분, 주님을 바라보며 주님이 주신 계시로 예수님은 그리스도가 되시고 하나님의 아들임을 깨달아 알게 됨으로 주님을 따르는 제자가 되시기를 기도합니다.(눅 9:22-23)

예수님은 이 땅에 빛으로 오셨지만 세상 사람들은 그 빛을 깨닫지 못하고 알지 못하였습니다. 그렇지만 참 빛으로 오신 예수님을 영접하고 곧 그 이름을 믿는 자들에게는 하나님의 자녀가 되는 권세를 주셨습니다. 성도 여러분 예수님은 비록 십자가에 죽으시고 수난을 당하시지만 삼일 만에 부활하시고 승천하시어 하나님 우편에 앉으심으로(눅 22:69) 심판의 주로 다시 오실 것입니다. 예수님을 따름에 있어 지금 내가 있는 이곳에서 우리가 깊이 기도하며 결단을 해야 할 때입니다. 이것이 오늘 본문을 통해 예수님이 예루살렘 여행기 도입부에서 제자들에게 가르치려는 의미입니다.

“

”

제15과

누가복음의 예루살렘 여행기 의미와 승천사상

; 눅 9:51, 눅 24:50-53, 행 1:9-11

예수께서 승천하실 기약이 차가매 예루살렘을 향하여 올라가기로 굳게 결심하시고(눅 9:51)

예수께서 그들을 데리고 베다니 앞까지 나가사 손을 들어 그들에게 축복하시더니 축복하실 때에 그들을 떠나 [하늘로 올려지시니] 그들이 [그에게 경배하고] 큰 기쁨으로 예루살렘에 돌아가 늘 성전에서 하나님을 찬송하니라(눅 24:50-53)

이 말씀을 마치시고 그들이 보는데 올려져 가시니 구름이 그를 가리어 보이지 않게 하더라 올라가실 때에 제자들이 자세히 하늘을 쳐다보고 있는데 흰 옷 입은 두 사람이 그들 곁에 서서 이르되 갈릴리 사람들아 어찌하여 서서 하늘을

쳐다보느냐 너희 가운데서 하늘로 올려지신 이 예수는 하늘로 가심을 본 그대로 오시리라 하였느니라(사도행전 1:9-11)

이번 시간에는 누가복음에 나타난 부활과 승천에 대한 의미를 예루살렘 여행기와 관련하여 이야기하겠습니다. 지난 시간 누가복음 예루살렘 여행기를 읽으며 누가복음에서 예루살렘 여행기가 가지는 여러 위치와 의미들을 전체 복음서 안에서 살펴보았습니다. 그리고 예루살렘 여행기 도입부에 사마리아에서 예수님을 받아들이지 않고 배척하고 있습니다. 누가 복음서 안에 예수님이 이 땅에 오셨음에도 첫 설교 지역인 나사렛에서 배척당하시는 것을 시작으로 사마리아에서 배척당하시고 대 제사사장과 서기관 그리고 많은 무리들이 예수님을 받아들이지 못하고 예수님을 십자가에서 죽임으로 배척하고 있습니다. 예수님에 대해 이스라엘에서의 배척은 사도 바울이 로마서에서 주장하듯이 하나님의 구원이 이방인에게 이르러 이스라엘로 시기 나게 함이며 이스라엘의 실패가 이방인의 풍성함이 되기 때문입니다.

그러므로 내가 말하노니 그들이 넘어지기까지 실족하였느냐 그럴 수 없느니라 그들이 넘어짐으로 구원이 이방인에게 이르러 이스라엘로 시기나게 함이니라 그들의 넘어짐이 세상의 풍성함이 되며 그들의 실패가 이방인의 풍성함이 되거든 하물며 그들의 충만함이리요(롬 11:11-12)

이런 예수님의 이스라엘 선교에서 배척당하시는 장면은 앞으로 선교의 방향이 예루살렘에서 시작하여 온 유다와 사마리아와 땅 끝까지 이르는 선교 여정의 중요한 이유가 되었고 제자들도 선교 현장에서 예수님의 제자로서 예수님에 관하여 증언하고 증인으로 살아갈 때 배척당하더라도 끝까지 잘 견디는 “남은 자”들이 될 것을 말씀하고 있습니다.

오늘 말씀드릴 주제는 누가복음 예루살렘 여행기를 눅 9:51절에서 시작하며 “배척당하시는 예수님” 이 외에 이 구절에는 또 하나의 주목할 만한 사실이 있습니다. “예수께서 승천하실 기약이 차가매 예루살렘을 향하여 올라가기로 굳게 결심하시고”(눅 9:51)로 시작하는 이 구절에는 그동안 잘 나타나지 않던 “예수님의 승천”에 관한 사실을 서술하고 있습니다. 누가만이 가지고 있는 독특한 사상입니다.

지난 시간 누가복음의 “예루살렘 여행기”를 공부하면서 누가복음을 조금 더 읽어 보신 분은 마가복음과 마태복음과 비교하면 누가복음은 구조에서 조금 차이가 나는 점을 발견할 수 있었을 것입니다. 우선 마가복음과 마태복음에 나타나는 예루살렘 여행기 부분을 보겠습니다. 마가복음을 두 부분으로 나누면 1:1-8:26; 이적 이야기 중심과 8:31-16:20; 수난 이야기 중심으로 나눌 수 있습니다. 이때 두 부분 사이에 있는 구절인 8:27-30절 베드로의 신앙고백("선생님은 그리스도십니다")을 전반부 이적이야기의 결론으로 하기도 하고 후반부 수난이야기의 서론으로 구조를 분석하는 경우도 있습니다. 마가복음의 8장 27절은 "빌립보 가이사랴"라는 구체적인 지역명이 나옵니다. 마가복음에서 예수님은 갈릴리 지역과 두로와 시돈 이방지역을 선교하시고 빌립보 가이사랴에 이르러 "사람들이 나를 누구라고 하느냐"라는 질문합니다.(중간 생략) "너희는 나를 누구라 하느냐?"라는 질문에 베드로의 대답인 "주는 그리스도시니이다"하고 고백하는 장면이 여기에 해당합니다. 이 지점에서부터 마가복음은 예루살렘으로 향하고 있습니다. 그래서 마가복음은 막 8:27-10:52절까지 예루살렘 여행기라고 볼 수 있습니다.

마태복음도 마가복음을 따라 마태복음 16:13절에서 갈릴리 지역 선교와 두로와 시돈 지역 선교를 마치시고 빌립보 가이사랴 지방에 이르렀을 때 예수님은 제자들에게 물어봅니다. 사람들이 인자를 누구라 하느냐?(중간 생략) 베드로가 대답합니다. "주는 그리스도시오 살아 계신 하나님의 아들이시니이다"라고 완벽한 고백을 합니다.(마 16:16) 그래서 마태복음도 이 지점에서부터 마태복음 20:34절까지 예루살렘으로 향하는 여행기에 속하고 이 사이에 예수님은 제자들을 가르치고 있습니다. 그래서 마가복음과 마태복음은 베드로가 고백하는 빌립보 가이사랴 지방에서 예루살렘에 이르는 이 시기가 예루살렘 여행기에 해당합니다. 그런데 누가복음은 다릅니다.

누가복음은 베드로가 고백하는 평행본문에서 빌립보 가이사랴 지역 이름을 생략하고 예수께서 따로 기도하실 때에 제자들에게 물어봅니다. 누가복음 9:18-20절을 읽어보겠습니다.

예수께서 따로 기도하실 때에 제자들이 주와 함께 있더니 물어 이르시되 무리가 나를 누구라고 하느냐 대답하여 이르되 세례 요한이라 하고 더러는 엘리야라, 더러는 옛 선지자 중의 한 사람이 살아났다 하나이다 예수께서 이르시되 너희는 나를 누구라 하느냐 베드로가 대답하여 이르되 <u>하나님의 그리스도</u>시니이다 하니(눅 9:18-20)

마가복음과 마태복음의 베드로의 고백 장면과 평행본문인 위 구절에서 빌립보 가이사랴 지방의 이름이 생략되어 있고 베드로의 고백도 "하나님의 그리스도"라고 표현하고 있습니다. 그래서 누가복음에서 위 구절과 이어지는 본문을 읽어보면 다음과 같습니다. 누가복음 구절과 관계된 마태복음과 마가복음의 평행본문

구절들을 눈여겨보십시오.

예수님의 고난과 부활에 대한 첫 번째 예고(눅 9:21-22, 마 16:20-21, 막 8:30-31), 무리들의 따름에 관하여(눅 9:23-7, 마 16:24-28, 막 8:34-9:1), 예수님의 변화산 이야기(눅 9:28-36, 마 17:1-8, 막 9:2-8), 귀신 들린 소년의 치유(눅 9:37-43a, 마 17:14-18, 막 9:14-27), 예수의 수난과 부활에 관한 두 번째 예고(눅 9:43b-45, 마 17:22-23, 막 9:30-32), 제자들의 서열 다툼(누가 9:46-48, 마 18:1-5, 막 9:33-37), 예수이름으로 귀신을 내쫓는 어떤 사람(누가 9:49-50, 막 9:38-40)으로 되어 있으며 이 본문들은 우리가 지금 읽고 있는 누가복음의 예루살렘 여행기 시작점인 눅 9:51절 이전에 기록되고 있습니다. 이 본문들의 마가 마태복음의 평행 본문을 괄호 안에 넣었습니다. 평행본문들을 따라가 보면 위 본문들은 마가복음과 마태복음에서는 예루살렘 여행기를 이미 시작하여 초반부에 해당하지만 누가복음에서는 예루살렘 여행기 이전으로 서술된 것입니다.

마가복음과 마태복음에서 베드로의 고백 장면은 마가복음과 마태복음에서 갈릴리 지역 선교에서 예루살렘 선교로 넘어가는 중요한 분수령으로 전체 복음서 서술의 전환점이 되는 중요한 지점입니다. 그렇지만 누가복음에서는 그렇지 않다는 것입니다. 오히려 위에 있는 본문을 기록한 후 누가복음은 9:51절에서 "예수께서 승천하실 기약이 차가매 예루살렘을 향하여 올라가기로 굳게 결심하시고" 라고 서술하며 갈릴리 선교에서 예루살렘 선교로 넘어가는 중요한 예루살렘 여행기를 누가복음은 눅 9:51절에서 시작하고 있습니다.

마가복음과 마태복음은 베드로가 고백하는 지역인 "빌립보 가이사랴 지방"의 의미는 이제 갈릴리와 주변 이방지역 선교를 마치고 본격적으로 예루살렘으로 향하는 지점으로 여기서부터 본격적으로 예수님의 수난을 설명하고 있습니다.

인자가 많은 고난을 받고 장로들과 대제사장들과 서기관들에게 버린바 되어 죽임을 당하고 사흘만에 살아나야 할 것을 비로서 그들에게 가르치시되(막 8:31)

마가복음에서 예수님이 "비로서" 본격적으로 십자가의 고난과 수난에 대하여 드러내 놓고 이 말씀을 하실 때 베드로가 예수님을 붙들고 항변합니다. 예수님은 베드로를 꾸짖어 이르시되 "사탄아 내 뒤로 물러가라 네가 하나님의 일을 생각하지 아니하고 도리어 사람의 일을 생각하는 도다 하시고 무리와 제자들을 불러 이르시되 누구든지 나를 따라오려거든 자기를 부인하고 자기 십자가를 지고 나를 따를 것이니라 누구든지 자기 목숨을 구원하고자 하면 잃을 것이요 누구든지 나와 복음을 위하여 자기 목숨을 잃으면 구원하리라(막 8:31-35)"고 말씀하고 있습니다.

마가복음은 예수님의 수난과 부활에 대한 첫 번째 예고를 막 8:31-33절, 두 번째 예고를 막 9:30-32절, 세 번째 예고를 10:32-34절에 배치하여 마가복음 예루살렘 여행기(막 8:27-10:52) 안에 수난과 부활에 대하여 세 번을 서술함으로서 예수님이 예루살렘을 향하는 목적이 수난과 부활에 있음을 분명히 하고 있습니다. 또한 예수님의 제자가 되려면 "자기 십자가를 지고 나를 따를 것"을 이야기 하며 예수님을 따라 십자가를 지는 자는 구원을 얻을 수 있는 제자 됨에 대하여 말씀하고 있습니다.(막 8:34-35) 보통 마가복음에 있는 이런 신학을 학자들은 "십자가 신학"이라고 부릅니다.

마태복음도 마가복음과 크게 다르지 않습니다. 마태복음도 세 번의 수난과 부활에 대한 예고를 마 16:21-23, 마 17:22-23, 마 20:17-19절에 있습니다. 세 번의 예고는 마태복음 예루살렘 여행기인 마 16:13-20:34절 사이에 모두 들어 있어 마태 공동체를 향한 말씀과 함께 예수님은 수난 받으시고 부활하심에 대하여 제자들이 깨달음을 가질 것을 말씀하고 있습니다. 마태복음은 예수님의 수난에 대하여 마가복음의 "십자가의 도"를 설명하며 마지막 종말에 이르기까지 믿음을 지키며 예수님의 십자가 지심을 따르는 "자기 십자가를 지는 행위"를 강조하고 있습니다. 십자가를 지는 행위는 믿음과 관계된 것이기에 구원과 관계가 있습니다. "인자가 아버지의 영광으로 그 천사들과 함께 오리니 그 때에 각 사람이 행한 대로 갚으리라"(마 16:27)고 말씀하시며 끝까지 견디는 자는 구원을 얻을 것을 말씀하고 있습니다.(마 24:13) 요한 계시록의 표현대로 하면 믿음을 끝까지 견딘 성도들이 생명책에 기록되는 것입니다.(계 20:12-15) 그렇지만 누가복음은 구조에서 약간 다르게 서술하고 있습니다.

누가복음도 베드로의 고백 후에 예수님이 첫 번째로 십자가에 죽으시고 고난을 받으시고 제삼일 만에 부활하실 것을 예고하시고 제자들에게 마가복음과 마태복음처럼 따름에 대하여 말씀하고 있습니다.(누가 9:22) 그렇지만 누가복음에는 빌립보 가이사랴라는 지방 이름이 생략되었을 뿐만 아니라 예수님의 수난 예고에 대하여 마가나 마태가 전하는 베드로가 항변하는 내용이 서술되어 있지 않습니다. 그러므로 베드로를 향하여 사탄이라는 표현도 생략되어 있습니다. 베드로를 포함한 제자들은 예수님의 수난 이야기를 조용히 듣고 있습니다. 그리고 두 번째 수난 이야기가 눅 9:43b-45절에서 서술되고 있습니다. 두 번째 수난 이야기도 예루살렘으로 향하여 올라가기로 굳게 마음먹게 되는 누가복음 9:51절 이전 이야기입니다. 누가복음에서 나오는 세 번째 수난과 부활에 대한 예고는 예루살렘 여행기 끝 무렵 눅 18:31-34절에 나옵니다. 이렇게 분석을 하고 나니 누가복음은 예수님의 수난과 부활에 대한 예고가 예루살렘 여행기 전에 두 번 예루살렘 여행기 안에 한 번 서술하고 있는 셈이 됩니다.

그래서 마가복음과 마태복음은 예루살렘 여행기 안에 예수님의 수난과 부활을 세 번 예고하며 예수님을 따름에 대한 이야기와 제자로서 살아갈 이야기에 초점이 맞추어 있다면 누가복음 예루살렘 여행기에는 이런 수난과 부활에 관한 예고도 있지만 누가복음만이 가지는 부활과 승천 이후에 살아갈 누가 공동체의 독특하고 다양한 사상들을 누가복음 예루살렘 여행기 안에 약 10장에 이르는 많은 장을 할애하여 집약시키고 있습니다. 그러므로 누가 공동체는 예루살렘과 온 유다와 사마리아와 땅 끝 어느 곳이든 그들이 살아가는 선교 현장에서 누가복음을 하나님의 비밀을 알려주는 예수님의 계시된 말씀으로 삼고 그중에서도 예루살렘 여행기에 나타난 말씀을 누가 공동체 삶 안에서 증언하는 증인으로서 지켜야 될 예수님의 주옥같은 말씀으로 받아들이고 있는 것입니다.

복음서를 연구하는 학자들은 마가복음이 예수님의 수난과 십자가의 죽음이 강조되고 있다면 마태복음은 수난과 십자가의 죽음과 부활 신학이 더욱 강조하고 있고 누가복음은 누가복음에 안에 마가복음을 따르는 수난과 십자가 신학도 있지만 부활과 승천에 대한 사상이 다른 복음서 보다 더욱 강조되고 있는 것으로 보인다고 설명하고 있습니다. 학자들은 누가복음의 부활과 승천을 강조하는 이런 신학을 "영광의 신학"이라고 부르고 있습니다. 누가복음의 영광의 신학에 대하여 서술한 대표적인 신학자가 김득중 교수님으로 그가 쓴 〈누가의 신학〉에서 "영광의 신학"을 강조하고 있습니다.[40]

마가복음과 마태복음은 예루살렘 여행기 안에 세 번의 수난과 부활에 대한 예고를 하며 예수님이 수난을 받는 것에 대하여 그 의미를 깨닫지 못하는 베드로와 제자들의 무지를 알게 함으로서 예수님을 따르는 제자들에게 또는 마가 또는 마태 공동체에게 십자가의 도를 깨닫고 십자가의 도를 따르는 제자가 될 것을 가르치고 있다면 누가복음은 전혀 다른 내용으로 채워져 있습니다. 그러기에 예수님은 예루살렘을 향하여 가기로 마음을 굳게 하며 수난에 대한 강조보다 "승천하실 기약이 차가매~"라고 말씀하시며 앞으로 선교현장에서 살아갈 제자들에게 예루살렘 여행기 안에서 예수님의 계시를 통해 하나님의 비밀을 그들에게 알려주며 가르치고 있습니다.(눅 9:22)

누가복음의 부활 신앙은 이제 예수님이 십자가에 죽으시고 삼 일 만에 부활하신 후 승천하심으로 하나님 우편에 앉으셔서 그리스도가 되시고 하나님의 아들 됨에 대한 깨달음의 근본이 됩니다. 이 신앙을 깨닫고 알게 되어 고백하는 자들이 제자가 되고 이 제자들의 공동체가 누가 공동체이며 누가 공동체는 예루살렘에서 온 유다와 사마리아와 땅 끝까지 부활 신앙을 전파하는 증인 공동체가 된 것입니다.

---

40) 김득중, <누가의 신학>, 콘콜디아사, 서울 1991 p.250

오늘은 누가복음에 있는 예루살렘 여행기의 의미와 예루살렘 여행기 시작을 승천 사상으로 시작하는 이유를 설명하였습니다. 오늘 이야기의 결론을 내려야 할 때가 되었습니다. 사도행전 1:9-11절 말씀을 읽어보겠습니다.

이 말씀을 마치시고 그들이 보는데 올려져 가시니 구름이 그를 가리어 보이지 않게 하더라 올라가실 때에 제자들이 자세히 하늘을 쳐다보고 있는데 흰 옷 입은 두 사람이 그들 곁에 서서 이르되 갈릴리 사람들아 어찌하여 서서 하늘을 쳐다보느냐 너희 가운데서 하늘로 올려지신 이 예수는 하늘로 가심을 본 그대로 오시리라 하였느니라(사도행전 1:9-11)

위 구절은 사도행전 1:9-11절로 승천에 관한 말씀입니다. 조경철 교수님의 마태복음 설명에서 마태복음 구조는 괄호 묶기(Inclusion) 구조로 치밀함을 보인다고 하였습니다.[41] 예를 들면 임마누엘 구조(함께 하심 구조; 마 1:21-23과 마 28:18-20), 경배 구조(마 2:1-2과 28:16-17), 가르치시고 전파하시며 고치시는 구조(마 4:23과 마 9:35) 등으로 설명하였습니다. 누가복음도 서문의 네 개의 찬송(눅 1:46-55, 1:67-79, 2:14, 2:28-32)으로 시작하여 찬송으로 끝나는 것으로(눅 24:53) 보아 누가 공동체는 예수님을 찬송하는 찬송 공동체가 아닐까 하고 말씀드렸습니다.

그런 의미로 누가복음 승천구조는 9장 51절에서 시작되어 누가복음 끝 눅 24:50-53절에 승천으로 끝을 맺음으로 마치 예루살렘 여행기를 시작으로 수난 부활과 함께 누가복음은 승천에 대하여 이야기하는 구조로 되어 있음을 알 수 있습니다. 더욱더 중요한 것은 사도행전 1:9-11절에서 보듯이 승천 사실을 알리며 사도행전을 시작함으로서 예루살렘에 머물던 제자들이 성령을 받고 세상에 나아가 "예수님은 죽음을 이기시고 삼 일 만에 부활하셔서 승천하여 하나님 우편에 계시고 언젠가는 심판의 주로 다시 오심"에 관하여 제자들은 선교의 현장에 나아가 크게 외칠 수 있게 된 것입니다. 이것을 영광의 신학이라고 표현하고 있습니다.

성도 여러분 우리는 주님을 따름에 있어 "십자가의 도"인 예수님이 이 땅에 오셔서 우리를 위해 죽으셨고 우리를 속량하심으로 우리를 죄에서 구원하셨음을 잊어서는 안 됩니다. 우리도 예수님의 십자가의 길을 따라가며 자신의 십자가도 져야만 합니다. 그렇지만 세상을 살면서 그 예수님은 삼 일 만에 부활하셨고 승

41) 조경철, <신약성서가 한눈에 보인다>, 땅에쓰신글씨, 서울, 2007, p.66

천하심으로 하나님 우편에 앉아 계시며(눅 22:69) 언젠가는 심판하러 오신다는 사실을 꼭 기억하여야 합니다. 그리고 지금도 부활하신 예수님은 우리에게 성령으로 오셔서 함께 하심으로 우리가 어렵고 힘들 때 친히 간구하시고 도와주신다는 사실도 꼭 기억하셔야 합니다.(롬 8:26-27) 이런 성령 공동체를 누가는 하나님 나라를 형성하여 살고 있는 자신들의 누가 공동체로 여겼으며 그들은 예수님을 찬송하고 선교하는 구원 공동체임을 깨달으며 살아가고 있습니다.

예수님이 다시 오실 때까지 우리에게 주신 예수님의 말씀인 누가복음과 그 안에 있는 예루살렘 여행기 말씀을 우리 삶 안에 생명의 말씀으로 여겨 믿고 순종하여야 합니다. 우리는 언제인지 알 수 없지만 다시 오시는 예수님과 함께 눈물이 없는 새 예루살렘 도성인 새 하늘과 새 땅에서 영광의 주님과 함께 살 것입니다. 그때까지 우리의 믿음을 잃지 않고 끝까지 견디는 자들이 “남은 자”들입니다. 예수 그리스도 이름 이외는 우리에게 구원을 주실만한 다른 이름을 주신 적이 없습니다.(사도행전 4:12) 오늘도 주안에서 승리하시는 성도 여러분이 되시기를 기도합니다.

제16과 선한 사마리아인 비유; 영생, 성경해석 방법에 관하여

; 눅 10:25-42

대답하여 이르되 네 마음을 다하며 목숨을 다하며 힘을 다하며 뜻을 다하여 주 너의 하나님을 사랑하고 또한 네 이웃을 네 자신 같이 사랑하라 하였나이다 예수께서 이르시되 네 대답이 옳도다 이를 행하라 그러면 살리라 하시니(눅 10:27-28)

누가복음에 있는 예루살렘 여행기 9:51-19:27절의 본문들을 설명하는 많은 학자들의 연구가 있습니다. 이 부분에 대하여 많은 연구가 다양하게 논의되고 있다는 것은 한마디로 일정한 구조를 정하기가 어렵다는 뜻도 됩니다. 이 시간 본문을 따라 이해하며 오늘 들려주는 말씀 눅 10:25-42절에서 “선한 사마리아인”과 “마리아와 마르다 이야기”를 함으로서 예루살렘 여행기를 어떻게 이해할 수 있는지 이야기하도록 하겠습니다.

오늘은 필자가 성경을 읽고 해석하는 방법을 샘플로 하나 보여드리겠습니다. 이 방법은 성서학자들이 일반적으로 하는 방법이므로 나의 독특한 방법이 아님을 먼저 말씀드립니다.

I. 본문 해석

예루살렘 여행기에서 선한 사마리아 사람 이야기를 통하여 드디어 본격적으로 제자들에 대한 교육이 시작됩니다. 어떤 율법교사가 일어나 예수를 시험하여 말합니다. 이 율법교사는 예수님에게 자신이 모르거나 궁금한 것을 물어보는 것이 아닙니다. 자신이 아는 문제 그것도 자신은 완벽하다고 여기는 문제를 예수님께 문제를 제기합니다. 이것은 예수님과 토론을 하려는 것이 아니라 자신의 옳음을 증명하기 위한 물음입니다. “선생님 내가 무엇을 하여야 영생을 얻으리이까” 율법교사의 첫 질문은 “영생”에 관한 것입니다. 동시에 예루살렘 여행기의 첫 주제가 영생에 관한 것입니다. 예수께서 오히려 “율법에 무엇이라 기록되었으며 네가 어떻게 읽느냐”고 역으로 질문합니다. 다시 설명하면 무엇을 행하여야 영생을 얻을 수 있는지 율법에는 무엇이라 쓰여 있으며 어떻게 읽고 해석하는지 물어보신 것입니다. 이때 율법교사는 예수님께 시험하며 물어 보았기에 대답도 자신있게 합니다. “네 마음을 다하며 목숨을 다하며 힘을 다하며 뜻을 다하여 주 너의 하나님을 사랑하고 또한 네 이웃을 네 자신 같이 사랑하라 하였나이다”라고 대답합니다. 신명기 6:4-5절과 레위기 19:18절을 읽어보겠습니다.

이스라엘아 들으라 우리 하나님 여호와는 오직 유일한 여호와이시니 너는 마음을 다하고 뜻을 다하고 힘을 다하여 네 하나님 여호와를 사랑하라(신명기 6:4-5)

원수를 갚지 말며 동포를 원망하지 말며 네 이웃 사랑하기를 네 자신과 같이 사랑하라 나는 여호와이니라(레위기 19:18)

신명기 6:5절과 레위기 19:18b절의 말씀이 합해진 말씀으로 마태복음에서는 이 율법을 온 율법과 선지자의 강령이라고 말하고 있습니다.(마 22:39) 이렇게 중요한 말씀을 누가복음은 예루살렘 여행기의 첫 번째 제자 교육에서 시작하고 있습니다. 율법교사는 자신이 질문한 “무엇을 행하여야 영생을 얻을 수 있는지”에 대한 대답으로 율법과 선지자의 말씀 중에 핵심인 이 구절을 스스로 대답하고 있습니다. 예수님께 마치 “저는 다 알고 있습니다” 하고 대답하고 있습니다. 예수님은 이에 대하여 “옳습니다. 그 말씀대로 행하십시오. 그러면 살 것입니다.”라고 대답하고 있습니다. 사실 여기까지는 별문제가 없어 보입니다. 그런데 문제는 그 율법교사는 자기 자신은 영생에 대한 대답을 알 뿐만 아니라 예수님이 그대로 행하라는 말씀에 대하여 그대로 행하고 있다는 듯이 다시 질문합니다. "그러면 내 이웃이 누구니이까?"라는 질문은 자신은 하나님을 사랑하고 내 이웃도 사랑하고 있으므로 자신이 진정한 이웃이며 "의(옳음)"에 이른다는 사실을 말하고 있습니다.

이때 예수님은 비유를 하나 들어 설명합니다. 어떤 사람이 예루살렘에서 여리고로 내려가다가 강도를 만나매 강도들이 그 옷을 벗기고 때려 거의 죽은 것을 버리고 갔습니다. 마침 한 제사장이 그 길로 내려가다가 그를 보고 피하여 지나가고 또 이와 같이 한 레위인도 그 곳에 이르러 그를 보고 피하여 지나갔습니다. 그런데 어떤 사마리아 사람은 여행하는 중 거기 이르러 그를 보고 불쌍히 여겨 가까이 가서 기름과 포도주를 그 상처에 붓고 싸매고 자기 짐승에 태워 주막으로 데리고 가서 돌보아 주었습니다. 그 이튿날 그가 주막 주인에게 데나리온 둘을 내어 주며 이르되 이 사람을 돌보아 주라 비용이 더 들면 내가 돌아올 때에 갚으리라 하였습니다.

예수님은 이 율법교사에게 질문을 합니다. 당신 생각에는 이 세 사람 중에 누가 강도 만난 자의 이웃이 되겠습니까? 율법교사는 대답합니다. 자비를 베푼 자입니다. 예수께서 말씀하십니다. "가서 너도 이와 같이 하라"고 하였습니다.

II. 본문 이해하기

우리는 이 본문에서 의문 나는 것이 있습니다. 율법교사의 질문은 "선생님 내가 무엇을 하여야 영생을 얻으리이까"입니다. 어떤 행함을 하여야 "의인"이 되는 것은 이해가 되는데 영생을 얻는 것과 율법의 행함이 무슨 관계일까요? 이런 질문을 해 볼 수 있습니다. 왜냐하면 율법교사의 대답이 "하나님 사랑과 이웃 사랑"이기에 율법교사의 질문은 이 대답에 대한 것이기 때문입니다. 우리는 오히려 "하나님 사랑과 이웃 사랑"을 통해서 의인이 되고 의인들이 하나님 백성을 이루는 구원 공동체가 된다는 것은 충분히 이해할 수 있습니다. 그런데 "하나님 사랑과 이웃 사랑"의 율법의 행함이 영생과 어떤 연결성이 있을까요? 사실은 이 질문에 대한 대답으로 율법교사가 "하나님 사랑과 이웃사랑"이 "영생"과 연결된 대답을 하는 것은 맞습니다. 왜냐하면 예수님도 이에 대하여 "옳습니다. 그 말씀대로 행하십시오. 그러면 살 것입니다"하고 말씀하시며 "하나님 사랑과 이웃 사랑"을 "산다"와 연결시키고 있고 그 대답이 맞음을 인정하고 있기 때문입니다. 그런데도 우리가 이 질문과 대답을 잘 이해하기 어려운 이유는 중간 과정이 생략이 되어 있기 때문입니다. 레위기 18:5절과 신명기 4:1-2절을 읽어보겠습니다.

너희는 내 규례와 법도를 지키라 사람이 이를 행하면 그로 말미암아 살리라 나는 여호와이니라(레 18:5)

이스라엘아 이제 내가 너희에게 가르치는 규례와 법도를 듣고 준행하라 그리하면 너희가 살 것이요 너희 조상의 하나님 여호와께서 너희에게 주시는 땅에 들어가서 그것을 얻게 되리라 내가 너희에게 명령하는 말을 너희는 가감하지 말고 내가 너희에게 내리는 너희 하나님 여호와의 명령을 지키라(신 4:1-2)

레위기 18:5절의 말씀은 성결법(Holiness Code)[42]으로 알려진 레위기 17-26장에 나오는 중요한 말씀입니다. 이 말씀을 이해하는 것이 구약뿐 아니라 신약성경을 이해하는 중요한 중심 사상이 되는 구절입니다. 이 성결법 안에 있는 이 구절을 이해 할 수 있어야 에스겔서와 다니엘서를 포함한 많은 예언서의 성결 규정을 통한 '거룩함'의 유지를 이해할 수 있습니다. 이 안에는 하나님과 관계 속에서 하나님 백성으로 살아갈 때 거룩함을 유지하기 위한 많은 규정이 들어 있습니다.

제사의 규정(17장)과 근친상간 금지 규정(18장) 안식일을 지키는 규정을 포함한 하나님 백성으로 살아가야 할 삶의 규정이 있습니다.(19장) 이를 어기는 것은 중죄에 해당하기에 중죄 처벌 규정도 있습니다.(20장) 레위기 21-22장에는 제사장들의 행동을 규정하고 제물에 대한 규정이 있습니다. 레위기 23-25장까지 안식일 규정, 유월절과 무교절 규정, 칠칠절 규정, 속죄일 규정, 초막절 규정도 있고 25장은 특히 안식년 규정과 희년 규정 등이 있으며 레위기 26장에는 이런 규정에 대한 순종과 불순종에 대한 결과가 서술되어 있습니다. 이런 모든 규정의 기본 원칙은 '거룩함'에 있습니다.(레 19:2)

너는 이스라엘 자손의 온 회중에게 말하여 이르라 너희는 거룩하라 이는 나 여호와 너희 하나님이 거룩함이니라(레 19:2)

신명기 4장 1-2절은 신명기 4:44~이하에서 보듯이 율법을 선포하기 전에 율법의 중요성을 설명하며 율법의 의미를 백성들에게 설명하기 시작하는 지점에서 이 본문이 나오고 있습니다. 여호와의 명령입니다. "내 규례와 법도를 지키는 사람들" 즉 이를 행하는 사람들이 "살리라"고 말씀하고 있습니다. 그러면 위에 인용한 레위기 18:5절과 신명기 4:1절에 밑줄 친 단어가 보이신가요? 레위기 성결법을 설명하면서 "내 규례와 법도를 지키라 사람이 이를 행하면 그로 말미암아 살리라"고 설명하며 지켜 행하면 살고 그렇지 아니하면 죽는다는 의미입니다. 신

42) Holiness Code: 거룩함의 법전을 의미하며 성결에 관한 법들이 모여 있음.

명기 4:1절도 율법을 제정하고 선포하기에 앞서 "이스라엘아 이제 내가 너희에게 가르치는 규례와 법도를 듣고 준행하라 그리하면 너희가 살 것이요"라고 말씀하고 있습니다. 율법을 지켜 행하면 살고 그렇지 않으면 죽는다는 의미입니다.

그러면 율법교사가 말하는 영생이란 성결법과 율법을 지켜 행하는 자는 살고 그렇지 않으면 죽는다는 율법의 가장 기초가 되는 질문을 한 것입니다. 성결법과 율법을 대표하는 구절이 무엇인가요? 그것이 "하나님 사랑과 이웃사랑"입니다. 이 구절이 율법과 성결법안에 하나님의 거룩함을 나타내는 의미와 하나님과 백성들 사이에 존재하는 성결법과 율법의 거룩함이 이 안에 모두 포함 된 것입니다. 그래서 마태복음은 이 구절을 온 율법과 선지자의 강령이라고 말씀하고 있습니다.(마 22:34-40)

율법교사의 대답은 이 성결법과 율법을 모두 지키고 행했다는 뜻입니다. 그러면서 율법교사는 자신 있게 "그러면 내 이웃이 누구입니까?"라고 예수님께 질문 할 수 있었습니다. 율법교사는 나는 이런 모든 성결법과 율법을 지키고 행했으므로 하나님 백성으로서 참된 이웃은 '나'같은 사람이라고 생각하고 있는 것입니다. 이때 예수님은 "선한 사마리아인" 비유를 설명하시면서 율법교사에게 질문합니다. 제사장과 레위인과 사마리아인 세 사람 중 누가 진정한 이웃입니까? 율법교사는 대답을 합니다. 자비를 베푼 사마리아인입니다. 그렇지만 원래 율법교사가 "영생"과 "하나님 사랑과 이웃 사랑"을 연결한 질문과 대답으로는 이렇게 대답하면 안 됩니다. 그래서 이 대답은 율법교사가 자신의 질문에 대한 대답으로는 틀렸습니다.

제사장은 성결법에 나와 있는 레위기 22:4-6절에 의하면 시체의 부정에 접촉한 자는 성물을 먹을 수 없습니다. 즉 부정하므로 일시적으로 제사장 역할을 할 수 없습니다. 부정하다는 것은 거룩하지 않다는 뜻입니다. 레위인은 열두지파 중에서도 율법을 지키고 교육하기 위해 따로 선택된 지파입니다. 그들은 율법은 철저히 지키는 사람들입니다. 선한 사마리아인 비유에 나오는 어떤 사람이 강도들을 만나 재물을 다 빼앗기고 거의 죽게 되었습니다. 강도들이 그를 버리고 갔을 때 제사장과 레위인이 같은 길을 가다가 강도에 의해 거의 죽게 된 사람을 만났지만 그들은 강도당한 사람을 피하여 지나갔습니다. 이들이 피하여 지나간 것은 그들이 알고 있는 성경의 성결법과 율법을 지키기 위해 그렇게 행동한 것이며 그들은 자신들의 거룩함을 유지하기 위해 피하여 지나간 것입니다.

그러기에 예수님이 이 세 사람 중 "누가 진정한 이웃인가"라는 질문에 율법교사는 영생과 관련된 성결법과 율법으로는 자신처럼 율법을 철저히 지키는 제사장과 레위인이 거룩하기 때문에 그들이 이웃이라고 대답하여야 영생과 관련된 "하나님 사랑과 이웃사랑"에 대한 질문에 맞는 답입니다. 그런데 이 율법교사는 예수님의 질문에 "자비를 베푼 사마리아 사람"이라고 고백하고 있는 것입니다. 율법교사 입장에서 보면 예수님의 "선한 사마리아인 비유" 말씀에 망치로 크게 한 대 맞은 것 같은 커다란 깨달음을 얻고 이렇게 대답한 것입니다. 누가복음 11장 42절을 읽어보겠습니다.

화 있을진저 너희 바리새인이여 너희가 박하와 운향과 모든 채소의 십일조는 드리되 공의와 하나님께 대한 사랑은 버리는도다 그러나 이것도 행하고 저것도 버리지 말아야 할지니라(눅 11:45)

율법교사나 바리새인들은 성결법과 율법을 철저히 지키려고 노력한 사람들입니다. 박하와 운향과 채소의 십일조를 드렸다는 말씀은 그들은 식탁에 올라오는 채소 하나라도 십일조를 드린 것으로 먹어야 거룩할 수 있다고 여겼습니다. 그러기에 그들은 거룩함을 유지하기 위해 자신처럼 거룩한 사람들끼리만 먹을 수밖에 없었습니다. 그들이 이웃입니다. 죄인들 가난한 자들 여인들 세리들 병든 자들 사마리아인들을 포함한 이방인들까지도 그들의 식탁을 같이 할 수 없었습니다. 왜냐하면 그들은 부정하여 죄인이었기에 그들과 함께 생활하면 거룩함을 유지할 수 없다고 여겼기 때문입니다. 그러기에 그들은 거룩함을 유지하기 위해 분리된 자(바리새인)가 되었지만 예수님은 그들을 향해 공의와 하나님에 대한 사랑을 버렸다고 질책하고 있습니다. 거룩함을 유지하기 위한 성결법은 행하였지만(레 22:4-6) "네 이웃을 네 몸과 같이 사랑하라"는 성결법(레 19:18)은 위반한 것입니다.

예수님에 의해 선포된 '선한 사마리아인 비유'는 아주 간단하게 보이지만 그 안에는 엄청난 하나님의 복음이 들어 있습니다. 그러기에 율법 교사나 바리새인들이 생각하는 성결법과 율법은 예수님에 의해 계시된 하나님의 말씀으로 대치되어야 하고 그 예수를 믿고 따르는 자들이 진정한 거룩함을 유지 할 수 있는 거룩한 구원 공동체가 된다는 말씀입니다.

III. 이 시대에 들려주는 예수님의 말씀

우리는 이 본문을 읽고 이해하고 그 말씀이 당시 상황에서 어떻게 써졌는지 이해하게 되었습니다. 그러면 이 말씀이 오늘날 우리에게 어떻게 들려지고 있는지 우리는 이 구절을 읽으며 조용히 묵상하며 기도하여야 합니다. "영생"은 "하나님 사랑 이웃 사랑"입니다. 이것은 율법과 선지자의 강령일 뿐 아니라 예수님을 따르는 제자들의 삶과 관련되어 있습니다. 그러기에 예수님은 예루살렘 여행기를 시작하며 제자들에게 선한 사마리아 사람 비유를 통해 영생에 대해 먼저 말씀하고 있습니다. 우리가 살고 있는 이 공동체에서 나는 제사장 같은 사람인지 레위인 같은 사람인지 사마리아 사람 같은지 말씀을 들으며 생각해보아야 합니다. 우리가 살고 있는 이 공동체에서 다른 사람보다 높은 위치에 있는지 말씀을 가르치고 있는지 그런 위치에 있는 사람은 더욱 주변에 있는 이웃을 돌아보며 그들이 무엇으로 힘들어하고 외로워하고 괴로워하는지 돌아보아야 합니다.

사실 교회 안에서 높고 낮음이 무슨 의미가 있을까요? 교회에서 주어진 직책은 봉사하기 위한 직책일 뿐입니다. 그렇지만 공동체 내에서 어떤 직책에 있든지 무엇을 하든지 그것은 중요하지 않을 수 있습니다. 모든 사람들은 자신이 드러내고 말하고 있지 않지만 자신만이 알고 있는 많은 고민과 문제를 가지고 씨름하고 있습니다. 그러기에 믿음 공동체는 서로를 위해 기도하며 용기를 주고 예수를 믿는 신앙의 힘으로 어려운 문제를 이겨 낼 수 있도록 서로 돕는 것이 오늘 본문에서 말씀하시는 의미일 것입니다. 바로 선한 사마리아인처럼 교회 공동체 안에서 행하여야 한다는 말씀입니다.

선한 사마리아인 법(Good Samaritan Law)이 있습니다.(우리나라는 적용되는지 잘 모르겠습니다) 위급한 사람을 도와주는 것을 강제하기도 하고 도와주다 문제가 생기더라도 책임을 면해주는 법입니다.(적용이 되는지 잘 모르겠습니다) 도덕적 양심에 의한 행위를 법률로 정한다는 것은 결코 쉬운 일이 아닙니다. 사건 당시 개인의 상황이 다 다르기 때문에 일률적으로 적용하기가 쉽지 않아 보입니다.

사실 이 문제가 교회나 사회 안에서 적용하기도 결코 쉽지가 않습니다. 우리는 우리 나름대로 공동체를 유지하기 위한 규칙과 규정을 만들어 공동체가 지키고 행하도록 하고 있습니다. 이때 이 규정에 어긋나지만 선을 행하여야 하는 문제가 발생할 수 있습니다. 이럴 때 어떻게 처리해야 하는지 결정하기가 참 어려울 때가 있습니다. 이때 필요한 것이 기도입니다. 기도를 통해서 우리는 세상의 지혜가 아닌 하나님의 지혜를 구할 수 있습니다. 그 하나님의 지혜는 예수님이 십자가상의 죽음으로 드러나는 하나님의 사랑입니다.

이제 선한 사마리아인 비유에 대하여 오늘의 결론을 내려야 할 때입니다. 온 율법과 선지자의 강령인 "하나님 사랑과 이웃사랑"에 대하여 영생과 관련하여 율법교사와 예수님의 대화 속에서 율법과 하나님의 복음의 차이를 알게 되었습니다. 바리새인들은 율법의 조문을 지키고 행하는데 급급했지만 예수님은 그 율법을 바로 세우시는 분입니다. 예수 그리스도를 통한 하나님의 말씀은 하나님의 비밀을 알려주는 새로운 계시로 하나님 나라를 세우는 그리스도의 법인 믿음의 법 또는 사랑의 법이 됩니다.

율법과 선지자는 요한의 때까지요 그 후부터는 하나님 나라의 복음이 전파되어 사람마다 그리로 침입하느니라(눅 16:16)

율법의 시대가 지나가고 하나님 나라의 복음의 시대가 예수 그리스도에 의해 시작된 것입니다.

IV. 마리아와 마르다 이야기; "들으라"를 결론으로

"마리아 마르다의 이야기"는 선한 사마리아인 이야기의 결론으로 그리고 예루살렘 여행기 전체의 서론으로 역할을 하고 있습니다. 율법과 선지자의 강령인 "하나님 사랑과 이웃 사랑"은 예수 그리스도에 의해 하나님 나라의 복음으로 새롭게 이해되어 하나님 나라를 이루어 갑니다. 이렇게 중요한 영생에 관한 선한 사마리아 사람에 대한 비유를 설명하고 다음 구절이 누가복음 10:38-42까지 마리아와 마르다의 이야기가 나옵니다. 이 비유도 참 많은 이야기를 해야 되지만 오늘은 결론만 이야기하겠습니다.

예수님은 마르다라는 여인이 영접하여 그녀 집에 들어가 말씀을 전합니다. 그 동생 마리아가 있었는데 마르다는 손님이 오셨으므로 준비할 것이 많습니다. 그런데 마리아는 예수님의 말씀을 주의 발치에서 귀 기울여 듣고 있습니다. 마르다는 예수님께 마리아보고 저를 도와 달라고 말씀해 주시길 원하고 있습니다. 그때 예수님은 아주 중요한 말씀을 하십니다. 마르다도 일이 많으면 한두 가지만 하고 마리아는 말씀을 듣는 것이 좋은 것이기에 빼앗기지 않을 것이라고 말씀합니다.

여기서 이 이야기의 주제는 교회에서 봉사 활동하는 것도 중요하지만 말씀 듣는 것이 더 중요하다고 말씀을 하려는 것으로 보일 수도 있습니다. 그러나 공동체 내에서 봉사활동과 말씀 듣는 것 중 어는 것이 더 중요한지 그런 비교로 말씀하려는 의도 보다 더 중요한 사실이 있습니다. 위에 율법교사와 예수님의 대담에서 율법과 성결법을 지키고 행하는 문제에서 살고 죽는 영생과 관련된 중요한 말씀을 하고 있습니다. 이 말씀은 구약성경의 율법과 선지자의 강령일 만큼 중요한데 이 말씀은 마리아가 주의 발치에서 듣는 것처럼 "들음"에서 온다는 것입니다. "하나님 말씀의 들음" 이것은 구약 성경의 전체 사상을 꿰뚫는 중요한 말씀으로 하나님의 말씀은 듣는 것에서 시작합니다. 신약성경에서도 예수님은 예루살렘 여행기 시작에서 율법을 대치하는 하나님의 복음도 역시 들음에서 나는 것임을 강조하고 있는 것입니다.

이스라엘아 들으라 우리 하나님 여호와는 오직 유일한 여호와이시니 너는 마음을 다하고 뜻을 다하고 힘을 다하여 네 하나님 여호와를 사랑하라(신명기 6:4-5)

그러므로 믿음은 들음에서 나며 들음은 그리스도의 말씀으로 말미암았느니라(로마서 10:17)

오늘 우리가 읽은 본문 눅 10:25-42절까지 요약하면 예루살렘 여행기는 마르다 마리아 이야기를 통해서 "쉐마 이스라엘" 즉 "이스라엘아 들으라"로 시작하고 있는 셈이 됩니다. 그 "쉐마 이스라엘"을 누가복음을 통해서 특히 예루살렘 여행기를 통해 누가 공동체에게 하고 있습니다. 이스라엘(누가공동체)아 들으라. 네 하나님 여호와를 사랑하고 네 이웃을 네 몸과 같이 사랑하라고 예수님은 말씀하고 있습니다. 그러하기에 "들음"은 "삶과 죽음"과 관련이 있습니다.

누가 공동체 그리고 이 본문을 읽고 있는 성도들에게 예수님은 말씀하고 있습니다. 구원 받은 성도 여러분 "들으십시오. 믿음은 들음에서 나며 들음은 그리스도의 말씀으로 인한 것"입니다.(로마서 10:17)[43] 예수님은 율법과 선지자의 말씀을 폐하러 온 것이 아니라 완성하러 오셨습니다. 예수님의 말씀을 거룩한 하나님의 말씀으로 여겨서 누가복음과 그 안에 있는 예루살렘 여행기의 말씀을 조용히 들으며 지켜 행하라고 말씀하고 있습니다. 그리스도의 말씀을 듣는 것이 생명과 관련됩니다.

성도 여러분 오늘은 누가복음 선한 사마리아인에 대하여 이야기하였습니다. 이 속에서 들려주는 주님의 음성을 마리아처럼 조용히 묵상하며 들으시기를 바랍니다. 성결법과 율법에서 들려주었던 하나님 사랑과 이웃 사랑을 실천하여야 합니다. 그 실천은 예수 그리스도의 말씀을 듣는 것에서 시작합니다. 예수님이 들려주시는 이웃 사랑에 대한 선한 사마리아인 비유를 통해서 예수님의 세밀한 음성이 성도님들에게 먼저 들려지기를 기도합니다.

예수님은 율법교사에게 질문을 하였던 것처럼 성도 여러분에게 질문합니다. 당신 생각에는 이 세 사람 중에 누가 강도 만난 자의 이웃이 되겠습니까? 율법교사는 대답합니다. 자비를 베푼 사마리아 사람입니다. 당연해 보이는 이 대답이 사실은 그에게는 가히 충격적으로 다가오는 커다란 깨달음입니다. 예수님께서 율법교사에게 말씀하신 것처럼 여러분에게도 말씀하십니다. 성도 여러분 "누가 강도 만난 자의 이웃이 되겠습니까?" 정말 사마리아 사람이라고 생각하십니까? 예수님은 그러면 "가서 너도 이와 같이 하라"고 말씀하고 있습니다. 예수 그리스도

43) 로마서에서 사도 바울은 "믿음은 들음에서 나며 들음은 그리스도의 말씀으로 말미암았느니라"(로마서 10:17)라고 고백하고 있습니다.

의 말씀을 듣는 성도 여러분, 여러분의 그 믿음으로 구원에 이르고 영생을 얻을 것입니다. 오늘도 이 음성을 조용히 듣는 그래서 세상에서 승리하는 여러분이 되시기를 기도합니다.

제17과

탕자의 비유, 비유 이해하기

; 눅 15:11-32

이 네 동생은 죽었다가 살아났으며 내가 잃었다가 얻었기로 우리가 즐거워 하고 기뻐하는 것이 마땅하다 하니라(눅 15:32)

인자가 온 것은 잃어버린 자를 찾아 구원하려 함이니라(눅 19:10)

누가복음의 탕자의 비유는 세상에 널리 알려진 비유 중 하나입니다. 교회 안에서 특히 교회 학교에서 연극으로 많이 연출되는 이야기 중 하나입니다. 이 비유는 누가복음에만 있는 비유이며 예루살렘 여행기 안에 있습니다. 이 이야기의 주제는 "인자가 온 것은 잃어버린 자를 찾아 구원하려 함"을(눅 19:10) 이야기하고 있습니다.

이미 탕자의 비유 이전에 두 가지 잃어버린 것을 찾는 비유를 연이어 설명하고 있습니다. 눅 15:3-7절까지 양 백 마리 중 잃어버린 양 한 마리를 찾아 헤매는 목자 이야기입니다. 결론으로 "내가 너희에게 이르노니 이와 같이 죄인 한 사람이 회개하면 하늘에서는 회개할 것 없는 의인 아흔아홉으로 말미암아 기뻐하는 것보다 더하리라"(눅 15:7)고 말씀하고 있습니다. 누가 15:8-10까지 열 개의 드라크마 중 하나를 잃어버려 부지런히 찾는 이야기입니다. 결론으로 "내가 너희에게 이르노니 이와 같이 죄인 한 사람이 회개하면 하나님의 사자들 앞에 기쁨이 되느니라"고 말씀하고 있습니다. 그리고 세 번째 잃어버린 것을 찾는 비유 "탕자의 이야기"가 나옵니다. 결론적으로 "이 네 동생은 죽었다가 살아났으며 내가 잃었다가 얻었기로 우리가 즐거워하고 기뻐하는 것이 마땅하다 하니라"(눅 15:32)고 말씀하고 있습니다. 위에 세 번의 밑줄 친 구절처럼 세 번의 비유를 통해서 잃어버린 것을 다시 찾은 것으로 모두 기뻐하고 있습니다. 세 번째에 나오는 탕자의 비유는 참 많은 사람들이 다양하게 해석하고 있습니다. 그래서 이 본문을 설명하기 전에 먼저 비유란 무엇인지 간단히 설명하도록 하겠습니다.

김득중 교수님의 〈복음서의 비유들〉이라는 책이 있습니다.[44] 여기서 비유를 정의하기를 영어로는 parable로 사용하고 희랍어(헬라어)는 "파라볼레(παραβολή)"라는 단어를 사용하며 히브리어는 마샬(mashal) 또는 아람어로는 "마틀라"로 사용한다고 말하고 있습니다. 헬라어 사전에 "파라볼레"를 다음과 같이 정의하고 있습니다.[45]

"일상생활의 일반적 사건들을 이용하여 도덕적 또는 영적 진리를 계시하기 위해 흔히 이야기 형태로 제시된 예화, 비교, 유비"[46]

그래서 영어로 비유(parable)는 "어떤 진리 혹은 도덕적 교훈을 전달하기 위해 고안된 짧은 은유적 이야기"로 정의하고 있습니다.[47] 정리하면 어떤 이야기를 전하려 할 때 상징을 사용하거나 다양한 은유적 표현을 사용하여 전달하려는 교훈 또는 진리를 말하려는 방법일 것입니다. 이렇게 정의한다고 해도 복음서에서 전하는 비유의 의미를 모두 나타내지 못하고 있습니다. 마가복음 4장 10-13절을 읽어보겠습니다.

예수께서 홀로 계실 때에 함께 한 사람들이 열두 제자와 더불어 그 비유들에 대하여 물으니 이르시되 하나님 나라의 비밀을 너희에게는 주었으나 외인에게는 모든 것을 비유로 하나니 이는 그들로 보기는 보아도 알지 못하며 듣기는 들어도 깨닫지 못하게 하여 돌이켜 죄 사함을 얻지 못하게 하려 함이라 하시고

44) 김득중, <복음서의 비유들>, 컨콜디아사, 서울, 2007 p.11
45) 김득중, <복음서의 비유들>, 컨콜디아사, 서울, 2007 p.11
46) 김득중 교수님의 책 내용을 재인용한 것입니다.
47) 김득중 교수님의 책 내용을 재인용한 것입니다.

(막 4:10-12)

사실 이 구절만 읽어보면 의아한 생각이 들것입니다. 예수님의 말씀이 모든 사람에게 들려져 쉽게 깨닫게 해야지(막 4:33) "왜 외인에게는 차단된 비유를 말씀한다고 하시지?" 하고 생각이 들 수 있습니다. 그렇지만 이 구절은 비유를 듣는 마가 공동체의 입장에서 이해하여야 합니다.

마가복음의 큰 특징 중 하나는 메시아의 비밀입니다. 예수님의 자기 정체성 드러내기 전까지 메시아로서 오심을 비밀에 부칩니다. 그렇지만 마가 공동체나 마가복음을 읽고 있는 신앙을 가진 독자는 더 이상 마가복음의 메시야의 비밀은 비밀이 아닙니다. 비유도 마찬가지입니다. 복음서의 비유는 하나님의 비밀을 알려주는 하나의 방법인데 예수님의 말씀을 받아들이는 사람은 깨달음으로 "비유"가 예수님의 의해 계시 된 하나님의 말씀을 나타내는 것으로 이해 할 수 있습니다. 그러나 예수님의 비유를 받아들이지 않는 사람은 그 하나님의 비밀을 아무리 알려주어도 알 수 없는 비밀이 되고 맙니다. 그러기에 예수님의 비유를 받아들이지 않는 사람들은 보기는 보아도 알지 못하며 듣기는 들어도 깨닫지 못하게 되고 결국 돌이켜 죄 사함을 얻지 못하게 되는 것입니다. 이사야 6:9-10절을 읽어보겠습니다.

여호와께서 이르시되 가서 이 백성에게 이르기를 너희가 듣기는 들어도 깨닫지 못할 것이요 보기는 보아도 알지 못하리라 하여 이 백성의 마음을 둔하게 하며 그들의 귀가 막히고 그들의 눈이 감기게 하라 염려하건대 그들이 눈으로 보고 귀로 듣고 마음으로 깨닫고 다시 돌아와 고침을 받을까 하노라 하시기로(이사야 6:9-10)

이사야의 소명(부르심) 장면에 나오는 하나님의 말씀입니다. 이스라엘이 황폐해지고 포로로 끌려갈 때까지 이 백성들은 하나님의 말씀을 듣지 않을 것을 말씀하시며 이 본문은 황폐한 이스라엘 땅에 "남은 자들"인 "그루터기"는 남아 있을 것이라는 "남은 자 사상"과 연결되어 있습니다. 이렇게 비유는 하나님의 말씀을 듣고 깨닫는 자들의 것이며 듣지도 않고 깨닫지도 못한 자들은 하나님의 백성이 되지 못한다는 것을 말하고 있습니다. 하나님은 이스라엘 백성들이 하나님의 말씀을 듣고 깨달아 다시 돌아 올 것을 기대하며 역설적으로 이사야를 통해서 예언하는 것처럼 예수님도 외인들도 예수님의 말씀을 듣고 하나님 나라의 백성이 될 것을 바라는 것과 같이 마가복음에서 비유를 설명하는 이 구절은(막 4:10-12) 역설적인 표현이라고 보시면 됩니다.

비유를 말할 때 참 조심스러운 것이 있습니다. 비유는 상당한 알레고리

(allegory) 형식을 갖추고 있습니다. "알레고리"가 무엇인지 그 의미를 우리말 대사전에서 찾아보겠습니다.

어떤 한 주제 A를 말하기 위하여 다른 주제 B를 사용하여 그 유사성을 적절히 암시하면서 주제를 나타내는 수사법. 은유법과 유사한 표현 기교라고 할 수 있는데 은유법이 하나의 단어나 하나의 문장과 같은 작은 단위에서 구사되는 표현 기교인 반면, 알레고리는 이야기 전체가 하나의 총체적인 은유법으로 관철되어 있다는 차이점이 있다.(우리말 대사전 인터넷 출처 사용) 48)

성경에 있는 비유의 이야기 많은 부분은 알레고리 형식을 가지고 있습니다. 이렇게 은유로 사용된 알레고리 형식의 이야기는 이야기하려는 의미의 상징성을 내포하고 있습니다. 그래서 어떤 의미로 사용된 상징들을 해석할 때 조심해야 합니다. 어느 경우는 상당부분 자의적으로 해석하거나 자신의 주장에 맞게 억지로 상징들을 사용하는 경우가 있습니다. 그 사용법이 어떠하든 복음서에서 사용된 비유의 상징들은 예수님의 말씀으로 예수님이 중심이 되어야 합니다. 일반 비유나 알레고리는 그들 나름대로 해석할 수 있습니다. 그러나 복음서 비유 해석의 주안점은 예수 그리스도의 말씀을 벗어난 어떤 해석도 바르지 않다는 것입니다. 비유를 통해 자신을 나타낸다든지 비유를 통해 자신의 목적을 위해 사용하는 것은 옳지 않다는 것입니다. 그러면 오늘 주어진 본문 "탕자의 비유"를 가지고 다양하게 해석해보겠습니다. 성도 여러분도 자신의 해석에 충실하십시오. 여러분의 해석이 여러분 삶에 맞는 해석일 수 있습니다.

A. 본문 이해-탕자의 비유

누가복음 15장 1-2절에 보면 모든 세리와 죄인들이 말씀을 들으려고 가까이 나아 왔습니다. 그러자 바리새인과 서기관이 "예수는 죄인을 영접하고 음식을 같이 먹는다"고 수군거렸습니다. 예수께서 그들에게 비유로 말씀하셨습니다. 탕자의 비유는 15장에 나오는 잃어버린 것을 찾는 비유로 세 번째 해당합니다.

예수님은 비유로 말씀하였습니다. 어떤 사람에게 두 아들이 있는데 그 둘째가 아버지에게 말하되 아버지여 재산 중에서 내게 돌아올 분깃을 내게 주소서 하였습니다. 아버지가 그 살림을 각각 나눠 주었습니다. 둘째 아들에게만 살림을 나누어 준 것이 아니라 첫째 아들에게도 나누어 주었습니다. 그 후 며칠이 안 되어 둘째 아들이 재물을 다 모아 가지고 먼 나라에 가 거기서 허랑방탕하여 그

48) 알레고리 정의: 우리말 대사전, 인터넷 출처 사용

재산을 낭비하였습니다. 다 없앤 후 그 나라에 크게 흉년이 들어 그가 비로소 궁핍하였습니다. 가서 그 나라 백성 중 한 사람에게 붙여 살게 되었고 그가 그를 들로 보내어 돼지를 치게 하였는데 그가 돼지 먹는 쥐엄 열매로 배를 채우고자 하였지만 그마저도 주는 자가 없었습니다. 이에 스스로 돌이켜 이르되 내 아버지에게는 양식이 풍족한 품꾼이 얼마나 많은가 나는 여기서 주려 죽는구나하고 생각하였습니다. 내가 일어나 아버지께 가서 이르기를 아버지 내가 하늘과 아버지께 죄를 지었사오니 지금부터는 아버지의 아들이라 일컬음을 감당하지 못하겠나이다 나를 품꾼의 하나로 보소서 하리라 하고 이에 일어나서 아버지께로 돌아갔습니다. 아직도 거리가 먼데 아버지가 그를 보고 측은히 여겨 달려가 목을 안고 입을 맞추었습니다. 아들이 이르되 아버지 내가 하늘과 아버지께 죄를 지었사오니 지금부터는 아버지의 아들이라 일컬음을 감당하지 못하겠나이다 하고 회개하고 고백하였습니다. 이에 아버지는 종들에게 이르되 제일 좋은 옷을 내어다가 입히고 손에 가락지를 끼우고 발에 신을 신기라 그리고 살진 송아지를 끌어다가 잡으라 우리가 먹고 즐기자 이 내 아들은 죽었다가 다시 살아났으며 내가 잃었다가 다시 얻었노라 하니 그들이 즐거워하였습니다.(눅 15:11-24)

한편 맏아들은 밭에 있다가 돌아와 집에 가까이 왔을 때에 풍악과 춤추는 소리를 듣고 한 종을 불러 무슨 일인가 물었습니다. 대답하되 당신의 동생이 돌아왔으매 당신의 아버지가 건강한 그를 다시 맞아들이게 됨으로 인해 살진 송아지를 잡았습니다하고 말하였습니다. 그가 노하여 아버지 집에 들어가고자 아니하였습니다. 그래서 아버지가 첫째 아들 있는 곳으로 나와서 아버지 집으로 들어오라고 권하였습니다. 그러자 첫째 아들은 아버지께 대답하였습니다. 내가 여러 해 아버지를 섬겨 명을 어김이 없거늘 내게는 염소 새끼라도 주어 나와 내 벗으로 즐기게 하신 일이 없더니 아버지의 살림을 창녀들과 함께 삼켜 버린 이 아들이 돌아오매 이를 위하여 살진 송아지를 잡으셨나이다. 이게 타당한 일인지 묻고 있는 것입니다. 그래서 아버지가 대답합니다. 첫째 아들아 너는 항상 나와 함께 있으니 내 것이 다 네 것이로되 이 네 동생은 죽었다가 살아났으며 내가 잃었다가 얻었기로 우리가 즐거워하고 기뻐하는 것이 마땅하다 하면서 본문이 끝을 맺고 있습니다. 첫째 아들이 아버지 집으로 다시 들어갔는지는 알 수 없습니다.(누가 15:25-32)

B. 본문 해석-탕자의 비유

탕자의 비유를 이해하려면 먼저 비유를 설명하는 배경을 먼저 이해하여야 합니다. 비유를 말씀하시는 예수님이 계시고 예수님에게 말씀을 들으려 세리와 죄인이 가까이 왔습니다. 이때 바리새인과 서기관들이 예수님을 비판합니다. 예수님은 죄인을 영접하고 음식을 같이 먹는다고 수군거리며 비판했습니다. 우선 바리새인과 서기관들이 예수님에 대한 비판의 내용을 먼저 확인해 보겠습니다.

바리새인들의 비판은 예수님이 죄인을 영접하고 세리와 죄인들과 음식을 같이 먹는 것입니다. 이에 관한 이야기는 성경공부 시간에 여러 번 설명 드렸습니다. 유태엽 교수님은 그의 논문 〈헬라의 심포지움과 누가의 혁명적 예수 상〉에서 예수님이 누가복음에서 제시하고 있는 세리와 죄인과 음식을 함께 먹는 식탁 교제는 당시 사회에서는 보기 힘든 혁명적 예수 상을 보여 준다고 소개하고 있습니다.[49] 결론적으로 유태엽 교수님은 누가에서 자주 언급하고 있는 음식은 생명을 위한 은유일 것이고, 음식을 나눔은 생명을 나누는 것을 상징할 수 있다고 소개하고 있습니다. 이 논문에서 소개하는 것처럼 사실 예수님 시대에 바리새인과 식탁을 함께하는 예수님이 동시에 세리와 죄인을 영접하고 함께 공동체를 이루어 식탁 교제를 한다는 것 자체가 가히 혁명적인 일인 것입니다. 그러기에 바리새인과 서기관의 비판은 당시의 사회상으로 볼 때 타당한 면이 있습니다. 예수님이 세리와 죄인을 영접하고 함께 식사 하는 것은 바리새인의 입장에서 보면 거룩함을 잃어버린 것이 되기 때문입니다. 그때 하신 말씀이 바로 탕자의 비유를 포함한 잃어버린 것을 찾는 기쁨을 말하는 비유 세 가지입니다. 그 세 번째가 잃어버린 아들을 찾는 탕자의 비유가 됩니다.

우리가 흔히 "탕자의 비유"로 알려진 이 본문을 제목을 달리 생각하는 학자가 많이 있습니다.[50] 예를 들어 보겠습니다. 이 비유에서 등장하는 주요 세 인물이 나옵니다. 어떤 사람에게 두 아들이 있었습니다. 이 말은 "두 아들을 가진 아버지가 있었습니다"와 같은 말이겠지요. 그래서 아버지와 두 아들이 주요 인물입니다. 비유의 구성을 보면 눅 15:12-24절까지 둘째 아들에 관한 이야기이고 눅 15:25-32절까지 큰 아들에 관한 이야기입니다. 그래서 둘째 아들의 이야기만 보면 "탕자의 비유"가 맞는데 후반부인 맏아들 이야기를 포함한다면 오히려 "두 아들의 비유"로 하자고 주장하는 학자도 있습니다.[51] 유태엽 교수님은 이 비유의 특징이 아버지의 무한한 용서와 사랑을 말한다고 한다면 "아버지의 비유"로 해도 무방하다고 설명하고 있습니다. 이처럼 비유를 누구의 관점으로 보는지에 따라 제목이 달라지듯 읽고 해석하는 독자에 따라 다양하게 해석될 수 있습니다.

둘째 아들과 맏아들의 비유는 예수님과 말씀을 나누는 세리와 죄인을 둘째

49) 유태엽, <헬라의 심포지움과 누가의 혁명적 예수 상>, 신학과 세계, (48) 2003년 12월 p.133-156
50) 김득중, <복음서의 비유들>, 컨콜디아사, 서울, 2007 p.273-284
51) 김득중, <복음서의 비유들>, 컨콜디아사, 서울, 2007 p.276 Manson 주장 재인용

아들로 비유하고 바리새인과 서기관을 첫째 아들로 비유하는 것으로 설명할 수도 있습니다. 세리와 죄인은 당시의 시대 상황에서 민족에게 소외된 자들로 또는 가난한 자들로 대표될 수 있는 인물들입니다. 그들과 함께 식탁을 공유한다는 것은 바리새인들 입장에서 보면 부정한 것입니다. 부정하다는 것은 거룩하지 않다는 것을 의미합니다. 그렇지만 예수님은 아랑곳하지 않고 죄인과 세리와 식탁을 함께 나눕니다. 가히 혁명적이라 할 수 있습니다. 바리새파는 자신들처럼 거룩한 자를 의인이라고 불렀습니다. 그렇기에 거룩함을 지킬 수 없던 많은 가난한 자, 병든 자, 여인들 또는 세리들 사마리아인들 그리고 자신과 같지 않은 많은 사람들을 '죄인'이라 부르고 같이 식탁을 나누지 않고 있습니다. 그들은 거룩하지 않은 죄인이기에 자신들의 공동체에 받아들이지 않는 것입니다. 그렇지만 예수님은 둘째 아들처럼 "굶주려 죽는구나"하고 생각하는 가난한 자도 공동체의 일원으로 받아들이는데 기뻐하고 즐거워하는 것이 타당하다고 이야기하고 있습니다. 그래서 탕자의 비유라 해도 됩니다. 그런데 이어지는 맏아들의 반응은 이 비유를 "탕자의 비유"라고 하기에는 많은 고민을 하게 만듭니다.

한편 맏아들은 밭에서 일하고 있다가 집에 가까이 왔을 때에 풍악과 춤추는 소리를 듣고 한 종을 불러 이 무슨 일인가 물었습니다. 당신의 동생이 돌아왔으며 당신의 아버지가 건강한 그를 다시 맞아들이게 됨으로 인하여 살진 송아지를 잡았다고 하자 분노가 치밀었습니다. 그래서 맏아들은 집을 안 들어간다고 통보하였습니다. 둘째 아들은 아버지로부터 재산을 물려받고 그 재산을 가지고 아버지 집을 나간 것이고 첫째 아들은 쫄딱 망해서 거지꼴로 집에 돌아온 동생을 환대하는 아버지가 싫어서 집에 안 들어가는 것입니다. 아버지는 둘째 아들이 "언제 돌아오려나" 하고 문밖 멀리까지 나가 기다리고 기다리다 비록 둘째 아들이 거지꼴로 나타나더라도 기뻐하면서 환대합니다. 그 아버지가 이번에는 둘째아들 환대 사건으로 집에 들어오지 않는 맏아들을 찾아 가서 집으로 들어오라고 설득을 합니다. 맏아들의 항변을 들어 보십시오. 혹시 반박할 만한 이유를 발견할 수 있나요?

첫째 아들은 아버지께 대답하였습니다. 내가 여러 해 아버지를 섬겨 명을 어김이 없거늘 내게는 염소 새끼라도 주어 나와 내 벗으로 즐기게 하신 일이 없더니 아버지의 살림을 창녀들과 함께 삼켜 버린 이 아들이 돌아오매 이를 위하여 살진 송아지를 잡으셨나이다. 맏아들은 이게 타당한 일인지 아버지께 묻고 있습니다. 제가 볼 땐 맏아들의 말도 틀리지 않습니다. 이유 있는 항변입니다. 그렇지만 어떤 학자들은 이렇게 아버지에게 따지는 큰아들도 집 나간 탕아와 같은 모습으로 해석하기도 합니다. 그래서 아예 이 비유의 제목을 "잃어버린 두 아들의 비유" 즉 "두 탕아의 비유"로 하자고 하는데 어떻게 보면 일리가 있습니다.[52] 그래서 아버지가 대답합니다. 첫째 아들아 너는 항상 나와 함께 있으니 내 것이 다 네 것이로되 이 네 동생은 죽었다가 살아났으며 내가 잃었다가 얻었기로 우리가 즐거워하고 기뻐하는 것이 마땅하다 하면서 본문이 끝을 맺고 있습니다. 첫째 아들이 아버지 집을 다시 들어갔는지 알 수 없습니다.(누가 25-32)

그래서 아버지 집에는 맏아들과 둘째 같은 아들이 한 공동체를 이루고 있기에 둘째 같은 이들이 다시 돌아올 때 공동체에서 어떻게 해야 하는지 교훈을 주고 있습니다. 이 두 아들의 비유를 통해서 맏아들처럼 집에 들어오지 않고 반항하는 아들을 설득하며 기다리는 아버지와 아예 집을 나간 둘째 아들을 기다리고 기다리다 거지꼴로 돌아와도 기뻐하고 반겨주는 아버지의 모습을 볼 수 있습니다. 그래서 학자들은 아예 아버지의 무한 사랑의 비유이므로 "아버지의 무한한 사랑 비유"라고 해도 무방하다고 말하고 있습니다.53)

C. 이 시대에 들려주는 예수님의 말씀

예수님은 예루살렘 여정에서 들려주는 말씀이 수난과 부활에 관한 깨달음도 있지만 승천 후에 제자들이 살아갈 현실에서 어떻게 공동체를 이루어 나가야 하는지 교육하고 있습니다. 양 백 마리가 있었습니다. 그중 한 마리를 잃으면 그 잃은 것을 찾아내기까지 열심히 찾아 헤매고 다닙니다. 열 드라크마가 있었습니다. 한 드라크마를 잃어버렸다면 등불을 켜고 찾습니다. 두 아들이 있었습니다. 그중 한 아들을 잃어버렸습니다. 그 아들이 돌아올 때까지 아버지는 기다리고 기다립니다. 그래서 잃어버린 것을 찾으면 얼마나 즐겁고 기쁨이 되는지 알 수 없습니다. 예수님이 이 땅에 오심은 잃어버린 자를 찾아 구원하기 위함입니다.

인자가 온 것은 잃어버린 자를 찾아 구원하려 함이니라(눅 19:10)

예수님은 바리새인들과 대화 속에서 너희들이 이루려는 "하나님의 의" 공동체가 율법을 지키고 행하는 것에 있는 것이 아니라 예수 그리스도를 믿음으로 이루는 사랑의 공동체가 의인 공동체임을 말하고 있습니다. 이 사랑의 공동체는 잃어버린 자를 찾아 회개함으로 구원하여 이루는 공동체입니다.

우리는 탕자의 비유를 통해서 현실에서 두 가지 문제를 제기할 수 있습니다. 하나는 정말 잃어버린 교인이 돌아왔을 때 즐겁고 기뻐할 수 있는지 물어보아야

52) 김득중, <복음서의 비유들>, 컨콜디아사, 서울, 2007 p.276
53) 김득중, <복음서의 비유들>, 컨콜디아사, 서울, 2007 p.276 예레미아스 재인용

합니다. 우리는 그럴 수 있습니다. 그렇지만 현실에서는 돌아온 교인이나 새로 들어 온 교인을 공동체 일원으로 어색하지 않도록 대해주고 사랑으로 품어주는 일이 결코 쉽지 않다는 것을 경험을 통해서 알 수 있습니다. 더군다나 공동체를 나간 사람이 커다란 문제를 일으키고 나간 사람이라면 정상적으로 받아들일 수 있는지 고민이 많을 것입니다. 예수님은 말씀하고 있습니다. 정말 너희가 교회공동체에 남아 있는 아흔아홉보다 회개하고 돌아 온 죄인 한 사람을 더 기뻐하고 소중하게 여기는지 물어 볼 것입니다.(눅 15:7) 예수님은 승천 이후의 교회 공동체는 잃어버린 자를 찾아 구원에 이르도록 하는 것이 제자들의 사명이라고 말씀하고 있습니다. 이런 사랑의 누가 공동체가 율법의 바리새파 보다 하나님의 복음에 의한 진정한 하나님 나라가 되는 것입니다.

또 하나의 문제점은 이 비유에서 돌아온 탕자는 좋고 맏아들은 나쁘다고 이야기하는 해석을 받아들이기에는 현실에서 조금 어렵게 느껴집니다. 맏아들의 이유 있는 항변이 오히려 설득력이 있습니다. 예를 들면 성도 여러분이 두 아들이 있습니다. 둘째 아들처럼 키우시겠습니까? 아니면 맏아들처럼 키우시겠습니까? 아마도 대부분 맏아들처럼 아버지의 말씀에 순종하고 집에서 일을 열심히 도우는 아들을 원하지 허랑방탕 하는 아들을 원하지 않을 것입니다. 당연히 맏아들처럼 아버지에 순종하고 일도 잘하고 그러면서 어려운 사람을 도와주고 사랑도 할 수 있는 사람이면 얼마나 좋을까요. 그러기에 우리는 현실에서 고민이 있습니다. 그러므로 이 비유는 두 아들 중에 누가 옳고 누가 그른지에 관한 문제가 아닌 것을 알 수 있습니다. 이 비유는 맏아들과 같은 사람과 둘째 아들과 같은 사람이 한 공동체에 있을 때 어떻게 하나님 나라를 만들어 가는 공동체가 될 수 있는지 말씀하고 있으며 그럴 때 누가 공동체는 예수님의 십자가의 도인 사랑을 가질 것을 말하고 있습니다. 그러기에 두 아들을 참고 기다리는 아버지의 무한 사랑을 이 비유에서 알 수 있습니다.

이제 오늘의 “탕자의 비유” 이야기의 결론을 내려야 할 때가 되었습니다. 예수님은 하나님 나라를 개설하고 우리를 초청하고 있습니다. 우리는 세상에선 모두 죄인입니다. 그런 우리에게 예수 그리스도는 그 안에 있는 속량으로 십자가의 죽으심으로 우리를 값없이 의롭다 하심을 얻은 자가 되게 하였습니다.(롬 3:23-24) 이것은 하나님의 은혜입니다. 둘째 아들처럼 우리의 죄를 자복하고 통렬히 회개하고 하나님 나라의 복음으로 들어가면 아버지의 집에 영원히 거할 수 있습니다. 어떤 성도님은 나는 맏아들처럼 아버지의 말씀에 순종한 사람이고 아버지의 뜻에 따라 일도 열심히 한 사람인데 아버지는 나에게 해준 것이 무엇인지 불만을 제기할 수도 있습니다. 그렇지만 맏아들 같은 사람에게는 항상 아버지와 함께 하며 아버지의 것이 다 그의 것입니다. 그러기에 예수님은 맏아들처럼 더 가지고 있는 사람들에게는 잃어버린 사람들 특히 가난하고 어려운 사람에게 나누어주고 도와주는 것이 하나님 나라를 만들어 가는 누가 공동체의 마땅한 사명임을 일깨우고 있습니다.

성도 여러분 여러분은 둘째 아들이 되고 싶으신가요 아니면 첫째 아들이 되고 싶으신가요? 당연히 첫째 아들 같은 사람이 되고 싶겠지요. 그렇지만 성경은 모든 사람이 둘째 아들 같은 사람이라고 말하기도 합니다. 그래서 둘째 아들이 진정 회개하고 돌아왔을 때 같이 즐거워하고 기뻐하는 것이 마땅하다고 말씀하고 있습니다.(눅 15:32) 그래서 이 비유는 "탕자의 비유"가 되는 것입니다. 잃어버린 것을 찾는 것은 공동체에게 즐거움이자 기쁨이 되기 때문입니다.

오늘은 탕자의 비유를 통해서 비유를 해석하는 하나의 방법을 배워 보았습니다. 이처럼 본문이 말하고자 하는 기본적인 것들을 먼저 이해하고 오늘 우리에게 주시는 예수님의 세밀한 음성을 들어 보셔야 합니다. 반복해서 말씀드립니다. 비유를 해석함에 있어 비유는 알레고리 형식의 다양한 상징을 포함하고 있어 다양하게 해석될 수 있습니다. 그렇지만 비유를 통해서 예수 그리스도의 담지 된 말씀이 드러나야지 자신을 드러내는 것은 안 됩니다. 또한 자신의 목적을 위해 비유를 억지로 해석하는 것도 바람직하지 않습니다. 성도여러분 비유를 통해서 들려주는 하나님의 비밀을 예수 그리스도의 말씀을 통해서 들려지는 기쁨이 여러분에게 있기를 기도합니다.

인자가 온 것은 잃어버린 자를 찾아 구원하려 함이니라(눅 19:10)

예수님의 오심은 잃어버렸던 우리를 찾아 구원하기 위해 오셨습니다. 우리가 예수 그리스도를 영접하고 그 이름을 믿으면 하나님의 자녀가 되는 권세를 주십니다. 오늘도 세상에서 승리하는 성도 여러분이 되시기를 기도합니다.

제18과

누가복음에서 보여주는 십자가의 길 ; "이 사람은 정녕 의인이었도다"

; 눅 23:46-47

예수께서 큰 소리로 불러 이르시되 아버지 내 영혼을 아버지 손에 부탁하나이다 하고 이 말씀을 하신 후 숨지시니라 백부장이 그 된 일을 보고 하나님께 영광을 돌려 이르되 이 사람은 정녕 의인이었도다 하고(눅 23:46-47)

누가복음에서 나타난 십자가의 죽음은 어떤 의미일까요? 우리는 지난 시간 마가복음과 마태복음에서 나타나는 예루살렘 여행기와 누가복음의 예루살렘 여행기의 구조의 차이점이 있음을 확인하였습니다. 이 구조의 차이점은 마가복음과 마태복음의 예루살렘 여행기와 누가복음 예루살렘 여행기는 지리적인 차이가 있었으며 여행기의 의미가 조금 달라졌음을 확인하였습니다. 마가복음과 마태복음은 빌립보 가이사랴에서 베드로의 고백이 있은 후 예루살렘으로 향하고 예루살렘 도착할 때까지 예루살렘 여행기로 설정하였습니다. 그렇지만 누가복음은 베드로의 고백 장소인 빌립보 가이사랴란 지방의 이름이 생략되어 있을 뿐만 아니라 예수님의 수난과 부활 예고에도 베드로를 포함한 제자들은 반대하지 아니하고 조용히 듣고 있습니다. 따라서 예수님이 베드로를 향하여 사탄이라고 한 꾸지람도 생략되어 있습니다.

누가복음에서는 예루살렘 여행기가 9장 51절에서 시작하고 있으므로 마가복음과 마태복음에 있는 예루살렘 여행기의 초반 부분이 예루살렘 여행기 시작하는 구절 이전으로 서술되었습니다. 마가복음과 마태복음은 세 번의 걸친 예수님의 수난과 부활에 대한 예고가 예루살렘 여행기 안에 다 들어 있어 예루살렘 여행기의 주된 목적은 제자들이 예수님의 수난과 죽음 부활에 대하여 그 의미를 정확히 알게 하기 위함입니다. 그러나 누가복음은 예루살렘 여행기 이전에 수난과 부활에 대한 두 번의 예고가 있고 한번은 예루살렘 여행기 끝에 배치되어 있습니다. 그러므로 누가의 예루살렘 여행기는 수난과 부활에 앞서 제자들을 수난과 부활의 의미를 교육하고 가르치는 목적도 있지만 승천 이후에 살아가게 될 누가 공동체가 어떻게 살아가야 하는지 삶의 지표로 삶는 말씀으로 제자들에게 주어진 것으로 볼 수 있습니다.

마가복음은 예루살렘 여행기에서 수난과 부활을 예고하고 그 이후에 예수님의 십자가의 죽으심을 강조하며 예수님의 죽으심은 우리를 죄에서 구원하기 위한 죽음이었음을 나타내고 있으며 이를 십자가 신학이라고 하였습니다. 누가복음은 예루살렘 여행기 시작에서 승천을 강조하며 예수님의 죽으심은 승천을 위한 죽음이었음을 강조하고 있다고 하였고 이를 영광의 신학이라고 하였습니다. 그렇다면 우리는 마가복음과 마태복음에서 나타나는 십자가의 죽음이 누가복음에서는 어떻게 이해되고 있는지, 누가복음의 영광의 신학에서는 예수님의 십자가의 죽음을 어떻게 이해할 수 있는지 알아보도록 하겠습니다.

누가복음의 예수님의 수난과 십자가의 죽음의 의미를 해설하는 많은 논문들과 주석 책들이 있어 여러분이 더 많이 알고 싶다면 그런 책들을 참고하시면 됩니다. 다만 제가 설명 드리는 이 방법은 그중 하나로 성도 여러분이 누가복음을 이해하고 영광의 신학이 무엇인지 조금 더 알려드리는데 목적이 있습니다.

우선 제3과 “하나님의 아들 예수 그리스도, 마가복음 이해하기”를 설명하며 마가복음 1:1절에서 “하나님의 아들 예수 그리스도의 복음의 시작이라”로 기록하고 있는데 이 서문 안에는 마가복음을 쓰려는 목적이 나타나 있으며 이 구절이 마가복음 전체 사상을 한 구절로 요약한 것이라고 말씀드렸습니다. 그래서 마가복음에 나오는 “그리스도”와 “하나님의 아들” 그리고 “복음”에 관하여 설명 드렸습니다. 마가복음과 마태복음은 여러 번 이와 관련된 설명을 하였기에 오늘은 누가복음을 중심으로 비교하며 설명 드리겠습니다. 그러면 마가복음과 마태복음 그리고 누가복음에 나오는 베드로의 고백과 예수님이 잡히시고 공회에서 심문 받으실 때 예수님의 자기 고백과 예수님이 십자가에 죽으시고 이를 지켜본 백부장의 고백부분을 가지고 누가복음에서 나타나는 예수님의 십자가에서 보여주는 죽음의 의미를 이야기하려고 합니다. 우선 마가 마태 누가복음서 세부분을 비교하겠습니다.

A) 베드로의 고백-마가, 마태, 누가복음 순서

a)마가복음 8장 29절; 또 물으시되 너희는 나를 누구라 하느냐 베드로가 대답하여 이르되 주는 그리스도시니이다 하매

b)마태복음 16장 16절; 시몬 베드로가 대답하여 이르되 주는 그리스도시요 살아 계신 하나님의 아들이시니이다

c)누가복음 9장 20절; 예수께서 이르시되 너희는 나를 누구라 하느냐 베드로가 대답하여 이르되 하나님의 그리스도시니이다 하니

B) 예수님의 정체성 나타내기-마가, 마태, 누가복음 순서

a)마가복음 14장 61-62절; 침묵하고 아무 대답도 아니하시거늘 대제사장이 다시 물어 이르되 네가 찬송 받을 이의 아들 그리스도냐 예수께서 이르시되 내가 그니라 인자가 권능자의 우편에 앉은 것과 하늘 구름을 타고 오는 것을 너희가 보리라 하시니

b)마태복음 26장 63-64절: 예수께서 침묵하시거늘 대제사장이 이르되 내가 너로 살아 계신 하나님께 맹세하게 하노니 네가 하나님의 아들 그리스도인지 우리에게 말하라 예수께서 이르시되 네가 말하였느니라 그러나 내가 너희에게 이르노니 이 후에 인자가 권능의 우편에 앉아 있는 것과 하늘 구름을 타고 오는 것을 너희가 보리라 하시니

c)누가복음 22장 67-70절; 이르되 네가 그리스도이거든 우리에게 말하라 대답하시되 내가 말할지라도 너희가 믿지 아니할 것이요 내가 물어도 너희가 대답하지 아니할 것이니라 그러나 이제부터는 인자가 하나님의 권능의 우편에 앉아 있으리라 하시니 다 이르되 그러면 네가 하나님의 아들이냐 대답하시되 너희들이 내가 그라고 말하고 있느니라(눅 22:67-70)

C) 백부장의 고백-마가, 마태, 누가복음 순서

a)마가복음 15장 39절; 예수를 향하여 섰던 백부장이 그렇게 숨지심을 보고 이르되 이 사람은 진실로 하나님의 아들이었도다 하더라(막 15:39)

b)마태복음 27장 54절; 백부장과 및 함께 예수를 지키던 자들이 지진과 그 일어난 일들을 보고 심히 두려워하여 이르되 이는 진실로 하나님의 아들이었도다 하더라

c)누가복음 23장 46-47절; 예수께서 큰 소리로 불러 이르시되 아버지 내 영혼을 아버지 손에 부탁하나이다 하고 이 말씀을 하신 후 숨지시니라 백부장이 그 된 일을 보고 하나님께 영광을 돌려 이르되 이 사람은 정녕 의인이었도다 하고

위에 세 부분을 읽는 방법은 우선 세 부분을 비교하기 위해서 베드로의 고백과 예수님의 정체성 나타내기와 백부장의 고백 A)B)C)순서로 읽으시고 그다음 마가복음 a)b)c), 마태복음 a)b)c), 누가복음 a)b)c) 순서로 읽으셔서 세 부분의 차이점을 이해하십시오.

위에 마가복음을 먼저 보면 베드로가 주는 그리스도라고 고백하고(막 8:29)있고 백부장의 고백은 예수님을 향하여 하나님의 아들이라고 고백함으로서 합하여 완전한 고백이 되었다고 말씀드렸습니다. 따라서 마가복음은 예수님이 잡히신 후 공회에서 대제사장이 “네가 찬송 받을 이의 아들 그리스도냐”는 질문에 “내가 그니라”라고 대답함으로 예수님의 자기 정체성을 드러내고 있습니다. 마가복음의 전반부 이적이야기와 후반부 수난이야기 전개의 최정점에 “내가 그니라” 이 대답에 있습니다. 끊임없이 달려온 서술의 크라이막스에 해당한다고 볼 수 있습니다.

마태복음은 여러 번 설명하였듯이 베드로의 고백은 전반부 예수님의 말씀과 이적이야기를 모두 들은 제자로서 완벽한 고백을 합니다. 그러나 베드로는 여전히 예수님의 수난과 부활을 이해하지 못하고 예수님은 예루살렘으로 향하며 십자가의 죽음으로 나아갑니다. 그리고 마가복음과 마찬가지로 예수님은 공회에서 대제사장이 “네가 하나님의 아들 그리스도인지 우리에게 말하라”고 하자 “네가 말하였느니라”라고 대답하며 자기 정체성을 밝힙니다. 이어지는 구절에서는 시편 110:1절의 하나님 우편에 앉으신 것과 과 단 7:13절 구름타고 오시는 것을 연결하여 말씀하고 있습니다. 역시 마가복음과 마찬가지로 복음서 전반에 걸쳐 설명하려는 예수님은 그리스도가 되시고 하나님의 아들 됨에 대한 선언입니다. 그리고 백부장도 마가복음과 크게 다르지 않습니다.

누가복음의 경우를 보겠습니다. 우선 마가 마태복음에서 베드로가 고백하는 지점인 ‘빌립보 가이사랴’라는 지명이 생략되어 있습니다. 지난 시간 예루살렘 여행기에서 설명하였듯이 베드로의 고백이 누가 9:51절 예루살렘 여행기 시작 이전의 사건으로 서술하고 있습니다. 베드로의 고백은 “하나님의 그리스도”라고 고백을 합니다. 마가복음과 마태복음은 “너희는 나를 누구라고 하느냐”라는 예수님의 질문에 베드로의 고백은 “그리스도” 또는 “그리스도이며 하나님의 아들”이라고 고백을 하고 있습니다. 누가복음은 같은 그리스도라는 고백을 하며 하나님에 의

한 그리스도임을 말하고 있습니다. 그래도 의미는 비슷하게 고백하고 있습니다.

누가복음에 있는 예수님의 공회에서 심문도 대답의 포인트가 약간 차이가 있습니다. 누가복음은 그리스도와 하나님의 아들에 관한 질문을 나누어서 합니다. 먼저 "네가 그리스도인가"라는 질문에 내가 무슨 답을 하여도 너희가 믿지 않을 것이고 반대로 내가 그리스도인가라고 너희에게 질문하여도 너희도 대답을 하지 않을 것이기에 굳이 대답할 필요가 없다고 말씀합니다. 다만 시편 110:1절 "여호와께서 내 주에게 말씀하시기를 내가 네 원수들로 네 발판이 되게 하기까지 너는 내 오른쪽에 앉아 있으라 하셨도다"를 인용하며(막 12:36절에서도 인용) 자신의 정체성을 드러냅니다. 그러자 대제사장은 자연스럽게 시편 2편 7절 "내가 여호와의 명령을 전하노라 여호와께서 내게 이르시되 너는 내 아들이라 오늘 내가 너를 낳았도다"에서 나오는 하나님이 다윗에게 하였던 "너는 내 아들이라"에 관한 질문을 하고 있습니다. "네가 하나님의 아들이냐"라는 질문에 예수님은 마가복음이나 마태복음처럼 직접적으로 "내가 그니라"라고 하지 않고 "내가 하나님의 아들이라고 너희가 말하고 있다"라고 대답을 합니다. 여기서도 대제사장과 서기관이 주장하려는 예수님의 죄로 여기는 "신성모독"에 관한 예수님의 자기 진술의 법률적 차이가 있겠지만 그래도 자기 정체성을 설명하는 데에는 의미상 큰 차이가 없어 보입니다.

하지만 예수님이 십자가에 죽으시고 그 장면을 보고 고백하는 백부장의 진술은 누가복음에서 큰 차이가 있습니다. 이 차이점은 마태복음과 마가복음은 "하나님의 아들"이라고 고백하고 있고 누가복음은 "의인"이라고 고백하고 있습니다. 누가복음에서는 예수님의 십자가상의 죽음을 왜 의인의 죽음으로 설명하고 있을까? 마가복음과 마태복음은 예수님이 십자가에 죽으심은 우리의 죄를 대신하여 죽으셨고 우리의 죄를 속량함으로 우리를 구원하셨다고 이야기하고 있습니다. 그러므로 예수님이 십자가를 지신 것처럼 우리도 자신의 십자가를 짐으로 제자로서 구원을 이르게 됨을 설명하고 있습니다. 대표적인 십자가 신학입니다. 사도 바울이 전하는 "십자가의 도"에 관하여 고린도 전서 1:18절과 1:22-23절 그리고 2:2절을 읽어보겠습니다.

십자가의 도가 멸망하는 자들에게는 미련한 것이요 구원을 받는 우리에게는 하나님의 능력이라(고전 1:18)

유대인은 표적을 구하고 헬라인은 지혜를 찾으나 우리는 십자가에 못 박힌 그리스도를 전하니 유대인에게는 거리끼는 것이요 이방인에게는 미련한 것이로되(고전 1:22-23)

내가 너희 중에서 예수 그리스도와 그가 십자가에 못 박히신 것 외에는 아무 것도 알지 아니하기로 작정하였음이라(고전 2:2)

바울이 말하는 "십자가의 도"는 세상의 지혜가 아닙니다. 이 지혜는 은밀한 가운데 있는 하나님의 지혜인데 감추어졌던 것을 우리의 영광을 위하여 만세 전에 미리 정하신 것으로 세상에 예수 그리스도의 십자가의 죽음으로 드러난 것입니다.(고전 2:6-8) 이 일을 알게 하는 것은 하나님이 성령으로 우리에게 보이셨고 우리가 성령을 통하여 십자가의 도를 알게 되었습니다. 이것이 마가복음과 마태복음에서 예수님의 죽음을 설명하는 십자가의 도입니다. 사도 바울이 이야기하는 십자가의 도는 "성경대로 그리스도께서 우리 죄를 위하여 죽으시고 사흘 만에 다시 살아나신 것"으로 바울 자신도 전해 받은 진리 그 자체입니다(고전 15:3-4)

이 사실을 사도바울은 다른 각도에서 설명하고 있습니다. 로마서 4:25절에서 "예수는 우리가 범죄한 것 때문에 내줌이 되고 또한 우리를 의롭다 하시기 위하여 살아나셨느니라"고 설명하고 있습니다. 다시 설명하면 예수님이 십자가에 죽으심은 우리가 범죄한 것으로 인해 속량(죄에서 구원)하기 위해 죽음으로 내 줌이 되었고 예수님이 사흘 만에 다시 살아나신 것은 우리를 의롭게 하기 위함이라고 설명하고 있습니다. 그렇다면 우리는 예수님의 십자가의 죽음을 "하나님의 의"로 설명하는 바울의 이야기를 로마서에서 좀 더 세밀하게 들을 수 있습니다. 로마서에서 예수님의 십자가의 죽으심에 대하여 설명하는 바울의 설명을 들어보겠습니다. 로마서 3:21-26절까지 읽어 보겠습니다.

이제는 율법 외에 하나님의 한 의가 나타났으니 율법과 선지자들에게 증거를 받은 것이라 곧 예수 그리스도를 믿음으로 말미암아 모든 믿는 자에게 미치는 하나님의 의니 차별이 없느니라 모든 사람이 죄를 범하였으매 하나님의 영광에 이르지 못하더니 그리스도 예수 안에 있는 속량으로 말미암아 하나님의 은혜로 값없이 의롭다 하심을 얻은 자 되었느니라 이 예수를 하나님이 <u>그의 피로써 믿음으로 말미암는 화목제물로 세우셨으니</u> 이는 하나님께서 길이 참으시는 중에 전에 지은 죄를 간과하심으로 자기의 의로우심을 나타내려 하심이니 곧 이 때에 자기의 의로우심을 나타내사 자기도 의로우시며 또한 예수 믿는 자를 의롭다 하려 하심이라(롬 3:22-26)

사도 바울의 설명에 귀 기울여 보십시오. 사도 바울은 로마서에서 하나님의 의를 논증하는 서신에서 다음과 같이 설명하고 있습니다. 하나님의 의는 모세에 의해 율법으로 나타났습니다. 그런데 "하나님의 한 의"가 새롭게 나타났습니다.

이 "한 의"는 신명기서 18;15 "나와 같은 선지자 하나를 일으키시리니 너희는 그의 말을 들을 지니라"와(행 3:22-23) 이사야 선지자를 비롯한 많은 선지자들에 의해 예언된 말씀이 예수 그리스도에 의해 성취되었습니다. 율법은 행함으로 하나님의 의를 이룬다고 생각하지만 율법의 행위로는 하나님 앞에 의롭다 하심을 얻을 육체가 없고 다만 율법으로는 죄를 깨달을 뿐입니다.(롬 3:20) 또한 율법에 속하지 않은 이방 사람과 율법 하에 있는 이스라엘 사람도 모두 죄 아래에 있어 죄를 범함으로 하나님의 영광에 이르지 못합니다. 그런데 율법 외에 하나님의 "한 의"이신 예수 그리스도를 믿으면 모든 믿는 자에게 차별 없이 "하나님의 의"가 나타납니다. 왜냐하면 그리스도 예수 안에 있는 속량으로 모든 사람이 하나님의 은혜로 값없이 의롭다 하심을 얻은 자가 되기 때문입니다.

성도 여러분 어떻게 하나님은 우리 믿는 자들에게 값없이 하나님의 은혜로 죄 사함을 받아 하나님의 영광에 이르는 "하나님의 의" 즉 구원을 이룰 수 있었을 까요? 사도 바울은 이를 하나님이 우리가 범죄한 것 때문에 예수 그리스도를 십자가에 내어 주어 죽게 함으로(롬 4:25) 그의 피로서 화목제물을 삼으셨다는 것입니다(롬 3:25). 하나님이 예수님을 화목제물로 삼아서 십자가에 피를 흘리게 함으로 하나님과 인간 사이에 놓여 있는 죄로 말미암아 끊어진 관계를 화해하고 "하나님의 의"를 다시 드러나게 하고 예수 믿는 자를 의롭게 하기 위함이라고 설명하고 있습니다.(롬 3:25-26)

우리는 이 사실을 알기 위해 화목제가 무엇인지 알고 넘어가야 합니다. 왜냐하면 십자가의 죽음이 "화목제"라는 사실을 알았다면 누가복음에서 예수님의 십자가의 죽음이 하나님의 의를 드러내는 화목제와 어떤 연관이 있는지 살펴보아야 합니다. 신명기의 화목제 부분이 있는 신 27:1-10절을 읽어 보겠습니다. 신 27:7절에 "또 화목제를 드리고 거기에서 먹으며 네 하나님 여호와 앞에서 즐거워하라"는 내용이 포함되어 있습니다.

모세와 이스라엘 장로들이 백성에게 명령하여 이르되 내가 오늘 너희에게 명령하는 이 명령을 너희는 다 지킬지니라 너희가 요단을 건너 네 하나님 여호와께서 네게 주시는 땅에 들어가는 날에 큰 돌들을 세우고 석회를 바르라 요단을 건넌 후에 이 율법의 모든 말씀을 그 위에 기록하라 그리하면 네 하나님 여호와께서 네게 주시는 땅 곧 젖과 꿀이 흐르는 땅에 네가 들어가기를 네 조상들의 하나님 여호와께서 네게 말씀하신 대로 하리라 너희가 요단을 건너거든 내가 오늘 너희에게 명령하는 이 돌들을 에발 산에 세우고 그 위에 석회를 바를 것이며 또 거기서 네 하나님 여호와를 위하여 제단 곧 돌단을 쌓되 그것에 쇠 연장을 대지 말지니라 너는 다듬지 않은 돌로 네 하나님 여호와의 제단을 쌓고 그

위에 네 하나님 여호와께 번제를 드릴 것이며 또 화목제를 드리고 거기에서 먹으며 네 하나님 여호와 앞에서 즐거워하라(신 27:7) 너는 이 율법의 모든 말씀을 그 돌들 위에 분명하고 정확하게 기록할지니라 모세와 레위 제사장들이 온 이스라엘에게 말하여 이르되 이스라엘아 잠잠하여 들으라 오늘 네가 네 하나님 여호와의 백성이 되었으니 그런즉 네 하나님 여호와의 말씀을 청종하여 내가 오늘 네게 명령하는 그 명령과 규례를 행할지니라(신 27:1-10)

신명기 27장 7절의 화목제는 레위기에서 나오는 화목제 사상을 전제하지만 신명기는 화목제를 드리는 분위기가 레위기와 다르답니다. 구약학 왕대일 교수님의 설명을 들어 보겠습니다.

레위기의 화목제를 드리는 방법과 의미는 거룩함에 있습니다. 그러기에 레위기의 화목제의 분위기는 레위기 전체의 주제인 "거룩함" 안에 있습니다. 그렇지만 신명기에서 드리는 화목제는 하나님 앞에서 즐거워하는 일종의 축제와 같은 분위기입니다. 같은 화목제라 하더라도 레위기서와 신명기서에서의 화목제 분위기는 다릅니다.[54)]

누가복음에서 십자가의 수난과 죽음은 부활과 승천을 위한 화목제사와 같은 것입니다. 하나님은 예수님을 십자가에 죽게 함으로서 믿음을 가진 자들을 위한 화목제물로 세우셨습니다. 인간은 세상 안에서 모두 죄 아래 있습니다. 그런 세상을 하나님은 사랑하셔서 예수 그리스도를 이 땅에 보내시고 그의 피로 예수 안에 있는 속량으로 전에 지은 죄를 간과하심으로 하나님의 의로움을 나타내셨습니다. 예수님의 십자가의 죽음은 결국 죄로 인하여 죽을 수밖에 없는 세상 사람들을 예수의 십자가의 흘리는 피로 속량함으로 하나님은 자신의 의로움을 드러낼 뿐만 아니라 예수님을 믿는 자들을 의롭다 하게 하셨다고 바울을 서술하고 있습니다.

그러기에 누가복음의 십자가 사건은 레위기의 화목제 사상보다 신명기 화목제 사상과 비슷하다고 할 수 있습니다. 레위기는 화목제 사상이 거룩함에 중점을 둔다면 신명기 화목제는 하나님 앞에 즐거운 축제와 같습니다. 그런 의미에서 누가복음 십자가 사건은 신명기 화목제 축제와 닮아 있습니다.

모세와 이스라엘 장로들이 요단을 건너 네 하나님 여호와께서 네게 주시는 땅에 들어가는 날에 큰 돌들을 세우고 석회를 바르고 요단을 건넌 후에 이 율법의 모든 말씀을 그 위에 기록하라고 하시며 그들이 바라보는 시선은 가나안 땅에 있듯이 누가 저자는 누가복음을 서술하며 예루살렘에서 이방 땅을 바라보며

54) 왕대일 교수님 강의록에서

예수님의 말씀을 기록하고 예수 그리스도의 피로 화목제를 행함으로 하나님의 약속의 땅인 땅 끝까지 가는 그 날을 생각하고 있었을 것으로 생각할 수 있습니다.

신명기서에서 율법을 수여하고 언약을 맺은 후 화목제 축제를 벌이듯이 누가복음도 예수 그리스도는 하나님의 말씀을 수여하고 새로운 언약식을 맺은 다음 십자가의 죽음을 통해서 화목제를 벌이는 것입니다. 그러므로 누가복음은 예수님의 수난 속에서 슬픔의 골고다 언덕을 오르는 중에 있을 때 백성과 예수를 위하여 가슴을 치며 슬피 우는 여자의 큰 무리가 따라오고 있었는데(눅 23:27) 예수님은 그 무리와 여인들을 향하여 나를 위하여 울지 말라고 권면하고 있습니다.

또 백성과 및 그를 위하여 가슴을 치며 슬피 우는 여자의 큰 무리가 따라오는지라 예수께서 돌이켜 그들을 향하여 이르시되 예루살렘의 딸들아 나를 위하여 울지 말고 너희와 너희 자녀를 위하여 울라(눅 23:27-28)

누가복음에서 예수님은 골고다(해골) 언덕으로 오르는 고난의 길(Via Dolorosa)을 걷고 있습니다. 비록 구레네 시몬이 십자가를 대신 지고 예수를 따라 오르는 길이지만 많은 백성이 따랐으며 예수님을 위하여 가슴을 치며 슬피 우는 여자의 큰 무리도 함께 따랐습니다. 이 통곡의 현장에서 예수님은 자신을 따르는 무리들과 여인들을 향하여 나를 위하여 울지 말고 너 자신과 너희의 자손들을 위하여 울라고 권면하고 있습니다. 그러기에 누가복음은 다른 복음서 보다 예수님의 수난과 십자가의 죽음을 슬퍼하지 않고 담담하게 그리고 있습니다.

하나님의 의가 드러나는 예수님의 십자가의 죽음은 예수 그리스도의 피로 인간의 죄를 속량하는 사건으로 하나님의 의가 드러납니다. 예수님은 이 땅에서 하나님에 의해 하나님의 의를 드러내는 진정한 의인이 되는 것입니다. 누가복음에서 예수님의 죽으심은 하나님과 인간 사이에 죄로 인하여 끊어지고 죽을 수밖에 없을 때 그리스도 예수님이 하나님과 인간 사이의 죄를 속량하고 화해하기 위한 화목제물로 십자가에 죽으시고 그 피로 하나님은 인간의 죄를 간과함으로서 하나님 스스로 의로우심을 나타내는 사건으로 동시에 예수를 믿는 모든 사람들을 의롭게 하기 위함인 것입니다.

그러기에 누가복음은 베드로의 고백도 예수님이 그리스도가 되심은 하나님에 의해 그리스도가 되었고(눅 9:20, 하나님의 그리스도) 예수님의 수난과 십자가의 죽음도 하나님에 의해 "하나님의 의"가 드러나는 사건입니다. 따라서 백부장이 바라보는 예수님의 수난과 십자가의 죽음은 하나님에 의해 일어난 의로운 사건이 됩니다. 그래서 백부장은 예수님의 십자가의 죽음을 보고 "이 사람은 정녕 의인이었도다"하고 하나님께 영광을 돌릴 수 있었던 것입니다.

누가복음에서 서론에 네 개의 찬송이 있었습니다. 그리고 누가복음의 마지막은 예수님이 부활 승천하신 이후 예수님을 따르던 무리들이 예루살렘으로 돌아가서 "늘 성전에서 하나님을 찬송하니라"로 마치고 있습니다. 이처럼 누가공동체는 처음부터 끝까지 찬양하는 찬양 공동체로 보입니다. 찬양의 핵심은 신명기에서 화목제를 드리며 하나님 앞에서 즐거워하듯이 화목제물로 드려지는 예수 그리스도의 수난과 십자가의 죽으심을 찬양하는데 있습니다. 누가 공동체는 예수님의 십자가의 죽으심으로 하나님의 의가 드러나고 하나님의 의로우심이 나타났듯이 예수님을 믿는 누가 공동체가 바로 "의인 공동체"임을 나타내고 있습니다. 마치 신명기에서 가나안을 앞두고 하나님의 율법을 수여 받고 하나님과 언약식을 맺은 후 화목제를 드리며 즐거워하듯이 예수 그리스도의 죽음은 우리가 의인되었음을 선포하는 하나의 제사 의식과 같은 것입니다.

그들은 예루살렘에서 이방 땅으로 향할 것입니다. 그들이 정복하는 그 땅은 하나님의 백성이 사는 하나님 나라가 될 것입니다. 그곳에서 예수님이 가르쳐 주신 계명을 따라 실천하며 의인 공동체를 이루는 구원공동체로서 예수님과 새로운 언약을 맺은 계약 공동체임을 나타내고 있습니다.

오늘의 주제인 누가복음에서 나타나는 예수님의 십자가의 죽으심을 "하나님의 의"가 드러나는 사건으로 이해하였습니다. 이렇게 이해하면 누가복음에서 강조하려는 사회 경제적 정의의 실현과 밀접한 관계가 있음을 알 수 있습니다. 누가 공동체는 이렇게 하나님의 의가 드러난 의인 공동체를 자신들의 공동체로 인식하였고 이런 공동체의 대표적인 공동체로 사도행전 2:42-47절의 예루살렘교회를 들 수 있습니다.

그들이 사도의 가르침을 받아 서로 교제하고 떡을 떼며 오로지 기도하기를 힘쓰니라 사람마다 두려워하는데 사도들로 말미암아 기사와 표적이 많이 나타나니 믿는 사람이 다 함께 있어 모든 물건을 서로 통용하고 또 재산과 소유를 팔아 각 사람의 필요를 따라 나눠 주며 날마다 마음을 같이하여 성전에 모이기를 힘쓰고 집에서 떡을 떼며 기쁨과 순전한 마음으로 음식을 먹고 하나님을 찬미하며 또 온 백성에게 칭송을 받으니 주께서 구원받는 사람을 날마다 더하게 하시니라(행 2:42-47)

성도 여러분 누가복음에 나타난 예수님의 십자가의 사건을 하나님의 의를 이루는 사건으로 이해하였습니다. 그럼에도 불구하고 복음서 전체에서 나타나는 십자가의 도를 잊어서는 안 됩니다. 예수 그리스도는 우리가 범죄한 것 때문에 십자가에 내줌이 되어 죽으시고 우리의 죄를 대속하고 우리를 구원하여 주셨다는 사실을 잊으시면 안 됩니다. 또한 예수님은 하나님과 인간 사이에 죄로 말미암아 멀어지고 죽을 수밖에 없을 때 예수 그리스도의 피로 화목제물로 삼으사 우리를 죄인에서 의인되게 하심으로 하나님과 화해하게 되어 예수 그리스도를 믿기만 하면 하나님과 화평을 누릴 수 있는 존재가 되었음을 꼭 기억하셔야 합니다. 성도 여러분 누가 공동체는 주님 안에서 "의인"으로 살아가는 "남은 자" 공동체로 인식하고 있었으며 예수 그리스도의 부활을 증언하는 증인으로 살아갔습니다.

제19과

깨달음에 관하여

부활의 주님과
엠마오로 가는 길 두 제자 ;
누가복음 24:13-53,
도마의 깨달음
; 요한복음 20:18-21:2

이에 그들의 마음을 열어 성경을 깨닫게 하시고 또 이르시되 이같이 그리스도가 고난을 받고 제삼일에 죽은 자 가운데서 살아날 것과 또 그의 이름으로 죄 사함을 받게 하는 회개가 예루살렘에서 시작하여 모든 족속에게 전파될 것이 기록되었으니 너희는 이 모든 일의 증인이라(누가복음 24:45-48)

유난히도 복음서에는 "길"이 많이 나옵니다. 예수님이 갈릴리에서 예루살렘으로 가는 길 이것은 복음서의 핵심축입니다. 바울이 로마로 가는 길 이것도 예수의 증인으로서 땅 끝까지 가는 길을 말합니다. 여기 본문에 나오는 두 제자도 엠마오로 가는 "길"에서 이야기가 시작됩니다. 엠마오라는 지역의 특성은 알 수 없습니다. 아마도 그 둘의 삶의 자리가 아닐까 추측해봅니다. 그들은 엠마오로 내려가고 있었습니다. 사도행전 8:25-39절에서 에디오피아 관리인 내시가 예루살렘에서 예배를 드리고 자기 집으로 돌아가는 것처럼 그들도 내려가고 있습니다. 내시에게는 성령의 인도를 받은 빌립이 찾아가지만 엠마오로 내려가는 두 사람한데는 부활하신 주님이 찾아오셨습니다. 엠마오로 가는 두 제자는 이미 예루살렘에서 예수님에 대한 소문과 된 일들을 서로 이야기하고 있었을 때 예수님이 찾아갔습니다. 에디오피아 내시는 이사야서를 읽고 있을 때 빌립이 찾아갔습니다. 이 두 사건의 공통된 특징은 무엇인가를 알고 싶어 하고 무엇인가를 깨닫고 싶은 사람들입니다. 어쩌면 우리 모두에게도 삶에서 걸어가는 "길"이란 무엇인가를 알고 싶어 하고 깨닫고 싶은 깨달음의 길인 것 같습니다. 에디오피아 내시는 이사야서에서 '의의 종'이 누구를 말하는 것인지 궁금하였다면 엠마오로 가는 두 제자는 무엇을 고민하고 있는지 본문을 통하여 알아보도록 하겠습니다.

엠마오로 가는 두 제자는 자신들과 동행하는 부활하신 예수님을 만났습니다.(눅 24:15) 그런데 그들은 눈이 가리어져서 예수님인 것을 알지 못하였습니다. 예수님은 물었습니다. 서로 주고받는 이야기가 무엇인가요? 두 사람은 슬픈 빛을 띠고 머물러 섰습니다. 둘 중의 한 사람 이름은 글로바입니다. 그는 오히려 예수님에게 묻습니다. 아니 당신은 예루살렘에 체류하면서 거기서 된 일을 혼자만 알지 못하나요.

글로바는 지금까지 자신이 알고 있는 나사렛 예수에 대하여 설명합니다. 사실 글로바는 부활하신 날 무덤에 다녀온 여인들과 알고 지냈던 사람입니다.(눅 24:22) 그 후에 예수님의 무덤에 다녀온 베드로를 우리 중에 한 사람으로 표현하는 것으로 보아 이들과 같은 공동체였음을 추정할 수 있습니다.(눅 24:24) 적어도 예수님을 따라 다녔던 무리 중에 한 사람입니다. 그는 예수님의 말씀과 이적을 보았을 수 있습니다. 그동안 자신이 알고 있는 나사렛 예수에 대하여 다음과 같이 말합니다. 예수는 하나님과 모든 백성 앞에서 말과 일에 능하신 선지자입니다. 우리는 그에 대하여 이스라엘을 속량하실 분으로 여겼습니다. 글로바는 예수님이 이스라엘을 죄에서 구원한다면 하나님께서 옛날 다윗의 왕국처럼 부강한 독립된 나라를 만드실 수 있는 분으로 생각했었다는 것입니다. 그런데 그분을 우리나라의 대 제사장과 관리들이 사형 판결에 넘겨주어 어이없게 십자가에 못박아 죽였다는 것입니다. 그래서 실망하여 우리 둘은 엠마오로 내려가는 중입니다. 글로바는 그 일도 이해가 안 되지만 우리가 정말 슬픈 빛으로 고민하는 것이 하나 있습니다. 우리 중에 어떤 여자들이 새벽에 무덤에 갔다가 예수의 시체를 보지 못하고 와서 그가 살아나셨다 하는 천사들의 나타남을 보았다고 하였습니다. 그래서 우리와 함께한 두어 사람이 무덤에 가보았고 여자들이 말한 것과 같았지만 예수를 보지 못하였다고 하였습니다. 우리가 알고 있는 예수가 부활하였다는 것을 도대체 어디까지 믿어야 하는지 그것이 고민입니다 하고 고백하고 있습니다.

엠마오로 가는 두 제자의 이야기와 비슷한 이야기가 요한복음에도 있습니다. 요한복음에서는 예수님은 부활하신 후 먼저 막달라 마리아에게 나타나시고 그 후 제자들에게 세 번 나타납니다. 열두 제자 중에(당시는 열 한 제자였겠지만 여기서는 사도 그룹을 지칭하고 있습니다) 한 사람인 디두모라 불리는 도마는 첫 번째 나타나실 때 현장에 없었습니다. 다른 제자들이 우리가 주를 보았노라 하니 도마는 내가 직접 그의 손의 못 자국을 보며 내 손가락을 그 못 자국에 넣으며 내 손을 그 옆구리에 넣어 보지 않고는 믿지 아니하겠다고 선언합니다. 누가복음의 글로바와 한 제자는 어떻게 믿어야 할지 고민하였다면 도마는 내가 체험하지 않으면 안 믿겠다고 선언하는 것입니다.[55] 여드레가 지났습니다. 제자들이 다시 집 안에 있을 때에 도마도 함께 있고 문들이 닫혔는데 예수께서 오셔서 가운데 서시고 도마에게 이르시되 네 손가락을 이리 내밀어 내 손을 보고 네 손을 내밀어 내 옆구리에 넣어 보라고 하였습니다. 그리하여 믿음 없는 자가 되지 말고 믿는 자가 되라고 하셨습니다. 도마는 부활하신 주님을 만나고 즉각적인 고백을 합니다. 부활하신 예수님을 향하여 그 유명한 말씀인 “나의 주님이시요 나의 하나님이십니다” 하고 고백하고 있습니다.(요 20:28) 이 고백은 놀랍게도 요한복음의 전체 주제를 나타내는 고백입니다.

요한복음의 기록목적을 20장 30절에 다음과 같이 기록하고 있습니다. “오직 이것을 기록함은 너희로 예수께서 하나님의 아들 그리스도이심을 믿게 하려 함이요 또 너희로 믿고 그 이름을 힘입어 생명을 얻게 하려 함이니라”(요 20:30). 그럼에도 불구하고 요한복음 사상을 한마디로 꿰뚫고 있는 것이 있다면 예수 그리스도는 “나의 주님 나의 하나님”이라는 도마의 고백입니다. 이런 고백을 요한복음은 가장 의심이 많은 도마의 입을 통해서 선포하고 있습니다. 예수님은 말씀하십니다. “너는 나를 본 고로 믿느냐 보지 못하고 믿는 자들은 복되도다” 하셨습니다. 그 후에 요한복음에서 부활하신 예수님은 제자들에게 세 번째로 나타나십니다.(요 21:1-14) 여기에서 의심 많던 도마는 베드로와 함께 제자 명단에 당당하게 중요한 인물로 이름을 올립니다.(요 21:2) 성도 여러분 여러분들도 도마처럼 직접 부활하신 예수님을 보지는 못하였어도 “나의 주 나의 하나님”으로 고백해 보시기 바랍니다. 보지는 못하였어도 부활의 주님을 믿는 믿음을 소유하신다면 예수님은 여러분에게 복을 더하여 주실 것입니다.

이렇게 요한복음에서 도마가 부활하신 예수님을 만나고 즉각적인 고백을 하였다면 누가복음에서 부활하신 예수님을 만난 엠마오로 가는 두 제자는 예수님의 부활을 어떻게 믿어야 할지 고민이 많았습니다.[56] 그들은 부활하신 예수님이

55) 김득중, <복음서를 통해 만나는 예수>, CMI, 서울 p.320-329 엠마오로 가던 제자들에게 나타난 부활한 예수

눈앞에 있음에도 눈이 가리어져서 그를 알아보지 못했습니다. 그래서 예수님은 말씀하십니다. “미련하게도 선지자들이 말한 모든 것을 마음에 더디 믿는 자들이여”라고 말씀하시면서 모세와 모든 선지자의 글로 시작하여 모든 성경에 쓴 바 자기에 관한 것을 자세히 설명하셨습니다.(눅 24:25-27) 예수 그리스도가 십자가에 죽으심은 고난을 받는 자리지만 동시에 하나님의 영광에 들어가는 것이라고 말씀하셨습니다. 이렇게 예수님이 두 제자에게 성경을 풀어 주실 때에 그들 속에서 마음이 뜨거워졌습니다. 그들은 예수님과 유하기 위해 들어가서 함께 식탁을 나누었습니다. 음식을 나눌 때 예수님은 축사하시고 떡을 떼어 그들에게 주셨습니다. 다시 말씀드리면 성만찬을 시행하신 것입니다. 에디오피아 관리인 내시가 세례를 받고 예수님을 믿는 공동체가 되었다면 이 두 제자는 성만찬을 받는 것으로 같은 믿음의 공동체가 되었음을 의미합니다. 이제 그들의 눈이 밝아졌습니다. “공관 복음서를 읽는 눈”에서 설명한 것처럼(제2과) 깨달음을 얻은 것입니다. 그리고 부활하신 예수님을 알아보았습니다. 예수님은 보이지 않지만 이제 예수님이 어떤 분인지 깨달음을 얻게 된 것입니다.

그들은 목적지인 엠마오로 가지 아니하고 예루살렘으로 돌아왔습니다. 예루살렘에 돌아와 보니 열한 제자 및 그들과 함께 한 자들이 모여 있어 말하기를 주께서 과연 살아나시고 시몬에게 보이셨다 하는 말을 들었습니다. 그래서 이 두 제자는 자신들이 길에서 된 일과 예수께서 떡을 떼심으로 자기들에게 알려지신 것을 말하였습니다. 이 두 제자는 더디 믿었지만 자신이 보고 들었던 부활하신 예수님을 증언하는 증인이 된 것입니다. 이 말을 할 때에 예수께서 친히 그들 가운데 서서 말씀하셨습니다. “부활하신 주님을 만나는 것을 무서워하거나 마음에 의심하지 마십시오.” 부활하신 예수님은 손과 발을 보이시며 여전히 기쁘지만 믿지 못하고 놀랍게 여기는 제자들에게 내가 너희와 함께 있을 때에 너희에게 말한바 곧 모세의 율법과 선지자의 글과 시편에 나를 가리켜 기록된 모든 것이 이루어져야 하리라 한 말이 이것이라 하시며 성경을 가르쳐 주셨습니다. 이에 그들은 마음을 열어 성경을 깨닫게 되었습니다. 이 성경에는 예수 그리스도가 고난을 받고 제삼일 만에 죽은 자 가운데서 살아날 것과 또 그의 이름으로 죄 사함을 받게 하는 회개가 예루살렘에서 시작하여 모든 족속에게 전파될 것이 기록되었음을 알았습니다.(눅 24:44-48) 누가 공동체는 비록 더디 믿었지만 성경을 통해서 마음을 열어 예수님에 대한 깨달음을 얻은 것입니다.

엠마오로 가는 두 제자는 부활하신 예수님을 만나기 전에는 예수님을 하나님과 모든 백성 앞에서 말과 일에 능하신 선지자이거나 이스라엘을 속량할 자로 생각했지만 부활하신 예수님을 만난 후 비록 더디 믿었지만 이제는 예수님은 그

56) 김득중, <복음서를 통해 만나는 예수>, CMI, 서울 p.320-329 엠마오로 가던 제자들에게 나타난 부활한 예수

리스도시오 하나님의 아들로 고백하며 예수님의 부활을 믿음으로 간직하게 되었습니다. 그래서 예루살렘에서 시작되는 하나님 나라의 확장을 위해 증언하는 증인으로 바뀌게 되었습니다. 이제 누가 공동체는 비록 예수 그리스도의 부활을 더디 믿었지만 이들은 이 모든 일을 증언하는 증인 공동체가 되었습니다. 이렇게 부활하신 예수님을 믿는 신앙이 생기면 제자들에게는 성령이 임하며 하나님의 권능을 받고 예루살렘과 온 유대와 사마리아와 땅 끝까지 이르러 예수 그리스도의 증인이 되는 삶을 살아갈 것입니다.(행 1:8)

예수 그리스도의 부활의 증인으로 살아가는 엠마오로 가는 두 제자 이야기의 결론을 내려야겠습니다. 예수님의 제자가 되어 부활의 증인으로 살아가는 삶은 선교현장에서 결코 쉬운 일이 아닙니다. 누가복음 이후 사도행전에서 베드로와 요한, 스데반과 빌립, 제자 야고보와 바울 모두 부활을 증언하는 증인으로 살았으며 환난과 박해 속에서도 부활신앙으로 믿음을 지켰습니다. 부활은 생명이므로 사망을 이길 수 있습니다.(롬 6:9, 고전 15:54-56) "예수님은 나는 부활이요 생명이니 나를 믿는 자는 죽어도 살겠고 무릇 살아서 나를 믿는 자는 영원히 죽지 아니하리라" 말씀하시며 우리에게 물어 보십니다. "이것을 네가 믿느냐?"(요 11:25-26)

부활의 신앙은 오직 믿음으로 이루어집니다. 예수님은 오늘도 말씀하고 있습니다. "너는 나를 본 고로 믿느냐 보지 못하고 믿는 자들은 복되도다" 하셨습니다. 성도 여러분 비록 우리가 이성적으로 부활에 대한 생각이 더디 믿어진다고 하여도 성경 공부를 뒤로 미루어서는 안 됩니다. 당시의 성경은 구약이 중심이었겠지요. 지금은 우리에게 주어진 성경은 구약의 예언이 신약에서 이루어진 구약과 신약성경을 가지고 있습니다. '복음서를 읽는 눈'(제2과)에서도 강조하였듯이 복음서를 기록한 제자들이 예수님을 어떻게 바라보고 있는지 그 제자들의 관점을 우리도 똑같이 가지는 것이 가장 중요한 성경공부입니다. 그들이 고백하는 부활신앙을 여러분도 똑같은 모습으로 고백해 보시기를 기도합니다. 그러면 부활신앙을 갖는 여러분에게 제자들에게 주셨던 많은 복을 주실 것입니다.

평신도를 위한

신약성서 해설

요한복음 이해하기

“

”

제20과

요한복음의 구조 이해; 예수님은 누구인가?

; 요 1:1-18, 요 20:30-31

태초에 말씀이 계시니라 이 말씀이 하느님과 함께 계셨으니 이 말씀은 곧 하나님이시니라(요한복음 1:1)

오직 이것을 기록함은 너희로 예수께서 하나님의 아들 그리스도이심을 믿게 하려 함이요 또 너희로 믿고 그 이름을 힘입어 생명을 얻게 하려 함이니라(요한복음 20:31)

요한복음을 처음 읽기는 문장이 간단명료하고 이해하기 쉬운 문체로 써져 있어 읽어 나가는데 그리 어렵지 않습니다. 그렇지만 요한복음을 여러 번 읽으면 읽을수록 더 어려워지는 이유는 그 문장 하나하나에 많은 사상들을 함축하는 상징들을 포함하고 있기 때문입니다. 김영봉 교수는 그의 저서 〈신약성서이해〉에서[57] 처음 예수에 대한 믿음을 접하는 성도들에게 요한복음을 처음부터 읽게 하는 것보다 공관 복음서(마태 마가 누가)를 읽고 난 후 요한복음을 읽게 하는 것이 더 낫다고 설명하고 있습니다. 필자는 이 말을 신학대학에 들어와서 복음서를 공부하며 많이 연구한 후에야 조금 알게 되었습니다. 오늘은 왜 요한복음이 이해하기 어려운지 그 이유부터 설명하며 요한복음의 구조를 설명하도록 하겠습니다.

요한복음은 복음서의 네 번째에 있습니다. 그래서 요한복음을 따로 네 번째 복음서라고 부르는 학자도 많습니다. 신약성경의 전체 구조에서 요한복음을 네 번째 정경으로 자리 맺음 하는 것은 문제가 하나 있습니다. 여러 번 설명하였듯이 누가-행전을 연결된 책으로 본다면 요한복음을 누가복음과 사도행전 사이에 위치하게 함으로서 누가-행전을 마치 두 개의 책으로 나누는 모양이 되었기 때문입니다. 요한복음을 성서 네 번째 책에 위치하게 된 것은 예수님에 관한 복음서들이 먼저 나오고 사도들의 이야기인 사도행전이 이어 나오는 구조로 형성되었겠지만 마태 마가 누가복음의 순서로 설명되는 예수님에 관한 이야기의 이해에서 예수님에 대한 설명으로 마지막 요한복음이 꼭 필요하고 중요한 책이 되었기 때문입니다. 필자의 생각으로는 요한복음이 앞 세 권의 공관 복음서에 있는 예수님에 관한 설명을 보다 명확히 설명하고 있으며 이들보다 더 진전된 사상들을 가지고 있어 복음서 네 권만 본다면 요한복음이 예수님이 어떤 분인지에 대한 복음서 전체의 결론적인 고백을 하고 있다고 보아도 무방하기 때문입니다.

그러기에 요한복음은 공관복음 세 권을 이해한 상태에서 읽어야 명확히 깨달을 수 있습니다. 이처럼 요한복음 사상은 복음서뿐만 아니라 뒤에 나오는 바울의 서신서 그리고 요한 계시록까지 이 모든 사상들을 아우르고 있기에 어렵게 느낍니다.

어느 학자는 공관 복음서와 요한복음의 여러 차이로 인하여 요한복음이 앞의 세권(공관복음서)을 잘 모르고 요한 공동체의 고백을 담은 책이라고 소개하고 있지만 저는 거기에 동의하지 않습니다. 누가복음의 저자가 예수님에 관한 목격자와 말씀의 일꾼 된 자가 전해준 많은 문헌을 참고하였던 것처럼(눅 1:1-4) 요한복음의 저자도 예수님에 관한 많은 참고 문헌을 알고 있었습니다.(요 21:25) 요

57) W. G. 큄멜, <신약정경개론> 박익수역, 대한기독교서회, 서울, 1983 p.481-515 제2부 신약성서의 정경화 과정을 참고하세요. 존 콜린스, <히브리 성서 개론>, 유연희역, 한국기독교연구소, 2011 경기도 고양시 p.16 구약의 형성 구조는 구약성서의 다양한 정경편을 참고하시면 됩니다. 정경의 형성 과정에서 예수님을 설명하는 복음서가 먼저 나오고 사도행전이 나오는 순서는 구약의 오경이 먼저 나오고 역사서가 나오는 것을 따랐을 것입니다.

한 저자는 자신이 쓰려는 의도와 목적을 결론부에서 다음과 같이 이야기하고 있습니다. 요한복음 21장 25절과 20장 30-31절을 읽어보겠습니다.

예수께서 행하신 일이 이 외에도 많으니 만일 낱낱이 기록된다면 이 세상이라도 이 기록된 책을 두기에 부족할 줄 아노라(요 21:25)

예수께서 제자들 앞에서 이 책에 기록되지 아니한 다른 표적도 많이 행하셨으나 오직 이것을 기록함은 너희로 예수께서 하나님의 아들 그리스도이심을 믿게 하려 함이요 또 너희로 믿고 그 이름을 힘입어 생명을 얻게 하려 함이니라(요한복음 20:30-31)

이미 요한복음 저자는 요한복음을 기록할 당시 예수님이 행하셨지만 요한복음에 기록되지 않은 많은 일들과 제자들 앞에서 행하신 많은 표적들[58]이 있었음을 알고 있었습니다.(요 21:25; 20:30) 예수님이 제자들 앞에서 행하신 많은 표적들 중에서 그중 일부분을 예수님에 대한 자신들의 신앙고백서인 요한복음으로 묶어 자신들의 공동체의 기록으로 남기고 있습니다. 요한 저자는 요한복음을 기록하면서 요한복음의 서술 목적을 분명히 하고 있습니다. 요한복음 저자는 "오직 이것을 기록함은 너희로 예수께서 하나님의 아들 그리스도이심을 믿게 하려 함이요 또 너희로 믿고 그 이름을 힘입어 생명을 얻게 하려 함이니라"(요 20:31)고 결론부에 기록하고 있습니다.

요한복음의 결론은 우리가 그동안 공부한 예수님이 그리스도가 되시고 하나님 아들임을 믿으며 그 이름으로 영생을 얻어 구원에 이른다는 마태 마가 누가복음의 사상들을 그대로 따르고 있음을 먼저 이해하여야 합니다. 우리가 요한복음을 어렵게 생각하는 이유는 요한복음이 서술하는 예수님이 "그리스도시요 하나님의 아들 됨"에 대하여 고백하는 형식이 공관복음서(마태 마가 누가복음)와 많이 다르게 서술되어 있기 때문에 어려울 뿐이지 그 내용과 목적은 똑 같은 고백을 하고 있습니다. 이처럼 요한복음을 네 번째 복음서로 공관 복음서와 동떨어진 복음서로 보지 말고 네 권의 복음서를 하나로 읽으려는 노력이 필요합니다. 요한복음의 구조와 특징을 먼저 살펴보겠습니다.

요한복음의 구조는 크게 어렵지 않지만 서론부분을 정하는 것을 제외하면

58) 이적을 영어로 miracle로 번역한다면 표적은 sign으로 번역한답니다. 이적은 예수님이 그리스도가 되시고 하나님의 아들 됨에 대한 증거로 사용된다면 표적은 예수님이 이 땅에 오셔서 하나님의 일을 대신하는 자기 정체성의 증거로 사용됩니다.(서중석, <요한복음 해석>, 대한 기독교서회, 서울 2012 p.49-71)

대체로 학자들이 일치하고 있습니다. 여러 구조를 설명하는 책들이 있지만 여러 분에게는 조경철 교수님의 〈신약성서가 한눈에 보인다〉에[59] 있는 구조를 소개하겠습니다.

1:1-18	서론(로고스 송가): 예수는 누구인가?
1:19-51	세례요한과 예수의 첫 제자들(갈릴리)
2:1-12:50	예수의 자기 계시와 믿은 자와 믿지 않는 자의 구분
2:1-4:54	예수의 자기 계시와 믿는 자들의 반응
	(2:1-12 갈릴리 가나; 2;13-3:21 예루살렘; 4:1-54 여행 중에[60])
5:1-10:39	예수의 자기 계시와 믿지 않는 자들의 반응
	(5:1-47 예루살렘; 6:1-71 갈릴리; 7:1-10:39 예루살렘)
10:40-12:50	생명의 주이신 예수가 죽음의 길을 가다
	(11:1-12:11 유대 베다니; 12:12-19 예루살렘)
13-17장	예수와 제자들의 이별(예루살렘)
13장	제자들과 마지막 식사
14장	예수의 첫 번째 고별과 위로의 말씀
15장-16장	예수의 두 번째 고별과 위로의 말씀
17장	예수의 고별기도
18:1-20:29	예수의 수난과 부활, 현현
20:30-31	복음서의 결말: 예수는 누구인가?
21장	복음서의 두 번째 결말

요한복음의 구조 분석을 여러 학자들이 시도하고 있는데 조경철 교수님의 구조 분석이 우리가 한눈에 보이게 잘 정리되어 있습니다. 우선 조경철 교수님이 설명한 위 구조에서 밑줄 친 부분이 보이시나요? 조경철 교수님은 요한복음은 서론에서 "예수님은 누구인가?"를 질문하고 요 1:1-18절까지 로고스 찬가를 통해서 예수님은 말씀이며(1:1) 생명이며(1:4) 빛으로 오셨고(1:9) 그 분은 독생하신 하나님임을(1:18)을 말하고 있다고 하였습니다. 그리고 또 다시 요 20:31-31절에서 복음서의 결말로 다시 "예수는 누구인가?"를 질문하며 예수님은 그리스도시오 하나님의 아들임을 말하고 있다고 설명하고 있습니다. 이처럼 요한복음은 처음부터 끝까지 "예수님은 누구인가?"를 묻고 설명하며 답하는 책이라는 뜻입니다.

---

59) 조경철, <신약성서가 한눈에 보인다>, 땅에쓰신글씨, 서울 2007 p.135

60) 요한복음 4:3-4: 유대를 떠나 다시 갈릴리로 가실새 사마리아를 통과하여야 하겠는지라; 요 4:5-42: 사마리아 여인 이야기, 요 4:43-54: 갈릴리에서 왕의 신하의 아들 치유 이야기(두 번째 표적)

위 구조에서 가장 큰 특징 중 하나는 요한복음은 예수님을 소개하면서 예수님이 누구인지를 처음부터 설명하고 있습니다. 요 1:1-18절까지 서론부분뿐만 아니라 2장-12장에 이르는 표적을 중심으로 하는 장에도 위 구조를 보시면 예수님의 자기 계시가 계속 이어지고 있습니다. 또 하나의 특징은 예수님이 때가 이르매 십자가의 죽으실 것을 알고 제자들에게 위로하고 말씀하며 기도하시는 장이 13장에서 17장까지 다섯 장을 이루고 있습니다. 이 다섯 장 안에 요한 공동체의 사상들이 잘 요약되어 있으며 이 고별설교와 기도 안에도 자기 계시가 계속 이어지고 있습니다. 그리고 18-21장에 이르는 예수님의 수난과 부활 그리고 현현이 기록되어 있습니다.

그러므로 요한복음에는 공관복음서에서 중요시하는 선교의 일관성인 갈릴리에서 예루살렘에 이르고 예루살렘에서 시작하여 이방으로 흐르는 방향성에 큰 관심이 없습니다. 오직 예수님은 어떤 분인지 소개하고 설명하며 예수님이 누구인지에 대한 물음과 고백이 담긴 책입니다. 그래서 요한 공동체가 고백하는 예수님을 영접하는지 안하는지에 관심의 초점이 맞추어져 있습니다. 예수님을 영접하고 믿으면 그 이름을 힘입어 영생을 얻게 되며 구원을 이루어 요한 공동체가 된다는 의미입니다. 그러기에 예수님의 행적이 위 구조에서 보듯이 갈릴리-갈릴리 가나- 예루살렘-여행 중에(사마리아와 갈릴리)-예루살렘-갈릴리-예루살렘-유대 베다니-예루살렘으로 이어지는 예수님의 말씀 동선을 보실 수 있습니다. 또한 그 안에 요 2:13절과 6:4절 그리고 11:55절에 기록된 대로(12:1유월절 언급은 유월절 사건을 기록한 것이 아님) 유월절 때 있었던 이야기를 세 번 걸쳐서 언급하고 있습니다. 유월절은 1년에 한 번씩 돌아오므로 예수님은 3년의 공생애 생활을 하셨다고 할 수 있습니다.

모든 복음서에서 서론에 예수님이 이 땅에 오심에 대한 의미와 예수님이 누구인지를 서술하고 있지만 요한복음은 서론에서부터 더 진전된 그리스도론(예수님이 누구인지를 고백하는 진전된 사상)을 보여주고 있습니다. 요 1:1-18절까지 로고스 찬가를 통해서 예수님은 말씀이며(1:1) 생명이며(1:4) 빛으로 오셨고(1:9) 그 분은 독생하신 하나님임을(1:18)을 말하고 있습니다. 예수님은 요 2:1-12절까지 예수님의 첫 번째 표적인 갈릴리 가나의 혼인잔치 이야기를 시작으로 요한복음을 시작하고 있습니다. 이렇게 가나의 혼인잔치에서 물을 포도주로 변화시키는 표적을 첫 번째 표적으로 시작함으로 예수님은 자신의 영광을 드러내고 있습니다.(요 2:11)[61] 요한복음은 이미 서론에서부터 그리고 첫 번째 표적에서도 예수님

61) 첫 표적의 의미는 영광을 드러내는 것으로서 예수님의 영광은 말씀이 육신이 되어 세상에 오심으로 그의 영광은 아버지 독생자의 영광이요 은혜와 진리가 충만하다고(요 1:14) 한 말씀과 연결하여 이해할 수 있습니다.

에 관하여 또는 예수님 스스로 자신의 정체성을 드러내는데 적극적입니다.

마가복음은 "메시야의 비밀"을 중심으로 예수님이 그리스도가 되시고 하나님의 아들 됨에 대한 비밀을 계속 말씀하고 있습니다. 실제로 마가복음에서는 베드로를 포함한 열두 제자들이 예수님에 대하여 무지하고 깨달음을 얻지 못하고 있고 예수님이 십자가에서 죽음으로 이 사실들이 모두 드러납니다. 마태복음도 크게 다르지 않습니다. 그러나 마태복음은 예수님을 따르는 제자들을 향하여 "믿음이 작은 자여"라고 말씀하시며 그래도 마가복음 보다는 제자들이 조금 진전된 고백을 하고 있습니다. 마가복음과 마태복음은 그들이 깨달음을 갖지 못한다고 하여도 열두 제자 중심 성경입니다. 누가복음에는 제자 파송이 두 번 이루어집니다. 하나는 열두 제자들로서 눅 9:1-6절까지 보내고 두 번째는 예수님이 따로 칠십 인을 세우시고(눅 10:1-12) 예수님이 가시려는 각 동네와 각 지역으로 둘씩 앞서 보내셨다고 말씀하고 있습니다.[62] 누가복음 예루살렘 여행기 시작에서 칠십 인의 제자들을 보낸 후 눅 10:21-22절에서 예수님의 자기 정체성을 밝힌 후 눅 10:23-24절에서 예수님은 제자들을 향하여 예수님이 어떤 분인지 깨달은 눈을 복되게 하시며 제자들에게 축복 선언을 하시고 있습니다. 그러므로 누가복음의 제자들은 예수님에 대하여 어느 정도 깨달음을 가지고 있습니다. 그렇지만 여전히 엠마오로 가는 제자들처럼 정확히 깨닫지 못하였다가 예수님이 부활하신 후 율법과 선지자와 시편에서 기록된 예언의 말씀이 예수님에 의해 성취되었음을 깨닫고(눅 24:44-48) 예수님에 대하여 바르게 알고 성령을 받은 후(행 2:1-4) 예수님에 대하여 증언하며 증인이 되어 예수님의 말씀을 선포하는 것을 볼 수 있습니다.

그런데 요한복음의 제자들의 고백은 다릅니다. 요한복음의 제자들은 예수님이 하나님 아버지로 부터 왔으며 예수님의 말씀이 다 아버지로부터 왔음을 고백하는 자들입니다.(요 17:7-8) 비록 제자들이 예수님이 죽은 자 가운데서 살아나신 후에야 말씀하신 것을 기억하고 성경과 예수께서 하신 말씀을 믿었지만(요 2:22) 요한복음은 마치 베드로와 사랑하는 제자가 예수님은 누구인지를 깨닫는 깨달음의 달리기 시합을 하는 것처럼 보입니다. 베드로는 요 1:35절 이하에서부터 나오기 시작하고 사랑하는 제자는 13장 23절 이하부터 나오기 시작합니다. 이후부터 둘은 예수님이 죽으신 후 부활의 아침에 부활하신 예수님의 무덤까지 예수님에 대한 깨달음의 달리기를 하고 있습니다. 무덤에 달음질하여 갈 때 사랑하는 제자가 먼저 도착 하지만(요 20:4) 무덤을 확인하는 것은 베드로가 먼저 합니다.(요 20:6-8) 제자들의 깨달음의 시합입니다.

요한복음에서 예수님은 처음부터 표적을 일으키시고 자신의 영광을 드러냅

62) 열두 제자와 칠십 인의 제자들은 이스라엘과 각 열방을 뜻하기도 하고 모세를 돕는 12 지파의 사람과 70인의 장로를 상징할 수도 있습니다.

니다. 이적이 아니라 표적이라 함은 예수님 자신이 이 땅에 말씀으로 오셨고(요 1:1) 생명이시며(요 1:4) 빛으로 오셨으며(요 1:9) 독생하신 하나님으로 오신 것을(요 1:18) 드러내는 하나님의 일(doing)을 하시는 것으로 자신의 영광을 나타냅니다.[63] 요한복음을 표적의 책(The Gospel of Signs)이라고 불리는데 표적은 2장에서 시작하여 12장까지 주로 나타납니다. 그렇지만 요 18-20장까지 예수님의 수난 부활 현현도 예수님이 이 땅에서 오셔서 하나님의 일을 하는 표적에 해당한다고 많은 학자들이 이야기하고 있습니다. 그래서 요한복음 전체를 "표적의 복음서"라고 부를 수 있습니다. 요한복음 2장에서 첫 번째 표적인 가나의 혼인 잔치에서도 표적을 통해 하나님의 영광을 드러냅니다. 그렇지만 요 18-20장에 이르는 예수님의 수난 부활 현현 그 자체가 하나님의 영광을 나타내는 표적이기에 요한복음을 "영광의 복음서"라고 할 수도 있습니다. 대체적으로 학자들은 2-12장에 나와 있는 표적을 일곱 개의 표적으로 부르는데 다음에 해당하는 표적들을 의미합니다.[64]

1) 물로 포도주를 만든 표적(2:1-12)
2) 왕의 신하의 아들을 고친 표적(4:46-54)
3) 베데스다 연못에서 치유 표적(5:1-16)
4) 5,000명의 무리를 먹이신 표적(6:1-15)
5) 물 위를 걸으신 표적(6:16-21)
6) 날 때부터 장님인 청년을 고친 표적(9:1-41)
7) 나사로를 살리신 표적(11:1-44)

요한복음에서 표적은 예수님이 이 땅에 오셔서 하나님의 일을 하며 독생자로 오신 영광을 드러내는 증거로 사용되고 있습니다.[65] 그러므로 예수님이 수난을 당하시고 죽으시고 부활하시며 현현하시는 것은 하나님이 이 땅에 오셔서 우리를 구원하시기 위한 일이며 하나님의 영광을 드러내는 일입니다. 그러므로 예수님의 수난과 부활이 요한복음의 가장 큰 표적이 되며 하나님의 영광을 드러내는 사건이 됩니다.

예수님은 표적을 통하여 예수님이 이 땅에 오셔서 하나님의 일을 마치신 후

---

63) 서중석, <요한복음 해석>, 대한 기독교서회, 서울 2012 p.49-71 제2장 표적을 참고
64) 김득중, <요한의 신학>, 컨콜디아사, 서울 2008 p.68 요한복음 2-12장을 표적의 책으로 부르기도 한다. 유태엽, <요한복음 해석>, 고려글방, 서울 2012: 1부 표적의 책(1-12장), 2부 영광의 책(13-20)으로 설명하고 있다.
65) 서중석, <요한복음 해석>, 대한 기독교서회, 서울 2012 p.49-71 제2장 표적을 참고

다시 아들을 보내신 아버지 하나님께로 자신은 돌아갈 것입니다.(요 3:13-14, 8:42) 요한복음에서 예수님은 표적들뿐만 아니라 이 땅에 계시면서 자신의 정체성을 끊임없이 드러냅니다. 대표적으로 예수님 스스로 자신 드러내기가 "나는 ~이다"(ego eimi; I am)라는 문장입니다. 다음 7개의 "나는 ~이다"구절을 보시겠습니다.

1) 나는 생명의 떡이다 (요 6:35.48)
2) 나는 세상의 빛이다 (요 8:12)
3) 나는 양의 문이다 (요 10:7,9)
4) 나는 선한 목자이다 (요 10:11,14)
5) 나는 부활이요 생명이다 (요 11:25)
6) 나는 길이요 진리요 생명이다 (요 14:6)
7) 나는 참 포도나무이다 (15:1)

이렇게 예수님은 요한복음을 통해서 끊임없이 표적으로 하나님의 일을 함으로 독생자의 영광을 나타내기도 하고 또는 자신이 직접 "나는 ~이다"를 통해서 자신을 드러내고 있습니다. 이런 점이 공관 복음서와 다른 점입니다. 요한복음은 예수님의 표적과 말씀을 기억하였다가 그 표적과 말씀을 요한 공동체의 신앙고백으로 기록하고 있습니다. 지난 시간 제2과에서 눅 10:17-24절을 중심으로 "복음서를 읽는 눈"(제2과)에서도 말씀드렸듯이 예수님의 말씀을 중심으로 예수님을 어떻게 바라보고 있는지 그 깨달음을 가진 제자들의 고백이라고 생각하시면 됩니다. 예수님의 자기 진술인 "나는 ~이다"는 예수님을 믿음으로 예수님은 나의 무엇이라고 고백하는 것과 같기 때문입니다.

요한복음의 고백은 공관복음서의 고백보다 더 진전된 그리스도론을 보여주고 있습니다. 예수님의 존재는 말씀으로 하나님과 태초에 함께 계신 분으로 만물이 그로 말미암아 창조된 것입니다. 이처럼 예수님에 대한 고백은 그리스도로서 하나님의 아들로 이 세상에 오셨지만 그는 독생하신 하나님이라는 것입니다.(요 1:18) 그러기에 예수님은 하나님이 보내시고(요 8:42) 예수님의 말씀이 하나님 아버지의 말씀이며(요 17:7-8) 예수님을 알고 본 것은 하나님을 알고 본 것이 됩니다.(요 14:7) 그리고 예수님은 예수님을 이 땅에 보내신 아버지 하나님에게 다시 돌아갈 것입니다.(요 3:13-14, 8:42) 그러므로 요한복음은 의심 많은 도마의 입술을 통하여 예수님을 "나의 주 나의 하나님"으로 고백하고 있습니다. 이것은 예수님에 대한 요한공동체의 신앙고백입니다. 이처럼 예수님이 누구인지를 정확히 깨닫는 공동체가 요한 공동체입니다. 예수님은 자신이 죽으실 때가 이르자 자기 사람들인 요한 공동체를 사랑하시되 끝까지 사랑하고 계셨습니다.

유월절 전에 예수께서 자기가 세상을 떠나 아버지께로 돌아가실 때가 이른 줄 아시고 세상에 있는 자기 사람들을 사랑하시되 끝까지 사랑하시니라(요 13:1)

유월절 전에 예수께서 자기가 세상을 떠나 아버지께로 돌아가실 때가 이르므로 자신이 죽을 것을 아시고 아버지 하나님에게로 가시기전에 요한복음 13-17장까지 제자들을 위해 고별 설교하시며 세상에 남겨진 제자들을 보시며 눈물을 흘리시고 자신의 제자들을 위해 하나님께 피눈물 나는 고별 기도를 하십니다.(17장) 그런데 이 고별설교와 기도가 13-17장에 이르는 긴 단락으로 요한복음 전체 스물한 장에서 다섯 장에 해당하고 있으며 이 안에 요한복음의 독특한 사상들이 많이 들어 있습니다. 요한복음의 큰 특징 중 하나입니다.

이제 요한복음 구조와 의미에 대해 결론을 맺어야 될 때입니다. 오늘은 요한복음의 구조를 설명하며 요한복음이 독자들에게 무엇을 말하려고 하는지 알아보았습니다. 요한복음은 철저히 예수님이 누구신지 묻고 답하는 책입니다. 예수님은 표적을 통하여 자기 정체성을 드러내면서 참 빛으로 세상에 와서 하나님의 말씀을 선포하시고 계십니다. 예수님을 영접하고 그 이름을 믿는 자에게는 하나님의 자녀가 되는 권세를 주셨습니다.(요 1:12) 예수님을 영접하지 않는 자는 세상에 남게 되는 것입니다. 그렇지만 하나님은 예수님을 영접하지 않는 세상을 사랑하셔서 독생자를 보내 주시고 그를 믿는 자마다 멸망하지 않고 영생을 얻게 하십니다.(요 3:16)

성도 여러분, 여러분도 이제 요한 공동체를 따라 예수님은 나의 생명의 떡이요, 세상의 빛이요, 양의 문이요, 선한 목자 되시고, 부활과 생명 되시며, 길이요 진리요 생명이 되시고 나의 참 포도나무임을 고백해 보시기 바랍니다. 요한복음이 들려주는 성령의 은사가 여러분과 함께 하시며 보혜사 성령님이 성도님 모두에게 예수님을 바로 알게 하실 것입니다. 그러므로 깨달음을 가진 성도 여러분, 예수님이 성도 여러분을 사랑하신 것처럼 서로 사랑하십시오. 이것이 예수님이 제자들에게 주시는 새 계명입니다.(요 13:34-35)

새 계명을 너희에게 주노니 서로 사랑하라 내가 너희를 사랑한 것 같이 너희도 서로 사랑하라 너희가 서로 사랑하면 이로써 모든 사람이 너희가 내 제자인 줄 알리라(요 13:34-35)

예수님이 이 땅에 오셔서 수난을 당하시고 죽으심은 우리로 주안에서 평안을 누리기 위함입니다.

이것을 너희에게 이르는 것은 너희로 내 안에서 평안을 누리게 하려 함이라 세상에서는 너희가 환난을 당하나 담대하라 내가 세상을 이기었노라(요 16:33)

성도 여러분, 요한복음을 통해서 깨달아 알게 된 것은 예수님은 우리를 위하여 십자가에서 죽으셨으며 부활하셔서 "나의 주 나의 하나님"이 되셨다는 것입니다. 그러므로 우리도 예수님이 세상을 사랑하고 제자들을 사랑했던 것처럼 우리도 우리의 공동체를 사랑하고 희생할 수 있어야 합니다. 예수님을 믿으며 영접하고 예수님을 나의 주님 나의 하나님으로 고백하면 세상은 우리를 예수 이름으로 인하여 힘들게 하지만 그 환난 속에서도 담대한 믿음을 가지고 세상을 이기시는 성도님들이 되시기를 기도합니다. 그러면 예수님은 여러분에게 평안을 주실 것입니다.

제21과

요한복음의 서문(프롤로그), 말씀이 육신이 되어

; 요 1:1-18

말씀이 육신이 되어 우리 가운데 거하시매 우리가 그의 영광을 보니 아버지의 독생자의 영광이요 은혜와 진리가 충만하더라(요 1:14)

요한복음 1:1-18절까지 요한복음 시작을 알리는 찬양시의 명칭이 김득중 교수님은 〈요한의 신학〉에서 "prologue"라고 정하였고[66] 유태엽(요한복음 해석)교수님은 서론(로고스 찬양시)으로,[67] 조경철(요한복음 강해)[68] 교수님은 서론(로고스의 송가)으로 용어를 사용하며 서중석(요한복음 해석)[69] 교수님은 서막이라는 표현을 사용하였습니다. 어떻게 표현하든 요한복음을 여는 서론 또는 서막 정도로

66) 김득중, <요한의 신학>, 컨콜디아사, 서울 2008
67) 유태엽, <요한복음 해석>, 고려글방, 서울 2012
68) 조경철, <요한복음 강해; 나의 주님 나의 하나님>, kmc, 서울 2012 "로고스 송가"로 서론을 명칭함 ; "신약성서가 한눈에 보인다"에서 서론(로고스 송가)
69) 서중석, <요한복음 해석>, 대한 기독교서회, 서울 2012

생각할 수 있지만 그러기에는 요한복음 1:1-18절이 갖는 상징성에 그 의미를 다 담기에는 미치지 못하는 것 같습니다. 그만큼 이 서론 부분은 기독교인들이 애창하고 사랑하는 "로고스 찬양시" 이기에 마치 창세기 1장에서 울려 퍼지는 창조질서의 우주적인 울림처럼 커다란 공간에서 울리는 하나님의 말씀으로 들립니다.

따라서 많은 학자들이 이 서론 부분을 많은 연구를 통해서 다양하게 발표하고 있습니다. 서중석 교수님의 〈요한복음 해석〉이라는 책 중 서막이라는 부분이 있습니다.[70] 그중에서 요한복음의 서론 부분을 정하는 다양한 학자들의 이론들이 정리되어 있습니다.[71] 서막의 범위를 요한복음 1:1-5, 1:1-17, 1:1-14, 1:1-29, 1:1-18절이 주로 분석 대상입니다. 서중석 교수님은 결론적으로 그래도 요 1:1-18절까지 정하여 분석하는 것이 요 1:1절의 하나님과 1:18절의 하나님과의 내밀한 관계를 보여주는 유사성을 형성하고 있어, 서막의 범위를 1:1-18절까지 하는 것이 좋다고 주장하며 서막부분과 본체(남은 부분)와의 연관성을 연구 분석하고 있습니다. 요한복음에 관련된 많은 참고 서적도 서막 또는 서론부분을 1:1-18절까지 범위를 정하고 분석하고 있으므로 우리도 이 부분을 서론부분으로 정하여 여러분에게 말씀드리도록 하겠습니다. 서중석 교수님은 서론부분을 1:1-18절로 정한다면 가장 큰 단점이 서론부분으로 전체 본문(본체)을 설명하는데 한계가 있다고 이야기하고 있습니다.[72] 따라서 필자는 서론 부분을 1장 1-51절에 나타나는 예수님의 칭호들을 찾아보고 본문과 연결하여 이해한다면 서론부분과 본체부분을 연결하거나 전체 구조를 이해하는데 좀 더 명확해 질 수 있어 이에 대한 이야기는 1:1-18절을 먼저 설명하고 이어서 다음시간에 1:19-51절을 이야기하겠습니다.

요한복음 1:1-18절은 "로고스 찬양시"에 해당하며 서론 또는 서막으로 불리지만 요한 공동체의 신앙 선언문 또는 고백(신경)이라고 보시면 됩니다. 서론 부분 "로고스 찬양시"를 한번 읽어 보도록 하겠습니다.

A) 태초에 말씀이 계시니라 이 말씀이 하나님과 함께 계셨으니 이 말씀은 곧 하나님이시니라 그가 태초에 하나님과 함께 계셨고 만물이 그로 말미암아 지은 바 되었으니 지은 것이 하나도 그가 없이는 된 것이 없느니라 그 안에 생명이 있었으니 이 생명은 사람들의 빛이라 빛이 어둠에 비치되 어둠이 깨닫지 못하더라(요 1:1-5)

70) 서중석, <요한복음 해석>, 대한 기독교서회, 서울 2012, p.19-45
71) 서중석, <요한복음 해석>, 대한 기독교서회, 서울 2012, p.19-21
72) 서중석, <요한복음 해석>, 대한 기독교서회, 서울 2012, p.44

B) 하나님께로부터 보내심을 받은 사람이 있으니 그의 이름은 요한이라 그가 증언하러 왔으니 곧 빛에 대하여 증언하고 모든 사람이 자기로 말미암아 믿게 하려 함이라 그는 이 빛이 아니요 이 빛에 대하여 증언하러 온 자라(요 1:6-8)

C) 참 빛 곧 세상에 와서 각 사람에게 비추는 빛이 있었나니 그가 세상에 계셨으며 세상은 그로 말미암아 지은 바 되었으되 세상이 그를 알지 못하였고 자기 땅에 오매 자기 백성이 영접하지 아니하였으나 영접하는 자 곧 그 이름을 믿는 자들에게는 하나님의 자녀가 되는 권세를 주셨으니 이는 혈통으로나 육정으로나 사람의 뜻으로 나지 아니하고 오직 하나님께로부터 난 자들이니라(요 1:9-13)

D) 말씀이 육신이 되어 우리 가운데 거하시매 우리가 그의 영광을 보니 아버지의 독생자의 영광이요 은혜와 진리가 충만하더라(요 1:14)

E) 요한이 그에 대하여 증언하여 외쳐 이르되 내가 전에 말하기를 내 뒤에 오시는 이가 나보다 앞선 것은 나보다 먼저 계심이라 한 것이 이 사람을 가리킴이라 하니라(요 1:15)

F) 우리가 다 그의 충만한 데서 받으니 은혜 위에 은혜러라 율법은 모세로 말미암아 주어진 것이요 은혜와 진리는 예수 그리스도로 말미암아 온 것이라(요 1:16-17)

G) 본래 하나님을 본 사람이 없으되 아버지 품속에 있는 독생하신 하나님이 나타내셨느니라(요 1:18)

우리는 이제 요한 공동체의 신앙 고백에 들어서게 됩니다. 로고스 찬양시에 대한 설명과 해설은 참 많은 학자들에 의해 시도되었습니다. 필자가 설명하는 것도 그런 분들이 연구하여 발표한 것을 일반 성도들이 어떻게 하면 알기 쉽고 이해하기 쉬울까를 생각하며 글을 쓰고 있습니다.

우선 요 1:1-18절을 일곱 문단으로 나누었습니다. 그중에서 예수님에 관한 것 다섯 개 A-C-D-F-G와 세례 요한과 관련된 문단 두 개 B-E가 있습니다. 김득중 교수님의 〈요한의 신학〉 제4장 요한복음의 "프롤로그"와[73] 서중석 교수님의 〈요한복음 해석〉 제1장 서막 부분을 참고 하시면 도움이 많이 됩니다.[74] 예수님과 관련된 다섯 개 문장은 "시어"로 되어 있고 세례요한과 관련된 두 개의 문장은 "서술어"로 되어 있습니다. 그렇지만 두 부분은 서로 밀접하게 내용상 얽혀 있습니다.[75] 그러면 세례요한과 관련된 문장을 제외하고 예수님과 관련된 문단 다섯 개를 연결하여 보겠습니다.

73) 김득중, <요한의 신학>, 컨콜디아사, 서울 2008 p54-67
74) 서중석, <요한복음 해석>, 대한 기독교서회, 서울 2012, p.19-45
75) 서중석, <요한복음 해석>, 대한 기독교서회, 서울 2012, p.22

A) 태초에 말씀이 계시니라 이 말씀이 하나님과 함께 계셨으니 이 말씀은 곧 하나님이시니라 그가 태초에 하나님과 함께 계셨고 만물이 그로 말미암아 지은 바 되었으니 지은 것이 하나도 그가 없이는 된 것이 없느니라 그 안에 생명이 있었으니 이 생명은 사람들의 빛이라 빛이 어둠에 비치되 어둠이 깨닫지 못하더라(요 1:1-5)

C) 참 빛 곧 세상에 와서 각 사람에게 비추는 빛이 있었나니 그가 세상에 계셨으며 세상은 그로 말미암아 지은 바 되었으되 세상이 그를 알지 못하였고 자기 땅에 오매 자기 백성이 영접하지 아니하였으나 영접하는 자 곧 그 이름을 믿는 자들에게는 하나님의 자녀가 되는 권세를 주셨으니 이는 혈통으로나 육정으로나 사람의 뜻으로 나지 아니하고 오직 하나님께로부터 난 자들이니라(요 1:9-13)

D) 말씀이 육신이 되어 우리 가운데 거하시매 우리가 그의 영광을 보니 아버지의 독생자의 영광이요 은혜와 진리가 충만하더라(요 1:14)

F) 우리가 다 그의 충만한 데서 받으니 은혜 위에 은혜러라 율법은 모세로 말미암아 주어진 것이요 은혜와 진리는 예수 그리스도로 말미암아 온 것이라(요 1:16-17)

G) 본래 하나님을 본 사람이 없으되 아버지 품속에 있는 독생하신 하나님이 나타내셨느니라(요 1:18)

로고스 찬양시를 예수님에 관한 부분(시어)과 세례요한의 부분(서술어)을 나누는 것은 우리가 로고스 찬양시를 이해하기 위한 방편이지 어느 부분이 중요하다고 설명하는 것은 아닙니다. 왜냐하면 세례요한 부분이라 하더라도 세례요한을 설명하는 것이 아니라 그의 입을 통해서 예수님을 설명하며 증언하고 있기 때문입니다. 그러므로 최종적인 것은 본문 그대로 설명할 것이며 서문 전체를 하나로 이해하는 것이 좋습니다.

위에 기록한 예수님에 관한 서문을 보면 똑같은 본문이지만 '찬양 시' 내용의 함축된 사상은 A부분인 요 1:1-5절에 있습니다. 서중석의 〈요한복음 해석〉 서막에서 윌리암스 논문에 따르면 현존하는 요한복음 최초의 사본에는 요 1-5절을 기록하고 빈칸을 남겨두어 마치 하나의 단위로 보았다고 서술하고 있습니다.[76] 이런 연구가 아니더라도 우리는 요 1:1-5절은 창세기의 창조질서를(창 1:1-2:3)

76) 서중석, <요한복음 해석>, 대한 기독교서회, 서울 2012, p.20 윌리암스 논문 재인용; 윌리암스에 따르면, 기원후 약 200년경으로 추정하는, 현존하는 요한복음 최초의 사본인 P.66은 1장 5절후에 빈칸을 남겨두어 1-5절을 하나의 단위로 보았고, 그 비슷한 흔적을 6-24절 사이에는 남겨두지 않았다.(서중석 교수님의 서막중 일부를 재인용한 것입니다.)

선언하는 만큼이나 우주적인 커다란 울림이 있습니다. 창세기의 창조 질서의 노래는 조용히 그 음성을 듣는 것이 우리의 할 일입니다. 우리의 할 일은 창조 섭리에 관한 하나님의 음성을 들으며 그대로 찬송하는 것입니다. 창세기의 창조의 질서를 듣는 것처럼 요한복음의 로고스 찬양시도 조용히 그 음성을 들으며 우리는 찬양할 뿐입니다. 그렇지만 우리가 로고스 찬양시를 분석하며 이해하려는 것은 들려지는 예수님의 음성을 보다 깊이 있게 듣고 깨닫기 위함입니다. 요한복음 1:1절과 창세기 1:1절을 읽어보겠습니다.

태초에 말씀이 계시니라 이 말씀이 하나님과 함께 계셨으니 이 말씀은 곧 하나님이시니라(요 1:1)

태초에 하나님이 천지를 창조하시니라(창 1:1)

"태초에 말씀(로고스)이 계시니라"는 선언은 태초에 하나님이 천지를 창조하시며 말씀으로 창조하기 이전에 이미 말씀이 존재하고 있습니다. 하나님의 나타나심은 창조의 질서와 말씀 속에 있습니다. 그렇지만 요한복음의 말씀인 로고스는 하나님과 함께 존재하고 있습니다. 그런데 신비한 것은 그 말씀이 함께 존재하면서 하나님과 같다는 의미입니다. 그래서 성부이신 하나님과 성자이신 예수님이 나누어져 있지만 같다는 의미입니다. 하나님과 함께 계셨던 말씀이 예수님이고 그 말씀이 하나님과 같다는 고백입니다. 이런 고백은 요한복음 마지막 결론에 해당하는 20장 28절에 도마는 부활하신 예수님을 만나고 깨달음을 얻은 이후 즉각적으로 "나의 주님 나의 하나님"이라고 고백하는 것과 연결되어 있습니다.

태초에 말씀이 있으셨고 말씀이 하나님과 함께 계셨으며 그 말씀이 하나님이라면 말씀은 모든 만물보다 선재 된 것입니다. 태초부터 하나님과 함께 있었던 선재된 말씀이(그가) 만물을 창조하였습니다. 창조되어진 모든 만물이 예수님에 의해 창조되었다는 고백은 초기 기독교의 말씀 중에 나오는 고백입니다. 골로새서 1장 15-17절을 읽어보겠습니다.

그는 보이지 아니하는 하나님의 형상이시요 모든 피조물보다 먼저 나신이시니 만물이 그에게서 창조되되 하늘과 땅에서 보이는 것들과 보이지 않는 것들과 혹은 왕권들이나 주권들이나 통치자들이나 권세들이나 만물이 다 그로 말미암고 그를 위하여 창조되었고 또한 그가 만물보다 먼저 계시고 만물이 그 안에 함께 섰느니라(골 1:15-17)

바울서신에 나타난 예수 그리스도의 선재 사상과 요한복음 서론에 있는 찬양시의 선재사상과 유사한 것을 알 수 있습니다. 예수 그리스도의 선재 사상은 찬양시 E)부분에서 "요한이 그에 대하여 증언하여 외쳐 이르되 내가 전에 말하기를 내 뒤에 오시는 이가 나보다 앞선 것은 나보다 먼저 계심이라 한 것이 이 사람을 가리킴이라 하니라"고(요 1:15) 선언한 부분에서 잘 나타나고 있으며 이런 선재 사상은 본체(서막 이후 본문)에서 꾸준히 제시되고 있습니다.

이렇게 말씀으로 하나님과 함께 계셨고 하나님이시기에 선재 된 예수님은 만물 창조 사건에 직접 관여하시게 됩니다. 인간을 포함한 모든 창조물들이 예수님에 의해 지은 바 되었습니다. 그러므로 모든 창조물 안에 생명이 창조되었는데 이는 예수님 안에 생명이 있기 때문입니다. 그러므로 생명을 가지고 창조 된 인간은 생명을 주신 예수님이 빛이 됩니다. 생명을 가진 인간이 살아가는 땅이 혼돈하고 공허하며 흑암이 깊음 위에 있지만 예수님만이 빛임에도 불구하고 사람들이 이 사실을 깨닫지 못하고 있습니다.(요 1:1-5)

요한복음 A)부분 1:1-5절이 모두 다 중요하지만 이 중에서 두 가지 "빛과 말씀"을 자세히 설명하는데 빛은 C)에서 설명하고 말씀에 대하여는 D)F)G)에서 자세히 설명하고 있습니다.

C)부분에서 첫 번째 예수님의 '빛'에 대하여 설명하고 있는데 예수님을 '참 빛'이라고 정의하고 있습니다. 그러면 참 빛이 아닌 사람이 있겠지요. 그 분은 찬양시 B)부분인 요 1:6-8절에서 서술한 세례요한입니다. 세례요한도 하나님께로부터 보내심을 받은 사람입니다. 사람들이 세례요한을 빛이라고 하였지만 그는 참 빛이 아니라 예수님이 참 빛이라는 것을 증언하기 위해 하나님이 보내신 증언자입니다. 공관 복음에서는 세례요한은 예수님이 그리스도가 되시고 하나님의 아들이심에 대한 '길을 준비하는 자'라면 요한복음은 하나님께로부터 보내심을 받은 자로 예수님이 '참 빛'임을 증언하는 증언자 역할을 감당하는 것입니다.

참 빛이신 예수님이 세상에 와서 각 사람에게 비추는 빛이 되었습니다. 왜냐하면 예수님은 자신이 창조한 인간에게 자신의 생명을 주었기에 그들이 가지고 있는 생명은 예수님의 빛에 속한 것입니다. 요한복음의 세상이란 예수님이 창조한 세상을 말하기도 하지만 예수님을 받아들이지 않는 어둠의 세상을 말하기도 합니다. 예수님은 모든 만물을 창조하시고 자신이 지으신 세상에 계셨는데 어둠의 세상은 그를 알지 못하였습니다. 예수님은 하나님과 함께 계시다가 자신이 지으신 자기 땅에 왔지만 자기 백성이 영접하지 아니하였습니다. 그렇지만 영접하는 자 곧 그 이름을 믿는 자들에게는 하나님의 자녀가 되는 권세를 주셨습니다. 이렇게 하나님의 자녀가 되는 것은 혈통으로나 육정으로나 사람의 뜻으로 나지 아니하고 오직 하나님께로부터 난 자들입니다.(요 1:9-13) 하나님의 백성인 아브라함 자손 개념이 혈통이나 사람의 뜻으로 생겨난 민족적인 개념이 아니라 요한 공동체의 고백처럼 예수님을 믿고 고백하는 공동체가 하나님의 백성이요 이 백성이 하나님의 자녀가 된 자들입니다. 그러므로 하나님의 자녀는 하나님께로부터 난 자들입니다.

D)F)G)부분에서는 1-5절에 관한 것 중에서 '말씀'을 두 번째로 설명하고 있습니다. 사실 14절은 1-14절까지 서론으로 정한다면 결론부에 해당합니다. 1-5절까지 말씀(로고스)이신 예수님은 하나님과 함께 계셨고 하나님과 하나인데 그 말씀이 육신이 되어 이 땅에 내려와 우리 가운데 거하게 되었다는 선언을 하고 있습니다. 창조된 인간에게는 그분의 속성인 생명이 있고 그 생명은 빛입니다. 그분이 우리 가운데 거하셨습니다. 우리가 그분의 영광을 보니 이는 하나님 아버지의 독생자로서 온 영광입니다. 그 안에 은혜와 진리가 충만하였습니다. 말씀이 육신이 되어 우리 가운데 거하였다는 선언은 예수님이 말씀으로 하나님과 함께 계셨고 하나님이므로 이 땅에 오실 때는 영으로 왔을 것이라는 "영지주의 사상"에 반대하는 것입니다. 철저히 인간의 육신으로 오셨음을 선언하고 있습니다. 예수님의 영광은 하나님의 실존에서 나타나는 영광이므로 그 안에는 은혜와 진리가 충만하게 차있습니다. 이렇게 14절이 끝나고 E)에서 세례요한의 증언이 나옵니다. 세례요한은 내 뒤에 오시는 예수님이 나보다 먼저 계신 분이라는 것을 증언하는 증인이 됩니다. 예수님의 선재사상을 나타내고 있습니다.

F)에서는 D)에서 설명한 말씀이 육신이 되어 오신 예수 그리스도 안에 충만하게 차있는 은혜와 진리로 인해 우리가 다 은혜 위에 은혜를 받게 된다는 선언입니다. 세상에 하나님의 의가 드러나는 방식이 율법은 모세로 말미암아 주어진 것이지만 하나님의 의가 드러나는 은혜와 진리는 예수 그리스도로 말미암아 온 것입니다.(요 1:16-17) 모세의 "율법"과 예수 그리스도의 "하나님의 복음인 은혜와 진리"와 대조하고 있습니다.(롬 3:21-26) 은혜와 진리는 그리스도 예수 안에 있는 속량으로 말미암아 하나님의 은혜로 값없이 의롭다 하심을 얻는 것으로 은혜 위에 은혜입니다.(롬 3:24) 율법과 선지자는 요한의 때까지요 그 후부터는 하나님 나라의 복음의 시대가 되었음을 의미합니다.(눅 16:16) 드디어 요한복음 서문에서 베일에 가려졌던 "말씀", "생명", "빛", "아버지의 독생자", "영광", "은혜와 진리"가 예수 그리스도 임이 여기서 드러나고 있습니다.

G)에서 본래 하나님을 본 사람이 없으되 즉 모세에게도 보여주지 않은 하나님의 모습이지만(대면하였지만 실제로는 보지 못하였습니다) 말씀이 육신이 되어 오신 예수님은 아버지 품속에 있는 독생하신 하나님으로 나타나셨다고 고백하고 있습니다.(요 1:18) 서중석 교수님은 실제로 보지 못하였지만 하나님과 대면하여 알게 되었다는 모세보다 예수님이 아버지 품속에서 계셨던 독생하신 하나님으로 하나님과의 친밀감에서 훨씬 크다고 해석하고 있습니다.[77] 당연히 모세의 계시보

77) 서중석, <요한복음 해석>, 대한 기독교서회, 서울 2012, p.43

다 말씀이신 예수 그리스도의 계시가 하나님으로부터 직접적으로 왔음을 의미합니다.

서론 안에 있는 단어 하나하나에 많은 상징들을 포함하고 있고 본문과 연결되어 있습니다.[78] 그래서 이 단어 하나하나마다 많은 설명이 따라와야 되지만 그것은 다음 기회로 남겨두겠습니다. 서론 부분에서 예수님에 관해 설명하는 것과 세례요한이 이에 대하여 증언하는 것과 연결하여 알아보았습니다. 이 모든 말씀을 보면 단어와 단어 사이 문장과 문장 사이에 놓여 있는 상징들이 서로 연결되어 있으며 서로 연결된 상징의 의미와 긴장감이 연이어 계속 이어지면서 요한복음이 나타내려는 사상들을 점점 구체화 하는 것을 볼 수 있습니다.

이제는 오늘 이야기하려는 요한복음 서론에 대한 결론을 이야기하겠습니다. 요한복음 서문을 해설하는 많은 책에서 주장하듯이 요 1:1-18절은 독립된 하나의 찬양시로서 요한 공동체의 신앙 고백입니다. 서중석 교수님의 주장대로 1:1절의 하나님과 1:18절의 하나님과의 내밀한 관계를 보여주는 유사성을 형성하고 있어 서문의 범위로 생각해도 될 것입니다. 성도 여러분, 외울 수 있다면 1-18절은 꼭 외워보시기 바랍니다. 그리고 조용히 묵상 중에 예수님은 말씀이며 생명이며 빛이요 아버지 독생자의 영광이요 은혜와 진리이며 독생하신 하나님임을 고백해 보시기 바랍니다. 말씀이 육신이 되어 우리 가운데 거하시므로 성도님들에게 많은 축복이 임할 것입니다. 이 찬양시가 요한 공동체의 신앙고백입니다. 성도 여러분도 요한공동체 제자들이 고백하였던 것처럼 똑 같이 고백하시기를 바랍니다. 하나님이 세상을 창조하시는 우주적인 울림이 요한 공동체의 찬양시를 통해서 들려질 것입니다. 그러면 보혜사 성령님을 통해서 예수님을 명확히 깨달아 알게 되며 예수님을 증언하는 제자가 될 것입니다.

78) 김득중, <요한의 신학>, 컨콜디아사, 서울 2008 p55-56

제22과

요한복음 서론 2부 요한복음 구조 이해하기, 하나님의 아들 예수 그리스도

; 요 1:19-51

내가 보고 그가 하나님의 아들이심을 증언하였노라 하니라(요 1:34)

그가 먼저 자기의 형제 시몬을 찾아 말하되 우리가 메시야를 만났다 하고 (메시야는 번역하면 그리스도라) (요 1:41)

지난 시간 요한복음 1:1-18절에 있는 로고스 찬양시를 읽어 보았습니다. 예수 그리스도는 누구인지를 묻고 예수님은 말씀이며 생명이요 빛이요 그리고 은혜와 진리이며 독생하신 하나님임을 고백하고 있습니다. 이 찬양시 안에는 단어 하나하나에 많은 상징들을 포함하고 있고 본문과 연결되어 있습니다. 또한 단어와 단어 사이 문장과 문장 사이에 놓여 있는 상징들의 의미가 서로 연결되어 있으며 서로 연결된 상징의 의미의 확장이 계속 이어지고 있습니다.

요 1:1-18절을 서문으로 정하여 해석하는 경우 단점이 하나 있습니다. 이 서문 안에는 본문에서 제기되는 여러 사상들을 다 포함하고 있지 못합니다. 그래서 요한복음 1:19-51절의 말씀 중에 예수님에 대한 칭호들을 살펴보고 본문과의 연결성을 생각해보겠습니다. 1:19-51절에 나와 있는 대표적인 예수님의 칭호는 “하나님의 어린양”(29절), “하나님의 아들”(34절), “랍비”(38절) “그리스도:메시야”(27절,41절), “나사렛 예수”(45절), “이스라엘의 임금”(49), “인자”(51절)입니다.[79)]

이 중에서 요 1:49의 “이스라엘 임금”은 요 12:13, 18:37절 “이스라엘의 왕”과 연결되어 있습니다. 요 1:51절의 인자 사상은 본문에서 여러 번 나오는 데(3:13-14, 8:28, 12:23등) 묵시사상과 지혜사상과 많은 연관성이 있습니다.[80)] 이 안에는 하늘과 땅의 공간에서 계시의 역할과 수령자의 모습을 볼 수 있고 태초에서 종말에 이르는 다시 오심에 대한 시간성의 종말 사상도 포함되어 있습니다.[81)] 이 책 40과 “묵시”에 관한 내용을 참고하시고, 임진수 교수님의 논문 “요한복음의 인자 기독론”을 참고하시기 바랍니다. 오늘은 요 1:19-34절에 있는 “하나님의 어린양” 사상과 “그리스도”, “하나님의 아들” 사상을 중심으로 요한복음의 구조 이해하기를 하겠습니다.

마가 마태 누가복음 서론에서 예수님과 세례요한과의 관계를 서술하며 세례요한은 예수님의 “길을 준비하는 자”로 나오지만 요한복음에서는 예수님이 누구인지 그리고 예수님이 이 땅에 오심에 관한 “증언하는 자”로 나옵니다. 요한복음에서 나오는 서문도 예수님과 세례요한과의 관계가 다른 복음서 서문처럼 형식이 유사하게 적용되고 있습니다. 특히 누가복음의 서문에서 나오는 예수님과 세례요한과의 관계가 형식과 내용은 다르지만 매우 유사한 것을 알 수 있습니다. 누가복음은 세례요한 탄생 예고-예수님 탄생 예고, 세례요한 탄생-예수님 탄생, 세례요한 사역-예수님 사역으로 구성되어 세례요한과 예수님을 대비하여 서술하고 있습니다. 세례요한은 예수님의 길을 준비하는 자로 먼저 나오고 예수님이 이어서 나오는 구성을 하고 있습니다. 요한복음은 누가복음처럼 예수님과 세례요한이 번갈아 나오지만 예수님이 먼저 나오고 세례요한이 나옵니다. 세례요한이 나오는 이유는 예수님의 길을 준비하는 자가 아니라 예수님에 대한 또는 예수님이 이 땅에 오심에 대한 증언하는 자로 나옵니다. 요 1:1-51절을 예수님과 세례요한과의 관계를 통해서 이해하여 보겠습니다.

A)부분 1-5절 예수님을 설명하고 B)부분 6-8절은 세례요한의 증언을 설명하고 있습니다. 또한 C)9-13절과 D)14절에서 예수님을 설명하고 E)15절에서 세례요

79) 유태엽, <요한복음 해석>, 고려글방, 서울 2012 p.41 기독론 참조
80) 임진수, “요한복음의 인자 기독론 연구”, 신학과 세계(감리교신학대학교), 서울 2008.06 p.65-93
81) 유태엽, <요한복음 해석>, 고려글방, 서울 2012 p.44 종말론 참조

한의 증언을 설명하고 있습니다. 그리고 F)16-17절과 G)18절에서 예수님에 대하여 설명하고 있습니다. 그렇다면 H)19-28절 세례요한의 예수님에 대한 "그리스도" 증언과 I)29-34절에 세례요한의 예수님에 대한 "하나님의 아들"에 대하여 증언을 하고 있으므로 필자의 생각은 F)16-17절과 G)18절에서 예수님에 대하여 설명하고 이에 대해 H)19-28절에서 예수님은 그리스도라는 증언과 I)29-34절에 세례요한의 예수님에 대한 하나님의 아들이라고 증언을 하고 있는 것으로 보면 요한복음 전체 구조에서 통일성 있게 구조를 설명하고 전체를 이해하기가 더 쉽고 좋아 보입니다. 이후에 J) 35-42절에서 요한의 제자들이 예수님을 따르는 제자의 모습을 볼 수 있고 이 제자가 예수님을 메시야(그리스도)로 고백하고 증언하고 있습니다. K) 43-50절에서 요한의 제자였던 안드레의 고향사람 빌립이 예수님을 따르게 되고 성경에 기록된 예수를 만났다고 고백합니다. 빌립이 소개한 예수님을 만난 나다나엘은 예수님을 향해 하나님의 아들이시오 이스라엘의 임금이라고 고백하고 증언합니다. 18:37절에 빌라도가 예수님을 향해 유대인의 왕이냐는 질문에 "내가 왕이라"고 진술하는 것과 연결되어 있습니다. L)51절에서 예수님은 땅에 계시고 하늘이 열리며 하나님의 사자들이 하나님과 예수님 사이를 오르락 내리락 합니다. 예수님의 계시가 하나님으로부터 온 것을 나타내는 묵시 사상을 표현하고 있습니다. 이런 묵시 사상에는 태초에 하나님과 함께 계셨던 말씀이 만물을 창조 하셨으며 십자가에서 죽으시고 부활하시어 다시 오심에 대한 시간성과도 연결되어 있습니다.[82]

오늘은 이 중에서 요 1:19-34절에 있는 "하나님의 어린양" 사상과 "그리스도", "하나님의 아들" 사상을 중심으로 요한복음의 구조 이해하기를 하겠습니다.

H)부분(요 1:19-27)에서 유대인들이 예루살렘에서 제사장들과 레위인들을 요한에게 보내어 "네가 누구냐" 물을 때에 요한이 자기 자신에 대하여 증언합니다. 유대인은 네가 그리스도인가 엘리야인가 아니면 선지자인가라는 질문을 합니다. 요한은 자신 스스로 그리스도도 아니요 엘리야도 아니요 선지자도 아니라고 대답합니다. 요한복음에서 "예수님은 누구인가"에 대한 대답과 비교되고 있습니다. 요한은 "네가 누구냐"라는 질문에 나는 그리스도가 아니요 단지 선지자 이사야의 말씀처럼 "주의 길을 곧게 하라고 광야에서 외치는 자의 소리"라고 대답합니다. 요 1:6-8절에서 예수님은 빛이신데 나는 빛이 아니라고 증언하는 것과 같습니다. 그들이 다시 바리새인을 보내서 물어봅니다. 네가 만일 그리스도도 아니요 엘리야도 아니요 그 선지자도 아니라면 왜 세례를 베푸느냐고 물어봅니다. 나는 물로 세례를 베풀지만 내 뒤에 오시는 그분은 성령으로 세례를 베푸는 이가(요 1:33)

82) 임진수, "요한복음의 인자 기독론 연구", 신학과 세계(감리교신학대학교), 서울 2008.06 p.65-93

오시는데 나는 "그의 신발 끈을 풀기도 감당하지 못하겠노라"고 대답합니다. 다시 설명하면 "예수님은 누구인가"에 대한 세례요한의 증언으로 나는 그리스도가 아니요 예수님이 그리스도임을 이야기하고 있습니다.

I)부분(요 1:29-34)에서 H)부분(요 1:19-28)에 대한 세례요한의 구체적인 증언이 나옵니다. 이튿날 예수님이 세례요한에게 나아오심을 보며 "보라 세상 죄를 지고 가는 하나님의 어린 양이로다"고 세례요한은 말씀하고 있습니다. "세상 죄를 지고 가는 하나님의 어린 양", 이 개념은 예수님에 대한 초기 기독교를 형성하는 주요 사상 중 하나입니다. 이사야서 "종의 노래"는 에디오피아로 가는 길에서 에디오피아 여왕 간다게의 재물 관리인(내시)이 빌립을 만나서 이사야서 53:4-7절에 있는 "그"가 누구인지 질문하고 있습니다.

그는 실로 우리의 질고를 지고 우리의 슬픔을 당하였거늘 우리는 생각하기를 그는 징벌을 받아 하나님께 맞으며 고난을 당한다 하였노라 그가 찔림은 우리의 허물 때문이요 그가 상함은 우리의 죄악 때문이라 그가 징계를 받으므로 우리는 평화를 누리고 그가 채찍에 맞으므로 우리는 나음을 받았도다 우리는 다 양 같아서 그릇 행하여 각기 제 길로 갔거늘 여호와께서는 우리 모두의 죄악을 그에게 담당시키셨도다 그가 곤욕을 당하여 괴로울 때에도 그의 입을 열지 아니하였음이여 마치 도수장으로 끌려가는 어린 양과 털 깎는 자 앞에서 잠잠한 양 같이 그의 입을 열지 아니하였도다(이사야 53:4-7)

너희는 누룩 없는 자인데 새 덩어리가 되기 위하여 묵은 누룩을 내버리라 우리의 유월절 양 곧 그리스도께서 희생되셨느니라(고전 5:7)

"세상 죄를 지고 가는 하나님의 어린 양" 이 개념은 구약의 "종의 노래"에서 아무 죄가 없어도 고난 받으시는 예수님을 상징하며 고전 5:7절처럼 그런 예수님은 유월절 어린 양처럼 수난과 죽음으로 우리가 속죄함을 받고 구원을 받았다는 사상으로 초기 기독교 공동체의 중요한 사상입니다. 그러므로 요 1:29절에 있는 "세상 죄를 지고 가는 하나님의 어린 양" 사상은 예수님은 요한복음 19장 28-30절과 31-37절에서 수난 당하신 후 십자가에서 죽으시는 예수님을 유월절 어린양으로 형상화하고 있습니다.[83]

그 후에 예수께서 모든 일이 이미 이루어진 줄 아시고 성경을 응하게 하려 하사 이르시되 내가 목마르다 하시니 거기 신 포도주가 가득히 담긴 그릇이 있

83) 김득중, <요한의 신학>, 컨콜디아사, 서울 2008 p.133-149

는지라 사람들이 신 포도주를 적신 해면을 우슬초에 매어 예수의 입에 대니(요 19:28-29)

모세가 이스라엘 모든 장로를 불러서 그들에게 이르되 너희는 나가서 너희의 가족대로 어린 양을 택하여 유월절 양으로 잡고 우슬초 묶음을 가져다가 그릇에 담은 피에 적셔서 그 피를 문 인방과 좌우 설주에 뿌리고 아침까지 한 사람도 자기 집 문 밖에 나가지 말라(출 12:21-22)

예수께 이르러서는 이미 죽으신 것을 보고 다리를 꺾지 아니하고(요 19:36)

한 집에서 먹되 그 고기를 조금도 집 밖으로 내지 말고 뼈도 꺾지 말지며(출 12:46)

아침까지 그것을 조금도 남겨두지 말며 그 뼈를 하나도 꺾지 말아서 유월절 모든 율례대로 지킬 것이니라(민수기 9:12)

이렇게 "세상 죄를 지고 가는 하나님의 어린 양" 사상은 요한복음 19:29절에서 출애굽기 12:22절에 사용된 유월절 어린양의 피를 우슬초에 묻히는 장면과 유사하게 나타나며 요한복음 19:36절에서 예수님이 십자가에서 죽으심은 출 12:46절과 민 9:12절처럼 유월절 날 희생되는 어린 양처럼 다리를 꺽지 아니하시고 죽으시고 희생당하셔서 우리를 구원하셨다는 사상으로 요한복음에서 구체적으로 서술하고 있습니다. 이러한 어린양의 사상은 요한 계시록에서는 수난과 죽음을 당하시는 어린 양이 부활하시고 승천함으로서 일곱 개의 뿔과 눈을 가진 강력한 힘을 가진 어린 양이 됩니다.(계 5:6)

그래서 어느 학자는 요한복음 서론의 범위를 1:1-29절까지 한정하여 분석하는 경우도 있습니다. 그렇지만 요 1:30절은 요 1:15절에 나오는 예수님의 선재 사상을 구체적으로 설명하고 있고 이 선재 사상은 본문(본체)에서 다양하게 나오고 있습니다. 또한 세례요한의 세례와 관련된 요 1:25절 질문에서 1:31-33절까지 세례 요한의 물세례와 비교되는 예수님의 성령 세례와 관련된 세례요한의 증언은 예수님에게 성령이 비둘기같이 하늘로부터 내려와 예수님 위에 머물렀다고 증언함으로서 성령의 예수님은 하나님의 아들임을 증언하고 있습니다.

이렇게 요한복음 서론의 범위를 1:1-51절로 확장하면 1:1-18절 서론부분에서 보여주는 말씀, 영생, 빛, 영접하는 자, 하나님의 자녀, 하나님으로부터 난 자, 은혜와 진리, 영광, 독생자 하나님이라는 개념들이 본체와 연결되어 있고 1:19-34절에 나타나는 그리스도 사상과 하나님의 어린양 사상, 성령 세례, 그리고 하나님의 아들 사상들과 1:35-50절에 나타나는 하나님의 어린양, 랍비, 메시야(그리스도)와 하나님의 아들이시오 이스라엘의 임금 사상과 51절 인자사상이 전체 본체와 수난과 결론까지 연결이 잘되고 있습니다.

우리는 예수님과 세례요한의 증언 관계를 토대로 1:1-51절로 서론을 확대하여 구성하면 1-18절에서 보이는 단점을 극복하고 다음과 같은 커다란 장점이 있습니다. 가장 큰 장점은 1:19-51절에 포함된 예수님이 그리스도와 하나님의 아들됨에 대한 서술이 결론 부분에 있는 20:30-31절 "예수님은 그리스도시요 하나님 아들 됨" 사상과 잘 연결되기 때문입니다. 또한 "세상 죄를 지고 가는 하나님의 어린양" 사상은 예수님이 십자가상에서 죽으시는 수난사상과 잘 연결되어 있습니다. 예수님이 그리스도가 되시고 하나님의 아들로 오셨지만 요한 공동체는 예수님의 표적을 믿으며 예수님의 영광을 바라보고 2:1-20:29절까지 예수님을 "나의 주 나의 하나님"으로 고백하고 있습니다. 이렇게 연결하면 우리는 마가 마태 누가복음에 이어 요한복음도 모든 복음서가 이야기하려는 예수님은 그리스도가 되시고 하나님의 아들됨을 똑같이 고백하고 있으며 요한복음의 결론 부분 고백이 복음서 전체가 말하려는 예수님은 누구인지에 대한 답으로 결론에 해당한다고 할 수 있습니다.

이제는 오늘 이야기하려는 요한복음 1장에 대한 결론을 이야기하여야겠습니다. 지금까지 논의한 서론부분을 토대로 두 가지로 나누어 이야기하겠습니다. 요한복음 서문을 해설하는 많은 책에서 주장하듯이 요 1:1-18절은 독립된 하나의 찬양시로서 요한 공동체의 신앙 고백입니다. 서중석 교수님의 주장대로 1:1절의 하나님과 1:18절의 하나님과의 내밀한 관계를 보여주는 유사성을 형성하고 있어 서문의 범위로 생각해도 될 것으로 보입니다. 성도 여러분, 외울 수 있다면 1-18절은 꼭 외워보시기 바랍니다. 그리고 조용히 묵상 중에 이 구절들을 떠올려 보시기 바랍니다. 여러분에게 많은 축복이 임할 것입니다. 이 찬양시가 요한 공동체의 신앙고백입니다. 성도 여러분도 요한공동체 제자들이 고백하였던 것처럼 똑같이 고백하시기를 바랍니다. 하나님이 세상을 창조하시는 우주적인 울림이 찬양시를 통해서 들려지시기를 기도합니다. 그러면 예수님은 보혜사 성령님을 통해서 예수님을 명확히 깨달아 알게 된 성도 여러분에게 제자로서 복을 주실 것입니다.

서론 부분을 요 1:1-51절까지로 확장하면 요 1:19-51절까지 예수님은 누구인가라는 대답으로 "메시야", "하나님의 아들", "하나님의 어린양", "랍비", "이스라엘의 임금", "인자"로 고백하고 있습니다. 특히 세례요한에 의한 예수님의 증언 즉 예수님은 그리스도가 되시고 하나님의 아들 됨에 대한 증언과 "세상 죄를 지고 가는 하나님의 어린 양" 사상과 예수님은 성령세례를 주는 하나님의 아들임을 증언함으로 이 세상에 남겨진 제자들이 성령으로 살아가야 할 것과 잘 연결되어 있음을 설명할 수 있습니다. 이렇게 함으로서 요한복음의 결론인 예수님은 그리스도가 되시고 하나님의 아들 됨에 대한 기록임을 선언한 것과 이 믿음으로 예수 이름을 힘입어 생명을 얻게 한다는 선언(요 20:31)은 1:1-51절을 서론으로 확장하여 설명하면 잘 연결되고 있음을 알 수 있습니다. 이 결론은 요한복음의 결론일 뿐만 아니라 복음서 전체의 결론이라 할 수 있습니다. 그러므로 요한 공동체는 빛으로 오신 예수님을 영접하고 그 이름을 믿는 하나님의 자녀 공동체로 여겼으며 그들은 하나님으로부터 난 자임을 고백하고 있습니다. 그래서 요한복음대로 고백하는 성도 여러분도 예수님이 사랑하시는 제자처럼 하나님을 아버지라 부를 수 있습니다.

제23과

요한복음의 고별설교

; 요한복음 13–16장

그날에는 내가 아버지 안에, 너희가 내 안에, 내가 너희 안에 있는 것을 너희가 알리라(요 14:20)

복음서 네 권 모두 예수님은 누구인지 각자의 공동체에 맞게 서술하고 있지만 요한복음은 다른 복음서와 달리 독특한 방식으로 서술하고 있습니다. 독특한 방식이란 예수님은 누구인지를 설명하는 방식이 앞선 공관복음서와 형식과 내용이 많이 다릅니다. 요한 공동체가 설명하는 예수님에 관한 서술 형식과 내용이 공관 복음서처럼 예수님이 그리스도가 되시고 하나님의 아들임을 설명하고 있지만 공관 복음서 형식인 "메시야의 비밀"처럼 숨기지 아니하고 표적으로 자신을 나타내기도 하고 여러 가지 자기 계시로 자신의 정체성을 적극적으로 나타내고 있습니다.

요한복음은 예수님이 표적을 행하시는 것을 보고 아버지 독생자의 영광을 나타내고 하나님의 일을 하는 것으로 믿으며 하나님의 영광을 드러내고 있습니다. 요한복음은 빛으로 오신 예수님을 영접하고 그 이름을 믿는 자에게는 하나님의 자녀가 되는 권세를 주신다고 선언하고 있습니다. 당연히 요한 공동체는 자신들의 공동체를 하나님의 자녀 공동체로 여겼으며 자신들은 예수님의 자기계시를 믿고 고백하는 공동체라 여겼습니다. 그래서 그들은 서문 로고스 찬양시를 통하여 예수님은 말씀이며 생명이며 빛이시며 은혜와 진리 되시고 독생하신 하나님이라고 고백할 수 있었습니다. 말씀이 육신이 되어 요한 공동체에 거하시는 예수님을 아버지 독생자의 영광으로 고백하며 "은혜와 진리"가 충만하였다고 증언하고 있습니다.

하나님은 예수님을 거부하는 세상을 사랑하셔서 독생자 예수님을 세상에 보내시고 이를 믿는 자마다 멸망하지 않고 영생을 얻게 하십니다. 그러므로 예수님이 세상에 오심은 심판하려 하심이 아니요 구원을 받게 하려 함입니다.(요 3:17-18) 이런 예수님이 요 2:1-12:50절까지 하나님의 일을 하는 표적을 나타내고 여러 가지 방식으로 자기 정체성을 나타내고 있습니다. 그리고 요한복음 13장에서 17장까지 예수님은 자신이 세상을 떠나 아버지께로 돌아가실 때가 이르게 된 것을 아시고 세상에 남아 있는 사랑하는 제자들을 위로하며 계명을 주고 설교를 하며 기도를 하고 있습니다.

요한복음을 이해하려면 요한복음의 특징을 잘 나타내는 요한복음의 고별설교와 기도라고 불리는 13-17장을 이해하여만 합니다. 요한복음의 13-17장에는 요한복음만의 세상이 있고 요한복음이 말하려는 요한 공동체의 세상이 있습니다. 요한 공동체의 세상이란 하나님과 예수 그리스도 그리고 이 땅에 남겨진 제자들 곧 요한 공동체의 관계가 무엇이며 어떤 관계인지 나타내는 것으로 그 정체성의 의미가 이 고별 설교와 기도에 있습니다. 그러면 요한복음 13-17장의 구조를 먼저 보겠습니다. 이 구조는 조경철 교수님의 요한복음 구조 분석을 참고 할 것이고 제20과에 나와 있습니다.[84]

13-17장	예수와 제자들의 이별(예루살렘)
13장	제자들과 마지막 식사
14장	예수의 첫 번째 고별과 위로의 말씀
15장-16장	예수의 두 번째 고별과 위로의 말씀
17장	예수의 고별기도

A. 13장, 세족식과 새 계명

유월절 전에 예수께서 자기가 세상을 떠나 아버지께로 돌아가실 때가 이른

84) 조경철, <신약성서가 한눈에 보인다>, 땅에쓰신글씨, 서울 2007 p.135

줄 아시고 세상에 있는 자기 사람들을 사랑하시되 끝까지 사랑하시니라(요 13:1)

13장에서 예수님은 자기가 세상을 떠나 아버지께로 돌아가실 때가 이른 줄 알았기에 제자들과 마지막 식사 후에 제자들의 발을 씻겨 주십니다. 발을 씻겨주는 행위에 반대하는 베드로를 향해 "내가 너를 씻어 주지 아니하면 네가 나와 상관이 없느니라"고 말씀하고 있습니다. 그리고 말씀하십니다.

내가 주와 또는 선생이 되어 너희 발을 씻었으니 너희도 서로 발을 씻어 주는 것이 옳으니라 내가 너희에게 행한 것 같이 너희도 행하게 하려 하여 본을 보였노라(요 13:15-16)

예수님은 자신이 세상을 떠나 아버지께로 돌아가시면 그 후에 남겨진 공동체는 어떻게 살아가야 하는지 몸소 실천하며 보여주시고 내가 너희에게 행한 것 같이 너희도 똑같이 행하라고 말씀하고 있습니다. 이렇게 예수님에 의해 행해진 세족식을 통해 언약을 맺은 제자들에게 제자로서 가져야 할 자기 정체성을 설명하고 있습니다. 예수님을 영접하고 그 이름을 믿는 자들에게는 하나님의 자녀가 되는 권세를 주시는데 예수님이 보낸 제자들을 영접하면 예수님을 영접하는 것이요 예수님을 영접하면 하나님을 영접하는 것이 되는 것입니다.

내가 진실로 진실로 너희에게 이르노니 내가 보낸 자를 영접하는 자는 나를 영접하는 것이요 나를 영접하는 자는 나를 보내신 이를 영접하는 것이니라(요 13:20)

이렇게 세족식을 하고 예수님은 유다의 배신으로 괴로워합니다.(요 13:21) 그리고 13:23절에 요한복음에 나오는 독특한 제자인 "사랑하시는 제자"가 등장하며 참다운 제자가 누구인지 긴장감 있게 서술합니다. 사랑하는 제자는 예수님이 하나님 아버지 품속에 있었던 것처럼 예수님의 품에 의지하여 누워있습니다. 그만큼 예수님이 사랑하는 제자는 예수님과 친밀도 면에서 높다는 것을 의미합니다.[85]

예수님과 친밀도가 높다는 의미는 예수님이 하나님과의 관계를 정확히 알고 깨닫는 제자들을 의미하는 것으로 이 사랑하는 제자는 예수님의 모든 것을 받고 예수님께서 하나님의 일을 하는 것을 그대로 하며 예수님의 계명을 지키는 제자

85) 서중석, <복음서 해석>, 대한 기독교서회, 서울 p.265-288; 요한복음서의 베드로와 애제자; p.282에서 사랑하는 제자(애제자)를 설명하며 예수님이 하나님의 품에 있었던 것과 비교하고 있다.

를 의미합니다.(요 15:9-10)

그리고 예수님을 배신한 유다는 떠나가고(13:30) 남은 제자에게 "서로 사랑하라"는 새 계명을 주십니다.

새 계명을 너희에게 주노니 서로 사랑하라 내가 너희를 사랑한 것 같이 너희도 서로 사랑하라 너희가 서로 사랑하면 이로써 모든 사람이 너희가 내 제자인 줄 알리라(요 13:34-35)

B. 14장, 첫 번째 설교

요한복음 13-17장에서 요한복음 13장은 세족식(요 13:1-20)과 유다의 배신(요 21-30) 그리고 새 계명을 주며(요 13:31-35) 베드로가 예수님을 부인할 것을 예고(요 13:36-38)하고 끝을 맺습니다. 그리고 위 구조에서 보듯이 예수님의 고별설교는 14장과 15-16장에 있습니다. 그래서 학자들은 14장과 15-16장의 고별 설교를 분석하며 13:31-35절까지 제자들에게 새 계명을 주는 것을 고별 설교의 서론으로 생각하기도 합니다. 그리고 17장은 따로 고별기도라고 부르고 있습니다. 이번 시간에는 14-16장을 분석하고 어떤 의미로 읽어야 하는지 알아보겠습니다.

필자는 성도님들에게 요한복음의 무한한 세계에 들어가는 문 앞에 겨우 안내할 것입니다. 여러분 각자가 많은 기도와 묵상으로 너무나 깊고 넓어서 그 끝을 알 수 없는 무한한 요한복음의 세계에 들어가 예수님이 주시는 진리로 자유하시기를 기도합니다.(요8:32)

우선 고별설교라는 형식의 대표적인 성경을 알고 있으신가요? 이 부분도 많은 학자들의 이야기가 있지만 대표적인 것 하나를 소개하겠습니다. 김득중 교수님의 〈요한의 신학〉 "요한복음의 고별 설교"편에서 자세히 다루고 있습니다.[86] 구약성경에서 대표적인 고별 설교는 신명기서입니다. 누가복음에 나오는 예루살렘 여행기를 신명기에 비교하는 연구 논문들이 많이 있습니다.[87] 마찬가지로 요한복음에서도 예수님이 수난을 받으시고 죽으시며 부활하시기 전에 고별 설교와 기도를 하시는 장면은 신명기 형식을 따르고 있습니다.[88]

모세 오경은 창세기 출애굽기 레위기 민수기 신명기로 이루어졌습니다. 모세의 탄생은 출애굽기 2장에서 시작하고 모세의 죽음은 신명기 마지막 장인 34장

86) 김득중, <요한의 신학>, 컨콜디아사, 서울 2008 p.117-132
87) 김득중, <누가의 신학>, 컨콜디아사, 서울 1991 p.227-250 누가복음의 신명기적 배경과 예루살렘 여행기를 분석하며 누가복음의 문학적 모형으로 신명기를 중요시하는 학자들을 분석하고 있습니다.
88) 김득중, <요한의 신학>, 컨콜디아사, 서울 2008 p.118

에 나옵니다. 그러므로 오경 중에 네 권이-출애굽기, 레위기, 민수기, 신명기-모세에 관한 책입니다. 지도자 모세는 애굽에서 노예로 고통 받던 이스라엘 민족을 이끌고 출애굽 하여 하나님의 도우심과 인도하심으로 40년의 광야 생활을 지나 민수기 마지막 장인 34장 13절에 이르러 여리고 맞은 편 요단 가 모압 평지에 도달합니다. 민수기 36:13절과 신명기 1:1, 1:5절을 읽겠습니다.

이는 여리고 맞은편 요단 가 모압 평지에서 여호와께서 모세를 통하여 이스라엘 자손에게 명령하신 계명과 규례니라(민수기 36:13)

이는 모세가 요단 저쪽 숲 맞은편의 아라바 광야 곧 바란과 도벨과 라반과 하세롯과 디사합 사이에서 이스라엘 무리에게 선포한 말씀이니라(신 1:1)

모세가 요단 저쪽 모압 땅에서 이 율법을 설명하기 시작하였더라 일렀으되(신 1:5)

이스라엘 민족은 지도자 모세를 따라 애굽을 나와서 40년의 광야 생활을 거치고 민수기 36:13절에 드디어 가나안을 바라보는 여리고 맞은편 요단강가 모압 평지에 도달하였습니다. 모세 자신은 요단강을 건너지 못할 것을 알고 모압 평지에서 율법을 설명하고-신명기를 선포하고- 신명기 36장에서 죽음을 맞이합니다. 그래서 신명기는 모세가 자신의 죽음이 가까이 온 것을 알고 남겨진 이스라엘 공동체에게 하나님의 율법을 수여하고 그들이 앞으로 들어가 살게 될 가나안 땅에서 그들이 하나님의 계명과 규례를 잘 지킬 것을 당부하는 설교와 기도로 이루어진 책입니다. 이런 형식이 누가복음에서는 예루살렘 여행기가 이런 역할을 감당한다면 요한복음은 13-17장에 이르는 고별 설교와 고별기도가 이런 역할을 하고 있습니다.

예수님은 모세처럼 죽음을 앞두고 세상에 남겨진 제자들을 위해 세족식으로 예수님과 제자 사이에 언약의 관계를 형성하고 제자들에게 "새 계명"을 주며 고별설교와 기도를 통해서 이 땅에 남겨져 살아갈 때 제자들(요한 공동체)이 예수님의 말씀과 새 계명을 잘 지킬 것을 당부하는 이야기로서 고별 말씀인 모세의 신명기 형식을 따르고 있습니다. 예수님은 이 땅에 남겨져 살아가야 할 제자들에게 말씀으로 위로하고 보혜사 성령을 약속하며 소망을 갖게 하고 있습니다. 그리고 17장에서 예수님에게 맡겨진 제자들의 정체성을 설명하고 아버지 하나님께 세상에 남겨진 제자들을 눈물로 부탁하는 고별기도를 하시고 있습니다.

14-16장의 설교를 분석하는 많은 학자들의 이야기가 있지만 그 중에서 두

가지만 말씀드리겠습니다.[89] 우선 조경철 교수님의 요한복음 구조를 보시면 14장과 15-16장을 구별하여 두 개의 설교로 분석하듯이 여러 학자들이 두 개의 고별설교로 분석하는 학자들이 많습니다.[90] 또 어느 학자는 13:31-14:31, 15:1-16:4a, 16:4b-16:33절 이렇게 세 부분의 설교로 보고 분석하는 학자도 있습니다.[91] 첫 번째 설교의 범위는 대부분 인정하고 있습니다. 왜냐하면 14:1절과 14:27절에 있는 "근심하지 말고 두려워하지 말라"는 말씀으로 하나의 설교를 이루고 있으며 14:31절에 "일어나라 여기를 떠나자"라고 말씀하시므로 말씀을 종결하는 것을 알 수 있어 14장을 하나의 단위로 봅니다. 14:1절과 14:27절을 읽어 보겠습니다.

너희는 마음에 근심하지 말라 하나님을 믿으니 또 나를 믿으라(요 14:1)

평안을 너희에게 끼치노니 곧 나의 평안을 너희에게 주노라 내가 너희에게 주는 것은 세상이 주는 것과 같지 아니하니라 너희는 마음에 근심하지도 말고 두려워하지도 말라(14:27)

예수님은 14:1에서 고별 설교를 시작합니다. 자신이 세상을 떠나 아버지께로 돌아가실 때가 이른 줄 아시고 세상에 있는 자기 제자들을 위로하며 "너희는 마음에 근심하지 말라 하나님을 믿으니 또 나를 믿으라"고 말씀하며 예수님의 아버지 집 즉 하나님의 집으로 가서 처소를 예비하겠다고 말씀하고 있습니다. 요한계시록의 묵시적 언어로 이야기하면 하나님의 장막으로 표현할 수 있습니다. 세상에 남겨진 제자들이 믿음을 잃어버리지 않고 지킨다면 내가 다시 와서 예수님이 계신 그곳에 함께 할 것이라는 것입니다. 그래서 예수님은 십자가의 길을 가며 부활함으로 아버지의 집으로 돌아가시는 길을 말씀하고 있습니다. 이 길을 아는 것이 예수님의 제자라는 것입니다. 이때 의심 많은 도마가 첫 번째 질문을 합니다. 나를 포함한 우리는 도무지 예수님이 말씀하신 그 "길"을 모르겠는데 "그 길이 무엇입니까?"라는 질문에 예수님은 대답하십니다.

예수께서 이르시되 내가 곧 길이요 진리요 생명이니 나로 말미암지 않고는 아버지께로 올 자가 없느니라 너희가 나를 알았더라면 내 아버지도 알았으리로다 이제부터는 너희가 그를 알았고 또 보았느니라(요 14:6-7)

예수님은 "내가 곧 길이요 진리요 생명"이기에 아버지로 가는 길은 예수님을

---

89) 김득중, <요한의 신학>, 컨콜디아사, 서울 2008 p.117
90) 김득중, <요한의 신학>, 컨콜디아사, 서울 2008 p.123 ; R. Brown 이론 재인용
91) 김득중, <요한의 신학>, 컨콜디아사, 서울 2008 p.124 ; John Painter 이론 재인용

믿는 길 오직 이 길뿐이라는 뜻입니다. 왜냐하면 예수님을 아는 것이 하나님을 아는 것이 되고 예수님을 보는 것이 하나님을 본 것이 되기 때문입니다.

그러자 빌립이 두 번째 질문을 합니다. 예수님의 이 말씀을 도무지 이해하지 못하고 다시 질문합니다. "빌립이 이르되 주여 아버지를 우리에게 보여 주옵소서 그리하면 족하겠나이다"고 하자 예수님은 "빌립아 내가 이렇게 오래 너희와 함께 있으되 네가 나를 알지 못하느냐 나를 본 자는 아버지를 보았거늘 어찌하여 아버지를 보이라 하느냐"고 대답하시며 "내가 아버지 안에 거하고 아버지는 내 안에 계신 것을 네가 믿지 아니하느냐"고 말씀하십니다. 그리고 예수님이 제자들에게 하시는 모든 말씀과 표적은 내가 하는 것이 아니라 "아버지께서 내 안에 계셔서 그의 일을 하시는 것"이라고 말씀하시며 "하나님 아버지가 예수님을 통해서 행하는 일"을 보아서라도 나를 믿으라고 설교하고 있습니다. 그리고 예수님을 따르는 제자들의 정체성을 말씀하고 있습니다. 나를 믿는 제자들은 예수님이 이 땅에 오셔서 하나님의 일을 대신하는 그 일을 감당할 수 있으며 예수님이 십자가에 죽으심으로 하나님 아버지로 돌아갈 텐데 그런 큰일도 감당할 수 있다는 것입니다. 이런 큰일들은 하나님 아버지의 영광을 받으시기 위한 일로서 예수의 이름으로 무엇이든지 구하면 예수님이 행하게 해주시겠다고 말씀하고 있습니다. 그러므로 이 땅에 남겨진 제자들에게 너희가 나를 정말로 사랑한다면 나의 계명인 "서로 사랑하라"를 지키라고 말씀하고 있습니다.

이렇게 예수님이 아버지에게 돌아가신 다음 세상에 남겨진 제자들이 근심하고 두려움에 있을 때 보혜사 진리의 영을 주시겠다고 말씀하고 있습니다. 누가복음에서 예수님이 부활하시고 승천하시고 제자들에게 성령을 부어 주실 때까지 예루살렘에서 기다리라고 하신 것과 유사 한 것입니다. 예수님을 믿는 제자만이 보혜사 성령을 알 수 있습니다. 그래서 보혜사 성령이 "너희와 함께 거하시고 너희 속에 계시다"고 말씀하고 있습니다. 예수님이 다시 오시겠지만 조금 있으면 세상은 다시 나를 보지 못할 것이로되 보혜사 진리의 성령으로 너희는 나를 보리니 이는 내가 살아 있고 너희도 살아 있겠음이라고 말씀하시며 요한 공동체를 위한 말씀으로 미래적인 표현으로 현재적인 삶을 이야기하고 있습니다. 그러기에 "그날에는 내가 아버지 안에, 너희가 내 안에, 내가 너희 안에 있는 것을 너희가 알리라"고 말씀하십니다.

이 말씀은 요한 공동체의 정체성이 무엇인지를 설명하고 있습니다. 예수님은 하나님 아버지 안에 있습니다. 예수님 안에는 요한 공동체가 있으며 요한 공동체는 안에는 예수님이 있습니다. 그렇다면 요한 공동체 안에는 예수님이 있는 것이기에 예수님 안에 있는 하나님도 함께 있는 것입니다. 예수님을 믿음으로 하나님으로부터 난 하나님의 자녀 공동체가 되는 것입니다.

예수님의 제자들의 자기 정체성을 설명하신 다음 이제 이 땅에 남겨진 제자들의 공동체가 어떻게 살아가야 하는지 다시 한 번 설명하고 있습니다. 요한복음 13장 34-35절에 "새 계명을 너희에게 주노니 서로 사랑하라 내가 너희를 사랑한 것 같이 너희도 서로 사랑하라 너희가 서로 사랑하면 이로써 모든 사람이 너희가 내 제자인 줄 알리라"고 말씀하신 것처럼 예수님의 계명을 다시 한 번 상기시킵니다.

나의 계명을 지키는 자라야 나를 사랑하는 자니 나를 사랑하는 자는 내 아버지께 사랑을 받을 것이요 나도 그를 사랑하여 그에게 나를 나타내리라(요 14:21)

가룟인 아닌 유다가 예수님에게 세 번째 질문을 합니다. 14장에서만 도마와 빌립에 이어 세 번째 질문입니다. 예수님 "어찌하여 자기 자신을 우리 제자들에게는 나타내시고 세상에는 나타내려 하지 아니하십니까?" 하고 질문합니다. 그 때 예수님은 어떤 사람이라도 나를 사랑하면 내 말을 지키는 사람이므로 내 아버지 하나님께서 그를 사랑하실 것이요 우리가 그에게 가서 거처를 그와 함께 하신다고 말씀하고 있습니다. 요한 공동체의 일원이 된다는 뜻입니다. 예수님을 사랑하지 않으면 예수님의 말씀도 계명도 지키지 않은 사람입니다. 그리고 예수님의 말씀은 예수님을 세상에 보내신 하나님의 말씀이라고 선언합니다. 이어서 보혜사 성령의 역할을 설명하고 있습니다.

예수님이 아직 제자들과 함께 있어서 이 말을 하였지만 예수님이 아버지에게로 돌아가시면 보혜사 곧 아버지께서 내 이름으로 보내실 성령이 오셔서 그가 너희에게 모든 것을 가르치고 내가 너희에게 말한 모든 것을 생각나게 하리라고 말씀하고 있습니다(요 14:26)

보혜사란 "진리의 영"인데(요 14:16-17) 예수님이 아버지에게 돌아가신 이후 아버지께서 예수의 이름으로 보내시는 성령입니다. 보혜사 성령을 아는 것은 오직 제자들만이 알 수 있고 세상 사람들은 알지 못하는 것으로(요 14:16-17) 예수님이 아버지에게 가신 이후에 예수님이 제자들에게 가르치신 말씀을 대신해 가르치시고 예수님의 말씀이 하나님의 말씀으로 생각나게 해주시는 역할을 감당하는 것으로서(요 14:26) 제자들과 함께 거하며 제자들 속에 있는 성령인 것입니다. 그리고 위로의 말씀을 다시 하시며 첫 번째 설교를 마무리합니다.

평안을 너희에게 끼치노니 곧 나의 평안을 너희에게 주노라 내가 너희에게

주는 것은 세상이 주는 것과 같지 아니하니라 너희는 마음에 근심하지도 말고 두려워하지도 말라(요 14:27)

이제 예수님은 첫 번째 설교를 마치며 제자들에게 "내가 아버지에게 갔다가 너희에게로 다시 온다"라고 이야기한 것을 들은 너희가 지금은 근심하고 두려워하지만 실은 너희가 정말 나를 사랑하였더라면 내가 아버지께로 감을 기뻐하였을 것이라고 말씀하고 있습니다. 이렇게 예수님이 십자가에 죽으시기 전에 제자들에게 고별설교를 하는 이유는 예수님이 십자가에 죽으심을 당할 때 그 일로 인하여 믿음을 잃어버리지 않고 오히려 믿음을 지키게 함을 위한 것이라고 말씀하며 첫 번째 고별설교를 마무리하고 있습니다.

C. 15-16장 두 번째 설교

요한복음 14-16장은 고별설교이고 17장은 고별기도입니다. 요한복음 구조에서 14장과 15-16장을 나누어 두 개의 설교로 읽기도하고 15-16장을 15-16:4a와 16:4b-33절을 나누어 세 개의 설교로 분석하는 학자도 있습니다.

14장과 15-16장은 내용의 전개가 비슷한 부분도 있어 내용이 반복되는 부분도 있습니다. 14장 20절에서 요한 공동체의 자기 정체성을 설명하였습니다.

그날에는 내가 아버지 안에, 너희가 내 안에, 내가 너희 안에 있는 것을 너희가 알리라(요 14:20)

14장에서 요한 공동체의 정체성은 예수님은 아버지 안에 계시고 예수님 안에 사랑하는 제자들이 있고 예수님은 사랑하는 제자들 안에 있음을 선언하고 있습니다.(요 14:20) 이 정체성을 15장을 시작하면서 다시 한 번 반복하고 있습니다. 15장 1절에 예수님은 자기 계시중의 하나인 "나는 참포도나무이다"를 선언하고 있습니다. 하나님은 농부이고 예수님은 참포도 나무라면 제자들은 가지가 됩니다. 가지는 포도나무에 붙어 있어야 열매를 맺을 수 있습니다.(요 15:4) 그러므로 예수님과 제자의 관계는 포도나무와 가지의 관계로 제자들은 예수님 안에 존재하고 예수님은 제자들 안에 있을 때 많은 열매를 맺게 됩니다. 그래야 농부이신 하나님은 그 열매를 보시고 영광을 받으시며 열매 맺은 가지와 같은 사람들은 예수님의 제자가 됩니다.(요 15:8) 이렇게 하나님과 예수님과 제자와의 관계가 농부와 포도나무와 가지의 관계라면 그 관계는 사랑의 관계와 같다는 것입니다. 아버지가 예수님을 사랑하신 것처럼 예수님도 제자들을 사랑하였듯이 너희들도 예수님의 사랑 안에 있을 것을 말씀하시며 내가 아버지의 계명을 지켜 그 사랑 안에 거하듯이 제자들도 예수님 계명을 지켜 예수님 사랑 안에 거할 것을 말씀하고 있습니다. 이렇게 형성된 제자들의 관계는 예수님의 기쁨이고 요한 공동체의 기쁨이 됩니다.(요 15:9-11) 그리고 요한복음 13:34-35절의 새 계명에 대한 설명이 15:12-17절까지 반복되고 있습니다. 예수님이 주신 새 계명-서로 사랑하라-을 지키면 예수님의 제자가 됩니다. 이 제자들은 예수님이 택하여 세운 제자들입니다.(요 15:16)

너희가 나를 택한 것이 아니요 내가 너희를 택하여 세웠나니 이는 너희로 가서 열매를 맺게 하고 또 너희 열매가 항상 있게 하여 내 이름으로 아버지께 무엇을 구하든지 다 받게 하려 함이라(요 15:16)

이렇게 예수님이 택하여 세운 제자들이 예수님의 사랑 안에 거하며 예수님의 계명을 지키고 많은 열매를 맺어 하나님의 영광을 드러내며 예수님의 기쁨으로 가득하게 된 이들이 요한 공동체가 됩니다.

요한 공동체로 형성된 제자들은 예수님은 하나님 아버지께로 다시 돌아가면 세상에 남게 됩니다. 그런데 이 세상은 생명이시며 빛이신 예수님이 자신이 지으신 세상에 오셨지만 세상은 그를 알지도 못하고 세상에 속한 백성들이 영접하지 않은 것처럼 예수님의 제자들을 미워할 것입니다. 세상이 제자들을 미워하는 것은 예수님을 먼저 미워하기 때문입니다.(요 15:18) 그래서 예수님은 제자들에게 부탁합니다. 너희는 세상에 속하여 있지만 예수 그리스도로 말미암아 세상에 속한 것이 아니요 세상에서 택하심을 받은 하나님 나라에 속한 백성으로서 세상이 너희를 미워한다고 말씀하고 있습니다.(요 15:19) 예수님을 미워한다면 아버지 하나님을 미워하는 것으로 결국 예수님이 세상에 오심으로 "하나님을 미워하는 죄"가 드러나게 되었고 이는 율법에 "그들이 이유 없이 나를 미워하였다"[92]는 하나님의 말이 실현되는 것입니다.(요 15:22-25)

이제 예수님이 말씀으로 하나님과 함께 계셨다가 하나님의 보내심으로 말씀이 육신이 되어 이 땅에 오셨으며 예수님의 말씀이 곧 하나님의 말씀이며 예수님은 다시 하나님 아버지께로 돌아간다는 사실들을 예수님이 아버지께 돌아가신 다음 보내시는 "보혜사 진리의 영"이 오셔서 그 예수 그리스도를 증언합니다. 보혜사 진리의 영은 오직 제자만이 알 수 있으며 제자들 속에서만 계십니다. 그러므로 보혜사 성령이 예수님을 증언하는 것처럼 예수님을 영접하고 믿는 제자들도 예수님을 증언하는 것입니다.(요 15:26-27) 예수님이 이 말씀을 하시면서

92) 시편 35:19; 69:4

제자들이 세상에서 실족하지 않게 하기 위해 이 말씀을 하였다고 말씀하고 있습니다.(요 16:1)

그리고 16장에 들어서서 보혜사 성령이 어떤 일을 하시는지 구체적으로 설명하고 있습니다. 그래서 학자들은 15-16장을 연결하여 하나의 고별 설교로 이해하기도하고 15:1-16:4a절과 16:4b-16:33을 나누어서 설명하기도 합니다. 이렇게 나누는 이유 중 하나가 보혜사 성령님의 역할이 세 곳에서 나오기 때문입니다. 14장과 15-16장을 연결하면 14장의 고별설교의 내용에서 요한 공동체의 정체성을 15장에서 다시 한 번 설명하며 하나님-예수님-제자를 농부-포도나무-가지로 설명하고 있고, 서로 사랑하라는 새 계명과 예수님의 떠나가심에 대한 의미들이 15-16장에서 14장과 같이 반복되어 나오고 있습니다. 고별설교를 14장, 15:1-16:4a, 16:4b-16:33절로 세 구분으로 나누어 설명하면 구조 분석은 비슷하지만 보혜사 성령을 설명하는 것에 도움이 됩니다. 이 세 부분에서 보혜사 성령을 어떻게 설명하는지 알아보겠습니다. 세 부분에서 조금씩 다른 보혜사 성령님의 역할들을 볼 수 있습니다.

보혜사는 진리의 영으로서 제자들과 함께 있으며 제자들 속에 계십니다.(요 4:16-17) 14장의 보혜사 성령의 기능은 예수님이 십자가에서 죽으시고 아버지께 돌아간 후 아버지께서 예수의 이름으로 보혜사 성령을 보내시고 보혜사 성령을 통해서 예수님이 누구인지 알게 하시고 가르치며 예수님의 가르침을 생각나게 하십니다.(요 14:26) 15:1-16:4a절에서는 보혜사 진리의 영이 예수님을 증언하는 역할을 하며(요 15:26) 제자들도 보혜사 진리의 영과 함께하며 그 안에 있으므로 제자들도 예수님을 증언하게 됩니다. 16:4b-33절 안에 보혜사 성령의 역할을 설명하는데 아주 중요한 말씀을 하고 계십니다. 예수님이 이 세상을 떠나 아버지께로 돌아가는 것이 제자들에게는 유익한데 이는 그래야 보혜사 성령이 오시기 때문입니다. 요한복음 16:7-11절까지 읽어 보겠습니다.

그러나 내가 너희에게 실상을 말하노니 내가 떠나가는 것이 너희에게 유익이라 내가 떠나가지 아니하면 보혜사가 너희에게로 오시지 아니할 것이요 가면 내가 그를 너희에게로 보내리니 그가 와서 죄에 대하여, 의에 대하여, 심판에 대하여 세상을 책망하시리라 죄에 대하여라 함은 그들이 나를 믿지 아니함이요 의에 대하여라 함은 내가 아버지께로 가니 너희가 다시 나를 보지 못함이요 심판에 대하여라 함은 이 세상 임금이 심판을 받았음이라(요 16:7-11)

예수님이 아버지께로 떠나가심으로 오시게 된 보혜사 성령님은 죄에 대하여, 의에 대하여, 심판에 대하여 세상을 책망하시리라고 선언하고 있습니다. 그래서 예수님은 내가 떠나는 것이 유익하다고 말씀하고 있습니다.

보혜사 성령님의 역할을 설명하는 이 짧은 문장에는 참 많은 사상들이 함축되어 있습니다. 신약 성경은 처음부터 끝까지 "죄와 의와 심판"에 대해 설명하고 있습니다. 보혜사 성령이 이 땅에 오셔서 하는 역할 중 첫 번째는 죄에 대하여 깨닫게 한다는 것입니다. 그러면 죄란 무엇입니까? 요한복음에서 죄란 예수님을 믿지 않는 것입니다. 다시 설명하면 예수님을 영접하고 그 이름을 믿으면 하나님의 자녀가 되며 하나님의 백성이 되어 의인이 됩니다. 그런데 예수 이름을 믿지 아니하면 하나님의 백성이 되지 못하고 세상에 남겨지게 됩니다. 요한복음은 이처럼 예수님을 믿지 못하여 하나님의 백성이 되지 못하고 세상에 있는 사람들을 죄에 속한 사람이라고 부릅니다. 보혜사 성령은 두 번째로 의에 대하여 알려줍니다. 요한복음에서 하나님의 의는 예수님이 십자가에 죽으심입니다. 다시 설명하면 예수님이 십자가에 죽으심은 아버지께로 가서 세상에서 다시 보지 못하는 것으로 이 사건은 예수님이 하나님의 일을 하는 것이 되며 이를 통해 하나님의 의를 드러내고 하나님의 의를 이루게 됩니다. 보혜사 성령님이 세 번째로 알려 주는 것이 심판에 대하여 알려줍니다. 심판이라 함은 예수님을 믿음으로 영접하는지 안하는지 하나님의 자녀가 되는지 안 되는지가 심판의 갈림길이 될 것입니다. 또한 예수님이 다시 오시겠다는 뜻입니다. 예수님이 다시 오심은 이 세상에서 예수님을 알지 못하는 임금들도 심판 대상이며 예수님을 믿지 아니하는 사람들은 심판을 받을 것이며 예수님을 믿는 제자들은 예수님이 우리를 위해 유월절 어린 양처럼 죽으셔서 우리로 하여금 생명을 얻고 구원받았음을 의미하고 있습니다.

이렇게 보혜사 성령은 14장에서 예수님을 알고 가르치시며 생각나게 하고, 15:1-16:4a에서 예수님을 증언하고, 16:4b-33절에서 죄에 대하여, 의에 대하여, 심판에 대하여 알려주는 역할을 하고 있습니다.

보혜사 진리의 성령이 오시면 제자들을 진리 가운데 인도하실 것이며 진리의 성령이 예수님에 대하여 들은 것과 제자들이 근심하는 장래 일을 말할 것입니다.(16:13) 오직 진리는 예수님의 영광을 나타내고 아버지께 있는 것을 다 예수님이 받으셨기에 예수님의 것으로 진리의 성령이 예수님이 어떤 분인지 제자들에게 알려 줄 것입니다.(16:14-15) "은혜와 진리"는 예수님으로부터 온 것입니다.(1:17) 이 진리는 예수님이 어떤 분인지 바로 아는 것이며 이를 보혜사 성령님이 제자들에게 가르치고(14:26) 바로 알게 할 것입니다. "진리를 알지니 진리가 너희를 자유롭게 하리라"고(요 8:32) 예수님은 말씀하고 있습니다.

이렇게 예수님이 고별설교를 통하여 제자들에게 말씀을 하시는 이유는 예수님 안에서 평안을 누리게 함입니다. 그리고 다시 한 번 예수님의 "아버지께로 감"에 대한 슬픔과 희망을 이야기하시면서 너희는 근심하지만 세상은 기뻐할 것이나 제자들이 근심하는 것이 기쁨으로 변할 텐데 그때가 "내가 너희를 다시 보리라"고 한 날이 되는 것입니다.(요 16:16-24) 요한 계시록의 묵시적인 표현들과 연결되어 있습니다.

이것을 너희에게 이르는 것은 너희로 내 안에서 평안을 누리게 하려 함이라 세상에서는 너희가 환난을 당하나 담대하라 내가 세상을 이기었노라(요 16:33)

이제 고별설교에 대한 결론을 내려야 할 때가 되었습니다. 우리는 오늘 고별설교의 첫 번째 14장과 두 번째 15-16장을 읽어 보았습니다. 예수님은 앞으로 자신이 십자가에 죽으실 것과 삼일 만에 부활하실 것을 알고 있었습니다. 예수님의 관심은 하나님이 맡겨주신 자신의 제자들이(요 17:6) 이 땅에 살아가야 할 때 받게 되는 고난과 환난을 생각하며 이 세상에서 "사랑하는 제자들"이 어떻게 살아가야하는 지에 있습니다. 그러므로 그들에게 새 계명을 주고-너희는 서로 사랑하라-요한 공동체가 어떤 공동체인지 그 정체성을 설명하고 있습니다. 요한 공동체는 예수님처럼 하나님이 맡겨주신 일을 하는 것으로 예수님을 믿는 다면 예수님이 하신 일 즉 하나님의 영광을 드러내는 일을 할 수 있다고 말씀하고 있습니다.

예수님이 십자가에 죽으심으로 근심하거나 두려워하지 말고 하나님 아버지께서 예수의 이름으로 보내신 보혜사 성령이 우리 안에 거하고 우리 속에 계시면 보혜사 성령님이 우리에게 예수님이 말씀하신 것을 모두 생각나게 하시고 예수님이 말씀하신 것의 의미 즉 예수님의 말씀은 하나님의 말씀이었음을 깨달아 알 수 있도록 가르치실 것입니다. 이런 보혜사 성령님이 우리 안에 계시면 보혜사 성령님이 예수님을 증언하는 것처럼 우리도 예수님을 증언할 것입니다. 우리 안에 거하시는 보혜사 성령님은 죄에 대하여, 의에 대하여, 심판에 대하여 세상을 책망하실 것입니다.

이렇게 보혜사 성령님이 계시는 공동체가 요한 공동체라 여겼으며 이들 공동체가 드리는 예배가 영과 진리로 드리는 예배라고 인식하고 있습니다. 그러기에 요한 공동체는 예수님이 말씀하신 하나님과 예수님과 요한 공동체의 정체성을 요 14:20절 "예수님은 아버지 안에 계시고 예수님 안에 요한 공동체가 있고 예수님은 요한 공동체 안에 있음"으로 이해하고 있습니다(요 14:20) 그러므로 그들은 예수님 안에 있는 하나님이 예수님이 계신 요한 공동체에 있음으로 자신들이 하나님께 드리는 예배가 영과 진리로 드리는 예배이고 영과 진리로 드리는 자신들의 예배 공동체가 영적 공동체로 여긴 것입니다.

그날에는 내가 아버지 안에, 너희가 내 안에, 내가 너희 안에 있는 것을 너희가 알리라(요 14:20)

15장에서는 14장 20절에서 설명하는 요한 공동체의 정체성을 하나님과 예수님과 제자들의 관계에서 농부와 참포도나무와 가지로 비유하고 설명하고 있습니다. 예수님은 참포도나무요 여러분이 포도나무의 가지가 되어 많은 열매를 맺게 되면 농부이신 하나님은 영광을 받으시고 여러분은 예수님의 제자가 됩니다. 성도 여러분 예수님은 참포도나무요 나는 가지임을 고백하며 많은 열매를 맺기를 기도합니다.

우리가 이 세상을 살아갈 때는 예수님에 대하여 정확히 알지 못하는 세상 즉 혼돈과 공허와 흑암이 있는 세상 속에 살고 있지만 예수님은 말씀이며 그분은 우리의 생명이시며 빛으로 오셨고 은혜와 진리이며 독생하신 하나님임을 고백하는 요한 공동체의 제자들처럼 고백하시기를 기도합니다. 예수님을 영접하고 믿으면 하나님의 자녀가 되는 권세를 주시는데 하나님의 자녀는 하나님으로부터 난 자들입니다. 그러면 예수님을 영접하고 그 이름을 믿는 성도 여러분들도 하나님은 예수님 안에 있고 예수님 안에는 성도 여러분이 있으며 성도 여러분 안에는 예수님이 계시다는 고백을 요한 공동체의 제자들처럼 고백할 수 있습니다. 그러므로 성도 여러분, 여러분도 하나님의 귀한 자녀입니다. 이렇게 예수님이 여러분 안에 있으면 세상은 예수 이름을 믿는다는 것으로 고난과 환란을 주지만 예수님은 성도 여러분에게 평안을 주실 것입니다. 이 평안은 세상이 주는 평안이 아니요 예수님이 주시는 참 평안임을 꼭 기억하시기를 바랍니다. 그래서 세상을 살아가면서 겪는 환난을 이기시는 성도 여러분이 되시기를 기도합니다.

이것을 너희에게 이르는 것은 너희로 내 안에서 평안을 누리게 하려 함이라 세상에서는 너희가 환난을 당하나 담대하라 내가 세상을 이기었노라(요 16:33)

하나님 아버지 안에 예수 그리스도가 계시고 예수 그리스도 안에 성도님 여러분이 있습니다. 그러므로 성도 여러분, 여러분 안에는 예수 그리스도를 모시고 하나님께 영과 진리로 예배드리며 이 세상을 살고 있음을 꼭 기억하셔야 합니다.(요 4:24) 그러면 여러분도 요한 공동체의 제자들처럼 예수님이 사랑하는 제자가 되는 것입니다. 예수님이 여러분을 사랑하셨던 것처럼 여러분도 서로 사랑하십시오. 이 예수 그리스도의 사랑을 통해서 많은 사람들이 여러분을 예수님의 제자임을 알게 될 것입니다. 오늘도 세상에서 승리하는 성도님들이 되시기를 기도합니다. 예수님은 세상을 이기셨습니다.

제24과

요한복음의 고별기도

; 요한복음 17장

그들을 진리로 거룩하게 하옵소서 아버지의 말씀은 진리니이다(요 17:17)

진리를 알지니 진리가 너희를 자유롭게 하리라(요 8:32)

요한복음을 읽기는 쉽지만 이해하는 것은 쉽지 않습니다. 서론에서도 말씀드렸듯이 요한복음에서 사용되는 단어 하나하나 문장 하나하나가 모두 여러 가지 상징들을 포함하고 있으며 단어와 단어끼리 또는 문장과 문장끼리 상호 연결되어 있고 또한 단어와 단어 사이 또는 문장과 문장 사이에 있는 중간 의미도 상당부분 있어 이에 대한 해석과 이해는 우리의 생각을 넘어서는 것이 많이 있습니다. 그중에서도 요한복음과 요한 공동체를 해석하는 창문(window) 또는 열쇠(key) 같은 역할을 하는 장(Chapter)이 있습니다. 필자 생각에는 이런 역할을 하는 중요한 장이 요한복음 17장입니다. 요한복음 17장은 고별기도로 알려진 장으로 이 장을 이해하는 것이 요한 공동체를 이해하는 중요한 장이 됩니다. 요한복음의 구조를 보면 서론이 보통 1:1-18절이지만 1:1-51절까지 확대한다고 한다면 2:1-12:50절까지 제자들을 택하시고 예수님의 자기 계시와 이 계시를 영접하는 자 또는 영접하지 않은 자에 대하여 서술되어 있고 13-17장은 고별 설교와 기도로 이루어져 있습니다. 그중에서 17장은 고별 기도라고 부르고 있습니다. 그리고 18-21장까지 수난 부활 현현에 대하여 기록하고 있습니다. 오늘은 고별기도로 알려진 요한복음 17장을 읽어보며 왜 17장이 요한공동체를 해석하는데 창문과 같은 역할을 하는지 설명하도록 하겠습니다.

김득중 교수님의 〈누가신학〉 중에서 누가복음과 요한복음의 전승의 유사성을 학문적으로 살펴보고 요한신학과 누가신학의 관계를 정리한 부분이 있습니다.[93] 보통은 공관복음서와 요한복음은 내용뿐만 아니라 형식과 문체도 많이 달라 따로 연구하는 경우가 많습니다. 그렇지만 필자는 여러분에게 복음서를 연결하여 하나로 이해하는 방법들을 설명하려고 하고 있습니다. 오늘 설명 드리는 17장이 그런 의미에서 중요한 부분인데 이미 필자가 제2과 "복음서를 읽는 눈"에서 일부 설명 드린 적이 있습니다. 누가복음 10장 21-24절을 설명하며 이 절을 이해하여야만 누가복음과 사도행전의 공동체를 이해하는 창문 또는 열쇠 같은 역할을 한다고 말씀드렸습니다. 요한복음에서 이와 같은 역할을 하는 곳이 요한복음 17장입니다. 누가복음 10:21-24절과 요한복음 17장은 참으로 많이 닮아 있습니다.

누가복음 10:21-24절의 예수님의 기도문과 예수님의 정체성을 설명하는 부분 "내 아버지께서 모든 것을 내게 주셨으니"는 마태복음 평행 본문이 마 11:27절과 마 28:18절에 위치하고 있습니다. 마태복음서에서도 마 11:27절은 예수님이 산상수훈을 말씀하시고 제자들을 파송한 다음 제자들을 위해 기도하시며 예수님의 정체성을 이야기하며 "수고하고 무거운 짐 진 자들아 다 내게로 오라 내가 너희를 쉬게 하리라"고 말씀하시는 장면입니다. 마 28:18절에서는 예수님의 정체성을 다시 설명하시고 제자들에게 선교명령을 내리고 있습니다. 누가복음에서는 예수님의 정체성을 설명하며 예수님의 정체성을 깨닫는 제자들의 눈을 축복하시고 있습니다. 요한복음은 예수님의 정체성을 알고 깨닫는 자가 제자이며 이들이 요한 공동체가 됩니다.

눅 10:21-24절과 요 17장을 비교하면 예수님이 하나님 아버지에게 기도하는 장면과 예수님의 정체성을 설명하고 제자들의 정체성에 대하여 이야기하며 제자들의 눈을 바라보는 제자의 제자를 설명하는 부분도 유사합니다. 그리고 요한복음은 구체적으로 하나님과 예수님과 제자와의 관계를 통한 공동체의 정체성을 설명하는 구절들을 누가복음 보다 확대하여 설명하고 있습니다. 그런 면에서

---

93) 김득중, <누가신학>, 컨콜디아사, 서울 1991, p.45-72

요한 공동체는 복음서 어느 공동체 중에서 요한복음처럼 예수님을 깨달아 알고 고백하는 제자 공동체라고 보아도 됩니다. 그래서 요한복음은 요한 공동체의 정체성을 설명하는 것에 많은 부분을 이야기하고 있습니다. 이 부분이 고별설교와 기도 속에 잘 나타나고 있습니다.

누가복음 10장 21-24절과 요한복음 17장을 비교 설명을 먼저하고 요한복음 17장이 고별설교와 요한복음 전체에 어떤 영향을 주고 있는지 설명하도록 하겠습니다. 누가복음 10:21-24절과 요한복음 17장을 읽어보겠습니다.

누가복음 10장 21-24절

A) 그때에 예수께서 성령으로 기뻐하시며 이르시되 천지의 주재이신 아버지여 이것을 지혜롭고 슬기 있는 자들에게는 숨기시고 어린아이들에게는 나타내심을 감사하나이다 옳소이다 이렇게 된 것이 아버지의 뜻이니이다(눅 10:21)

B) 내 아버지께서 모든 것을 내게 주셨으니(눅 10:22a)

C) 아버지 외에는 아들이 누구인지 아는 자가 없고 아들과 또 아들의 소원대로 계시를 받는 자 외에는 아버지가 누구인지 아는 자가 없나이다 하시고(눅 10:22b)

D) 제자들을 돌아보시며 조용히 이르시되 너희가 보는 것을 보는 눈은 복이 있도다(눅 10:23)

E) 내가 너희에게 말하노니 많은 선지자와 임금이 너희가 보는 바를 보고자 하였으되 보지 못하였으며 너희가 듣는 바를 듣고자 하였으되 듣지 못하였느니라(눅 10:24)

요한복음 17장

A) 예수께서 이 말씀을 하시고 눈을 들어 하늘을 우러러 이르시되 아버지여 때가 이르렀사오니 아들을 영화롭게 하사 아들로 아버지를 영화롭게 하게 하옵소서(요 17:1)

B) 아버지께서 아들에게 주신 모든 사람에게 영생을 주게 하시려고 만민을 다스리는 권세를 아들에게 주셨음이로소이다 영생은 곧 유일하신 참 하나님과 그가 보내신 자 예수 그리스도를 아는 것이니이다 아버지께서 내게 하라고 주신 일을 내가 이루어 아버지를 이 세상에서 영화롭게 하였사오니 아버지여 창세전에 내가 아버지와 함께 가졌던 영화로써 지금도 아버지와 함께 나를 영화롭게 하옵소서(요 17:2-5)

C) 세상 중에서 내게 주신 사람들에게 내가 아버지의 이름을 나타내었나이다 그들은 아버지의 것이었는데 내게 주셨으며 그들은 아버지의 말씀을 지키었나이다(요 17:6) 지금 그들은 아버지께서 내게 주신 것이 다 아버지로부터 온 것인 줄

알았나이다(요 17:7) 나는 아버지께서 내게 주신 말씀들을 그들에게 주었사오며 그들은 이것을 받고 내가 아버지께로부터 나온 줄을 참으로 아오며 아버지께서 나를 보내신 줄도 믿었사옵나이다 내가 그들을 위하여 비옵나니 내가 비옵는 것은 세상을 위함이 아니요 내게 주신 자들을 위함이니이다 그들은 아버지의 것이로소이다 내 것은 다 아버지의 것이요 아버지의 것은 내 것이온데 내가 그들로 말미암아 영광을 받았나이다 나는 세상에 더 있지 아니하오나 그들은 세상에 있사옵고 나는 아버지께로 가옵나니 거룩하신 아버지여 내게 주신 아버지의 이름으로 그들을 보전하사 우리와 같이 그들도 하나가 되게 하옵소서 내가 그들과 함께 있을 때에 내게 주신 아버지의 이름으로 그들을 보전하고 지키었나이다 그 중의 하나도 멸망하지 않고 다만 멸망의 자식뿐이오니 이는 성경을 응하게 함이니이다 지금 내가 아버지께로 가오니 내가 세상에서 이 말을 하옵는 것은 그들로 내 기쁨을 그들 안에 충만히 가지게 하려 함이니이다 내가 아버지의 말씀을 그들에게 주었사오매 세상이 그들을 미워하였사오니 이는 내가 세상에 속하지 아니함 같이 그들도 세상에 속하지 아니함으로 인함이니이다 내가 비옵는 것은 그들을 세상에서 데려가시기를 위함이 아니요 다만 악에 빠지지 않게 보전하시기를 위함이니이다 내가 세상에 속하지 아니함 같이 그들도 세상에 속하지 아니하였사옵나이다 그들을 진리로 거룩하게 하옵소서 아버지의 말씀은 진리니이다 아버지께서 나를 세상에 보내신 것 같이 나도 그들을 세상에 보내었고 또 그들을 위하여 내가 나를 거룩하게 하오니 이는 그들도 진리로 거룩함을 얻게 하려 함이니이다(요 17:8-19)

D) 내가 비옵는 것은 이 사람들만 위함이 아니요 또 그들의 말로 말미암아 나를 믿는 사람들도 위함이니(요 17:20)

E) 아버지여, 아버지께서 내 안에, 내가 아버지 안에 있는 것 같이 그들도 다 하나가 되어 우리 안에 있게 하사 세상으로 아버지께서 나를 보내신 것을 믿게 하옵소서(요 17:21) 내게 주신 영광을 내가 그들에게 주었사오니 이는 우리가 하나가 된 것 같이 그들도 하나가 되게 하려 함이니이다 곧 내가 그들 안에 있고 아버지께서 내 안에 계시어 그들로 온전함을 이루어 하나가 되게 하려 함은 아버지께서 나를 보내신 것과 또 나를 사랑하심 같이 그들도 사랑하신 것을 세상으로 알게 하려 함이로소이다 아버지여 내게 주신 자도 나 있는 곳에 나와 함께 있어 아버지께서 창세 전부터 나를 사랑하시므로 내게 주신 나의 영광을 그들로 보게 하시기를 원하옵나이다(요 17:22-24) 의로우신 아버지여 세상이 아버지를 알지 못하여도 나는 아버지를 알았사옵고 그들도 아버지께서 나를 보내신 줄 알았사옵나이다 내가 아버지의 이름을 그들에게 알게 하였고 또 알게 하리니 이는 나를 사랑하신 사랑이 그들 안에 있고 나도 그들 안에 있게 하려 함이니이다(요 17:25-26)

누가복음 10:21-24절은 예루살렘 여행기 시작점에 있고 요한복음 17장은 예수님이 수난과 죽으시기 바로 전에 위치하고 있습니다. 고별설교인 14장과 15-16장을 말씀하시고 17:1절에 "이 말씀을 하시고"로 시작하여 마치 고별설교의 결론으로 고별 기도를 하시는 형식을 갖고 있습니다. 그래서 유태엽 교수님은 요한복음의 고별기도의 위치만으로 보면 공관 복음서에서 겟세마네의 기도와 같지만 내용은 다르다고 설명하고 있습니다.[94] 이런 면에서 필자는 불트만이 저술한 〈요한복음 신학〉에서 17장의 위치를 설명하는 것에 흥미를 가지고 있습니다.[95] 불트만은 요한복음 13-17장 해설에서 해설하는 순서를 아예 17장을 먼저 설명하고 13:31-35절인 새 계명을 주시는 절을 17장 뒤에 설명하고 있습니다. 불트만은 13:21-30, 17장, 13:31-35, 15-16장, 13:36-14:31 순서로 해석하고 있습니다. 다시 설명하면 17장을 14-16장의 결론 부분으로 설명하지 않고 서론으로 설명하는 것입니다. 그렇지만 조경철 교수님은 17장의 의미가 십자가의 죽음을 의미한다고 설명하고 있습니다.[96]

17장의 기도는 18-19장의 수난사건을 앞당겨 말한다. 예수가 받는 수난의 결정적인 사건은 인간의 어떠한 참여도 허락하지 않고, 오직 하나님과 예수 사이에 일어난다. 십자가 사건은 우리 없이 일어난 사건이지만, 그러나 우리를 위한 사건이다.(조경철, 요한복음 강해 p.359)

조경철 교수님은 17장을 기도 형식으로 된 수난이야기라고 설명함으로서 고별 설교의 결론이지만 18장 이후의 수난에 대한 서론 형식을 가진다고 설명하고 있습니다. 그래서 우리도 13-16장의 고별 설교를 먼저 이야기하고 17장 고별기도를 읽고 있습니다. 그렇지만 고별설교를 이해하려면 17장을 먼저 이해하는 것이 14-16장의 고별 설교를 이해하는 데 도움이 되며 사실 요한복음과 요한 공동체를 이해하는 하나의 창문(열쇠) 같은 역할을 감당하고 있습니다. 이런 면에서 불트만이 17장을 먼저 해설한 후 고별 설교의 서론격인 13:31-35절을 해설하고 그 이후 고별설교를 해석하는 순서를 보이는데 그 의도를 이해할 수 있습니다.[97] 그

94) 유태엽, <요한복음 해석>, 고려글방, 서울 2012 p.326

95) 김득중, <요한의 신학>, 컨콜디아사, 서울 2008, p.122 불트만 설명 재인용; Bultmann, Gospel of John, p.457-631; 불트만은 13:1-30절을 설명하고 17장을 설명하고 있다. p.460 참조

96) 조경철, <요한복음 강해, 나의 주님 나의 하나님>, kmc, 서울, 2012 p.358-359

97) 김득중, <요한의 신학>, 컨콜디아사, 서울 2008, p.122 불트만 설명 재인용; Bultmann, Gospel of John, p.457-631; 불트만은 13:21-30, 17장, 13:31-35, 15-16장, 13:36-14:31 순서로 해석하고 있다.

렇지만 우리는 요한복음 본문을 따라 17장을 14-16장 고별설교의 결론으로 그리고 18-20장인 수난 장의 서론으로 이해할 것입니다. 왜냐하면 17장을 이해하는 창문을 통하여 요한복음 세상 또는 요한 공동체의 세상을 이해하는데 도움이 될 수 있기 때문입니다. 그래서 필자는 누가복음과 누가 공동체를 이해하는 창문 역할을 했던 눅 10:21-24절과 요한복음 17장을 비교하며 요한복음을 복음서 전체 테두리 안에서 어떻게 이해하는 것이 좋은지 이야기하려고 합니다.

누가복음 10:21-24절의 핵심은 예수님은 누구인지 자기 정체성을 밝힌 후 제자들이 자신을 보고 어떻게 깨닫고 있는지를 보시고 축복하시는 장면입니다. 요한복음 17장도 똑 같은 기능을 하며 깨달은 제자들에 관하여 누가복음보다 요한복음이 구체적으로 설명하고 있습니다. 요한복음 14-17장은 이렇게 깨달은 제자들과 하나님과 예수님 사이의 관계가 어떤 관계인지 그 정체성에 대하여 구체적으로 설명하고 있습니다. 이 작은 글에 첫 번째는 예수님의 정체성을 설명하고 두 번째는 제자들의 정체성을 설명하고 세 번째는 제자들의 제자에 관하여 설명하고 마지막으로 하나님과 예수님 그리고 제자들의 관계에 대하여 설명하겠습니다.

가) 예수님의 정체성

요한복음 A)부분 17:1절은 누가복음 A)부분 10:21절과 같이 아버지 하나님께 기도를 합니다. 예수님이 하나님 아버지께 드리는 기도 형식입니다. 누가복음은 70인의 제자 파송 후 이들이 돌아와 예수님께 파송의 결과를 보고하는 자리에서 예수님이 제자들에게 하신 말씀입니다. 예루살렘 여행을 시작하면서 예수님이 제자들에게 주었던 그들의 능력을 확인하고 기도하고 있습니다. "주여 주의 이름이면 귀신들도 우리에게 항복하였습니다"고 제자들이 보고 합니다. 그 때 예수님은 말씀하십니다. "사탄이 하늘에서 떨어지는 것을 내가 보았단다. 내가 너희에게 뱀과 전갈을 밟으며 원수의 모든 능력을 제어할 권능을 주었으니 너희를 해칠 자가 결코 없으리라 귀신들이 항복하는 것으로 기뻐하지 말고 너희 이름이 하늘에 기록된 것을 기뻐하라고 말씀하십니다." 이렇게 제자들에게 원수의 모든 능력을 제어할 권능을 주신 후 기도하시고 있습니다.

요한복음은 16:32-33절에서 "보라 너희가 다 각각 제 곳으로 흩어지고 나를 혼자 둘 때가 오나니 벌써 왔도다 그러나 내가 혼자 있는 것이 아니라 아버지께서 나와 함께 계시느니라. 이것을 너희에게 이르는 것은 너희로 내 안에서 평안을 누리게 하려 함이라 세상에서는 너희가 환난을 당하나 담대하라 내가 세상을 이기었노라"고 선언하고 기도를 시작하고 있습니다. 그래서 요한복음은 16장 마지막 절에서 십자가의 수난을 시작하는 18장으로 자연스럽게 넘어가도 성경 본문의 흐름이 자연스럽습니다. 예수님의 고별기도는 16장과 18장 그 사이에 있습니다. 이렇게 누가복음은 예수님이 수난당하시고 부활하신 후 그들이 살아가야 할 땅에서 지켜야 할 계명을 주기 전에 시작점에서 기도를 하신다면 요한복음은 계명을 주고 난 후 요한 공동체의 정체성을 설명하시고 수난을 당하시기 전에 기도를 하고 있습니다.

누가복음의 기도문이나 요한복음의 기도문 중에서 가장 중요한 구절이 누가복음 B)구절 눅 10:22a절 “내 아버지께서 모든 것을 내게 주셨으니”라는 구절입니다. 이 구절은 마태복음에서도 중요한 구절입니다. 평행 본문이 마태복음 11:27절에 있습니다. 그리고 마태복음은 28:18절에서 반복하여 말씀하시며 제자들에게 선교명령을 내립니다. 이처럼 복음서에서 예수님이 누구인지를 밝히는 중요한 구절이 요한복음에는 3:35, 13:3, 16:15, 17:2, 17:7에서 보이며 요한복음에 있는 사상의 중심에는 이 구절이 중심을 이루고 있습니다. 하나님은 아들인 예수 그리스도에게 하나님에 관한 모든 권세와 능력과 지혜와 말씀을 주셨다는 선언입니다. 고별기도에는 B) 17:2절과 C)부분 17:7절에서 같은 내용이 들어 있습니다. 요한복음 B) 17:2절에서는 하나님이 가지고 계신 우주적인 통치 권세를 아들인 예수님에게 주었다는 뜻이고 C) 17:7절에서는 예수님의 말씀이 다 하나님 아버지에게서 왔다는 것입니다. 이것을 아는 사람이 예수님의 제자가 됩니다. 그래서 하나님 아버지가 예수님에게 자신의 모든 것을 주었기 때문에 하나님 아버지만이 그 아들이 누구인지 정확히 알고 있습니다.(눅 10:22b) 따라서 그 아들인 예수님만이 하나님 아버지를 정확히 알 수 있습니다. 그러기에 예수님은 “영생”에 대하여 선언합니다.

나) 제자들의 정체성

영생은 곧 유일하신 참 하나님과 그가 보내신 자 예수 그리스도를 아는 것이니이다(요 17:3)

영생에 대한 예수님의 선언은 유일하신 참 하나님과 그가 보내신 예수 그리스도를 정확히 아는 것입니다. 하나님과 예수 그리스도에 대하여 정확히 알려면 예수님의 제자가 되어야 합니다. 예수님의 제자가 되려면 예수님을 영접하고 그 이름을 믿어야 됩니다. 그러면 하나님의 자녀가 되는 것입니다.

제자들이 하나님과 예수 그리스도를 정확히 아는 방법은 무엇일까요? 누가복음에서는 예수님의 “계시를 받은 자”라고 설명하고 있습니다.(눅 10:22b) 예수님의 계시를 받은 자만이 예수님이 하나님을 알듯이 정확히 하나님을 알 수 있습니다. 즉 예수님의 제자는 예수님이 주신 계시로 하나님을 정확히 알고 그래야 하나님이 알고 있는 그 아들 예수님을 정확히 알 수 있습니다. 이 말씀이 요한복음에서는 유일하신 하나님을 알고 그 하나님의 모든 것을 받은 예수님을 정확히 아는 제자들만이 하나님을 정확히 알기에 생명(영생)을 얻을 수 있다는 것입니다. 요한복음 서문 1:4절에 예수님 안에 생명이 있다고 하였습니다. 요한복음에서는 생명과 영생을 같은 의미로 사용하고 있습니다.[98] 누가복음에서도 예수님의 기도문 10:21-24절에 이어 나오는 선한 사마리아인의 비유를 통해서(눅 10:25-37) 영생에 대한 질문을 "사는 것(살리라)" 즉 "생명"과 연결하여 설명하고 있습니다. 요한복음은 예수님은 생명이신데 생명이신 예수님을 영접하고 그 이름을 믿는 자는 하나님의 자녀가 되며 영생을 얻는 것입니다.

예수님은 제자에 관하여 요 17:6-19절에서 원래 제자들은 하나님의 것이었는데 예수님에게 주셨다고 선언하고 있습니다. 그래서 예수님은 하나님으로 받은 모든 것을 하나님이 주신 제자들에게 주었습니다. 그러기에 제자들은 예수님이 주시는 것은 다 하나님으로부터 온 것임을 아는 자들이라고 선언하고 있습니다.(요 17:7) 예수님은 하나님 아버지로부터 모든 것을 받았기에 예수님의 말씀은 다 하나님으로부터 나온 것으로 이것이 예수님의 정체성이라면 이를 알고 깨닫는 것이 제자들의 정체성입니다. 이 제자들이 누가복음에서는 예수님의 계시를 받은 자들입니다. 그러기에 예수님은 이 사랑하는 제자들을 위해 하나님께 빌며 눈물로 기도를 하고 있습니다. 예수님은 세상에 남겨진 제자들을 위해 빌고 또 빌며 이 제자들은 나에게 맡겨주신 하나님 아버지의 것이기에 하나님께 부탁하며 기도하고 있습니다. 이 제자들이 바로 하나님의 자녀가 되는 것입니다.(요 1:12) 이 제자들은 예수님이 세상에 속하지 않았던 것처럼 세상에 남겨지더라고 세상에 속하지 않게 해달라고 기도하시며 진리로 거룩하게 하옵소서라고 간절히 기도하고 있습니다. 아버지의 말씀은 예수님의 말씀입니다. 아버지의 말씀이 진리이기에 예수님의 말씀도 진리입니다.(요 17:17) 이 진리를 안다면 "진리"가 "진리를 아는 사람들"을 자유롭게 할 것입니다.(요 8:32)

다) 제자들의 제자 정체성

누가복음 10:21-24절과 요한복음의 17장 사이의 유사성은 다양하게 존재하지만 "제자들의 제자에 대한 언급이 너무나 닮아 있습니다. 눅 10:23절과 요 17:20

98) 김득중, <요한의 신학>, 컨콜디아사, 서울 2008 p.321; 요한에 있어서 "생명"과 "영원한 생명(영생)"은 동의어이다.

절을 읽어보겠습니다.

D) 너희가 보는 것을 보는 눈은 복이 있도다(눅 10:23)

D) 내가 비옵는 것은 이 사람들만 위함이 아니요 또 그들의 말로 말미암아 나를 믿는 사람들도 위함이니(요 17:20)

누가복음 10:23절은 예수님이 자기 정체성을 설명하실 때 제자들이 예수님에 대하여 알고 깨달은 그 눈을 축복하시는데 그 제자가 바라보는 눈을 그대로 바라보는 눈 즉 제자들의 제자들도 똑같이 축복을 하고 있습니다. 이 부분을 요한복음은 17:20절에서 제자들을 통하여 나를 믿는 사람들을 위해서도 제자들에게 하였던 기도가 이들도 위함이라고 구체적으로 설명하고 있습니다. 그러므로 우리도 제자들이 기록한 복음서를 그대로 믿고 고백하면, 제자들이 고백한 예수님의 관점을 그대로 보며 깨닫고 고백하는 것입니다. 그러기에 제자들이 고백한 요한복음을 믿고 고백한다면 예수님이 우리에게도 제자들에게 해주셨던 기도를 우리에게도 하여 주실 것이며 제자들에게 주셨던 축복을 우리에게도 주신다는 것입니다. 제2과 "복음서를 읽는 눈"에서 설명하였습니다.

라) 하나님과 예수님과 제자들의 관계 정체성

누가복음에서 예수님에 대하여 정확히 깨달은 눈을 축복하셨던 것처럼 요한복음에서도 그 제자들을 위해 설교하며 기도하고 있습니다. 그래서 요한복음은 누가복음에서 예수님의 계시를 받고 예수님에 대하여 정확히 깨닫는 제자들과 하나님과 예수님 사이가 어떤 관계인지를 서술하고 있습니다. 이 관계는 요한복음의 고별설교와 기도의 특징이자 요한복음 전체를 이해하는 핵심 사상입니다. 서중석 교수님은 〈요한복음 해석〉 고별기도 편에서 17:21-26절에 있는 하나님-예수님-제자 관계를 장구 모양으로 도표화시켜 "장구 Form"이라고 명명하며 서술하고 있습니다.[99] 재미있게 표현한 "장구 Form"의 도표는 그 도식을 설명하자면 간단합니다. 하나님 아버지가 예수님 안에 있고 예수님이 하나님 안에 있습니다. 그러므로 하나님과 예수님은 하나입니다. 이처럼 요한 공동체의 다양한 제자들이 하나님과 예수님이 하나이듯이 이들도 하나가 되게 해달라고 기도하고 있습니다. 그리고 하나님과 예수님과 제자들 사이를 사랑으로 하나로 묶습니다.

이것을 보다 명확히 설명하는 것이 고별설교에서 나오는 하나님-예수님-제

99) 서중석, <요한복음 해석>, 대한 기독교서회, 서울 2012, p.171~190 예수의 고별기도

자들과의 관계를 서술한 것입니다. 그래서 불트만처럼 17장 본문을 서론으로 하고 14-16장의 제자들 즉 요한 공동체의 정체성을 설명하는 부분을 결론으로 설명하는 것이 이해하기가 훨씬 쉽습니다. 불트만은 17장을 먼저 설명하고 14장의 설교를 맨 마지막 결론으로 설명하고 있습니다.[100] 하나님과 예수님이 하나이듯이 요한 공동체도 하나가 되어야 합니다. 그 하나 된 공동체는 하나님과 예수님 안에 있는 공동체가 됩니다.(요 17:21) 그러므로 요한공동체는 "그날에는 내가 아버지 안에, 너희가 내 안에, 내가 너희 안에 있는 것을 너희가 알리라"(요 14:20) 고 선언하고 있습니다. 요한 공동체는 하나님과 예수님 안에 있고 하나님과 예수님은 요한 공동체 안에 있습니다. 이렇게 예수님에 대하여 깨닫고 알게 된 제자 공동체가 기록한 책이 요한복음이라고 생각하시면 됩니다.

이제 예수님의 고별기도의 결론을 내며 정리할 시간이 되었습니다. 먼저 고별설교(14-16장)에 나타나는 하나님과 예수님 그리고 제자들의 관계의 정체성을 보겠습니다.

그날에는 내가 아버지 안에, 너희가 내 안에, 내가 너희 안에 있는 것을 너희가 알리라(요 14:20)

나는 참포도나무요 내 아버지는 농부라(요 15:1)

나는 포도나무요 너희는 가지라 그가 내 안에, 내가 그 안에 거하면 사람이 열매를 많이 맺나니 나를 떠나서는 너희가 아무것도 할 수 없음이라(요 15:5)

17장의 고별기도를 읽어 보니 이제 14-16장의 고별 설교의 내용이 쉽게 들어옵니다. 예수님은 하나님으로부터 모든 것을 받았습니다. 그러기에 하나님만이 그 아들이 누구인지 정확히 알 수 있습니다. 그러면 그 아들만이 하나님을 정확히 알 수 있고 하나님의 아들인 예수님의 계시를 받은 자만이 예수님이 누구인지 정확히 알 수 있습니다. 하나님을 정확히 안다면 하나님 안에 있는 그의 아들 예수님을 정확히 알 수 있습니다. 이런 누가복음의 예수님의 기도를 요한복음 17장에서 요한 공동체에 맞게 서술하고 있습니다. 이렇게 하나님과 예수님을 정확히 아는 자들이 제자가 되고 하나님의 자녀가 됩니다. 이 하나님의 자녀들이 예수님이 주신 생명을 얻으며 영생할 수 있습니다. 이 제자들은 하나님의 것이었는데 예수님께 맡겨주신 것으로 예수님이 다시 하나님에게 돌아가고 나면 이들

100) 불트만은 요한복음의 고별설교와 고별기도의 해석을 13:21-30, 17장, 13:31-35, 15-16장, 13:36-14:31 순서로 해석하고 있습니다.

은 예수님을 영접하고 그 이름을 믿었음으로 하나님의 자녀가 됨으로서 다시 하나님의 것이 됩니다.(요 1:12, 17:9) 그러기에 이 세상에 남겨진 제자들은 하나님께로부터 난 자이기에(요 1:13) 하나님을 아버지라고 부를 수 있습니다.

이 제자들은 예수님은 아버지 안에 있고 제자들은 예수님 안에 있고 예수님은 제자들안에 있다는 것을 깨닫고 아는 공동체입니다.(요 14:20) 하나님-예수님-제자 공동체 관계를 농부-참포도나무-가지 관계로 비유하며 제자들이 많은 열매를 맺어 하나님께 영광 돌리며 예수님과 참 제자관계가 됨을 설명하고 있습니다.(요 15:1-5) 이 관계는 서로 사랑의 관계이고 계명의 관계이며 기쁨의 관계입니다.(요15:9-11) 그래서 예수님은 누가복음 10:21-24절 말씀과 요한복음 17장을 통해서 오늘날에도 성도 여러분에게 똑같이 말씀을 하시며 눈물로 기도하고 계십니다.

하나님-예수님-제자공동체의 관계가 오늘날에도 가능한 것이 예수님이 십자가에 죽으시고 아버지께로 돌아가셔서 세상에 존재하지 않더라고 우리가 예수님을 믿고 제자가 된다면 보혜사 성령님을 보내셔서 진리의 성령님이 예수님을 알게 하고 예수님의 말씀을 가르치며 예수님의 말씀을 기억나게 합니다. 그래서 보혜사 성령님이 예수님을 증언하게 되고 보혜사 성령님을 안에 가지고 있는 제자들이 예수님을 증언하게 됩니다. 예수님에 대하여 증언하는 보혜사 성령님은 세상에 대하여 죄를 알게 하고 의가 무엇인지 알게 하고 심판에 대하여 말씀하며 세상을 책망하게 합니다. 그러기에 우리는 보혜사 성령이 우리 안에 있음으로 제자들이 깨닫고 알게 된 고백을 나의 믿음으로 고백하고 기도하면 하나님 집에 거하는 하나님의 자녀가 되는 것입니다. 이렇게 하나님의 자녀가 된 요한공동체는 "아버지께서 내 안에, 내가 아버지 안에" 있음을 고백하며 예수님이 하나님과 하나라고 고백할 수 있었습니다.

성도 여러분 요한복음과 요한공동체의 세상을 조금 이해할 수 있나요? 무궁무진한 요한복음의 세상과 요한 공동체의 세상을 아는 방법을 "요한복음 이해하기"를 통해서 조금 설명하였습니다. 이제부터는 여러분이 성경을 읽으며 기도하고 묵상하며 예수님이 알려주신 진리 앞에 겸손히 그 의미를 깨달아 알게 되어 진리가 여러분을 자유하게 되기를 소망합니다. 예수님의 충만한 은혜와 진리를 알면 알수록 은혜위에 은혜라고 고백할 수밖에 없습니다.(요 1:16) 요한복음 1:1-18절을 외우고 또 외우셔서 기도처럼 노래처럼 하셔야 합니다. 그런 다음 요한복음을 읽어야 눈에 조금씩 들어오기 시작합니다.

"말씀이 육신이 되어 우리 가운데 거하시매 우리가 그의 영광을 보니 아버지의 독생자의 영광이요 은혜와 진리가 충만하더라"(요 1:14)는 고백이 우리의 고백이 될 때 우리는 무한한 요한복음의 세상에 들어서는 것입니다.

성도 여러분 우리는 예수님이 제자들의 발을 씻겨주신 것처럼 우리도 서로 발을 씻겨주며 예수님 사랑 안에 거하고 예수님의 계명을 지키면 예수님의 기쁨이 나와 우리 공동체의 기쁨이 됩니다. 이런 세상을 만든 공동체가 요한공동체이며 오늘날 우리 공동체도 요한공동체를 따라 진정으로 영과 진리로 예배드리는 사랑의 공동체가 되기를 간절히 소망하며 기도합니다. 진리가 여러분을 자유하게 할 것입니다.

추가 하는 이야기

이렇게 하나님과 예수님을 하나라고 고백하는 제자 공동체를 보혜사 성령이 계신 공동체로 여겼으며 이 공동체는 하나님과 예수님 안에 있는 제자들이며 요한공동체가 됩니다. 그래서 성부이신 하나님과 성자이신 예수님과 이를 알게 하고 가르치며 증언하는 성령님을 하나라고 고백하는 것입니다. 이것이 우리가 믿는 기독교의 고백입니다. 그러므로 우리는 성부이신 하나님과 성자이신 예수님과 예수님의 이름으로 보내주신 성령님을(요 14:25) 하나라고 고백하며 믿는 공동체로 하나의 하나님을 고백하지만 그 하나의 하나님 안에 하나님과 예수님과 성령님이 하나로 존재하는 것입니다. 이 예수님을 고백하는 것이 기독교이고 여기를 벗어나면 기독교가 될 수 없습니다.

아무리 하나님, 예수님, 성령님을 말하여도 예수 그리스도를 중심으로 말하는 것이 아니라 내가 하나님이라든지 내가 예수님이라든지 내가 성령님이라고 주장하는 것은 기독교가 아닌 다른 믿음의 대상과 사상을 가지고 있는 다른 종교입니다. 예수님을 믿으며 로마 황제를 숭배할 것을 강요한 로마 시대에 목숨을 걸고 순교하며 오직 예수님만이 알파요 오메가요 나의 구원이심을 외쳤던 선조 신앙인들이 묵시적인 언어로 기록한 것이 요한 계시록입니다. 이렇게 예수님만을 믿는 신앙을 예수님+로마 황제(다른 신 또는 사람)를 믿게 하는 것은 예수님만을 믿는 믿음을 잃게 만드는 것이기에 우상 숭배하는 것입니다. 이 믿음을 따라가면 심판에 이를 때 생명책에서 지워집니다. 이렇게 구원받은 백성을 생명책에서 지워지게 하는 사람들을 요한 계시록은 사탄으로 규정하고 그리고 첫 번째 짐승, 두 번째 짐승으로 표현하고 있습니다. 이들은 예수님이 다시 오실 때 심판을 받으며 예수님의 성령의 검(말씀)으로 영영 불못에 던져지게 됩니다.(계 20:15)

제25과

복음서를 마치며 – 복음서 전체 이해하기 ; 하나님의 아들 예수 그리스도의 복음 ; 요한복음 21장

하나님의 아들 예수 그리스도의 복음의 시작이라(마가복음 1:1)

오직 이것을 기록함은 너희로 예수께서 하나님의 아들 그리스도이심을 믿게 하려 함이요 또 너희로 믿고 그 이름을 힘입어 생명을 얻게 하려 함이니라(요한복음 20:31)

복음서와 관련된 글을 마치며 복음서 전체를 생각하는 글을 하나 써야겠습니다. 신학대학에서 복음서를 가르쳐 주신 선생님은 유태엽 교수님이십니다. 유태엽 교수님의 복음서 강의 첫 시간에는 항상 다음과 같은 이야기를 하며 강의를 시작하셨습니다.

우리에게 주어진 "네 개의 복음서"를 주신 하나님께 감사합니다. 그 이유는 네 개의 복음서가 예수님에 관하여 서술하고 있지만 각기 다르게 서술하고 있기 때문입니다. 마치 화가가 예수님의 초상화를 그린다면 화가의 사상에 따라 예수님의 어느 한 부분을 강조하여 그림을 그리듯이 네 권의 복음서도 저자 마다 그들의 믿음과 신앙공동체의 상황에 따라 예수님에 대하여 강조하여 고백하는 점들을 복음서마다 각각 다르게 서술하고 있습니다.[101]

김영봉 교수님은 〈신약성서 이해〉에서 "하나의 복음 네 개의 복음서"를 설명하며 네 개의 복음서를 각각 공동체에게 주어진 복음으로 읽고 네 복음서가 하나로 전하려는 것이 무엇인지 물어야 한다고 지적하고 있습니다.[102]

우리도 네 개의 복음서를 각각 읽어 나가며 저마다의 복음서의 특징과 공동체가 강조하려는 점들을 읽어보며 '이해하기'를 하였습니다. 각각의 복음서를 다 이해 하는 것도 쉽지 않지만 전체를 하나의 복음으로 이야기하는 것은 생각보다 어렵습니다. 그렇지만 필자가 처음부터 성도 여러분에게 하나의 주제를 놓치지 않고 네 개의 복음서를 설명하려고 하였습니다. 그것은 예수님은 그리스도가 되시고 하나님의 아들이라는 복음입니다. 마가복음 1:1절과 요한복음 20:30절을 읽어보겠습니다.

하나님의 아들 예수 그리스도의 복음의 시작이라(마가복음 1:1)

오직 이것을 기록함은 너희로 예수께서 하나님의 아들 그리스도이심을 믿게 하려 함이요 또 너희로 믿고 그 이름을 힘입어 생명을 얻게 하려 함이니라(요한복음 20:31)

복음서를 설명하는 방식은 많은 학자들이 설명하는 순서를 따랐습니다. 우리가 가지고 있는 성서의 순서는 '마태-마가-누가-요한' 복음입니다. 그렇지만 우리는 '마가-마태-누가-요한' 순서로 설명하였습니다. 이렇게 하는 이유는 마가복음을 먼저 설명하고 마가복음보다 분량이 많은 마태복음과 누가복음을 마가복음 구조와 비교하며 설명하는 것이 복음서를 이해하기 쉽기 때문입니다. 이들 복음서는 많은 부분 중복되는 내용이 있고 형식도 유사합니다. 그래서 이 세 복음서 '마태-마가-누가' 복음을 공관 복음서라고 하였습니다. 공관 복음서와 많이 다르지만 네 번째 복음서로 요한복음을 읽고 이해하였습니다. 그러기에 우리는 마가복음 1:1절에 "하나님의 아들 예수 그리스도의 복음의 시작이라"로 시작하여 요한복음 20:31절에 "오직 이것을 기록함은 너희로 예수께서 하나님의 아들 그리스도이심을 믿게 하려 함이요 또 너희로 믿고 그 이름을 힘입어 생명을 얻게 하려

101) 유태엽,<복음서 이해>, 감리교신학대학교출판부 서울 2009 p.25
102) 김영봉, <신약성서 이해>, 성서 연구사, 서울 1995 p.59-80

함이니라"로 끝맺음함으로서 요한복음의 결론을 요한복음의 결론이자 복음서 전체의 결론으로 이야기하였습니다. 우리는 네 개의 복음서를 짧게 요약하며 네 권의 복음서를 마무리하려고 합니다.

하나님의 아들 예수 그리스도의 복음의 시작이라(막 1:1)로 시작된 마가복음은 베드로가 "그리스도"라고 고백하고 있고, 백부장이 "하나님의 아들"이라고 고백하지만 메시야의 비밀을 유지하고 있습니다. 그러기에 모든 말씀은 예수님이 잡히신 후 공회에서 예수님의 자기 정체성을 나타내는 내가 그리스도요 하나님의 아들임을 나타내는 "내가 그니라"를 향하여 모든 것이 집중되어 있습니다.(막 14:62) 마가복음은 예수님의 이적의 영광은 수난 속에 가려져 있고 십자가를 지시고 죽으시는 이 수난의 예수님을 깨닫는 것이 제자들의 "십자가의 도"임을 강조하고 있습니다. 수난의 예수님의 진정한 의미를 깨닫지 못하는 제자들의 모습을 그리면서 마가공동체는 이 제자들처럼 예수님을 깨닫기 못하였다가 예수님의 "십자가의 도"를 깨달으며 자신들을 "자기를 부인하고 자기 십자가를 지고 예수님을 따르는 공동체"로 여겼습니다.(막 8:34-36) "십자가의 도"란 우리가 죄인되었을 때 예수님이 우리의 죄를 짊어지시고 대신하여 죽으심으로 우리의 죄를 속량하심으로 우리가 구원을 받았다는 사상입니다. 바울은 이것을 "십자가의 도"(고전 1:18)로 설명하며 이 십자가의 도가 하나님의 지혜이며,(고전 1:21) 부르심을 받은 자들은 십자가의 도로 인하여 하나님의 능력과 지혜를 받은 사람이라고 서술하고 있습니다. 그래서 마가공동체는 처음에는 예수님에 대하여 잘 알지 못하고 깨닫지 못하였었지만 예수님의 십자가의 죽으심의 의미를 알고 이제는 자신들이 "십자가의 도"를 알고 깨닫는 하나님 나라 백성 공동체로 여겼습니다.

마태복음은 마가 공동체의 "십자가의 도" 사상을 그대로 이어받으며 부활사상을 강조하였습니다. 마태복음은 예수님은 아브라함과 다윗의 자손 그리스도임을 설명하며(마 1:1), 모세가 말한 "나와 같은 선지자" 사상을(신 18:15) 예수님으로 강조하며 모세처럼 말씀을 주시는 스승으로서 예수님을 강조하고 있습니다. 베드로가 "주는 그리스도시오 하나님의 아들"이라는 모범적인 고백을 하면서 제자들의 고백을 대표하고 있습니다. 이것이 마태 공동체의 고백입니다. 그렇지만 마태복음도 여전히 마가복음의 "메시야의 비밀"을 유지하며 예수님의 자기 정체성을 밝히는 "네가 말하였느니라"에 복음서 전체 구조가 집중되어 있습니다.(마 26:63) 그러기에 마태 공동체는 "인자가 아버지의 영광으로 그 천사들과 함께 오리니 그 때에 각 사람이 행한 대로 갚으리라"(마 16:27)고 한 예수님의 말씀을 강조하며 "십자가의 도"를 깨닫는 것도 중요하지만 예수님의 가르치심에 대하여 행함을 강조하고 있습니다.

누가복음은 마가복음의 사상의 구조를 따르면서 "예루살렘 여행기"안에 누가 사상을 집중시키고 있습니다. 마태와 마가복음처럼 예수님이 예루살렘으로 향하는 것은 수난을 받고 십자가에 죽으시러 가시지만 누가복음은 예루살렘 여행기를 시작하며 "승천하실 기약이 차가매~"로 시작하며 부활 승천 사상을 강조하고 있습니다.(눅 9:51) 그래서 누가복음은 누가 공동체가 예수님이 부활 승천 이후에 어떻게 살아가야 하는지 예루살렘 여행기 안에 누가복음의 독특한 사상들을 서술하며 교훈하고 있습니다. 누가복음의 교훈들은 신명기서 안에 있는 사상 중에서 소외되고 약자의 편에 서서 행함으로 공동체가 사회적으로 평등한 삶을 이루려는 사회 정치적 교훈과 많이 닮아 있습니다.

그래서 유독 누가복음은 예수님은 가난한 자를 위해 오신 메시야임을(눅 4:18) 강조하며 포로된 자에게 자유를, 눈 먼 자에게 다시 보게 함을 전파하며, 눌린 자는 자유롭게 하는 사상들을 강조하고 있습니다. 그러기에 누가 공동체는 예수님이 죄인과 세리와 함께 식사하는 공동체로 서술하며 당시로는 혁명적인 예수 상을 그리고 있고 가난한 자들과 소외 된 자를 함께 아우르는 사랑의 공동체임을 강조하고 있습니다. 따라서 누가복음에는 하나님의 백성으로 살아가는 것은 하나님과 재물을 함께 섬길 수 없다는 사상을 강하게 가지고 있으며(눅 16:13) 사회적 정의를 강조하는 사상이(눅 3:7-14) 예수님의 가난하고 소외된 자를 위한 사역과 사도행전에서 유대인과 이방인을 위한 제자들의 사역 안에 면면히 흐르고 있습니다.

그래서 누가복음에서 예수님의 죽으심을 바라보는 백부장의 관점이 마가와 마태복음과 다르게 고백하고 있습니다. 마가복음은 예수님이 숨지심을 보고 예수를 향하여 섰던 백부장이 "이 사람은 진실로 하나님의 아들이었도다"고 고백하고 있습니다.(막 15:39) 마태복음도 같은 고백을 하고 있습니다.(마 27:54) 그렇지만 누가복음은 눅 23:47절에 "백부장이 그 된 일을 보고 하나님께 영광을 돌려 이르되 이 사람은 정녕 의인이었도다" 하고 다르게 고백하고 있습니다. 다시 설명하면 누가복음은 예수님의 십자가 사건을 하나님의 의를 드러내는 사건으로 강조하고 있는 것입니다. 누가복음이 바라보는 예수님의 십자가의 죽음은 바울이 로마서 3장 21-26절에서 강조하는 하나님의 의를 이룬 사상과 같습니다. 예수 그리스도를 믿음으로 모든 믿는 자에게 하나님의 의가 나타나는데 이는 예수 안에 있는 속량으로 믿는 자에게 값없이 주시는 하나님의 은혜의 사건입니다. 그러기에 예수님의 십자가의 피는 하나님이 화목제물로 세우셔서 하나님의 의로우심을 나타내는 사건으로 예수를 믿는 사람들을 '의롭다 하려 하심'인 것입니다.(롬 3:21-26) 이렇게 누가복음은 예수님의 수난과 죽으심을 하나님의 의를 드러내며 예수님을 믿는 자에게 의롭게 하시는 사건입니다.

요한복음은 예수님의 십자가의 죽으심에 대한 강조점이 누가복음과 다르게 서술하고 있습니다. 요한복음은 예수님의 십자가의 죽음을 예수님을 보내신 하나님 아버지에게로 돌아가는 사건으로 유월절 어린양으로 서술하고 있습니다. 죄로 인하여 악한 세상에서 세상 사람들이 죽을 수밖에 없을 때 하나님은 독생자 예수 그리스도를 이 땅에 보내주셔서 유월절 어린양처럼 죽게 하시고 그 피로 속죄함을 받아 우리가 구원을 받았다는 사상입니다. 이 사상은 마가-마태복음의 "십자가의 도" 사상과 연결되어 있습니다. 요한복음은 보혜사 성령을 통해서 예수님이 오심은 죄를 알게 하기 위함이고 예수님의 죽으심은 하나님의 의를 드러내는 사건이요 이후에 심판으로 세상을 책망할 것을 말씀하고 있습니다.(요 16:8-11) 누가복음처럼 예수님의 죽으심은 하나님의 의를 이루는 사건이지만 요한복음에서 다시 마가와 마태복음처럼 십자가에서 죽으심은 유월절 어린양처럼 우리를 위해 죽으시고 우리를 구원하시기 위해 죽으셨다는 사상으로 마무리하고 있습니다.

누가복음을 설명하며 누가복음은 사도행전과 연결되어 전편 후편과 같은 역할을 하고 있다고 말씀드렸습니다. 그런데 요한복음이 그 사이 네 번째 복음서로 들어가면서 누가복음과 사도행전을 갈라놓음으로 두 권의 책처럼 되었다고 하였습니다. 예수님을 설명하는 복음서가 먼저 나오고 사도행전이 나오는 것은 구약에서 오경과 역사서가 이어 나오는 정경의 형성의 순서를 따랐겠지만[103] 지금까지 네 권의 복음서를 공부하며 요한복음이 네 번째로 들어간 이유를 조금은 알 수 있을 것 같습니다. 누가 공동체는 땅 끝까지 세상에 나아가 선교하면서 누가복음과 사도행전을 기록하였을 것입니다. 그러나 이제 우리는 네 권의 복음서를 들고 있기에 세상에 나아갈 때 누가복음만이 아니라 마태-마가-누가-요한복음 네 권을 들고 땅 끝까지 나가서 예수님이 맡겨주신 선교를 감당하는 위임 받은 제자가 되어 예수님을 증언하는 증인으로 살아가는 것입니다.

조경철 교수님의 요한복음 구조를 보시면 요한복음의 결론이 두 개가 있습니다. 요한복음 20:30-31절의 결말과 21장의 결말로 21장을 두 번째 결말로 표시하고 있습니다. 학자들에 의한 이런 분석은 복음서를 이해하는 하나의 방법론으로 생각하시면 됩니다. 마가복음 1:1절은 "하나님의 아들 예수 그리스도의 복음의 시작이라"로 시작하고 있고 마태복음 1:1절은 "아브라함과 다윗의 자손 예수 그

103) W. G. 큄멜, <신약정경개론> 박익수역, 대한기독교서회, 서울, 1983 p481-515 제2부 신약성서의 정경화 과정; 존 콜린스, <히브리 성서 개론>, 유연희역, 한국기독교연구소, 2011 경기도 고양시 p 16 구약성서의 다양한 정경편을 참고하시면 됩니다.

리스도의 계보라"로 시작하고 있습니다. 요한복음 20:31절은 "오직 이것을 기록함은 너희로 예수께서 하나님의 아들 그리스도이심을 믿게 하려 함이요 또 너희로 믿고 그 이름을 힘입어 생명을 얻게 하려 함이니라"고 기록하고 있습니다. 그래서 우리는 요 20:31절이 요한복음의 결론일 뿐만 아니라 마태복음과 마가복음 시작에서부터 복음서 전체의 결론으로 이야기하였습니다. 요한복음 두 번째 결론으로 표시되어 있는 요한복음의 21장은 그런 의미에서 요한복음의 두 번째 결론으로 보아도 되지만 복음서 전체의 결론으로 이야기 하여도 될 것입니다. 요한복음 20장에서 예루살렘에서 부활하셨던 예수님은 그 후에 21장에서 디베랴 호수 즉 갈릴리 호수에서 부활 하신 후 현현하셔서 제자들에게 나타나셨습니다. 그리고 예수님은 베드로에게 세 번 질문하고 베드로가 세 번 답한 다음 예수님은 세 번 베드로에게 부탁합니다.

네가 이 사람들 보다 나를 더 사랑하느냐? 주님 그러하나이다. 주님께서 아시나이다. 내 어린양을 먹이라(요 21:15)

네가 나를 사랑하느냐? 주님 그러하나이다. 주님께서 아시나이다. 내 양을 치라(요 21:16)

네가 나를 사랑하느냐? 주님 모든 것을 아시오매 주님께서 아시나이다. 내 양을 먹이라(요 21:17)

네가 나를 사랑하느냐? 베드로에게 한 이 질문은 예수님 사랑 안에 있어 참 제자가 되었는지를 묻는 것입니다. 네가 나를 사랑한다면 너는 나의 사랑 안에 거하는 자로 예수님의 말씀을 받은 자이기에 예수님이 하나님의 일을 행하시는 것을 그대로 할 수 있다는 뜻입니다. 예수님은 하나님이 주신 제자들에게(요 17:6) 하나님이 주신 말씀을 그들에게 주어(요 17:8) 사랑하는 제자가 되게 하여 하나님의 일을 할 수 있도록 하신 것입니다. 하나님의 일이란 예수님이 제자들을 사랑하신 것처럼 제자들도 예수님이 맡겨주신 양을 먹이며 치리하며 인도하는 제자가 되라는 뜻입니다. 예수님은 '양의 문'이시고 '선한 목자'입니다. 따라서 예수님은 베드로에게 자신이 하나님의 일을 하는 것처럼 양을 바른 길로 인도하여 양의 문으로 들어가게 하고 진리의 예수님을 따라 인도하는 선한 목자가 되라는 뜻입니다. 그러기에 요한복음의 21장은 사도행전과 잘 연결되어 있습니다. 사도행전에서 성령은 받은 제자들이 예수님을 증언하고 증인으로 살아가며 복음을 전하는데 그중에서 예수님의 선교 위임명령을 받고 성령을 받은 베드로와 바울이 목숨 걸고 선교하는 모습을 그린 사도행전과 요한복음이 잘 연결되어 있습니다. 그런 의미에서 요한복음 21장은 요한복음의 두 번째 결론이기도 하지만 복음서 네 권의 마무리라고 말 할 수도 있습니다.

복음서를 마치며 예수님은 성도님들에게 지금도 질문하고 있습니다. 예수님이 "네가 다른 사람들 보다 나를 더 사랑합니까?"하고 물으실 때 "네 그렇습니다 내가 주님을 사랑하는 줄 주님께서 아십니다"고 고백하는 모든 성도님들 되시기를 기도합니다. 그러면 예수님은 성도 여러분에게 부탁하실 것입니다. 내 양을 먹이십시오. 내 양을 치리하십시오. 내 양을 바른 길로 인도하십시오. 이제는 여러분이 예수님의 제자가 되어 성령님의 인도 따라 주님이 맡겨주신 양들을 양의 문으로 들어가게 하는 선한 목자가 되시기를 간절히 기도합니다.

“

”

평신도를 위한

신약성서 해설

사도행전 이해하기,
사도행전 제자들

제26과

사도행전 베드로(1부), 예수 그리스도의 이름으로

; 사도행전 3:1-4:12

베드로가 이르되 은과 금은 내게 없거니와 내게 있는 이것을 네게 주노니 나사렛 예수 그리스도의 이름으로 일어나 걸으라 하고(사도행전 3:6)

다른 이로써는 구원을 받을 수 없나니 천하 사람 중에 구원을 받을 만한 다른 이름을 우리에게 주신 일이 없음이라 하였더라(사도행전 4:12)

요한복음 마지막 21장에서 부활하신 예수님은 베드로를 향해 세 번씩 "네가 나를 더 사랑하느냐" 하고 질문하시고 베드로는 "주님 그러하나이다 주님께서 아시나이다"하고 대답하며 예수님은 "내 어린양을 먹이라"(요 21:15-17)고 부탁하고 있습니다. 그래서 요한복음에 이어서 나오는 사도행전에서 성령을 받은 베드로가 사역을 시작함으로서 복음서와 연결되어 있습니다. 그렇지만 사도행전의 이야기는 누가복음과 연결되어 있습니다. 누가복음을 읽고 사도행전을 읽어야 이야기의 흐름이 이어집니다. 그럼에도 불구하고 오늘은 복음서에 이어 사도행전에 나오는 베드로의 이야기를 함으로서 신약 성경의 전체의 흐름을 이어나가겠습니다. 복음서의 예수님 이야기 중에서 가장 많이 등장하는 제자가 베드로이고 사도행전에서 가장 크게 그리스도의 증인으로 등장하는 인물이 베드로와 바울이라고 한다면 우리는 예수님의 열두 제자의 대표성을 가진 베드로와 바울의 이야기를 비교하며 사도행전 이야기를 시작하겠습니다.

사도행전에서 예수님이 부활하신 다음 약 120명이 집에서 모여 성령을 받은 다음 방언도 하며 초기 기독교 공동체가 형성되어갔습니다. 이때 가장 중추적인 역할을 담당한 그룹은 열두 사도 그룹이었고 그중에서 당연히 베드로가 중심이었습니다.(행 2:14) 베드로(Peter Simon)의 이름은 시몬이었습니다. 마태복음 16장 15-18절을 읽어보겠습니다.

이르시되 너희는 나를 누구라 하느냐 시몬 베드로가 대답하여 이르되 주는 그리스도시요 살아 계신 하나님의 아들이시니이다 예수께서 대답하여 이르시되 바요나 시몬아 네가 복이 있도다 이를 네게 알게 한 이는 혈육이 아니요 하늘에 계신 내 아버지시니라 또 내가 네게 이르노니 너는 베드로라 내가 이 반석 위에 내 교회를 세우리니 음부의 권세가 이기지 못하리라(마 16장 15-18절)

18절에 나오는 베드로와 이어 나오는 반석은 의미상 같은 단어입니다. 성경에 베드로의 다른 이름이 하나 나오는데 '게바'라고 합니다.(요 1:42, 고전 15:5) 게바는 반석이라는 아람어입니다. 그래서 베드로와 같은 단어입니다. 예수님이 붙여 주신 이름인 반석인 베드로는 이름처럼 왠지 제자로서 든든하고 묵직해 보입니다. 예수님은 베드로인 반석 위에 교회를 세우겠다고 말씀하시며 천국 열쇠를 베드로에게 주시겠다고 말씀하고 있습니다.(마 16:18-19) 이처럼 교회 안에서 베드로의 권위는 상당했을 것으로 보입니다. 하지만 베드로의 삶은 결코 평탄치 않았음을 우리는 사도행전만 보아도 알 수 있습니다.

사도 바울은 다메섹으로 가는 길에서 회심하여 예수님을 영접하고 믿은 후 이방인의 사도가 되었습니다. 사도 바울은 평생 두 가지 문제를 가지고 있었습니다. 그는 바리새파였다가 부활하신 주님을 만나고 세례를 받고 주님의 제자가 되었습니다. 그래서 유대인 특히 바리새파로부터 수많은 죽음의 위협을 받게 되었고 그들과 끊임없이 성경에 관한 전반적인 사상들을 가지고 논쟁하여야 했습니다. 또 하나의 문제는 예수님을 믿는 교회 공동체에 들어왔음에도 불구하고 교회 공동체 안에서 바울은 배척당하기도 하고 많은 공격도 당했고 실제로 모욕도 당했습니다. 그 중에서 가장 바울이 힘들어 했던 것이 바울의 사도성에 대한 도전이었습니다. 그래서 바울은 갈라디아서 1장 1절에 다음과 같이 적고 있습니다.

사람들에게서 난 것도 아니요 사람으로 말미암은 것도 아니요 오직 예수 그리스도와 그를 죽은 자 가운데서 살리신 하나님 아버지로 말미암아 사도 된 바울은~(갈 1:1)

바울이 자신의 사도성에 대하여 나는 사람한테서 사도로 인정받은 것이 아니라 오직 예수 그리스도와 하나님 아버지에 의해 사도가 되었다고 선언하고 있습니다. 사도 바울의 서신 중 많은 부분이 이 문제를 특별히 강조하고 있습니다.

그렇다면 베드로는 어떠했을까요? 잘 아시겠지만 베드로는 우선 열두 사도 중 한 사람일 뿐만 아니라 열두 사도의 대표성을 가지고 있습니다. 거기에다가 부활하신 주님을 확인하기 위해 무덤에 찾아갔었고 실제로 부활하신 주님을 만난 사람입니다. 예수님의 제자로서 사도로 인정받기에 해당하는 모든 조건을 완벽히 가지고 있습니다. 지난 시간 제2과 "복음서를 읽는 눈"에 대하여 말씀드릴 때 강조한 부분이 있습니다. 누가복음 10장 21절을 다시 보겠습니다.

내 아버지께서 모든 것을 내게 주셨으니 아버지 외에는 아들이 누구인지 아는 자가 없고 아들과 또 아들의 소원대로 계시를 받는 자 외에는 아버지가 누구인지 아는 자가 없나이다 하시고(눅 10:21)

다시 설명해보겠습니다. 하나님 아버지께서 아들인 예수님에게 하나님과 관련된 모든 것을 주셨습니다. 그러므로 하나님 아버지만이 아들이 누구인지 정확하게 알 수 있고 하나님의 아들만이 하나님을 정확히 알 수 있습니다. 그런데 그 아들이 소원이 있었습니다. 그 소원은 하나님의 아들인 예수님이 자신의 제자에게 계시를 주는 것입니다. 그 계시를 받은 제자만이 예수님을 알기에 예수님이 하나님을 알듯이 하나님 아버지를 정확히 안다는 것입니다. 그러므로 계시를 받은 제자들만이 하나님을 정확히 알기에 하나님이 알고 있는 하나님 아들이 누구인지를 정확히 깨닫고 안다는 것입니다. 예수님은 제자들이 자신을 바라고 보고 있는 눈 그 관점을 축복하시는 것입니다.(눅 10:23) 그 제자들의 눈이란 복음서에서 계속 강조하듯이 예수님은 그리스도시오 하나님의 아들 되심을 알고 깨닫는 것입니다. 이렇게 깨달음을 가진 제자들의 대표가 사도행전에서 베드로와 바울이며 이들이 예수님의 계시를 받은 자들입니다.

그래서 사도 바울은 자신이 전하는 복음을 철저히 예수 그리스도의 계시 안에 종속시키고 있습니다. 갈라디아서 1:11-12를 보겠습니다.

형제들아 내가 너희에게 알게 하노니 내가 전한 복음은 사람의 뜻을 따라 된 것이 아니니라 이는 내가 사람에게서 받은 것도 아니요 배운 것도 아니요 오직 예수 그리스도의 계시로 말미암은 것이라(갈 1:11-12)

사도 바울은 자신이 전하는 복음과 말씀이 자신이 받은 계시지만 철저히 예수 그리스도의 계시 안에 종속시키고 있습니다. 다메섹으로 가는 도상에서 부활하신 예수님을 만난 것에 대한 인식이 중요하게 작용하였을 것입니다. 자신이 전하는 말씀인 예언[104]은 하나님의 지혜로 하나님의 비밀을 전하는 것으로 예수 그리스도의 계시로 인한 것임을 강조하고 있습니다. 사도 바울은 이런 예수 그리스도로부터 받은 계시의 권위를 사도로 인정하는 것입니다. 오늘날에도 이런 계시나 예언을 말하는 경우가 있습니다. 정말 조심하여야 합니다. 자신이 받은 말씀과 계시가 철저히 예수 그리스도의 계시 즉 말씀 안에서 해석되어지고 그 계시 안에 종속되어져야 합니다. 계시를 말하면서 자신이 드러나는 것은 아주 위험해 질 수 있습니다. 이렇게 사도 바울은 자신이 받은 하나님의 비밀인 지혜와 계시를 철저히 예수 그리스도 계시 안에 종속시키며 고린도 교회 교인들을 향해 말씀하고 있습니다.

사람이 마땅히 우리를 그리스도의 일꾼이요 하나님의 비밀을 맡은 자로 여길지어다 그리고 맡은 자들에게 구할 것은 충성이니라(고전 4:1-2)

사도 바울은 세상 지혜는 하나님께 어리석은 것이니 기록된바 하나님은 지혜 있는 자들로 하여금 자기 꾀에 빠지게 하시는 이라 하였고 이는 욥기 5장 13절을 인용하고 있습니다. 또 주께서 지혜 있는 자들의 생각을 헛것으로 아신다 하셨느니라고 말씀하시며 시편 94장 11절을 인용하고 있습니다.(고전 19-20) 그래서 바울은 세상에서 자기를 드러내는 지혜를 하려거든 아예 어리석은 자가 되라고 충고하고 있습니다.(고전 3:18) 그러면서 바울은 사람을 자랑하지 말라고 말씀하고 있습니다.

그런즉 누구든지 사람을 자랑하지 말라 만물이 다 너희 것임이라 바울이나 아볼로나 게바나 세계나 생명이나 사망이나 지금 것이나 장래 것이나 다 너희의 것이요 너희는 그리스도의 것이요 그리스도는 하나님의 것이니라(고전 3:21-23)

이렇게 바울의 관점에서 보면 자신을 포함한 당시 초대 기독교의 영적 지도

---

104) 예언이란 장래에 있을 일들을 미리 이야기 하는 기능이 있지만 성경에서의 예언의 기능은 하나님의 담지된 말씀을 전하는 것이 주된 기능입니다.

자들인 사람을 보지 말고 한 주, 한 성령, 한 하나님의 교회 공동체를 위해 오직 그리스도와 하나님만 바라보라는 말씀에 이어 고린도 교회 교인들을 향해 너희도 하나님의 비밀을 맡은 자이므로 구할 것은 오직 충성이라고 말씀하고 있습니다.

그렇다면 베드로는 어떠했을까요? 초대 기독교의 베드로의 권위는 세상에서는 많은 박해를 받았어도 교회 안에서는 그 권위가 상당했을 것입니다. 예수님의 직접 제자였고 예수님의 부활을 몸소 체험한 제자였기에 기독교 안에서 그의 말씀은 지금까지 설명 드린 예수 그리스도의 계시를 받은 제자로서 하나님의 담지된 말씀을 주는 예언의 권위는 상당했을 것입니다. 그래서 오순절 성령체험한 후 베드로는 열한 사도와 함께 유대인과 예루살렘에 사는 모든 사람들에게 말씀(예언)을 합니다.(행 2:14-36) 이 당시의 상황을 사도행전은 다음과 같이 전하고 있습니다.

그들이 이 말을 듣고 마음에 찔려 베드로와 다른 사도들에게 물어 이르되 형제들아 우리가 어찌할꼬 하거늘 베드로가 이르되 너희가 회개하여 각각 예수 그리스도의 이름으로 세례를 받고 죄 사함을 받으라 그리하면 성령의 선물을 받으리니 이 약속은 너희와 너희 자녀와 모든 먼 데 사람 곧 주 우리 하나님이 얼마든지 부르시는 자들에게 하신 것이라 하고 또 여러 말로 확증하며 권하여 이르되 너희가 이 패역한 세대에서 구원을 받으라 하니 그 말을 받은 사람들은 세례를 받으매 이날에 신도의 수가 삼천이나 더하더라(행 2:37-41)

이렇게 베드로의 권위 있는 말씀으로 성령의 선물을 받고 세례를 받아 신도가 된 사람이 삼천이나 되었다고 전하고 있습니다. 이어지는 사도행전 3장에 베드로와 요한이 성전에 올라갈 때 성전 미문에 구걸하기 위하여 나면서부터 못 걷게 된 이가 있었습니다. 이 사람은 혼자 걸을 수 없어 다른 사람이 그 위치에 구걸을 하게 하기 위해 둔 자입니다. 그가 베드로와 요한이 성전에 들어가려 함을 보고 구걸하거늘 베드로가 요한과 더불어 주목하여 이르되 우리를 보라 하니 그가 그들에게서 무엇을 얻을까 하여 바라보았습니다.(행 3:1-5)

베드로가 이르되 은과 금은 내게 없거니와 내게 있는 이것을 네게 주노니 나사렛 예수 그리스도의 이름으로 일어나 걸으라 하고 오른손을 잡아 일으키니 발과 발목이 곧 힘을 얻고 뛰어 서서 걸으며 그들과 함께 성전으로 들어가면서 걷기도 하고 뛰기도 하며 하나님을 찬송하니 모든 백성이 그 걷는 것과 하나님을 찬송함을 보고 그가 본래 성전 미문에 앉아 구걸하던 사람인 줄 알고 그에게

일어난 일로 인하여 심히 놀랍게 여기며 놀라니라.(행 3:6-10)

이런 기적을 바라보는 모든 백성이 크게 놀라며 달려 나아가 솔로몬의 행각이라 불리우는 행각에 모였습니다. 거기서 베드로는 백성들에게 아주 중요한 말씀을 합니다.

베드로가 이것을 보고 백성에게 말하되 이스라엘 사람들아 이 일을 왜 놀랍게 여기느냐 우리 개인의 권능과 경건으로 이 사람을 걷게 한 것처럼 왜 우리를 주목하느냐(행 3:12)

자신에 의해 나타난 기적과 권능을 자신의 능력으로 되어 진 것이 아님을 강조고 있습니다. 그리고 부활의 주님을 증언하며 내가 이 일의 증인이라고 말씀한 다음 "그 이름을 믿으므로 그 이름이 너희가 보고 아는 이 사람을 성하게 하였나니 예수로 말미암아 난 믿음이 너희 모든 사람 앞에서 이같이 완전히 낫게 하였느니라"고 선언하고 있습니다. 베드로 자신에 의해 나타난 기적과 권능이 예수 그리스도에 의한 것임을 분명히 하고 있습니다. 그리고 성경에 나타난 예수 그리스도에 관한 말씀이 모세의 율법과 선지자를 통해서 예언되어 졌고 아브라함의 씨의 약속이 예수 그리스도에 의해 성취되었음을 증언하고 있습니다. 예수님이 성경을 통하여 제자들에게 알려주신 대로 베드로는 부활의 증인이 된 것입니다.

이렇게 사도들이 예수 그리스도에 대하여 성경에 나타난 예언이 예수님에 의해 성취되었음을 증언하며 부활의 증인으로 백성에게 말할 때 부활을 싫어하는 사두개인과 성전의 제사장들이 사도들을 가두었습니다. 그리고 이튿날 관리들과 장로들과 서기관들이 예루살렘에 모였는데 대제사장 안나스와 가야바와 요한과 알렉산더와 및 대제사장의 문중이 다 참여하여 사도들을 가운데 세우고 묻되 너희가 무슨 권세와 누구의 이름으로 이 일을 행하였느냐고 물었습니다.(행 4:1-7) 이 물음은 너무나도 중요한 물음입니다. 이에 대하여 베드로가 성령이 충만하여 말합니다.

너희와 모든 이스라엘 백성들은 알라 너희가 십자가에 못 박고 하나님이 죽은 자 가운데서 살리신 나사렛 예수 그리스도의 이름으로 이 사람이 건강하게 되어 너희 앞에 섰느니라 이 예수는 너희 건축자들의 버린 돌로서 집 모퉁이의 머릿돌이 되었느니라(행 4:10-11)

너희가 무슨 권세와 누구의 이름으로 이 일을 행하였느냐는 물음에 답하기 이전에 먼저 베드로와 관련된 두 가지 이적을 간단히 소개하겠습니다. 사도행전 9장 32-43절까지 룻다와 욥바라는 지방에서 발생한 사건입니다. 바울의 회심 사건 이후에 베드로에게 나타난 사건을 기록하고 있습니다.

그 때에 베드로가 사방으로 두루 다니다가 룻다에 사는 성도들에게도 내려갔더니 거기서 애니아라 하는 사람을 만나매 그는 중풍병으로 침상 위에 누운 지 여덟 해라 베드로가 이르되 애니아야 예수 그리스도께서 너를 낫게 하시니 일어나 네 자리를 정돈하라 한대 곧 일어나니(행 9:32-34)

욥바에 다비다라 하는 여제자가 있으니 그 이름을 번역하면 도르가라 선행과 구제하는 일이 심히 많더니 그 때에 병들어 죽으매 시체를 씻어 다락에 누이니라 룻다가 욥바에서 가까운지라 제자들이 베드로가 거기 있음을 듣고 두 사람을 보내어 지체 말고 와 달라고 간청하여 베드로가 일어나 그들과 함께 가서 이르매 그들이 데리고 다락방에 올라가니 모든 과부가 베드로 곁에 서서 울며 도르가가 그들과 함께 있을 때에 지은 속옷과 겉옷을 다 내보이거늘 베드로가 사람을 다 내보내고 무릎을 꿇고 기도하고 돌이켜 시체를 향하여 이르되 다비다야 일어나라 하니 그가 눈을 떠 베드로를 보고 일어나 앉는지라(행 9:36-40)

여러분에게 베드로와 관련된 세 가지 사건을 소개하였습니다. 성전 미문에 누워 있던 날 때부터 못 걷던 이가 걷게 된 이적과 룻다에서 8년 동안 중풍병으로 고생한 애니아라는 사람을 낫게 하여 일어나 걸었던 일과 욥바에서 다비다(도르가)라 하는 여제자가 죽었지만 다시 살아난 사건입니다. 성도 여러분 이 세 장면은 어디서 많이 본 듯한 장면 같지 않습니까? 누가복음에서만 보더라도 예수님이 일으키신 많은 기적 중에서 누가복음 5장 17-26절에서 중풍병자를 치유하시고 누가복음 7장 11-17절에서 나인성에서 죽었던 한 과부의 아들을 살리시는 장면과 매우 유사합니다. 복음서에서 예수님이 많은 병자를 고치시고 여러 가지 다른 이적들을 행하십니다. 이렇게 많은 병자를 고치시고 여러 가지 이적을 행하시는 이유는 메시야로서 "오실 그이"에 해당하는 사건들입니다. 이사야서 26:19, 29:18-19, 35:5-6, 42:7, 61:1를 한번 읽어 보시기 바랍니다.

누가복음 7장 18-23절에서 세례 요한이 제자들을 보내어 예수님께 묻습니다. 오실 그이가 당신입니까? 다시 말씀드리면 이사야서에서 오신다고 하는 메시야가 당신입니까? 하고 묻는 것입니다. 이때 예수님은 대답합니다.

예수께서 대답하여 이르시되 너희가 가서 보고 들은 것을 요한에게 알리되 맹인이 보며 못 걷는 사람이 걸으며 나병환자가 깨끗함을 받으며 귀먹은 사람이 들으며 죽은 자가 살아나며 가난한 자에게 복음이 전파된다 하라(눅 7:22)

예수님이 이 땅에 오셔서 귀신 들린 자를 고치시고 많은 병자를 치유하시고 죽은 자도 살아나며 가난한 자에 복음이 전파되는 이적의 행위는 '오실 그이'인 메시야(그리스도) 사상과 연결되어 있습니다. 예수님은 누가복음 9장 1-6절까지 제자들에게 예수님이 하시던 일인 하나님 나라를 전파하고[105] 앓는 자를 고치게 하려고 파송을 보냅니다. 예수님은 제자들을 파송하며 열두 제자들에게 모든 귀신을 제어하며 병을 고치는 능력과 권위를 주십니다. 따라서 베드로가 하고 있는 병 고치는 은사와 죽은 자를 살리시는 능력과 권위도 예수 그리스도가 주신 것입니다. 그럼에도 불구하고 공회에 모인 사람들은 베드로를 향하여 네가 행한 이 기적들은 무슨 권세와 누구의 이름으로 행하느냐고 묻고 있습니다. 베드로가 대답합니다. 너희는 어찌하여 이적을 행하는 나를 보느냐고 말씀하시면서 "너희가 십자가에 못 박고 하나님이 죽은 자 가운데서 살리신 나사렛 예수 그리스도의 이름으로"(행 4:10) 행한다고 분명하게 답을 하고 있습니다.

성도 여러분 이제 바위같이 묵직한 베드로와 관련된 사도행전 이야기 1부를 마치려고 합니다. 베드로는 어부였습니다. 예수님의 부르심에 응답하고 모든 것을 버려두고 예수님을 따랐습니다.(눅 5:11) 그가 예수님을 따르면서 때로는 예수님이 십자가에 죽으실 때 세 번이나 모른다고 부인한 적도 있습니다.(눅 22:54-62) 그런 그가 예수님이 십자가에 죽으시고 부활하신 이후에 예수님의 부활의 증인이 되었습니다. 그에게 나타나는 이적으로 보아 그는 예수님으로부터 받은 계시를 통하여 하나님의 능력이 나타나는 제자가 되었습니다. 그럼에도 불구하고 그는 예수님과 비슷한 이적을 행하면서도 자신의 권세와 이름을 나타내지 않습니다. 그리고 더 나아가서 자신이 부활의 주님을 증언하며 나타나는 이적의 의미를 예수 그리스도에 의한 구원과 연결시키고 있습니다.(행 4:9) 베드로의 고백을 들어보겠습니다.

다른 이로써는 구원을 받을 수 없나니 천하사람 중에 구원을 받을 만한 다른 이름을 우리에게 주신 일이 없음이라 하였더라(행 4:12)

성도 여러분 우리가 주님 안에서 살아간다고 말을 하지만 내가 걸어가는 삶

105) 제1과 성경공부 글을 읽어 보시기 바랍니다.

의 길에는 만만치 않은 많은 어려운 문제를 가지고 있습니다. 지금 베드로처럼 죽은 자를 살리거나 중풍병자를 일으키는 능력을 갖지 못한다고 하더라도(그런 믿음이 있는 분도 있을 수 있습니다) 그럴 때마다 주님이 십자가를 지시고 우리를 위해 죽으신 것과 예수님의 부활을 생각하며 하나하나 이겨 나가기를 기도합니다. 여러분이 살아가고 있는 그 길에 주님이 동행하고 계시며 여러분이 드리는 간절한 기도를 성령님이 도우실 것입니다. 그러면 여러분은 이제 그 일이 극복되고 해결될 때마다 나의 힘과 노력으로 된 것이 아니라 하나님의 능력으로 예수 그리스도의 이름으로 된 것으로 고백해 보시기 바랍니다. 바로 여러분이 예수님의 부활을 증언하는 증인이 되는 것입니다. 예수님만이 나의 구원의 알파와 오메가가 되십니다. 왜냐하면 다른 이로써는 구원을 받을 수 없나니 천하사람 중에 구원을 받을 만한 다른 이름을 우리에게 주신 일이 없기 때문입니다. 베드로의 고백이 성도 여러분의 고백이 되시기를 기도합니다.

제27과

빌립, 고난받는 종 예수(고난절을 생각하며), 사도행전 8:1-8, 8:26-40; 종의 노래: 이사야 42:1-4, 49;1-6, 50:4-11, 52:13-53:12

읽는 성경 구절은 이것이니 일렀으되 그가 도살자에게로 가는 양과 같이 끌려갔고 털 깎는 자 앞에 있는 어린 양이 조용함과 같이 그의 입을 열지 아니하였도다. 그가 굴욕을 당했을 때 공정한 재판도 받지 못하였으니 누가 그의 세대를 말하리요. 그의 생명이 땅에서 빼앗김이로다 하였거늘(행 8:32-33) / 이사야 53:7-8

성경공부 "누가복음과 사도행전 이야기"에서 누가복음과 사도행전은 연결된 성경이라고 말씀드렸습니다. 누가복음은 예수님에 관한 이야기이며 사도행전은 예수님의 계시를 받고 성령을 받은 사도와 집사들이 예수 그리스도의 증인으로 살아가는 삶을 이야기하고 있습니다. 오늘은 그중에서 빌립을 이야기하며 수난절을 생각하는 시간을 가지려고 합니다. 오순절 날 다락방에 모인 약 120명은 성령을 받고 방언도 하며 본격적으로 예수 공동체가 형성되어 갔습니다. 사도행전 6장에 보면 두 그룹이 나옵니다. 헬라파와 히브리파입니다. 이들 모두 대부분 유대인입니다. 당시 로마의 식민지로 있던 이스라엘과 유다지역은 예루살렘이 멸망(AD 70년경)하기 이전이므로 이 지역에 살고 있는 사람들이 많이 있었습니다. 그렇지만 다른 지역에 살고 있었던 디아스포라 유대인들도 많았습니다. 이들은 당시 헬라-로마의 문화권에 살고 있었기 때문에 직접 또는 간접적으로 교육과 생활 방식이 헬라-로마 영향권에 있었습니다. 특히 디아스포라 유대인들은 더 많은 영향을 받았을 것입니다. 유대인이지만 헬라식 이름을 가진 사람도 많았습니다. 이들이 초기 기독교의 예루살렘 공동체 안에 함께 예수를 믿는 공동체가 되었습니다. 히브리어와 아람어를 주로 하는 히브리파와 헬라 말을 하는 디아스포라 기독교인이 함께 공동체를 이루었습니다. 공동체 안에 문제가 생겼습니다. 어떤 이유인지 알 수 없지만 형편이 어려운 과부들에게 일용할 양식을 배분할 때 헬라파 과부들이 차별을 받았다는 것입니다. 아마도 헬라파 과부들이 더 어려운 환경과 조건일 수 있습니다. 이 때 접대의 차별문제를 해결하기 위해 헬라파 집사들을 세웁니다. 그래서 사도들은 기도하는 일과 말씀 사역하는 일을 하며, 성령과 지혜가 충만한 헬라파 일곱 집사들은 접대 또는 식탁 봉사 일을 감당하게 했습니다. 물론 뒤에 이어 나오는 스데반과 빌립을 보면 식탁 봉사일이 아니라 성령에 따라 말씀 사역을 하는 것으로 보아 이들은 당시 초기 기독교 헬라파 지도자였던 것으로 생각할 수 있습니다. 이들 일곱 집사 중에 스데반과 빌립이 있습니다.

이어 나오는 행 6:8-7:60까지 스데반은 표적을 행하기도 하고(행 6:8) 말씀 사역도 합니다.(행 6:10) 그리고 7장에서 유명한 스데반의 설교를 우리는 들을 수 있습니다. 그리고 스데반은 순교를 당합니다. 스데반의 순교의 이유는 무엇일까요? 스데반은 이렇게 이야기합니다. 이사야서 66:1을 인용하며 이사야가 하나님을 대신하여 예언을 합니다. 하나님은 말씀하시기를 하늘은 나의 보좌요 땅은 나의 발등상인데 나를 위하여 무슨 집을 짓고 이 땅에 내가 안식할 처소가 어디 있느냐고 하였습니다. 다시 말하면 당시에 솔로몬 성전이 주전 587(6)년경 파괴되고 제2성전 즉 스룹바벨 성전으로 불리는 성전이 주전 515년 건축되었습니다. 예수님 당시 헤롯에 의한 성전의 보수 작업으로 헤롯 성전이 새롭게 되었던 시절입니다. 이 성전이 주후 70년경 로마에 의해 완전히 무너져 내렸습니다. 이 솔로몬 성전을 이어받은 헤롯 성전에 하나님이 계시지 않는다는 폭탄 같은 선언을 한 것입니다.(행 7:47-50) 그리고 몸에 할례를 받아 유대인으로 자처하는 대제사장과 군중을 향해 너희 조상들이 선지자로 왔던 많은 사람들을 박해하였고 의인으로 오시리라 예고되었던 그들을 너희 조상들이 죽였듯이 지금 너희들이 의인인 예수를 잡아 넘겨 그를 죽게 하였다고 설교하고 있습니다. 그러니 너희들은 살인자라고 말씀하고 있습니다.(행 7:52) 이것은 천사들이 전해준 율법을 너희는 지키는 것이 아니라 어긴 것이고(행 7:53) 그러므로 너희는 목이 곧은 자이며 마음과 귀에 할례를 받지 못한 사람들이라고 설교합니다.[106](행 7:51) 그러자 그들이 마음에 찔려 스데반을 돌로 쳐서 죽인 것입니다.(행 7:54-60) 이 현장에 바울이 스데반의 죽음에 찬성하며 있었습니다.(행 8:1) 이 사건이 사도행전에 나타난 첫 번째의 큰 박해입니다. 이때 사도들은 예루살렘에 머물러 있었습니다. 주로 헬라파 지도자들이 예루살렘에서 축출되었습니다. 그리고 이들은 모든 유대와 사마리아로 흩어져갔습니다. 그리고 빌립이 사마리아 선교를 하게 됩니다.(행 8:1, 25)

사마리아 선교를 하는 어느 날 주의 사자가 빌립에게 나타났습니다.(행 8:26) 너는 일어나서 남쪽으로 향하여 예루살렘에서 가사로 내려가는 길까지 가라 하였습니다. 그 길은 광야였습니다. 일어나 가서 보니 에디오피아 사람 곧 에디오피아 여왕 간다게의 모든 국고를 맡은 관리인 내시가 예배하러 예루살렘에 왔다가 돌아가면서 수레를 타고 선지자 이사야의 글을 읽고 있었습니다. 성령의 인도대로 빌립은 수레로 가까이 나아가서 "지금 듣기도 하고 읽고 있는 이사야의 글을 깨달을 수 있나요?"하고 묻습니다. 그는 지도해 주는 사람이 없으니 어찌 깨달을 수 있느냐 하고 반문하며 빌립을 청하여 수레에 올라 같이 앉으라 하고 질문을 하는데 아주 구체적으로 합니다.

읽는 성경 구절은 이것이니 일렀으되 그가 도살자에게로 가는 양과 같이 끌려갔고 털 깎는 자 앞에 있는 어린 양이 조용함과 같이 그의 입을 열지 아니하였도다. 그가 굴욕을 당했을 때 공정한 재판도 받지 못하였으니 누가 그의 세대를 말하리요. 그의 생명이 땅에서 빼앗김이로다 하였거늘(행 8:32-33) / 이사야 53:7-8

위에 인용된 성경구절은 이사야서 53:7절 이하에 있는 7-8절을 주로 인용한 내용입니다. 관리인 내시가 빌립에게 묻습니다. "청컨대 내가 묻노니 이사야 선지자가 말한 것 중 〈그〉라고 지칭한 3인칭은 누구를 가리킴이냐 자기를 가리킴이냐 타인을 가리킴이냐"하고 구체적으로 묻는 것입니다. 이 질문을 받은 빌립은 이 글에서 시작하여 예수를 가르쳐 복음을 전합니다.(행 8:34-35)

우리는 지금까지 배운 대로 빌립이 에디오피아 여왕 간다게 재물 관리인 내시에게 예수 그리스도에 관하여 자세히 설명하는 빌립을 상상할 수 있습니다. 성도 여러분 빌립의 설명 이전에 이사야서를 간단하게 알고 넘어가야 합니다. 이사

106) 예레미야의 마음에 할례 정리할 것

야서는 신약시대에 기독교 교회에서 아주 사랑받던 책입니다. 공관 복음서(마태, 마가, 누가)만 보더라도 복음서 시작 부분에서(마 1:22-23, 막 1:2-3, 눅 3:4-6) 그리고 예수님이 사역을 시작할 때(마 4:14-16, 눅 4:16-19) 이사야서를 직접 인용하고 있습니다. 바울의 편지나 신약성경 곳곳에 많은 곳에서 이사야서를 인용하고 있습니다. 오늘은 그중에서 수난절을 생각하며 이사야서의 대표적인 "종의 노래"에 관하여 말씀드리면서 예수님의 고난을 묵상하도록 하겠습니다.

이사야서는 66장으로 이루어져 있습니다. 학자들은 이사야서를 쉽게 이해하기 위해서 이사야서를 세 부분으로 나눕니다. 1-39장을 제1 이사야서, 40-55장을 제2 이사야, 56-66장을 제3 이사야 이렇게 구분하고 있습니다. 그러나 우리는 이사야서는 이사야가 예언한 하나님의 말씀으로 한 권으로 읽는 것이 좋습니다. 다만 이 세 권으로 나누는 이유는 이사야서를 보다 쉽게 이해할 수 있기 때문입니다.

이사야는 1:1에 활동했던 시기가 나옵니다. 유다 왕 웃시야와 요담과 아하스와 히스기야 시대에 아모스의 아들 이사야가 유다와 예루살렘에 관하여 본 계시입니다. 이 시기가 이사야 6장에 웃시야(아사랴는 다른 이름) 왕이 죽던 해(주전 740년~735년 사이) 이사야가 예언자 소명을 받습니다. 그래서 이사야는 주전 8세기경 예언자입니다. 이 당시 가장 유명한 사건이 '수리아 에브라임 전쟁'입니다. (주전 735년경) 아람(수리아)왕 르신과 북이스라엘(에브라임) 베가왕이 결탁하여 유다의 아하스 왕 때 유다를 연합 공격하는 역사적 사건이 이사야 7장의 배경입니다. 공격은 실패하였고 그 이후 북이스라엘인 에브라임은 주전 722년 앗시리아에 망하고 이 지역은 포로로 끌려가며 에브라임(북 이스라엘) 나라는 패망하여 초토화가 됩니다. 남아 있는 이스라엘 사람들이 야훼 신앙을 잘 지키지 못할 정도로 황폐화됩니다. 그리고 유다 히스기야왕 십사년때 앗수르왕 산헤립의 역사적인 침공이 있었고(주전 701년경) 하나님이 극적으로 막아줍니다.(36-37장) 병에 걸린 히스기야왕의 생명 연장 후(38장) 바빌론의 사자가 등장하는데 이때 이사야는 유다의 멸망을 예언합니다(39장). 여기까지 제1 이사야라고 부릅니다.

그리고 40장에서 갑자기 분위기가 바뀝니다. 구원과 희망에 찬 노래가 40장에서 55장까지 이어집니다. 그리고 이 시기에 고레스라는 인물이 나오는데 이는 바사(페르시아) 왕입니다.(바사 제국은 주전 539년-331년) 바빌론이 바사(페르시아)에 의해 망하고 바사 왕인 고레스 칙령으로 바빌론에 포로된 유다인들이 귀국을 하게 됩니다. 이때 부르는 구원과 희망의 노래가 제2이사야의 배경이 됩니다.

그리고 제3이사야는 학자들은 바빌론에서 귀환한 유대인을 중심으로 제2 성전 스룹바벨 성전이 건축되며 학개 스가랴에 의해 예수살렘 성벽이 건축되는 과정에서 다양한 공동체의 소리가 들리는데 이때 심판과 탄식과 구원의 말씀 속에서 성전에 대한 비판적인 예언과 묵시가 생기게 되었다고 이야기하고 있습니다. 이런 다양한 구약의 사상들이 이사야서에 기록되어 있습니다. 이사야서를 한마디로 요약하면 이스라엘과 유다의 심판(주변 국가의 심판) 그리고 이스라엘과 유다의 회복을 노래하며 이스라엘과 유다의 미래 공동체를 위한 구원의 희망을 말하고 있습니다.

제2이사야서에 고레스가 언급되는데(사 44:28, 45:1) 이사야가 주전 8세기 인물이라면 고레스는 주전 6세기 인물입니다. 약 200년 후 인물입니다. 그리고 성전 건축과 관련된 묵시들은 그 이후의 문제들입니다. 그렇지만 우리는 이사야서를 읽을 때 처음부터 이사야의 예언으로 이사야서를 통해서 들려주시는 하나님의 담지 된 말씀으로 읽어 나가시면 됩니다.

그러면 조금 이해가 되시나요? 스데반이 이사야 66장 1절의 말씀으로 예수님을 죽였던 당시의 유대인을 향해 하나님이 계시는 곳이 성전이 아니라 창조된 어느 곳에도 계시는 우주적인 하나님으로 설명하며 그분이 예수님을 이 땅에 보내서 성전을 허물고 다시 3일 만에 세우는 분이라는 사실을 설교하고 있습니다. 다시 말씀드리면 죽으시고 3일 만에 부활하심으로 성전을 다시 세우는 예수님을 설명하였다는 것을 알 수 있습니다. 이는 제3이사야 말씀을 인용한 것입니다.

빌립이 에디오피아 관리인 내시에게 설명하는 53장 말씀은 제2 이사야서를 인용하고 있습니다. 그렇다면 53장은 이사야서에 나오는 종의 노래 중의 일부입니다. 53장은 제2 이사야 중에 속한 것으로 바빌론의 포로 생활을 끝내고 회복을 간절히 희구하는 구원과 희망을 노래하고 있는 부분입니다. 이 부분들은 포로 생활하던 바빌론에서 예루살렘으로의 귀환을 하면서 과거 모세가 애굽에서 가나안으로 이주하는 출애굽기(EXODUS) 사상을 담고 있습니다. 바빌론 포로에서 예루살렘으로 귀환하는 출 바빌론(EXODUS) 사상을 담고 있는데 이때 부른 노래가 종의 노래입니다. 종의 노래는 42:1-4, 49;1-6, 50:4-11, 52:13-53:12 이렇게 네 군데에서 나옵니다. 이 노래들을 초기 기독교인들은 이사야서의 종의 노래들을 통해서 42:1-4절은 상한 갈대도 꺽지 아니하고 꺼져가는 등불도 끄지 아니하시고 정의를 세우시는 예수님, 49:1-6절은 여호와의 계획 아래에서 이방의 빛으로 삼아 여호와의 구원을 이루시는 예수님, 50:4-11절은 등을 맞으며 뺨을 맞으며 침 뱉음을 당하며 고난을 받으시는 예수님 그는 흑암 같은 데서 빛과 같이 유일한 길이 되시는 예수님을 노래한 것으로 이해하고 이사야의 예언이 예수님으로 인하여 성취가 되었음을 알게 되었습니다. 오늘은 네 번째 종의 노래 52:13-53:12절을 읽으면서 수난절을 맞아 묵상하려고 합니다.

관리인 내시는 빌립에게 구체적으로 묻습니다. 52:13-53:12에 나와 있는 '그'라고 표현된 종은 누구입니까? 빌립은 대답합니다. 얼마 전 당신이 소문으로 들었는지는 모르지만 예수라는 분이 있었습니다. 그분은 하나님 나라를 이 땅에 전파하였습니다. 하나님 나라가 무엇인지 하나님 나라는 어떤 사람이 들어가는지 하나님 나라에 들어가는 사람들은 누구인지에 대하여 말씀과 비유로 이적 또는 표적으로 하나님의 비밀을 선포하셨습니다. 그런데 그를 사람들이 십자가에 못 박았습니다. 그는 사람들에게 멸시를 받았으며 버림을 받았고 우리도 그를 귀하게 여기지 않았습니다. 예수님이 우리를 위해 질고를 지시기도 하고 우리의 슬픔을 담당하셨지만 그가 받는 징벌은 하나님으로부터 맞는 징벌이요 하나님으로부터 고난을 당한다고 생각했습니다. 그렇지만 그가 찔림은 우리의 허물 때문이었고 그가 상함은 우리의 죄악 때문이었습니다. 그가 징계를 받음으로 우리가 하나님과 멀어졌던 관계가 화해하고 평화를 누리게 되었습니다. 그가 채찍에 맞음으로 우리의 죄로부터 그리고 질병으로부터 나음을 받게 되었습니다. 우리는 다 양 같아서 하나님의 길을 가지 아니하고 각기 자기의 길을 갔습니다. 그런데도 여호와께서는 우리 모두의 죄악을 그에게 감당시키셨습니다. 그가 그 많은 곤욕을 당하여 괴로울 때에도 그는 입을 열지 아니하였고 마치 도수장에 끌려가는 어린양처럼 털 깎는 자 앞에서 잠잠한 양처럼 입을 열지 아니하고 그 일을 감당하셨습니다. 마치 세상 죄를 지고 가는 어린양 같았습니다.(요한복음 1:29) 우리는 그가 곤욕과 심문을 당하고 끌려갔지만 그가 십자가에 죽으시고 이 땅에서 끊어짐은 마땅히 형벌 받을 우리의 백성의 허물 때문이라고 생각하였습니다. 그는 행함과 입술에 거짓이 없었지만 여호와께서 그에게 상함을 받게 하시기를 원하시고 질고를 당하게 하셔서 그의 영혼을 속건제물로 드렸습니다. 주님은 주의 백성으로 인해 주의 날은 길 것이요 또 주님의 손으로 여호와께서 기뻐하시는 의를 이루는 하나님의 나라를 성취하실 것입니다. 예수님은 하나님의 의로운 종이 되어 많은 사람을 의롭게 하며 그들의 죄악을 친히 담당하였습니다.(이사야 53:1-12) 그분이 예수님이고 우리가 기다리던 메시야(그리스도)이며 하나님의 아들이십니다. 이것이 하나님의 복음(좋은 소식)입니다.(이사야 52:7)

빌립의 설교를 들은 에디오피아 여왕 간다게의 재물 관리인 내시는 길 가다가 물 있는 곳에 이르러 보라 물이 있으니 내가 세례를 받음에 무슨 거리낌이 있느냐 하고 말했습니다. 이에 명하여 수레를 멈추고 빌립과 내시가 둘 다 물에 내려가 빌립이 세례를 베풀고 둘이 물에서 올라올새 주의 영이 빌립을 이끌어가고 내시는 기쁘게 길을 가므로 그를 다시 보지 못하였다고 기록하고 있습니다. 그가 세례를 받았다 함은 예수님을 믿는 공동체의 일원이 된 것입니다.

성도 여러분 이제 오늘의 주제인 고난받는 종 예수님에 대하여 결론을 내려야 할 때가 되었습니다. 예수님은 고난을 받지만 아무 죄가 없는 '의의 종'입니다. 이런 사상은 모세 오경에 나타난 "인과응보" 사상에서 "죄가 없어도 징계를 받는 종" 사상으로 확장되는 것을 볼 수 있습니다.

이런 세상 죄를 지고 가는 어린양의 사상은 초기 기독교에서 예수님에 대한 기독론을 형성하는 중요한 사상이 되었습니다. 이사야서 65장 17-20절과 66장 22절 말씀을 한번 보도록 하겠습니다.

보라 내가 새 하늘과 새 땅을 창조하나니 이전 것은 기억되거나 마음에 생각나지 아니할 것이라 너희는 내가 창조하는 것으로 말미암아 영원히 기뻐하며 즐거워할지니라 보라 내가 예루살렘을 즐거운 성으로 창조하며 그 백성을 기쁨으로 삼고 내가 예루살렘을 즐거워하며 나의 백성을 기뻐하리니 우는 소리와 부르짖는 소리가 그 가운데에서 다시는 들리지 아니할 것이며 거기는 날 수가 많지 못하여 죽는 어린이와 수한이 차지 못한 노인이 다시는 없을 것이라 곧 백세에 죽는 자를 젊은이라 하겠고 백세가 못되어 죽는 자는 저주받은 자이리라(이사야 65장 17-20절)

내가 지을 새 하늘과 새 땅이 내 앞에 항상 있는 것 같이 너희 자손과 너희 이름이 항상 있으리라 여호와의 말이니라(이사야 66장 22절)

성도 여러분 앞에 인용한 이사야서의 말씀은 제3 이사야에 속한 부분으로 요한 계시록 22장 1-2절 말씀에 나타납니다. 요한 계시록에는 어린양에서 시작된 사상이 어린양을 따르는 사람들과 함께 새 하늘과 새 땅 그리고 새 예루살렘까지 가는 긴 여정으로 이어지고 있습니다. 예수님이 다시 오심에 대한 묵시적인 희망을 노래하고 있습니다.

수난주일을 맞는 요즘 이 땅, 이 시기는 참으로 많은 어려움을 가지고 있습니다. 예수님의 고난을 생각하며 교회나 국가를 위해 기도할 때입니다. 예수님이 오심으로 종말은 시작되었습니다. 예수님이 십자가에 죽으심으로 흑암의 세력으로부터 우리를 구원하셨습니다. 예수님을 믿는 우리는 빛이 되신 예수님을 따라가는 하나님의 백성이 되었습니다. 그렇지만 예수님이 다시 오실 때까지 우리는 세상에서 악과 마주 보고 있어야 됩니다. 세상의 악에 빠지지 않도록 기도하여야 할 때입니다.(요 17:15) 성도 여러분 간절하게 기도하겠습니다.

상한 갈대도 꺾지 아니하시고 꺼져가는 등불도 끄지 아니하시는 예수님
당신의 찔림은 우리의 허물 때문이었고
당신의 상함은 우리의 죄악 때문이었습니다.
당신이 채찍에 맞음으로 우리가 나음을 입었고
당신의 징계로 멀어졌던 하나님과 화해하고 평화를 누리게 되었습니다.
당신은 우리를 위해 질고를 지시고 우리의 슬픔을 감당하셨지만
우리는 하나님의 길을 가지 아니하고 세상의 길로 갔습니다.
당신은 우리를 위해 십자가에 피 흘려 죽으셨지만
어린양처럼 입을 열지 아니하시고 우리의 죄를 친히 감당하셨습니다.
이 시간 회개하며 간절히 기도합니다.
하나님의 백성인 우리가 악한 길에서 떠나게 하시고
수난절을 맞는 이 땅의 황무함을 돌아보옵소서.
우리의 진정한 회개의 눈물과 기도를 들어 주셔서
이 땅 고쳐주옵소서. 아멘.

제28과

사도행전 바울, 다메섹으로 가는 길

; 사도행전 9:1-31, 갈 1:11-17, 빌 3:4-11

사울이 길을 가다가 다메섹에 가까이 이르더니 홀연히 하늘로부터 빛이 그를 둘러 비추는지라 땅에 엎드러져 들으매 소리가 있어 이르시되 사울아 사울아 네가 어찌하여 나를 박해하느냐 하시거늘 대답하되 주여 누구시니이까 이르시되 나는 네가 박해하는 예수라 너는 일어나 시내로 들어가라 네가 행할 것을 네게 이를 자가 있느니라 하시니(사도행전 9:3-6)

바울에게 다메섹(다마스쿠스)으로 향하는 "길"은 그의 삶에서 커다란 전환점이 되었습니다. 흔히 교회에서 바울의 회심으로 불리는 이 사건이 다메섹으로 가는 도상에서 주님을 만나 이루어졌기 때문입니다. 우리는 "길"이라는 주제로 여러 번 이야기 하게 되었는데 다메섹으로 가는 바울의 길을 또 만났습니다. 엠마오로 가는 길에서 글로바를 포함한 두 제자가 부활하신 예수님을 만나 예수님에 대한 성경을 통한 새로운 깨달음을 얻어 눈이 밝아짐으로 부활의 증인이 되었고(눅 24:13-48) 에디오피아로 가던 간다게의 재물 관리인 내시가 빌립을 만나 구약에서 예언된 '의의 종'이 예수 그리스도에 의해 이루어진 사실을 깨닫고 세례를 받으며 즐겁게 집을 향하여 갈 수 있었다면(행 8:26-40) 이어서 나오는 사도행전 9장에서 기록하고 있는 바울이 다메섹으로 향하던 "길"에서 어떤 일들이 있었던 것일까요? 오늘은 많이 알려져 있고 설교 되었던 이 사건을 성경의 본문을 따라 읽어 나가며 이야기하도록 하겠습니다.

기독교 역사에서 바울처럼 독특한 인물이 없습니다. 지금 우리들이 가지고 있는 신약 성경 27권 중에서 13권이 바울 서신이고 그 외의 책들도 직접 또는 간접적으로 바울의 사상과 서신들이 영향을 주었다면 그는 어떤 사람이었는지 이해하고 넘어가야 합니다. 우리가 읽고 있는 사도행전도 9장중 1-31절을 포함하여 사도행전 13장에서 28장까지 바울의 선교와 예루살렘 그리고 로마로 가는 길 이야기이므로 많은 부분을 바울의 이야기가 차지하고 있습니다. 뿐만 아니라 복음서에서부터 요한 계시록까지 바울의 묵시적인 사상과 바울의 복음 사상들이 연결되어 있어 신약 성경 전체의 사상을 이해하려면 바울의 사상과 서신을 공부하는 것이 중요합니다. 그중에서도 특히 오늘 이야기하려는 바울의 다메섹 사건이 바울 자신이 선교하는 복음의 선교 현장에서 스스로 어떻게 이해하며 선포하고 있는지 알아 볼 것입니다. 바울의 다메섹 사건은 바울 신학의 기초가 되며 바울 신학 이해의 시작점이 됩니다.

성경에 나와 있는 바울에 관한 잘 알려진 이야기부터 시작해야겠습니다. 기독교 역사에서 바울은 독특할 뿐만 아니라 그의 삶은 드라마틱합니다. 바울은 사도행전 8장 1절에서 이미 스데반의 순교 현장에 모습을 보이며 그의 죽음을 율법에 의한 처형이라 여겨 정당한 것이라 생각했습니다. 스데반이 순교한 후 예루살렘에 있는 교회는 큰 박해를 당했습니다. 그리고 8장 3절에 사울(사울을 히브리식 이름이고 바울은 헬라식 이름입니다 사도행전 13:9절 이후는 바울이라는 이름으로 사용합니다)은 예수를 믿는 사람들 각 집에 들어가 남녀를 끌어다가 옥에 넘기며 교회를 잔멸하였습니다. 그리고 오늘의 본문인 9장 1절에서 사울은 여전히 주의 제자들에 대하여 위협과 살기가 많았다고 전하고 있습니다. 사울은 대제사장에게 가서 다메섹 여러 회당에 가져갈 공문을 청합니다. 이는 만일 예수님의 도를 따르는 사람을 만나면 남녀를 막론하고 결박하여 예루살렘으로 잡아오려고 한 것입니다. 그리고 사울은 다메섹으로 향합니다. 공문을 받았다는 것은 대 제사장으로부터 다메섹에서 '예수의 도'를 전하는 사람들에 대한 판단을 사울에게 전권을 준 것입니다. 이 판단의 기준은 무엇일까요? 판단의 기준과 잣대는 율법입니다. 그렇다면 사울은 누구에게나 공평하게 율법을 적용시킬 수 있는 지식이 있었고 그 지식으로 예수를 믿는 사람들이 율법에 어긋나는지 판단할 수 있는 권위를 이미 대 제사장에게 받았으며 유대 사회로부터 공문을 통해 인정을 받은 것입니다. 그래서 사울은 율법학자였을 것으로 추정하는 학자도 있습니다. 사도행전 21장 31절 이하에 바울은 예루살렘에서 백성들에게 누명을 쓰고 잡힌 후 죽을 정도로 맞고 있는데 천부장과 백부장이 나타나 구해줍니다. 그리고 천부장과는 헬라어로 대화하고(행 21:37) 백성들에게는 히브리어로 말합니다.(행 21:40)

나는 유대인으로 길리기아 다소에서 났고 이 성에서 자라 가말리엘의 문하에서 우리 조상들의 율법의 엄한 교훈을 받았고 오늘 너희 모든 사람처럼 하나님께 대하여 열심이 있는 자라(사도행전 22:3)

바울이 자신을 소개하며 다음과 같이 말을 합니다. 다소에서 태어나[107) 헬라 언어에 능통하는 헬라식 교육을 받았고 가말리엘의 문하에 들어가 율법의 엄한 교육을 받은 자로 유대식 교육인 율법 교육도 철저히 받은 사람입니다. 그리고 유대인 중에 베냐민 지파 출신이었고(롬 11:1, 고후 11:22, 빌 3:5) 율법으로는 바리새인이었습니다.(행 23:6) 바리새인이라 함은 예수님 당시 유대교 안에는 여러 당파가 있었습니다. 예를 들어 보면 사두개파, 바리새파, 에세네파, 열심당 등 여러 파가 있었다고 전해지고 있습니다. 그중에서 사두개파와 바리새파를 설명하는 사도행전 23:6-9의 설명을 보겠습니다.

바울이 그 중 일부는 사두개인이요 다른 일부는 바리새인인 줄 알고 공회에서 외쳐 이르되 여러분 형제들아 나는 바리새인이요 또 바리새인의 아들이라 죽은 자의 소망 곧 부활로 말미암아 내가 심문을 받노라 그 말을 한즉 바리새인과 사두개인 사이에 다툼이 생겨 무리가 나누어지니 이는 사두개인은 부활도 없고 천사도 없고 영도 없다 하고 바리새인은 다 있다 함이라 크게 떠들새 바리새인 편에서 몇 서기관이 일어나 다투어 이르되 우리가 이 사람을 보니 악한 것이 없도다 혹 영이나 혹 천사가 그에게 말하였으면 어찌 하겠느냐 하여(행 23:6-9)

이 성경 구절은 바울이 예루살렘에서 잡힌 다음 고발당하여 공회에서 심문하는 과정에서 나온 이야기입니다. 사두개파와 바리새파의 차이점은 사두개파는 부활과 천사와 영을 믿는 신앙이 없고 바리새파들을 믿었음을 말합니다. 사두개파는 모세 오경을 중심으로 믿었고 성전 중심의 사람들이였다면 바리새파는 모세 오경 뿐만 아니라 장로들의 유전(장로들이 율법을 설명하고 해석한 전통을 적

---

107) 길리기아 지방 다소는 소읍이 아니었습니다.(행 21:39) 이 지방 수도로 알려지고 있습니다.

은 책)을 믿고 평신도들도 제사장의 율법까지 지키려 했던 사람들입니다. 그러므로 바울이 바리새파였다고 강조하는 것은 자신의 삶에서 율법에 흠이 없을 정도로 열심히 믿었음을 말합니다.(빌 3:6) 갈라디아서 1:14절을 보면 내 동족 중 여러 연갑자보다 유대교를 지나치게 믿어 내 조상의 전통에 대하여 더욱 열심이 있었다고 고백하고 있습니다.

이런 사울(바울)은 대 제사장의 공문을 들고 다메섹(다마스쿠스)을 향하고 있습니다. 사울 생각은 십자가의 도를 믿는 예수 그리스도 교회는 율법으로 정죄받아 죽은 예수를 믿는 사람들입니다. 그것도 십자가에 죽은 사람은 신명기서에 의하면 나무에 달려 죽은 사람은 하나님의 저주를 받은 자입니다.(신 21:23) 그런 사람을 믿는 것은 바울로서는 이해가 되지 않았습니다. 그래서 그는 다메섹을 향하여 가면서 예수의 도를 따르는 교리가 율법에 어떻게 어긋나는지 자신이 배운 율법을 기준으로 판단하려고 하였을 것입니다. 이때 사울이 길을 가다가 다메섹에 가까이 이르더니 홀연히 하늘로부터 빛이 그를 둘러 비추었습니다. 땅에 엎드러져 들으매 소리가 있어 이르시되 “사울아 사울아 네가 어찌하여 나를 박해하느냐” 하셨습니다. 사울이 대답하였습니다. 주여 누구시니이까 하자 “나는 네가 박해하는 예수”라고 대답하였습니다.(행 9:3-5) 그리고 너는 일어나서 다메섹 시내로 들어가라 하시고 네가 행할 것을 네게 이를 자가 있다고 말씀하셨습니다. 사울이 땅에서 일어나 눈은 떴으나 아무것도 보지 못하고 사람의 손에 끌려 다메섹으로 들어가서 사흘 동안 보지 못하고 먹지도 마시지도 아니하였습니다.(행 9:8-9)

그때에 다메섹에 아나니아라 하는 제자가 있어 주께서 환상 중에 불렀습니다. 그리고 아나니아를 불러 다메섹 직가라 하는 거리로 가서 유다의 집에서 기도하고 있는 다소사람 사울에게 안수하여 다시 보게 하라는 것이었습니다. 아나니아도 사울에 관하여 이미 소문을 들어 알고 있었습니다. 사울이 예루살렘에서 주의 성도에게 적지 않은 해를 끼쳤다는 이야기와 여기서도 주의 이름을 부르는 모든 사람을 결박할 권한을 대제사장들에게서 공문을 받아 여기에 왔다는 사실을 알고 있었습니다. 주께서 아나니아에게 ‘가라’ 명령하고 사울에 대하여 설명합니다. “이 사람은 내 이름을 이방인과 임금들과 이스라엘 자손들에게 전하기 위하여 택한 나의 그릇입니다” 하고 “그가 내 이름을 위하여 얼마나 고난을 받아야 할 것을 내가 그에게 보이리라” 하셨습니다.(행 9:10-16) 아나니아는 “내가 여기 있나이다 나를 보내소서”(이사야 6:8)하는 심정으로 자신을 박해하고 결박하러 온 사울을 향해 두렵고 떨림을 가지고 나아갑니다. 사울이 있는 집에 들어가서 그에게 안수하여 이르되 형제 사울아 주 곧 네가 오는 길에서 나타나셨던 예수께서 나를 보내어 너로 다시 보게 하시고 성령으로 충만하게 하신다 하였습니다. 그러자 즉시 사울의 눈에서 비늘 같은 것이 벗어져 다시 보게 되었습니다. 엠마오로 가던 두 제자가 부활하신 예수님을 만나 성경을 깨달아 알게 된 후 눈이 가리어졌던 것에서 밝게 된 것처럼 에디오피아로 향하던 관리인 내시가 빌립의 이사야서 설명으로 깨달음을 얻었던 것처럼 바울이 예수에 대한 새로운 깨달음을 얻은 것입니다. 이렇게 아나니아로부터 안수를 받자 즉시로 예수에 대한 깨달음을 얻은 것입니다. 그리고 즉시로 아나니아로부터 세례를 받습니다. 세례를 받았다는 것은 교회 공동체의 일원이 되었음을 의미합니다. 그리고 음식을 먹어 강건하여 진 다음 다메섹에서 제자들과 며칠 동안 함께 지내며 예수에 대하여 이야기 하였을 것입니다.

그런데 바울의 태도를 보십시오. 즉시로 다메섹에 있는 회당에 가서 예수가 하나님의 아들이심을 전파하였다고 하였습니다.(행 9:17-20) 바울의 이 고백은 제2과 “복음서를 읽는 눈”에서 제자들이 예수님을 바라보며 고백하고 있는 눈에 대하여 설명하였는데 바울이 예수는 그리스도시요 하나님의 아들임을 아는 제자의 눈인 그 깨달음을 바울이 가졌음을 의미합니다. 다메섹의 회당에서 바울의 고백을 듣는 사람들은 기절초풍할 사건이 생긴 것입니다. 아니 이 사람은 예루살렘에서 주의 이름을 부르는 사람을 멸하려던 자가 아니냐 여기 온 것도 그들을 결박하여 대제사장들에게 끌어가고자 함이 아니냐 하고 말하였습니다. 사울은 힘을 더 얻어 예수를 그리스도라 증언함으로 다메섹에 사는 유대인들을 당혹하게 하였습니다. 예수의 제자들 중 다양한 계층에 있는 사람들이 있었습니다. 어부에서부터 세리 그리고 어떻게 보면 유대교 중에서 열심당원 같은 사람도 있습니다.[108] 그런데 바울은 정통 율법을 배운 학자일 뿐만 아니라 그의 서신과 설교 및 변론을 보면 당시 로마 사회에서 로마-헬라의 유명한 학문인 수사학에 능통한 사람임을 알 수 있습니다.[109] 이렇게 주의 제자들을 박해하고 핍박하여 그들을 잡으러 왔다가 부활하신 예수를 만나 즉시로 세례를 받고 주의 제자가 된 사건은 흔하지 않는 사건임에는 틀림없습니다.

이 일이 있은 후 바울에게는 평생 그를 따라 다니는 두 가지 문제가 생겼습니다. 하나는 자신이 몸담고 있었던 바리새인들의 반발입니다. 벌써 다메섹에서 여러 날이 지나매 유대인들이 배신한 사울을 죽이기로 공모하였습니다.(행 9:23)

108) 예수의 12제자 중에서 가나나인 시몬이란 사람이 있습니다. 이때 가나나인이란 뜻이 아람어로 열심당원이란 뜻입니다.

109) 유태엽, 누가의 수사학적 역사기술(Rhetorical Historoigraphy)에 대한 소고-행 24:1-21을 중심으로; 유태엽 교수님은 행 24:1-21을 중심으로 수사학에 대한 자세한 설명을 하고 있다. 사도 바울의 수사학적인 진술은 저자 누가의 수사학적 묘사이지만 이미 바울 서신에서 보여주는 논리적인 편지를 통하여 바울의 수사학적인 표현들을 많이 볼 수 있다.

그 계교가 사울에게 알려졌습니다. 그들이 그를 죽이려고 밤낮으로 성문까지 지키게 되어 그의 제자들이 밤에 사울을 광주리에 담아 성벽에서 달아내려 살아날 수 있었습니다. 두 번째 문제가 생겼습니다. 이제 사울은 세례를 받고 예수 그리스도 공동체 일원이 되었습니다. 그래서 사울이 예루살렘에 가서 제자들을 사귀고자 하나 다 두려워하여 그가 제자 됨을 믿지 아니하였습니다. 그래서 바나바가 바울을 데리고 사도들에게 가서 그가 다메섹으로 가는 길에 어떻게 주를 보았는지 그리고 주께서 그에게 말씀하신 일과 다메섹에서 그가 어떻게 예수의 이름으로 회중 앞에서 담대히 말하였는지를 설명하여야 하였습니다. 주의 제자 중 믿음이 좋고 존경받는 바나바가 바울의 보증이 되었다는 뜻입니다. 그래서 사울이 제자들과 함께 있어 예루살렘에 출입하며 또 주 예수의 이름으로 담대히 말하고 헬라파 유대인들과 함께 말하며 변론하니 그 사람들이 죽이려고 하였습니다.

사도행전에는 이렇게 기록하고 있지만 바울이 직접 쓴 바울 서신을 읽어 보면 이 문제가 그렇게 간단하지 않습니다. 우선 유대교 특히 유대교중 바리새파 입장에서 보면 바울은 완전히 그들의 율법을 배반한 자입니다. 그래서 수도 없이 많은 기회에 바울을 죽이려고 하였습니다. 반대로 바울 입장에서 보면 자신은 왜 바리새파에서 예수 그리스도파로 회심하여 가게 되었는지 끊임없이 바리새파들과 논쟁하였습니다. 그 유명한 논쟁이 갈라디아서와 로마서를 기록하게 되었고 바울은 이 책에서 율법과 복음을 대조하며 "하나님의 의"를 설명하고 있습니다. 바울은 회심한 후 율법의 행위로는 하나님의 의를 이룰 수 없다고 설명하며 율법외에 한 의가 나타났는데 이는 오직 예수를 믿음으로 생기는 하나님의 의로서 값없이 주신 하나님의 은혜임을 설명하였습니다.(롬 3:21-24)

두 번째는 기독교 공동체 안에 다양한 분파들이 있었습니다. 고린도전서를 보면 초기 기독교안에서도 교회가 바울파, 아볼로파, 게바(베드로)파, 그리스도파 등이 있어 분쟁하였다는 기록이 있습니다.(고전 1:12) 이처럼 같은 예수를 믿는 분파가 있었는데 그들 중에서 바울을 공격하는 사람들이 많음을 알 수 있습니다. 바울에 대하여 무엇을 공격하였나요? 그렇습니다. 여러 번 강조하였지만 바울의 사도성에 관한 것입니다. 즉 바울의 출신 성분이 예수의 직접 제자도 아니었을 뿐만 아니라 예수님 부활의 직접 목격자도 아니며 오히려 주의 제자들을 박해하였던 사람이기 때문입니다. 따라서 당시에도 바울의 사도성에 대한 문제로 많은 공격을 당하였습니다.

오늘날 우리가 가지고 있는 신약 성경 중 27권에서 13권이 바울의 서신입니다. 그 외의 책들도 바울의 영향은 상당히 많은 부분을 차지하고 있습니다. 바울은 끝까지 자신이 처음에 몸담았던 바리새파 사람들의 죽음의 협박 속에서도 율법의 행위로는 하나님의 의를 이룰 수 없음을 줄기차게 이야기 하고 있습니다. 이는 자신의 정체성을 설명하는 부분으로 적당한 타협을 할 수 없습니다. 이로 인하여 두 번째 문제인 초기 기독교 안에서 유대교와 유사한 유대 기독교가 있었습니다. 즉 우리가 예수를 믿지만 유대교에 있는 할례뿐 아니라 율법을 지켜야 하고 음식을 먹을 때도 구별한 음식을 먹어야 하는 성결법을 지켜야 한다는 복음이 있었습니다. 이때도 바울은 이런 중간적인 신앙조차 단호히 거부합니다. 이것을 바울은 다른 복음이라고 주장하여 배격하고 있습니다.(갈 1:6-9) 이렇게 바울과 다른 복음을 주장하는 교회는 바울 교회를 찾아와서 바울은 사도가 아니므로 그를 따르면 안 된다고 말하였습니다. 이에 대하여 각 교회를 향하여 그리스도의 사랑을 가지고 눈물로 쓰고 있는 것이 바로 각 교회에 보내는 바울의 서신들입니다.

오늘의 이야기 다메섹으로 가는 길에서 바울 이야기의 결론을 내려야겠습니다. 바울은 초기 기독교 역사에서 독특하며 드라마틱한 삶을 살았습니다. 그는 수도 없는 죽음의 고비를 넘기면서 기독교 역사에서 가장 크게 공헌한 예수 그리스도의 증인이 되었습니다. 이 증인의 시작이 바로 다메섹으로 가는 길에서 부활한 예수를 만났기 때문입니다. 그가 평생 자신을 설명하면서 하는 말이 있습니다. 저는 유대교에 있을 때 누구 보다 조상의 전통에 열심을 다했던 사람입니다.(갈 1:14) 그 열정으로 열심히 교회를 박해하였습니다.(빌 3:6) 그런데 그런 바울을 부활하신 예수님이 찾아오셨습니다. 이것은 오로지 주님의 은혜가 아니면 설명할 방법이 없습니다.(갈 1;15) 바울의 고백을 들어 보십시오. 이제는 예수님을 알기 이전 과거에 가지고 있던 내게 유익하던 무엇이든지 내가 그리스도를 위하여 다 해로 여깁니다.(빌 3:7) 이 모든 것을 해로 여김은 내 주 그리스도 예수를 아는 지식이 가장 고상하기 때문입니다. 내가 그를 위하여 모든 것을 잃어버리고 배설물로 여김은 그리스도를 얻고 그 안에서 발견되려 함이니 내가 가진 의는 율법에서 난 것이 아니요 오직 그리스도를 믿음으로 말미암은 것으로 곧 믿음으로 하나님께로부터 난 의입니다. 내가 그리스도와 그 부활의 권능과 그 고난에 참여함을 알고자 하여 그의 죽으심을 본받아 어떻게 해서든지 죽은 자 가운데서 부활에 이르려 합니다.(빌 3:8-11) 바울의 부활 신앙에 대한 고백입니다.

바울은 다메섹을 향하여 가는 도상에서 부활하신 예수님을 만났습니다. 그는 십자가에 죽으신 예수님은 율법에 의한 정당한 죽음으로 생각했습니다. 그런데 부활하신 예수님을 만난 것입니다. 그렇다면 바울이 믿는 하나님이 예수님을 부활시키신 것은 그가 아무 죄가 없음을 말하는 것입니다. 그러면 율법으로 죽은 예수가 부활하여 아무 죄가 없다면 율법이 잘못된 것입니다. 그러기에 부활의 주님을 체험한 바울은 율법은 죄를 드러내어 정죄를 함으로 사망에 이르게 하지만 복음은 하나님의 은혜로 죄를 사하여 주시고 생명에 이른다고 바울은 말할 수 있었습니다.(롬 8:2) 자신이 대 제사장의 공문서를 받아서 다메섹으로 가면서 예수를 믿는 제자들을 율법의 잣대로 잘못을 지적하고 체포하려고 가는 중에 부활하신 예수님을 만나고 주는 그리스도시요 하나님의 아들이 된 것을 믿게 된 것입니다. 이제 그리스도의 부활의 증인으로 살아가면서 사도로 부르신 것은 특히 이방인의 사도로 나를 부르신 것은 오직 하나님의 은혜가 아니면 설명할 길이 없다고 말하고 있습니다. 이 부르심은 '하나님의 뜻이었습니다'라고 고백하는 것입니다.(롬 8:28) 또한 사도 바울은 평생 선교하면서 다메섹으로 가는 중에 만난 부활의 주님을 생각하며 나 같은 사람도 이방인의 사도로 세우심을 보면 나는 이미 '어머니의 태로부터 나를 택정하셨습니다.' 이렇게 고백하고 있는 것입니다. (갈 1:15)

성도 여러분 사도 바울은 예수를 믿는 사람들을 박해하고 핍박하였던 사람입니다. 그런 사람도 부활하신 예수님을 만난 이후 예수 그리스도의 증인이 되었습니다. 여러분도 여러분의 삶에서 각기 다른 어느 길을 가고 있습니다. 그 길에서 바울처럼 비록 지금은 어렵고 힘들더라도 부활하신 예수를 만나면서 성경 공부를 통하여 예수님이 그리스도가 되시고 하나님의 아들임을 깨달아 눈이 밝아짐으로 그리스도의 증인으로 살아가는 믿음이 계속되기를 기도합니다.

제29과

사도행전 베드로(2부), 이방인에게도 생명을 얻는 회개를 주셨습니다

; 사도행전 10:1-11:18

그들이 이 말을 듣고 잠잠하여 하나님께 영광을 돌려 이르되 그러면 하나님께서 이방인에게도 생명 얻는 회개를 주셨도다 하니라(사도행전 11:18)

지난 시간 베드로에 관한 글을 보니 사도로서 베드로와 바울은 많이 달라보였습니다. 베드로는 정통 열두 사도의 멤버로서 열두 사도의 대표성을 지닌 사도였습니다. 바울은 예수를 믿는 제자들과 교회를 탄압하다가 부활하신 예수님을 만나고 주님의 제자가 된 사도였습니다. 고린도 전서 15장 4-8절에 기록된 바울이 쓴 사도 명단을 보겠습니다.

장사 지낸 바 되셨다가 성경대로 사흘 만에 다시 살아나사 게바에게 보이시고 후에 열두 제자에게 와 그 후에 오백여 형제에게 일시에 보이셨나니 그중에 지금까지 대다수는 살아 있고 어떤 사람은 잠들었으며 그 후에 야고보에게 보이

셨으며 그 후에 모든 사도에게 와 맨 나중에 만삭되지 못하여 난 자 같은 내게도 보이셨느니라(고전 15:4-8)

바울이 작성한 사도목록인 이 기록을 보면 게바(베드로)가 맨 먼저 나오고 열두 사도 그리고 오백여 형제가 나온 다음 주의 동생 야고보가 나오고 바울 자신을 소개하고 있습니다. 즉 부활의 증인으로서 사도 목록에 베드로가 맨 처음 나오고 자신을 맨 마지막에 기록하고 있습니다. 바울은 자신의 사도를 표현할 때 맨 나중에 "만삭되지 못하여 난 자" 같은 내게도 보이셨다고 하고 나는 사도 중에 가장 작은 자라고 말하고 있습니다. 그렇지만 자신이 사도가 된 것은 오로지 하나님의 은혜라고 고백하고 있습니다. 이처럼 교회 안에서 정통 제자로서의 베드로와 박해자였다가 제자가 된 바울은 사도로서 권위와 영향력은 차이가 있을 수 있다는 생각이 듭니다.

그럼에도 불구하고 한 가지 사실을 절대 잊어서는 안 됩니다. 우리가 사도행전에서 베드로와 바울을 이야기하며 주요 주제가 무엇인지를 말입니다. 그것은 누가복음에서 예수님이 그리스도시요 하나님의 아들임을 이적과 비유를 통해서 그리고 말씀과 자신의 삶, 즉 십자가에서의 죽음과 부활을 통해서 증명하고 있다면 사도행전은 제자들이 예수님이 장사 지낸 바 되셨다가 성경대로 사흘 만에 다시 살아나신 사실을 증언하는 부활의 증인의 삶을 살아가는 이야기란 사실을 절대로 잊어서는 안 됩니다. 그들이 살아가는 삶의 모습이 다르고 그들의 출신 성분에 따라 증인으로 살아가는 삶이 다르더라도 이것은 역사 속에서 나타나는 인류에 대한 거대한 하나님 계획과 섭리 안에 있다는 사실을 잊어서는 안 된다는 말입니다. 시간적으로 하나님의 구원 역사는 창조에서 종말(재창조)에 이르기까지 여러 사람을 통하여 구원 역사를 이루어 나갑니다. 공간적으로는 하늘에서 이루어진 것이 땅에서도 이루어지는데 이 땅에서 이루어지는 공간의 배경에는 예루살렘에서 시작하여 땅 끝까지 가는 구원 역사가 사도행전에서 펼쳐지고 있습니다.

오직 성령이 너희에게 임하시면 너희가 권능을 받고 예루살렘과 온 유대와 사마리아와 땅 끝까지 이르러 내 증인이 되리라 하시니라(사도행전 1:8)

오늘 본문의 말씀을 통하여 사도행전에서 진행하고 있는 구원의 역사가 어디까지 왔는지 확인할 것이며 이 본문의 말씀이 앞으로 전개되는 이방 선교에서 어떤 의미가 있는지 살펴볼 것입니다. 오늘 본문 말씀이 사도행전에서 나타나는 예루살렘에서 온 유대와 사마리아로 전개되는 선교 현장에서 땅 끝까지 갈 때 베드로의 선교가 이방으로 가는 중요한 전환점이 되고 있다는 사실을 설명하려고 합니다.

바리새파들은 율법과 정결법 그리고 장로들의 유전에 대하여 지키려 노력하였고 일반 백성과 제사장이 율법을 지키는 것이 차이가 있음에도 불구하고 그것을 구별하지 않고 모두 지키려고 노력했던 평신도들입니다. 참 대단한 사람들입니다. 규정이 여러 가지 있지만 대표적인 것이 식탁 규정입니다. 바리새파 유대인들의 사고로는 공동 식탁은 하나의 제사로 생각하여 거룩하게 여겼습니다. 따라서 그 식탁에 올라오는 음식도 거룩한 것이어야만 했습니다. 식탁에 오를 수 있는 채소와 박하와 운향도 십일조를 드린 음식만 식탁에 오를 수 있었습니다.(눅 11:42) 그래야 자신들도 거룩함을 유지 할 수 있었습니다. 그렇다면 이들은 자연스럽게 거룩함을 유지할 수 있는 식탁을 함께 할 수 있는 사람들끼리만 공동 식사를 할 수 밖에 없었습니다. 자신들은 거룩함으로 분리된 자로 자신들만이 의인이라 여겼습니다. 예수님은 이를 비판하며 다음과 같이 말씀을 하고 있습니다.

화 있을진저 너희 바리새인이여 너희가 박하와 운향과 모든 채소의 십일조는 드리되 공의와 하나님께 대한 사랑은 버리는도다 그러나 이것도 행하고 저것도 버리지 말아야 할지니라(눅 11: 42)

예수님이 바리새인을 향하여 책망하였지만 그들은 철저히 율법과 정결법을 지킨 사람들입니다. 누가복음에서는 이런 율법과 정결법을 지키는 것도 중요하지만 그 안에 있는 하나님의 공의와 사랑이 없다면 글자 조문에 따른 위선적 행위라는 것입니다. 그러나 문제는 안디옥 사건에서도(갈라디아서 2:11-21)[110] 보듯이 예수님을 믿으며 기독교내에서 율법과 정결법을 지켜야 한다고 하는 그룹이 있었고 이것을 어떻게 받아들여야 하는지 특히 이방 기독교인들이 많이 증가함에 따라 율법의 핵심인 할례와 정결법은 기독교 안에서 중요한 문제가 되었습니다. 또한 만일 지킨다면 어디까지 지켜야 하는지 율법에 대하여 복음을 믿는 사람들은 어떻게 이해하여야 하는지 초기 기독교에서의 최대의 관심사였습니다. 사도행전 10장과 11장을 읽으며 이해하도록 하겠습니다.

먼저 고넬료라는 인물을 소개합니다. 가이사랴에 고넬료라 하는 사람이 있으니 이달리야(이탈리아;Italy) 부대라 하는 군대의 백부장이었습니다. 그가 경건하여 온 집안과 더불어 하나님을 경외하며 백성을 많이 구제하고 하나님께 항상 기도하는 사람입니다.(행 10:1-2) 여기서 중요한 것은 고넬료는 그냥 이방인이 아닙니

110) 갈라디아서에 나오는 사건은 정결법에 관한 이야기로 하나님의 복음과 율법의 행위와 관련한 바울의 책망입니다.

다. 예루살렘에는 성전이 있었지만 디아스포라 유대인 지역에 가면 그 지역의 중심에 회당이 있고 그 회당에는 유대인들이 성경을 읽으며 모임을 갖습니다. 이때 구성원이 있습니다. 대부분이 유대인이겠지요. 그러나 성경에 자주 나타나는 사람들이 있습니다. 이 모임에 참석하는 이방인들입니다. 이 사람들을 성경에서는 "하나님을 경외하는 자" 또는 "하나님을 두려워하는 자"로 표현하는 사람들입니다. 즉 그들은 할례 같은 것을 받지 않았으므로 민족적 이스라엘 사람들이 된 것은 아닙니다. 그러나 유대교에 관심이 많고 하나님을 믿으며 실제로 유대교의 종교적 삶을 추구한 사람들입니다. 고넬료도 이와 같은 "하나님을 경외하는 자"입니다. 사도 바울이 공회에 들어가 부활하신 예수님을 증언 할 때 회당에 있는 유대인도 믿은 사람이 있지만 이들 이방인이었던 하나님을 두려워하고 경외하는 사람들이 많이 믿었다고 기록되어 있습니다. 고넬료가 베드로에게 보낸 사람들이 고넬료를 소개하는 10:22구절을 보면 "백부장 고넬료는 의인이요 하나님을 경외하는 사람이라 유대 온 족속이 칭찬하더니 그가 거룩한 천사의 지시를 받아 당신을 그 집으로 청하여 말을 들으려 한다"고 말하고 있습니다. 이처럼 고넬료는 성경에 대하여 아무것도 모르는 사람이 아니라 이미 성경을 알고 있었고 하나님에 대하여 경외심을 가지고 있는 사람입니다. 고넬료가 기도하는 중에 환상을 봅니다. 하나님의 사자인 천사가 욥바에 있는 시몬 베드로를 청하라고 하여 하인 둘과 부하 중 경건한 사람을 베드로를 초대하기 위해 보냅니다. 이때 베드로는 기도하러 지붕에 올라갔을 때 베드로도 환상을 보게 됩니다.

하늘이 열리며 한 그릇이 내려오는 것을 보니 큰 보자기 같고 네 귀를 매어 땅에 드리웠더라. 그 안에는 땅에 있는 각종 네 발 가진 짐승과 기는 것과 공중에 나는 것들이 있더라. 또 소리가 있으되 베드로야 일어나 잡아 먹어라 하거늘 베드로가 이르되 주여 그럴 수 없나이다 속되고 깨끗하지 아니한 것을 내가 결코 먹지 아니하였나이다 한대 또 두 번째 소리가 있으되 하나님께서 깨끗하게 하신 것을 네가 속되다 하지 말라 하더라. 이런 일이 세 번 있은 후 그 그릇이 곧 하늘로 올려져 가니라(행 10:11-16)

베드로가 기도 중에 본 환상은 하늘에서 내려온 큰 보자기에 싸인 음식을 보게 되는데 "땅에 있는 각종 네 발 가진 짐승과 기는 것과 공중에 나는 것들"이었습니다. 그런데 이것을 잡아먹으라는 것입니다. 레위기 11장에 이런 부정한 짐승과 새와 관련된 규정이 나옵니다. 베드로의 대답은 "주여 그럴 수 없나이다. 속되고 깨끗하지 아니한 것을 내가 결코 먹지 아니하였습니다"고 말하였습니다. 그때 또 두 번째 소리가 났습니다. 가장 중요한 말씀입니다.

또 두 번째 소리가 있으되 하나님께서 깨끗하게 하신 것을 네가 속되다 하지 말라 하더라(행 10:15) 이런 일이 세 번 있은 후 그 그릇이 곧 하늘로 올려져 가니라(행 10:16)

베드로가 본 바 환상이 무슨 뜻인지 속으로 의아해 하더니 마침 고넬료가 보낸 사람들이 시몬의 집을 찾아왔습니다. 아직도 베드로는 그 환상의 의미를 정확히 모릅니다. 그리고 이튿날 베드로는 고넬료가 보낸 사람과 함께 가이사랴에 들어가서 고넬료를 만납니다. 고넬료는 베드로를 맞이하며 엎드려 절할 때 베드로가 일으키며 말하기를 "일어서라 나도 사람이라"고 말합니다. 경배할 대상은 하나님과 예수 그리스도임을 설명하는 것입니다. 고넬료의 집에 들어가 보니 여러 사람이 모여 있습니다. 이때 베드로는 유대인이라는 민족적 정체성을 설명합니다.

이르되 유대인으로서 이방인과 교제하며 가까이 하는 것이 위법인 줄은 너희도 알거니와 하나님께서 내게 지시하사 아무도 속되다 하거나 깨끗하지 않다 하지 말라 하시기로(행 10:28)

이제는 베드로가 왜 하나님이 먹지도 않는 음식을 먹으라고 하며 하나님께서 깨끗하게 하신 것을 네가 속되다고 하느냐 하고 말씀하신 이유를 깨닫게 됩니다. 바리새파적인 유대인의 사고방식에는 하나님 앞에서 거룩하려면 부정한 것에 손을 대거나 접촉하면 안 되며 부정한 음식을 먹으면 안 됩니다. 이런 음식으로 인한 부정함과 정함에 대한 사고방식을 이방인과의 교제 또는 접촉에 비유하고 있는 것입니다. 유대인의 바리새파적인 사고방식으로 이방인과 교제하는 것이 위법하다는 것은 율법에 어긋나며 정결법에 위배되어 부정하다고 생각하는 것입니다. 부정하다면 거룩하지 않게 되어 하나님의 거룩한 백성이 될 수 없습니다. 그런데 고넬료 집에 도착하여 하나님이 환상 속에서 보여준 의미를 깨닫고 베드로는 고넬료에게 묻습니다. 나를 이곳에 부른 이유가 무엇인가요? 고넬료는 우리 믿음의 신도들에게 해당하는 참으로 중요한 대답을 합니다.

이제 우리는 주께서 당신에게 명하신 모든 것을 듣고자 하여 다 하나님 앞에 있나이다(행 10:33)

다른 말로 표현해 보겠습니다. 고넬료는 이미 예수에 관한 소문을 알고 있었을 것입니다. 그리고 베드로가 예수의 제자라는 사실도 알고 있었기에 초청하였습니다. 그런데 고넬료가 알고 싶은 것은 제자 베드로가 예수 그리스도로부터 받은 계시와 말씀이 무엇인지 듣고 싶다는 것입니다. 성도 여러분 예수님이 누구인지 궁금해 하는 또 한사람을 만나게 되었습니다. 베드로가 대답합니다.

베드로가 입을 열어 말하되 내가 참으로 하나님은 사람의 외모를 보지 아니하시고 각 나라 중 하나님을 경외하며 의를 행하는 사람은 다 받으시는 줄 깨달았도다(행 10:34-35)

베드로는 하나님이 주신 음식 환상의 의미를 정확히 몰랐는데 하나님의 나라의 백성으로 삼을 때 하나님은 유대인의 민족적 하나님만이 아니라는 이야기입니다. 각 이방나라에서 하나님을 경외하고 하나님의 의를 행하는 사람은 다 받는 줄을 깨달아 알게 되었다고 고백하고 있습니다. 그리고 베드로는 자신이 받은 계시 예수님에 관한 하나님의 말씀을 설교합니다. 이 구절을 가만히 한번 읽어 보십시오. 사도들의 고백과 같은 것입니다.

만유의 주 되신 예수 그리스도로 말미암아 화평의 복음을 전하사 이스라엘 자손들에게 보내신 말씀 곧 요한이 그 세례를 반포한 후에 갈릴리에서 시작하여 온 유대에 두루 전파된 그것을 너희도 알거니와 하나님이 나사렛 예수에게 성령과 능력을 기름 붓듯 하셨으매 그가 두루 다니시며 선한 일을 행하시고 마귀에게 눌린 모든 사람을 고치셨으니 이는 하나님이 함께 하셨음이라 우리는 유대인의 땅과 예루살렘에서 그가 행하신 모든 일에 증인이라 그를 그들이 나무에 달아 죽였으나 하나님이 사흘 만에 다시 살리사 나타내시되 모든 백성에게 하신 것이 아니요 오직 미리 택하신 증인 곧 죽은 자 가운데서 부활하신 후 그를 모시고 음식을 먹은 우리에게 하신 것이라 우리에게 명하사 백성에게 전도하되 하나님이 살아 있는 자와 죽은 자의 재판장으로 정하신 자가 곧 이 사람인 것을 증언하게 하셨고 그에 대하여 모든 선지자도 증언하되 그를 믿는 사람들이 다 그의 이름을 힘입어 죄 사함을 받는다 하였느니라(행 10:36-43)

사도행전 10장 36-43절의 말씀 전문을 그대로 옮겨놓았습니다. 이 글을 읽고 무엇을 느끼시나요? 누가 복음을 거의 요약한 거나 마찬가지입니다. 예수 그리스도에 관한 복음의 말씀입니다. 예수님이 살아 있는 자와 죽은 자를 심판하러 오실 것입니다. 그러므로 예수님을 믿는 자들은 예수 그리스도의 이름으로 죄 사함을 받을 것입니다. 베드로가 이 말을 할 때에 성령이 말씀 듣는 모든 사람에게 내려왔습니다. 베드로와 함께 온 할례 받은 신자들이 이방인들에게도 성령 부어 주심으로 말미암아 놀랐습니다. 이들은 방언도 하고 하나님을 찬양하였습니다. 이에 베드로가 이르되 이 사람들이 우리와 같이 한 성령을 받았으니 누가 능히

물로 세례 베풂을 금하리요 하고 명하여 예수 그리스도의 이름으로 세례를 베풀었습니다.(행 10:44-48) 이들이 세례를 받았다는 것은 에디오피아 관리인 내시처럼 기독교 공동체의 일원이 되었음을 의미합니다.

갈라디아서에서 바울이 베드로를 책망한 것은 이방인과 식탁 교제를 할 때 야고보가 보낸 감시자가 도착하기 전에 자리를 피한 사실을 말하는 것입니다. 본문의 말씀에 나와 있는 것처럼 유대인인 베드로가 이방인과 식탁 교제를 하는 것은 위법이기 때문입니다. 그러나 사도행전 본문에서는 베드로는 같은 성령을 받았기에 그들에게 세례를 베풀고 함께 며칠간 유하면서 기독교 공동체에 들어온 것을 인정합니다. 이제 이방인도 기독교 공동체에 들어 왔음을 의미합니다. 그런데 문제가 생겼습니다. 이어지는 11장 1절에 유대에 있는 사도들과 형제들이 이방인들도 하나님의 말씀을 받았다 함을 들었습니다. 베드로가 예루살렘에 올라갔을 때에 할례자들이 베드로를 비난합니다. 네가 무할례자의 집에 들어가 함께 먹었다 하는 이야기를 들었다고 비난합니다.(행 11:2-3) 베드로가 정결법을 어겼다는 것입니다. 그래서 베드로가 고넬료를 만나게 된 일들을 그들에게 차례로 설명합니다.

그런즉 하나님이 우리가 주 예수 그리스도를 믿을 때에 주신 것과 같은 선물을 그들에게도 주셨으니 내가 누구이기에 하나님을 능히 막겠느냐 하더라. 그들이 이 말을 듣고 잠잠하여 하나님께 영광을 돌려 이르되 그러면 하나님께서 이방인에게도 생명 얻는 회개를 주셨도다 하니라(행 11:17-18)

이렇게 베드로가 그들에게 이 일을 차례로 설명하여 우리가 그리스도를 믿을 때에 주신 성령을 그들도 같은 선물을 주셨다고 증언하며, 나는 하나님이 시킨 대로 하였다고 설명하자 그들이 잠잠해졌습니다. 오히려 하나님께 영광을 돌리며 하나님께서 "이방인에게도 생명 얻는 회개를 주셨도다"고 하였습니다.

사도행전에서 이 선언은 아주 중요한 의미를 가지고 있습니다. 지금까지 부활하신 예수 그리스도에 대한 선교가 예루살렘에서 시작되어 온 유대와 사마리아로 갈 때까지만 하더라도 민족적 이스라엘이라는 범주로 해석 할 수 있습니다. 비록 유대인과 사마리아인들 간에 지역적 종교적 갈등과 차별이 존재한다 하더라도 야곱의 후손으로 12지파를 이루는 민족적 이스라엘 범주에는 속하게 되므로 종교적으로 크게 문제가 되지 않았습니다. 그러나 땅 끝까지 증인이 되라는 예수님의 말씀을 보면 이방지역으로 선교가 되어야만 했습니다. 이방지역으로 선교가 된다는 것은 결국 이방인에게 선교가 되어야 함을 의미합니다. 그렇다면 유대인과 이방인 사이에 존재하는 민족적 종교의 문제를 교회 내에서 어떻게 해결

해야 될지 크고 심각한 문제가 되었습니다.

성도 여러분 이제 "사도행전 베드로에 관한 2부" 이야기의 결론을 내려야 할 때입니다. 베드로가 비록 환상을 보았지만 고넬료의 초청으로 고넬료의 집을 방문하고 교제하는 것은 유대인들은 특히 바리새파 입장에서 보면 위법한 것임을 베드로도 알고 있었습니다.(행 10:28) 그럼에도 불구하고 베드로는 초청에 응할 뿐 아니라 그들에게 설교를 하고 그들이 성령을 받음으로 세례를 베풀고 같은 교회 공동체 안에 들어오게 하였습니다. 이 소식을 들은 할례 받은 유대 기독교인들이 베드로를 비난하였습니다.(행 11:2) 지금까지 우리가 베드로에 대하여 이야기하면서 베드로는 사실 사도로서 그 권위는 교회 안에서 상당했을 것으로 보았습니다. 그런데 이 고넬료 사건으로 말미암아 베드로의 권위가 흔들리는 것을 볼 수 있습니다. 사도행전에서 이 사건 이후에 커다란 흐름의 변화가 오게 되었습니다.

하나는 이방지역과 이방인 선교가 본격적으로 이루어지기 시작하였습니다. 스데반 순교 이후 흩어진 제자들이 안디옥에 이르러 유대인에게 말씀을 전하는데 헬라인에게도 전했더니 주의 손이 그들과 함께 하시므로 수많은 사람들이 믿고 주께 돌아왔습니다.(행 11:19-21) 예루살렘 교회가 이 소식을 듣고 바나바를 파송합니다. 이때 바나바는 다소에 있는 바울을 데려다가 함께 선교하며 일 년간 큰 무리를 가르쳤고 이때 안디옥에서 예수를 믿는 사람들을 '그리스도인'라 불렀습니다. 드디어 바울이 선교 전면에 등장하는 계기가 된 것입니다. 이렇게 예루살렘에서 이방지역의 선교라는 커다란 역사적 전환점이 제자 베드로에게서 시작되었다는 점입니다.

두 번째 전환점은 초기 기독교에서 이 사건 이후에 두 번째 큰 박해가 시작되었습니다.(행 12:1-2) 첫 번째는 스데반 순교 이후에 예루살렘에 있는 교회가 큰 박해를 받았습니다. 이때 주로 박해의 대상자는 헬라파 유대인 제자였습니다. 사도들은 예루살렘에 남아 있었습니다. 사도들 외에 다른 사람들은 유대와 사마리아 모든 땅으로 흩어졌습니다.(행 8:1-2) 그런데 사도행전 기자는 베드로가 고넬료를 기독교 공동체 안에 들여 놓은 이후에 또 하나의 큰 박해를 서술하고 있습니다. 이때 주요 대상이 사도들이었습니다. 제자 야고보는 칼에 맞아 순교하였고 베드로는 투옥되었습니다. 베드로는 천사의 도움으로 옥에서 풀려나고 풀려난 사실을 예수님의 형제 야고보에게 전하라고 말씀하면서 피신을 합니다. 예수의 형제 야고보가 이후에 교회공동체를 이끄는 수장의 역할을 하는 것으로 보입니다.

성도 여러분 베드로는 예수님의 직접 제자였을 뿐만 아니라 사도 그룹에서도 대표적인 인물이었습니다. 사도행전 15장에서 기독교 역사에서 아주 중요한 첫 번째 사도회의가 열리게 되는데 여기서 안건의 결정에 주의 형제 야고보와 함께 베드로가 중요한 역할을 합니다. 그리고 사도행전 역사에서 베드로의 이름이 사라지게 됩니다. 물론 전승에 의하면 베드로는 네로 황제 시절 기독교 박해시에 순교하였다고 알려지고 있습니다.(전승은 전승으로 생각하면 됩니다.)

베드로 입장에서 보면 자신이 가지고 있는 기독교 공동체에서의 권위와 입지를 생각한다면 당시에 교회에서 주류를 이루고 있는 유대 기독교편에 서서 자신의 안위를 구했을 수도 있었을 것입니다. 그러나 베드로는 하나님이 보여주신 환상을 통해 고넬료의 집을 방문하고 설교하고 교제를 나누고 세례를 베풉니다. 묵묵히 자신에게 쏟아지는 비난을 감수합니다. 마치 예수님이 “예루살렘으로 가는 길”은 자신이 십자가의 수난을 받을 것임을 알고도 한 걸음씩 걸어가는 것과 같습니다. 자신이 고넬료를 만나고 교제하는 것이 비록 교회 공동체 안에서 자신의 권위와 입지가 무너진다고 하여도 이 길이 주님 주신 길이고 십자가를 지고 가는 제자의 길이라면 자신이 누리는 예수님의 수제자로서의 모든 권위도 역사 속에서 하나님의 섭리 안에 내려놓고 제자의 길을 묵묵히 가는 것입니다. 이어지는 사도행전 13장에서 바울은 이방인 선교를 본격적으로 시작하게 됩니다. 베드로는 이방지역과 이방인에게 향한 선교를 바울에게 넘겨주고 있는 것입니다.

우리는 세상에서 살아갈 때 스스로 얼마나 많이 권위를 잃지 않으려 노력하고 있는지 모릅니다. 그 권위를 유지하는 것은 좋지만 그 권위 안에 하나님의 공의와 예수 그리스도의 사랑이 있는지 늘 돌아보아야 합니다. 베드로의 고넬료 사건 이후에 바울은 선교 전면에 등장하며 13장에서부터 이방인 사도로서 땅 끝까지 선교하는 현장으로 들어가게 됩니다. 이런 역사적인 현장에서 베드로는 예루살렘에서 땅 끝으로 유대인에서 이방인으로 복음이 연결되는 자신의 역할을 묵묵히 감당하는 십자가를 지는 제자의 삶을 살아가는 것을 볼 수 있습니다. 성도 여러분 베드로처럼 부활하신 주님을 증언하는 증인의 삶을 살아갈 때 우리 삶속에서 나의 권세와 나의 권위를 드러내지 않고 오직 주님만이 나타나는 축복된 삶이기를 기도합니다. 비록 힘들고 외롭지만 주님 안에 있는 사랑으로 기쁨이 넘치시기를 기도합니다.

“

”

제30과

사도행전 베드로(3부), 예루살렘 사도회의 ; 사도행전 15:1-35

어떤 사람들이 유대로부터 내려와서 형제들을 가르치되 너희가 모세의 법대로 할례를 받지 아니하면 능히 구원을 받지 못하리라 하니(행 15:1)

그러나 우리는 그들이 우리와 동일하게 주 예수의 은혜로 구원받는 줄을 믿노라 하니라(행 15:11)

사도행전 8장 1-3절에서 나오는 큰 박해는 스데반의 순교 후 주로 헬라파 지도자인 제자들을 중심으로 일어났습니다. 이 박해의 가해자 중심에는 사울(바울)이 있었습니다.(행 8:3) 사울은 다메섹에 있는 예수의 제자와 교회를 박해하기 위해 다메섹을 가는 길에서 부활하신 예수님을 만났습니다.(행 9:1-30) 그리고 이어지는 사도행전 10장 이하에서 베드로가 이방인이지만 '하나님을 경외하는 자' 고넬료 가정을 방문하여 설교하고 그들이 제자들과 같은 성령을 받고 방언을 말하며 하나님을 찬양하므로 베드로는 예수 그리스도의 이름으로 그들에게 세례를 주었습니다. 제2과 '복음서를 읽는 눈'에서 제자들이 예수님을 바라보는 눈 즉 예수님에 대한 제자들의 관점을 똑같이 바라보는 '제자의 제자'의 눈도 동일한 복을 주시겠다고 하신 예수님의 말씀대로 베드로의 설교를 들은 고넬료도 예수님의 제자가 되었습니다.(눅 10:23) 이렇게 이방인을 교회의 공동체에 들어오게 한 베드로는 유대계 기독교인중 예수를 믿으면서 율법과 정결법을 지켜야 한다는 그룹으로부터 저항을 받았습니다.(행 11:1-3) 이 사건 후 사도행전에서는 본격적인 이방지역의 선교가 이루어지기 시작하였고 또한 예루살렘에서는 두 번째 큰 박해가 일어났습니다. 이때 예수님의 제자 야고보가 칼에 맞아 죽고 베드로는 투옥되었습니다.(행 12:1-4) 그리고 천사의 도움으로 감옥에서 나온 베드로는 피신을 하게 되고 이후 교회공동체는 예수님의 형제 야고보가 지도자로서 전면에 등장하게 되었습니다.(행 12:17)

한편 스데반의 순교 이후 큰 박해와 환난으로 흩어진 자들이 베니게와 구브로와 안디옥까지 유대인 전도를 하고(행 11:19) 안디옥에서 헬라인에게 전도를 하는데 많은 사람이 믿고 주께 돌아왔습니다.(행 11:20-21) 이때 예루살렘 교회가 이 소문을 듣고 바나바를 안디옥에 파송합니다. 바나바는 다소에 있는 사울을 직접 찾아가 데리고 와서 안디옥에서 1년간 큰 무리에게 복음을 가르쳤습니다. 이때 제자가 된 많은 사람들이 "그리스도인"이라고 불리게 되었습니다.(행 11:26) 그리고 베드로가 이방인 고넬료를 교회 공동체 안에 들어오게 하고 두 번째 큰 박해가 있은 다음 드디어 사도행전은 바나바와 바울을 중심으로 안디옥을 거점으로 이방 선교를 본격적으로 하게 됩니다. 이때부터 바울은 1차 선교 여행을 시작으로 3차까지 선교 여행을 하게 됩니다.

여기서 1차 2차 3차 선교 여행의 구분 점은 안디옥 지역이 중심을 이룹니다. 1차는 13장 1절에서 14장 28절까지 안디옥에서 출발하여(행 13:1) 안디옥으로 돌아옵니다(행 14:26). 바나바와 함께하는 선교입니다. 2차는 15장 36절에서 18장 22절까지 안디옥에서 출발하여(행 15:40) 안디옥으로 돌아옵니다(행 18:22). 이때는 바나바와 결별하고 실라와 함께 출발하여(행 15:40) 디모데와 함께 선교여행 팀이 됩니다(행 16:1). 3차 여행은 18장 23절에서 21장 17절까지입니다. 얼마 있다가 안디옥을 출발하여(행 18:23) 밀레도에서 장로들에게 고별설교를 하고(행 20:17-38) 예루살렘에 도착합니다(행 21:15-17). 이후에 바울은 예루살렘에서 투옥되고 로마로 압송되어집니다.

이처럼 이방선교를 본격적으로 실행하기 이전 베드로가 이방인 고넬료를 교회 공동체에 받아들이며 시작된 갈등 즉 이방인에게 유대교의 민족적 전통인 율법과 정결법을 어떻게 해야 하는지가 이방인 선교에서 가장 큰 문제로 떠오르게 되었습니다. 이미 안디옥에서 많은 이방인들이 교회에 큰 무리가 되어 모이게 되었고 '그리스도인'이 되었습니다. 그리고 사도행전 13-14장까지 바나바와 바울이 이방선교를 본격적으로 하게 되고 많은 이방인들이 듣고 기뻐하여 하나님의 말씀을 찬송하며 영생을 주시기로 작정된 자는 다 믿게 되었습니다. 그래서 그 지방에 주의 말씀이 두루 퍼졌습니다.(행 13:48-49) 바울의 선교는 유대인들의 심한 저항에 부딪혔고 돌로 맞아 죽을 뻔하기도 하였습니다.(행 14:19) 이처럼 선교 현장에는 부활하신 예수님을 증언하는 증인으로서 살아가는 일도 힘들었지만 교회 공동체에 들어온 이방 신도들이 율법을 지키는 문제 그중에서 할례와 정결법을 지켜야만 하는지에 대한 문제는 이방인에게 선교하는 제자들에게 커다란 멍에가 되었고 큰 문제로 대두되었습니다.(행 15:10) 할례는 언약 백성으로 하나님과 맺은 징표이고 정결법은 거룩한 하나님 백성으로 살아가는 하나님과 맺은 규례 또는 율례입니다. 유대인들은 민족적 이스라엘을 이룰 때 이 할례와 정결법은 이스라엘의 정체성에 관련된 것이기에 양보하기 어려운 것입니다. 그래서 이 문제를 다루기 위해 예루살렘 사도회의가 열리게 되었습니다. 오늘 본문의 말씀을 읽어 보겠습니다.

어떤 사람들이 유대로부터 내려와서 형제들을 가르치되 너희가 모세의 법대로 할례를 받지 아니하면 능히 구원을 받지 못하리라 하니(행 15:1)

초기 이방지역 기독교 공동체 안에 중요한 문제가 제기되었습니다. 바나바와 바울이 선교한 지역에 유대지역에서 온 어떤 사람들이 가르쳤습니다. 이방인도 예수님을 믿지만 모세의 법대로 할례를 받아야 구원을 받는다는 복음입니다. 이 말씀은 당시 안디옥을 중심으로 예수를 믿게 된 많은 이방인 신도들이 할례를 행하지 않았기에 구원의 밖에 있는 결과를 초래하게 되었습니다. 이방인 사도로서 선교하는 바나바와 바울과 유대지역에서 온 이들 사이에 많은 다툼과 변론이 일어났습니다. 이에 대한 문제의 해결책으로 바울과 바나바와 그중 몇 사람을 예루살렘에 있는 사도와 장로들에게 보내어 상의하기로 의결되었습니다.(행 15:2) 그래서 이들이 예루살렘에 이르러 교회와 사도와 장로들에게 영접을 받고 하나님이 자기들과 함께 계셔 행하신 모든 일을 말하였습니다. 즉 이방선교 중에 있었던 성과와 할례와 율법의 문제에 대하여 설명하였습니다. 바리새파 중에 어떤 믿는 사람들이 일어나 말하되 이방인에게 할례를 행하고 모세의 율법을 지키라 명하는 것이 마땅하다고 주장하였습니다. 예수님을 믿는 믿음을 가진 바리새파 중의 어떤 사람이 할례와 모세의 율법을 행하여야 한다고 주장한 것입니다.(행 15:4-5) 사도와 장로들이 이 일을 의논하기 위해 모였습니다. 많은 변론이 있은 후 이제 사도의 대표인 베드로가 마지막 발언을 합니다.

많은 변론이 있은 후에 베드로가 일어나 말하되 형제들아 너희도 알거니와

하나님이 이방인들로 내 입에서 복음의 말씀을 들어 믿게 하시려고 오래전부터 너희 가운데서 나를 택하시고 또 마음을 아시는 하나님이 우리에게와 같이 그들에게도 성령을 주어 증언하시고 믿음으로 그들의 마음을 깨끗이 하사 그들이나 우리나 차별하지 아니하셨느니라. 그런데 지금 너희가 어찌하여 하나님을 시험하여 우리 조상과 우리도 능히 메지 못하던 멍에를 제자들의 목에 두려느냐. 그러나 우리는 그들이 우리와 동일하게 주 예수의 은혜로 구원받는 줄을 믿노라 하니라(행 15:7-11)

사도행전에서 나온 베드로의 여러 말씀이 있지만 우리가 지난 시간 읽었던 고넬료의 가정에서 설교하였던 설교문과 오늘 우리가 읽은 베드로의 마지막 발언은 우리의 가슴을 뭉클하게 합니다. 바울은 갈라디아 서신에서 게바(베드로)는 할례를 받은 유대인에게 복음을 전하고 나는 이방인의 사도가 되었다고 말하고 있습니다.(갈 2:7-8) 그렇지만 오늘 본문의 말씀을 읽어보면 베드로는 오순절 성령의 역사가 있은 후 예수 그리스도의 부활의 증인으로 살아가면서 온 이스라엘 사람에게 선교하고(행 2:36) 사방으로 열심히 선교하며 룻다와 욥바에서도 선교합니다.(행 9:32-43) 그리고 이방인이였던 백부장 고넬료에게 선교하며 그를 초기 교회 공동체 안에 들어오게 합니다. 그리고 마지막 고별 설교와 같은 자신의 신앙을 고백합니다. 이 고백은 예수 그리스도의 제자로서 당시 사도의 대표성을 가지고 있는 자로 하나님의 원대한 역사의 섭리 안에서 하는 사도의 고백입니다.

베드로는 비록 유대인으로서 부활의 증인으로 유대인들을 주로 선교하는 역할을 해왔지만 고넬료 가정을 선교하면서 하나님은 유대인 또는 이방인이라는 외모로 하나님의 백성을 삼지 아니하시고 각 나라 중에 예수 그리스도의 복음을 믿어 하나님을 경외하며 의를 행하는 사람을 다 하나님 나라를 이루는 백성으로 삼는다는 것을 깨달아 알게 되었다는 것입니다. 그래서 “나 베드로는 하나님이 이방인들도 내 입에서 나오는 복음의 말씀을 들어 믿게 하시려고 오래전부터 너희 가운데서 나를 택하였다”고 고백하고 있습니다. 이방인의 사도로 부르심을 받았다는 뜻입니다. 또 마음을 아시는 하나님이 우리에게 와 같이 그들에게도 성령을 주어 증언하시고 믿음으로 그들의 마음을 깨끗이 하사 그들이나 우리나 모세의 율법이나 할례와 같은 것으로 이루어진 민족적 유대인이 되었는지 안 되었는지 가지고 차별하지 아니하셨다고 고백하고 있습니다. 따라서 이방인 선교에서 유대인인 우리도 모세의 정결법을 포함한 모든 율법을 다 지키지 못하면서 기독교 공동체에 들어오려면 이방인들로 하여금 다 지켜야 한다고 하는 주장은 선교일선에 있는 제자들에게 우리도 하지 못하는 멍에를 제자들의 목에 두려는 것과 같다고 말씀하고 있습니다. 결론적으로 베드로는 우리는 그들이 우리와 동일하게 주 예수의 은혜로 구원받는 줄을 믿노라 하고 말씀을 마칩니다.(행 15:7-11)

“우리는 이방인들이 우리와 동일하게 주 예수의 은혜로 구원받는 줄을 믿노라” 베드로의 고백과 사도회의 선언은(행 15:11) 모세의 율법에 의한 유대교의 민족적 구원의 종교에서 우리 주 예수 그리스도에 의한 은혜로 온 인류가 구원이 이루어짐을 뜻합니다. 하나님은 예수 그리스도에 대한 믿음을 통하여 유대인의 하나님이 되실 뿐만 아니라 온 인류의 하나님임을 선언하고 있습니다.

베드로가 이렇게 결론을 내린 다음 사도회의에 참석한 온 무리가 가만히 있었습니다. 이때 바나바와 바울이 하나님께서 자기들로 말미암아 이방인 중에서 행하신 표적과 기사에 관하여 말하였습니다. 다시 말씀드리면 바나바와 바울이 이방지역에서 선교하여 그들이 우리와 동일한 성령을 받고 예수 그리스도를 믿고 하나님을 찬양하는 것을 들었다는 것입니다. 그러므로 예수님을 그리스도시요 하나님의 아들임을 고백하는 교회는 한 성령, 한 주님, 한 하나님(고전 12:4-6)임을 말하는 것입니다.

이제 주의 형제 야고보가 선언합니다. 주의 형제 야고보가 이 회의의 의장 또는 결정자인 것으로 보입니다.

말을 마치매 야고보가 대답하여 이르되 형제들아 내 말을 들으라. 하나님이 처음으로 이방인 중에서 자기 이름을 위할 백성을 취하시려고 그들을 돌보신 것을 시므온이 말하였으니 선지자들의 말씀이 이와 일치하도다. 기록된 바 이후에 내가 돌아와서 다윗의 무너진 장막을 다시 지으며 또 그 허물어진 것을 다시 지어 일으키리니 이는 그 남은 사람들과 내 이름으로 일컬음을 받는 모든 이방인들로 주를 찾게 하려 함이라 하셨으니 즉 예로부터 이것을 알게 하시는 주의 말씀이라 함과 같으니라(행 15:13-18)

주의 형제 야고보는 아모스서 9:10-11절을 들어 예수 그리스도에 대한 옛날에 있었던 예언이 지금 성취되었음을 설명하고 있습니다. 그리고 회의의 의장으로서 자신의 의견을 말합니다.

그러므로 내 의견에는 이방인 중에서 하나님께로 돌아오는 자들을 괴롭게 하지 말고 다만 우상의 더러운 것과 음행과 목매어 죽인 것과 피를 멀리하라고 편지하는 것이 옳으니 이는 예로부터 각 성에서 모세를 전하는 자가 있어 안식일마다 회당에 그 글을 읽음이라 하더라(행 15:19-21)

주의 형제 야고보는 이방인들이 그리스도인이 되어 교회의 한 공동체가 될 때 구원의 조건이 모세의 율법과 할례를 행하여야 된다는 민족적인 이스라엘의 주장으로 그들을 괴롭게 하지 말고 다만 4가지 조건, 첫째 우상의 더러운 것 둘째 음행 셋째 목매어 죽인 것 넷째 피를 멀리하라고 선언합니다. 이 네 가지는 이미 각 지역(성)의 디아스포라 회당에서 모세를 전하는 자가 있을 때 회당에 참석하는 유대인이나 이방인에게 레위기 17-18장에서 이 정도를 지키면 서로 함께 예배를 드리고 교제하는데 큰 문제가 없었음을 나타내고 있습니다. 이렇게 이방인에게 적용되는 모세의 율법과 할례에 관한 문제가 사도회의에서 결정이 났습니다. 이 결정에 대한 시행으로 각각 이방지역에 있는 교회에 이 결정사항의 증빙을 위해 사도와 장로와 온 교회의 이름으로 회의에 참석했던 형제 중에 바사바라 하는 유다와 실라를 선택하여 바울과 바나바와 함께 안디옥으로 보내기로 결정합니다. 그리고 편지를 써서 각 이방인 지역에 있는 교회에 보냅니다. 편지의 내용은 다음과 같습니다.

이에 사도와 장로와 온 교회가 그중에서 사람들을 택하여 바울과 바나바와 함께 안디옥으로 보내기를 결정하니 곧 형제 중에 인도자인 바사바라 하는 유다와 실라더라 그 편에 편지를 부쳐 이르되 사도와 장로 된 형제들은 안디옥과 수리아와 길리기아에 있는 이방인 형제들에게 문안하노라 들은즉 우리 가운데서 어떤 사람들이 우리의 지시도 없이 나가서 말로 너희를 괴롭게 하고 마음을 혼란하게 한다 하기로 사람을 택하여 우리 주 예수 그리스도의 이름을 위하여 생명을 아끼지 아니하는 자인 우리가 사랑하는 바나바와 바울과 함께 너희에게 보내기를 만장일치로 결정하였노라 그리하여 유다와 실라를 보내니 그들도 이 일을 말로 전하리라 성령과 우리는 이 요긴한 것들 외에는 아무 짐도 너희에게 지우지 아니하는 것이 옳은 줄 알았노니 우상의 제물과 피와 목매어 죽인 것과 음행을 멀리할지니라 이에 스스로 삼가면 잘되리라 평안함을 원하노라 하였더라(행 15:22-29)

이 결정이야 말로 기독교 역사를 바꾸는 커다란 전환점을 이루고 있습니다. 이스라엘 민족에게 할례는 자신들의 민족 정체성을 표시하는 상징과 같은 것입니다. 이방 지역에 세워지고 있는 교회의 신도가 할례라는 표시 없이 예루살렘(유대)에서 시작된 기독교의 한 공동체에 들어 갈 수 있다는 조건은 할례 없이도 하나님의 백성으로서 예루살렘 중심의 모 교회와 계속 연결되고 있음을 뜻하는 것입니다. 그래서 바울과 바나바 일행은 예루살렘 교회와 작별하고 안디옥에 내려가 무리를 모은 후에 편지를 전하고 읽으며 그 위로한 말로 인하여 기뻐하였습니다. 예루살렘에서 파송된 유다와 실라도 선지자였습니다. 여러 말로 형제를 권면하여 굳게 하고 얼마 있다가 평안히 가라는 전송을 형제들에게 받고 자기를 보내던 사람들에게로 돌아갔습니다. 바울과 바나바는 안디옥에서 유하며 수다한 다른 사람들과 함께 주의 말씀을 가르치며 전파하였습니다.

성도 여러분 사도행전에 나타난 첫 번째 예루살렘 사도회의를 통해서 이제 베드로와 관련된 3부를 마치려고 합니다. 사도행전에서 보여 준 베드로는 우리에게 참 많은 것을 깨닫게 해주고 있습니다. 특히 사도회의에서 보여준 베드로의 마지막 설교는 왜 이렇게 마음이 짠한지 알 수 없습니다. 예수님의 수제자로 사실 한 공동체에 자신의 이름이 충분히 드러날 수도 있는 위치에 있지만 철저히 예수 그리스도의 이름 이외는 그가 가지는 직책이나 권위나 권세를 전혀 나타내지 아니하고 오히려 자신이 몸담고 있는 공동체에서 자신의 권위를 잃어버릴 수도 있는 일들을 기득권에 편승하지 아니하고 하나님의 도도한 역사의 흐름 속에 자신의 모든 것을 십자가에 못 박는 참 제자의 모습을 보면서 많은 생각을 하게 됩니다. 나는 어떤 모습으로 살아가는지 지금까지 살아온 나 자신의 모습을 돌아보면서 오랫동안 묵상하며 기도하여 보았습니다.

제31과

바울의 고별설교

; 사도행전 20:17-38

내가 달려갈 길과 주 예수께 받은 사명 곧 하나님의 은혜의 복음을 증언하는 일을 마치려 함에는 나의 생명조차 조금도 귀한 것으로 여기지 아니하노라(행 20:24)

지난 시간 제22과와 제23과에서 요한복음의 고별설교와 고별기도를 읽어보았습니다. 고별설교와 기도 형식은 죽음이 임박하거나 다시는 만나기 어려운 상황에서 유언과 같은 말씀입니다. 이런 형식은 구약성경의 신명기서가 고별설교와 기도 형식을 가지지만 신약과 구약 성경의 중간기에 유언서 형식의 문학도 많이 등장하는 것을 알 수 있습니다.

오늘은 또 하나의 고별설교를 읽을 텐데 주인공은 바울입니다. 지난시간 신약성경의 전반적인 사상들을 이야기하면서 바울의 이야기를 많이 하였습니다. 신약성경의 사상들을 형성하는데 바울이 기여하는 바는 참으로 큽니다. 예수님의 말씀을 이해하고 논리적으로 설명하는 데는 바울의 공이 크다고 할 수 있습니다.

바울은 회심한 이후 초기 기독교가 가지고 있는 예수님의 말씀과 예수님의 오심과 죽으심과 부활의 의미를 이방지역에서 논리적으로 설명하고 설교하였습니다. 한마디로 요약하면 바울이 전하는 예수님에 관한 하나님의 복음입니다. 우리는 이것을 바울 복음이라고 칭하고 있습니다. 초기 기독교에서 바울과 다른 복음도 있었습니다.(갈 1:8) 그렇지만 우리가 가지고 있는 신약성경은 바울 복음을 중심으로 이루어져 있습니다. 바울은 자신이 세운교회이거나 다른 교회 공동체에게 자신이 특별히 받은 계시 즉 신령한 은사를 나누어 주길 간절히 원했습니다.(롬 1:11)

바울의 신령한 은사는 십자가의 도인데(고전 1:18) 이는 세상의 지혜가 아니요 하나님의 지혜를 말하는 것으로서(고전 2:6-7) 부르심을 받은 자들에게는 하나님의 능력과 지혜가 나타나게 됩니다. 하나님의 지혜로서 십자가의 도를 알면 하나님의 은밀한 것을 아는 영적 지혜를 갖게 됩니다.(고전 2:13) 그래서 바울은 회심한 이후 세 번에 걸쳐 선교여행을 하며 선교지에서 많은 교회를 세웠습니다. 선교지에서 교회를 세우고 떠나면 그 교회에서 발생하는 문제를 알게 되었고 그 교회의 상황과 믿음에 따라 편지 형태로 교훈하며 설교한 것이 신약성경 안에 27권 중 13권이 포함되었습니다. 로마서 고린도전후서 갈라디아서 에베소서 빌립보서 골로새서 데살로니가전후서 디모데전후서 디도 빌레몬서 이렇게 13권의 책입니다. 사도행전의 바울부분(13-28장)뿐 아니라 마태복음에서 요한계시록까지 각각의 책들이 바울의 사상들과 연결되어 있습니다.

사도행전은 누가복음과 연결된 책이라고 말씀드렸습니다. 그래서 누가-행전을 연결된 책으로 보면 누가행전의 전편은 누가복음이고 후편은 사도행전입니다. 그런데 사도행전 안에서 바울에 대한 선교 여행이 13장부터 시작하여 28장 마지막까지 바울의 행적을 그리고 있습니다. 그러므로 사도행전은 예루살렘과 온 유다와 사마리아와 땅 끝까지 이르는 선교 계획이 베드로와 스데반과 빌립과 바울에 의해서 하나님의 섭리에 따라 역사적으로 진행되는 것을 볼 수 있습니다. 오늘 이시간은 저자 누가가 사도행전 속에서 바울을 어떻게 표현하고 있는지 설명하며 이야기를 시작하겠습니다. 그리고 바울의 선교 여행의 일정을 보고 오늘의 본문 말씀인 바울의 고별설교를 읽으며 마무리하겠습니다.

사도행전에 나와 있는 바울의 모습은 어떤 사람일까요? 사도행전 이후에 연결되는 13권에 나오는 바울과 같은 모습인지 다른 모습인지 학자들이 많은 연구를 하고 있습니다. 그런 연구는 학자들 손에 맡기고 우리에게 주어진 성경 본문을 읽으며 신약성경 전체 안에서 우리에게 주시는 예수님의 말씀으로 보고 읽어나가겠습니다. 마태복음에서 요한 계시록에 이르기까지 여러 제자들이 예수님에 관하여 쓰고 있지만 주어진 최종 본문인 성경을 읽으며 예수님의 말씀으로 이해하고 그 말씀을 우리의 삶 속에 적용하는 정경으로 읽고 있습니다.

김득중 교수님의 〈누가의 신학〉에서[111] 사도행전에서 나타나는 바울의 행적과 예수님의 행적을 비교하는 단락이 있습니다. 여러 가지가 있지만 몇 가지만 소개하겠습니다. 우선 예루살렘 중심 사상입니다. 누가복음에서 예수님은 나사렛 출신이지만 태어나실 때 예루살렘 인근 다윗의 고향 베들레헴에서 태어나시고(눅 2:1-5) 예루살렘으로 올라가 정결 예식을 치루고 열두 살 되었을 때 예루살렘 성전에 있었음을 기록하고 있습니다. 그리고 예수님의 사역을 갈릴리에서 시작하여 예루살렘으로 향하는 선교 여정을 그리고 예루살렘에서 사역하고 십자가에서 죽으십니다. 사도 바울은 자신의 이방선교의 흐름을 예루살렘에서 시작하여 이방지역으로 흐르고 있음을 여러 차례 강조하며(롬 15:19) 바울은 자신을 이방인의 사도로 칭하고(갈 2:8) 사도행전에서 세 차례 이방 선교 여행을 합니다. 그렇지만 바울은 자신의 선교여행에서 예수님에 관한 하나님의 복음을 전파하며 이 복음이 예루살렘 교회와 복음의 연결을 위해 끊임없이 노력합니다.

그래서 바울은 사도행전 13-14장에서 바나바와 함께 1차 선교여행을 마치고 15장에서 예루살렘 사도회의에 참석하여 자신의 선교여행 성과를 보고하며 이방인 선교에 대한 할례와 성결법에 대한 지침을 결정하고 2차 선교여행을 시작합니다.(행 15:36) 그리고 2차 선교여행을 마치며 안디옥에 돌아가기 전에 가이사랴에 들려 예루살렘 교회의 안부를 묻고 안디옥으로 내려갑니다.(행 18:22) 그리고 3차여행을 시작합니다.(행 18:23) 3차 여행 중간에 바울은 예루살렘에 가기로 작정을 합니다.(행 19:21) 이후에 여러 지역을 지나면서 선교를 하시고 21장 15절에 예루살렘에 도착하고 예루살렘에서 죽을 고비를 넘기며 투옥된 후 예루살렘에서 예수님에 관한 하나님의 복음을 자신의 변호 형식으로 선포합니다.(행 21:15-26:32) 그리고 로마로 향합니다.(행 27-28장) 바울이 땅 끝까지 가는 선교 여행에서 항상 예루살렘을 중심으로 이방 땅을 향하는 모습을 볼 수 있습니다.

또한 예루살렘에서 예수님이 산헤드린과 헤롯과 빌라도 총독에게 재판을 받는 것처럼(눅 22:66-71, 23:1-25) 바울도 산헤드린(행 22:30-23:10)과 헤롯 아그립바(행 25:13-26:32)와 벨릭스와 베스도 두 총독에게 재판을 받는 장면도 유사합니다. 이 재판 중에 예수님은 빌라도가 세 번이나 무죄 판결을 내리는데(눅 23:4,14,22) 바울도 총독 베스도(행 25:25와 루시아(행 23:29)와 아그립바(행 26:31)에게 세 번씩 무죄 판결을 받습니다.[112] 이처럼 저자 누가는 바울을 그리는 모습이 예수님의 행적과 바울의 행적을 유사하게 그리고 있고 예수님의 사역과 사도

---

111) 김득중, <누가의 신학>, 컨콜디아사, 서울, 1991 p.31
112) 김득중, <누가의 신학>, 컨콜디아사, 서울, 1991 p.31 7-8)번 참고

바울의 사역도 유사하게 묘사함으로서 바울이 걸어가는 일생의 모습이 예수님의 행적을 쫓아가는 모양으로 그리고 있음을 알 수 있습니다.

이렇게 사도 바울이 3차 여행을 하는 중간에 자신이 이번에 예루살렘에 가게 되면 어떤 고난과 환난이 올 것임을 예상하면서도 고난의 길인 예루살렘으로 향하는 여행을 결심하고 있습니다. 마치 예수님이 수난을 당할 줄 알면서도 예루살렘으로 향하여 가시는 것과 같습니다. 그래서 바울은 밀레도에 도착해서 에베소 교회 장로들을 초청하여 자신이 이번에 예루살렘으로 가면 다시는 보지 못할 것을 알고 마지막 고별설교를 하는 말씀이 오늘의 본문입니다. 바울은 "하나님이 자기 피로 사신 교회"를 장로들에게 간절히 부탁하며 교회 공동체가 어떻게 살아가야 하는지 설명하고 예수님의 말씀으로 마무리하고 있습니다. 이렇게 설교한 후 바울은 장로들과 함께 기도할 때 이들은 모두가 눈물바다가 됩니다.

이 말을 한 후 무릎을 꿇고 그 모든 사람들과 함께 기도하니 다 크게 울며 바울의 목을 안고 입을 맞추고 다시 그 얼굴을 보지 못하리라 한 말로 말미암아 더욱 근심하고 배에까지 그를 전송하니라(행 20:36-38)

바울이 에베소 장로들에게 마지막으로 부탁하는 그의 애끓는 고별설교인 사도행전 20:17-38절을 읽어가며 이야기 해보겠습니다.

바울이 밀레도에서 사람을 에베소로 보내어 교회 장로들을 청하였습니다. 그러자 장로들이 바울을 찾아왔습니다. 그리고 장로들을 향하여 마지막 설교를 시작합니다. 지난날들을 회상하며 말합니다. 장로님들 그리고 성도 여러분 내가 아시아에 들어온 첫날부터 지금까지 항상 여러분 가운데서 어떻게 행하였는지를 여러분도 아는 바입니다. 바울은 에베소 장로들에게 고별설교를 하면서 자신을 돌아보며 자신의 선교행위를 세 가지로 요약하고 있습니다. 첫째는 겸손과 눈물입니다. 두 번째는 유대인의 간계로 당한 시험을 참고 주를 섬긴 것과 세 번째는 어디서든지 누구에든지 예수 그리스도를 가르치고 하나님에 대한 회개와 예수 그리스도에 대한 믿음을 증언하는 일이었습니다.

바울의 겸손의 의미는 눈물과 따로 떼어 설명할 수 없습니다. 다메섹 도상에서 예수를 체험하기 이전 사울이라 불리던 시절 바울은 유대교에서 촉망받고 유대민족에게 인정받는 지도자였습니다. 그는 바리새파 소속으로(빌 3:5) 율법에 대하여 옳은지 그른지 다른 사람을 재판할 수 있는 권한을 가질 만큼 율법에 대한 열정과 높은 학식도 있었습니다.(행 8:3, 9:1-2) 또한 다소 사람으로(행 21:39, 22:3) 로마 시민권을 가질 만큼(행 22:25-29) 로마법과 헬라문화에 익숙하고 헬라 지역에 살았으므로 헬라 정통 교육도 받았을 것으로 추정할 수 있습니다.

그런데 바울은 예수님을 만나 회심한 이후 자신에게 유익하다고 하는 모든 것을 해로 여기고 오직 예수를 아는 지식이 가장 고상하기에 모든 것을 배설물로 여겼다고 고백하고 있습니다. 빌립보서 3장 7-8절을 읽어보겠습니다.

그러나 무엇이든지 내게 유익하던 것을 내가 그리스도를 위하여 다 해로 여길뿐더러 또한 모든 것을 해로 여김은 내 주 그리스도 예수를 아는 지식이 가장 고상하기 때문이라 내가 그를 위하여 모든 것을 잃어버리고 배설물로 여김은 그리스도를 얻고(빌 3:7-8)

이렇게 모든 것을 겸손하게 내려놓고 예수 그리스도를 얻었다는 것은 세상을 살면서 자신이 가지고 있었던 유익되던 것을 모두 내려놓고 오직 십자가의 도만 전하였다고 말하며 이것은 하나님의 능력이요 하나님의 지혜가 되기 때문이라고 말하고 있습니다. 바울이 십자가의 도를 전할 때 유대인은 거리끼는 것이요 이방인에게는 미련한 것이라는 소리를 들어도(고전 1:23) 바울은 오직 예수 그리스도와 그가 십자가에 못 박히신 것 외에는 아무것도 알지 않기로 작정하였다고 고백하고 있습니다.(고전 2:2)

바울은 자신이 몸담고 있었던 바리새파와 끊임없이 율법과 믿음에 대하여 논쟁하였습니다. 그러기에 바울은 유대인에게 수도 없이 매를 맞고 투옥되며 죽을 고비를 넘기고 많은 박해를 받았습니다.(고후 11:23-27) 또 수고하며 애쓰고 여러 번 자지 못하고 주리며 목마르고 여러 번 굶고 춥고 헐벗었습니다. 한마디로 요약하면 눈물이라고 밖에 할 수 없습니다.

바울 앞에는 또 하나의 커다란 문제가 하나 있었습니다. 그것은 예수를 믿고 그리스도인이 되었지만 같은 예수를 믿는 사람들 중에 바울을 사도로 인정하지 않은 사람들이 많았음을 알 수 있습니다. 그러기에 바울은 각 교회에 편지를 쓰면서 자신의 사도성에 대하여 유독 강조하는 것을 볼 수 있습니다. 그가 쓰는 편지 안에는 눈물 자국이 수도 없이 찍혀 있는 것을 편지를 읽어보면 알 수 있습니다.

바울이 아시아에 들어와서 이방인의 사도로 자처하며 이방인을 들어 하나님께 산제사를 드리는 제사장으로 자처하면서(롬 15:16) 하나님의 복음을 전하고 있습니다. 그가 사도 목록을 작성하며 게바와 열두 사도, 오백여 형제, 야고보와 그 후 모든 사도, 그리고 만삭되지 못하고 난자와 같은 바울에게도 예수님은 나타나셨다고 겸손하게 자신을 고백하고 있습니다.(고전 15:5-8) 그리고 사도 중에 가장 작은 자라 칭하며 “내가 나 된 것은 하나님의 은혜”라고 자신을 돌아보며 눈물로 고백하고 있습니다(고전 15:10) 그러기에 바울은 유대인의 핍박과 시험을 참고 주를 섬겼으며 자신에게 있던 세상의 유익은 모두 버리고 예수 그리스도를 위해서는 유익한 어느 것이라도 장소에 불문하고 예수를 가르치고 유대인과 헬라인 누구라도 죄에 대하여 가르쳐서 하나님께 회개하고 주 예수 그리스도께 대한 믿음을 증언하였다고 고별설교하고 있습니다.

이 설교 내용을 들어보니 우리가 요한복음 공부한 것 중에 기억나는 것 있으신가요? 요한복음을 배우며 고별설교에서 보혜사 성령님의 기능을 설명하였습니다. 보혜사 성령님이 오셔서 제자 안에 계시면 보혜사 성령님은 예수님을 알게 하고 가르치시고 예수님의 말씀을 생각나게 하시고 예수 그리스도를 증언한다고 말씀드렸습니다. 그래서 보혜사 성령님이 있는 제자는 예수 그리스도를 증언하며 보혜사 성령님이 세상에 대하여 죄와 의와 심판에 대하여 책망한다고 하였던 것처럼 사도 바울은 예수님의 제자로서 예수님을 가르치고 증언하며 죄에 대하여 책망하고 하나님께 회개하도록 하였다고 고별설교에서 이야기하고 있습니다.(요 14:26, 15:26, 16:7-11) 즉 바울은 성령의 사람인 것입니다.

이렇게 보혜사 성령님이 바울 안에 있어 진리의 성령님이 예수님에게 들은 것을 말할 뿐만 아니라 바울의 장래 일을 알릴 것이라는 것입니다.(요 16:13) 그래서 바울은 성령의 인도에 따라 에베소 장로들에게 설명합니다. “보라 이제 나는 성령에 매여 예루살렘으로 가는데 거기서 무슨 일을 당할는지 알지 못하노라 오직 성령이 각 성에서 내게 증언하여 결박과 환난이 나를 기다린다”(행 20:22)고 알려주었음을 설명하고 바울은 굳게 결심한 것을 알려줍니다. 그 결심은 “예루살렘으로 향하는 길”입니다. 그 길은 예수님이 십자가를 지시러 향하는 길이며 베드로, 스데반 등 수많은 제자들이 예수님을 따라가는 길이기도 합니다. 그리고 바울은 고별기도에서 다음과 같이 선언합니다. 사도행전 20:24절을 읽어보겠습니다.

내가 달려갈 길과 주 예수께 받은 사명 곧 하나님의 은혜의 복음을 증언하는 일을 마치려 함에는 나의 생명조차 조금도 귀한 것으로 여기지 아니하노라(행 20:24)

예루살렘으로 향하는 길이 내 삶의 마지막 여정이 되어 예수님께서 맡겨주신 사명 즉 “하나님의 은혜의 복음을 증언하는 일”을 마친다고 하여도 나의 생명을 조금도 귀한 것으로 여기지 않겠다고 선언하고 있습니다. 바울은 장로님들과 성도 여러분에게 예수님이 전하시던 하나님 나라를 전파하였습니다. 하나님 나라는 예수님을 믿음으로 들어가며 이것이 하나님의 복음임을 전파하였지만 이제는 더 이상 볼 수 없을 것 같다고 고별설교를 하고 있습니다.

바울은 밀레도에서 에베소 장로들을 청하여 예수님이 요한복음 21장 15-17절까지 베드로에게 양을 먹이고 치라고 부탁하는 것처럼 교회와 양들을 부탁하고 있습니다. 먼저 바울은 자신이 행한 선교에 대하여 증언합니다. 예수님은 하나님께로부터 모든 것을 받았습니다. 예수님은 하나님이 맡겨주신 자신의 제자들에게 모든 것을 주었습니다. 이처럼 바울은 예수님의 계시 즉 예수님의 말씀을 받고 깨달은 하나님의 뜻을 예수님처럼 모두 자신의 동역자 장로들에게 주었음을 고백하고 있습니다. 요한복음의 고별기도에서 예수님이 제자들에게 모든 것을 주고 제자들의 제자들까지도 축복하며 기도하셨던 장면과 유사합니다.

그래서 교회 지도자들인 장로들에게 간곡히 부탁합니다. 자기 자신과 모든 양 떼를 위해 삼가며 겸손할 것을 부탁하고 있습니다. 바울처럼 세상적인 유익을 삼가며 겸손 하라는 것은 한마디로 제자의 삶은 "눈물"이라고 밖에 말할 수 없습니다. 성령의 사람 바울은 성령님이 장로들을 교회의 감독자로 삼은 것은 하나님이 예수님을 십자가에 죽게 함으로 "그 피로 사신 교회"를 그들이 보살피게 하셨다는 것입니다. 바울이 떠나가면 사나운 이리가 교회 안에 들어와서 선한 목자가 되지 않고 오히려 양떼를 아끼지 아니하기도 하고, 교회 안에 지도자라고 하는 사람들 중 일부는 예수님을 따르게 하지 않고 자신을 따르게 하려고 어그러진 말을 하는 사람이 생길 것이라고 경고하고 있습니다.(행 20:30) 물론 교회 지도자는 선한 목자가 되어 양들이 따라오게 하는 은사(카리스마)가 있어야 합니다. 그렇지만 그 옛날 바울의 경고처럼 오늘날에도 어느 집단은 예수님을 이야기하며 자신을 믿고 따르도록(예수님만이 아닌 자신을 따르도록) 어그러진 말을 하는 지도자가 있습니다. 믿음의 대상이 달라지는 것입니다. 이는 성경에서 말하는 거짓 선지자가 됩니다. 예수님은 마태복음 7:15절에 "거짓 선지자들을 삼가라 양의 옷을 입고 너희에게 나아오나 속에는 노략질하는 이리라"고 말씀하고 있습니다.

그래서 바울은 에베소 장로들에게 지난 삼 년을 밤낮 쉬지 않고 겸손과 눈물로 각 사람을 훈계하던 것을 꼭 기억하라고 부탁하고 있습니다.(행 19:8-10) 바울이 삼 년 동안 가르친 훈계는 예수 그리스도와 예수 그리스도에 관한 은혜의 말씀이므로 그 말씀에 의지하면 교회 지도자로 든든히 설 것이며 그 은혜의 말씀으로 거룩하게 된 모든 제자들에 의해 교회가 반석위에 세워질 것이라고 말씀하고 있습니다. 예수님은 양의 문이요 선한 목자이기에 장로들에게 양 떼를 양의 문으로 인도하는 선한 목자가 되라는 뜻입니다. 그리고 지도자로서 자신의 처신을 어떻게 해야 하는지 자신의 선교를 예를 들어 설명하고 있습니다. 마치 복음서에서 예수님이 제자들을 보내며 선교 현장에서 어떻게 처신을 해야 하는지 설명하는 것과 유사합니다. "내가 아무의 은이나 금이나 의복을 탐하지 아니하였고"는 마태복음 10:9절에서 예수님이 열두 제자를 파송할 때 말씀하신 것과 같습니다. 그리고 선교 여정에서 바울은 "이 손으로 나와 내 동행들이 쓰는 것을 충당하여"라는 것은 자비량 선교를 하였다는 뜻입니다. 바울은 천막을 만드는 기술을 가지고 있었습니다.

그 후에 바울이 아덴을 떠나 고린도에 이르러 아굴라라 하는 본도에서 난 유대인 한 사람을 만나니 글라우디오가 모든 유대인을 명하여 로마에서 떠나라 한 고로 그가 그 아내 브리스길라와 함께 이달리야로부터 새로 온지라 바울이 그들에게 가매 생업이 같으므로 함께 살며 일을 하니 그 생업은 천막을 만드는 것이더라(행 18:1-3)

바울은 선교 지역에 가서 사람들과 생업을 같이 하며 자기 스스로 경제적인 것도 해결하고 선교도 하며 교회를 세웠을 것입니다. 이것을 자비량 선교라고 부릅니다. 이렇게 바울은 자신의 일생을 돌아보며 자신은 예수님의 십자가의 도를 실천하고 그 길을 가는 일에 모본을 보여 주었다고 이야기하고 있습니다. 그 일은 약한 사람을 돕고 예수님께서 친히 말씀하신 계명인 "주는 것이 받는 것보다 복이 있다"고 하신 말씀을 지켜 행하였으며 장로들에게 그 계명을 지키고 꼭 기억하라고 설교하고 있는 것입니다.

"주는 것이 받는 것보다 복이 있다고 하신 말씀"은 예수님의 많은 계명에서 은유적으로 표현하고 있습니다. 마태복음 7:12절 말씀 "그러므로 무엇이든지 남에게 대접을 받고자 하는 대로 너희도 남을 대접하라 이것이 율법이요 선지자니라" 또는 "하나님 사랑 이웃 사랑"을 나타내는 선한 사마리아인의 비유라든지(눅 10:25-37) 요한복음의 새 계명인 "서로 사랑하라"든지(요 13:34) 참 많은 계명들이 예수님의 "십자가의 도"를 뜻하는 "주는 것이 받는 것보다 복이 있다"는 말씀을 나타내고 있습니다. 교회 공동체가 가져야 할 가장 기본적인 예수님의 계명을 말씀하시고 고별설교를 마무리합니다.

이 말을 한 후 바울은 무릎을 꿇고 거기에 모인 모든 사람들과 함께 기도하였습니다. 그러자 그곳에 모인 모든 사람들은 울음바다가 되었습니다. 다 크게 울며 바울의 목을 안고 입을 맞추고 다시는 그 얼굴을 보지 못하리라 한 말로 더욱 근심하고 배에까지 바울을 전송하였습니다. 장로들은 배가 떠난 길을 한 없이 바라보았을 것입니다. 그 길은 예수님이 걸어간 길이요 바울이 걸어가고 있는 길이며 교회 지도자인 장로들이 걸어가야 할 길이기 때문입니다.

이제 오늘의 바울의 고별설교를 마무리 할 시간이 되었습니다. 바울의 고별설교를 들어보니 그의 일생에 새삼 고개가 숙여집니다. 회심한 이후의 바울의 삶을 한마디로 요약하면 "겸손과 눈물"입니다. 그의 삶을 들여다보면 눈물 없이는 들을 수 없는 것이 많습니다. 예수님을 전한다는 이유 하나만으로 그는 많은 핍박과 환난을 당하였습니다. 바울의 고난 목록을 한번 보시겠습니다.

"내가 수고를 넘치도록 하고 옥에 갇히기도 더 많이 하고 매도 수없이 맞고 여러 번 죽을 뻔하였으니 유대인들에게 사십에서 하나 감한 매를 다섯 번 맞았으며 세 번 태장으로 맞고 한 번 돌로 맞고 세 번 파선하고 일주야를 깊은 바다에서 지냈으며 여러 번 여행하면서 강의 위험과 강도의 위험과 동족의 위험과 이방인의 위험과 시내의 위험과 광야의 위험과 바다의 위험과 거짓 형제 중의 위험을 당하고 또 수고하며 애쓰고 여러 번 자지 못하고 주리며 목마르고 여러 번 굶고 춥고 헐벗었노라"(고후 11:23b-27)고 전하고 있습니다.

그러면서도 바울은 겸손을 잃지 않고 예수님의 십자가의 도를 전하며 증언하고 자신이 선교하여 세운 교회 즉 하나님이 '자기 피로 사신 교회'를 목숨보다 더 귀히 여기고 사랑하였습니다. 그러기에 에베소 장로들을 바라보며 고별 설교를 하며 흘리는 사도 바울의 눈물은 많은 열매를 맺게 하신 예수님의 열매로서 하나님께 영광을 돌리는 눈물인 것입니다. 그 눈물은 예수님의 기쁨이 되고 교회 공동체의 기쁨이며 예수 그리스도의 제자로서 하나님의 자녀로서 누리는 기쁜 눈물일 것입니다. 그리고 예수님이 사랑하는 제자들을 위해 고별설교와 기도를 하는 것처럼 바울은 장로들에게 고별설교를 통해 성령의 인도하심으로 교회를 감독하고 양 떼를 먹일 것을 강조하며 부탁하고 있습니다. 그리고 예수님의 계명인 약한 사람을 돕고, 주는 것이 받는 것보다 복이 있다고 하신 말씀을 교회에서 실천하라고 권면하고 있습니다. 예수 그리스도의 사랑 안에 있을 것을 말씀하고 있습니다.

성도 여러분 우리는 어디에 있든지 작은 공동체의 지도자입니다. 그러기에 우리는 사도 바울의 겸손과 눈물이 우리가 살아가는 삶터에서 필요한 것을 알고 있습니다. 그렇지만 겸손과 눈물을 실천하는 일이 그렇게 쉽지 않다는 것도 잘 알고 있습니다. 그럼에도 불구하고 우리는 예수님의 제자입니다. 그러기에 우리는 예수님 사랑 안에 있습니다. 그러므로 예수님의 계명을 지키며 서로 사랑하여야겠습니다. 그 사랑으로 우리는 예수님의 제자가 되며 하나님의 자녀가 되기 때문입니다. 사도 바울의 고별설교 말씀을 읽으며 우리도 그의 말씀에 귀 기울이고 예수님의 제자 된 삶에 기쁨이 넘치시길 기도합니다. "나의 나됨은 하나님의 은혜"임을 고백하며 주 안에서 세상을 이기며 진리로 참 자유하시기를 기도합니다. 바울이 어느 때나 어느 장소를 불문하고 예수님을 증언하며 증인으로 살았던 것처럼 성도 여러분도 삶에서 선한 목자가 되어 예수님을 증언하는 증인이 되시기를 간절히 기도합니다.

제32과

바울의 비밀 이송 작전

; 사도행전 23:12-35

날이 새매 유대인들이 당을 지어 맹세하되 바울을 죽이기 전에는 먹지도 아니하고 마시지도 아니하겠다 하고 이같이 동맹한 자가 사십여 명이더라(행 23:12-13)

고발하는 것이 그들의 율법 문제에 관한 것뿐이요 한 가지도 죽이거나 결박할 사유가 없음을 발견하였나이다 그러나 이 사람을 해하려는 간계가 있다고 누가 내게 알려 주기로 곧 당신께로 보내며 또 고발하는 사람들도 당신 앞에서 그에 대하여 말하라 하였나이다 하였더라(행 23:29-30)

바울을 죽이기 위해서 40여 명이 당을 지어 결사대가 조직되었습니다.(행 23:12-13) 그들은 바울을 죽이기 전에는 먹지도 아니하고 마시지도 아니하겠다고 선언하였습니다. 그리고 그들은 바울을 죽이기 위해 비밀 작전을 세웁니다. 도대체 예루살렘에서 바울에게 무슨 일이 있었던 것일까요?

바울은 1차, 2차, 3차 선교여행을 마치고 예루살렘에 도착하였습니다. 선교를 출발하고 도착하는 지점이 안디옥 교회이기에 안디옥 교회가 바울의 선교 중심지였을 것입니다. 1차 선교여행 팀은 바나바와 바울(사울)이었습니다. 바울이 다메섹으로 가는 여정에서 부활의 주님을 만나 회심한 후 예루살렘에 가서 제자들과 사귀려고 하였습니다. 그렇지만 사울(바울)은 예수를 믿는 사람들을 박해하였었기에 사람들은 두려움을 가지고 있었고 사울이 실제로 회심하였다고 하였지만 믿지 않았습니다.(행 9:26) 이때 바나바가 사도들에게 바울을 소개하며 바울이 예수님을 박해하다가 다메섹 도상에서 예수님을 만나고 회심한 다음 예수님을 믿게 된 사실을 사도들에게 소개하고 스스로 증인이 되었습니다.(행 9:27) 스데반의 환난 이후 예루살렘에서 추방된 주로 헬라파 제자들이 베니게와 구브로 안디옥까지 흩어져 유대인에게 말씀을 전하게 되는 데 이때 안디옥에서 헬라인에게도 예수님을 전파하게 되었습니다.(행 11:19-20) 이에 수많은 사람들이 믿게 되어 예루살렘에서 바나바를 파송하고 바나바는 사울을 찾아 다소에 가서 그를 안디옥에 데리고 와서 함께 일 년간 큰 무리들을 가르쳤습니다. 이 제자들이 안디옥에서 비로소 그리스도인이라고 불리게 되었습니다.(행 11:21-26) 그러기에 바울의 1차 여행 팀장을 뽑으라면 팀장은 바나바였을 것입니다. 그러나 선교 여행의 내용은 바울에 관한 것입니다. 2차여행과 3차 여행은 바울이 주도하에 이루어졌습니다.

3차 여행 중에 밀레도에서 에베소 장로들에게 고별설교를 하였고 고난과 환난이 있을 것을 알았지만 예루살렘으로 향하였습니다.(행 19:21) 예루살렘에 도착하여 예루살렘 교회에서 당시 교회의 실질적인 수장으로 있었던 예수님의 동생 야고보를 만났습니다.(행 21:18) 예루살렘 형제들이 바울 일행을 기꺼이 영접하였지만(행 21:17) 예루살렘 교회는 바울의 도착으로 큰 문제가 도사리고 있었습니다.

유대인 중에도 예수님을 믿는 자가 수만 명이 있었습니다.(행 21:20) 그러나 이들은 유대교 안에서 예수님을 믿는 그리스도인입니다. 이들은 바울복음과는 달리 모세의 율법을 중요시 여겼고 할례를 행함을 중요시 여겼습니다. 그런데 예루살렘 교회에 바울에 관한 소문이 났습니다. 바울은 이방인 선교를 담당하면서 "모세를 배반하고 아들들에게 할례를 행하지 말고 또 관습을 지키지 말라 한다" 고 소문이 났습니다.(행 21:21) 예수님 동생 야고보는 바울이 예루살렘 교회를 방문함으로 바울과 예루살렘 교회 안의 유대인 또는 일반 유대인들 사이에 일어날 수 있는 갈등을 걱정하였습니다. 왜냐하면 예루살렘 교회는 사도행전에 나와 있는 것만 해도 이미 커다란 박해가 두 번이나 있었기 때문입니다. 첫 번째는 바울도 박해를 인정한 스데반의 죽음과 관련된 것이고(행 7:54-60) 두 번째는 헤롯 왕이 유대인을 기쁘게 하기 위해 요한의 형제 야고보를 칼로 죽이고 베드로를 감옥에 가두는 박해입니다.(행 12:1-17) 그러기에 예루살렘 교회는 바울이

3차 선교여행을 하고 돌아와서 예루살렘 교회를 방문한 사실만으로도 바울과 관련된 예루살렘 교회는 큰 박해에 직면할 수 있습니다. 예수님의 동생 야고보는 바울이 실제로 율법을 지키는 사람이라는 것을 보여주기 위해 서원한 네 사람이 결례를 행하기 위해 드는 돈을 지불할 것과 예루살렘 회의에서 이방인들에게 우상의 제물과 피와 목매어 죽인 것과 음행을 피할 것을 결의하였음을 알리려 하였지만(행 21:23-26) 바울은 체포당하고 맙니다(행 21:30).

우선 바울이 체포되는 이 당시의 예루살렘 분위기를 조금 알 필요가 있습니다. 바울에 관해 알려진 선교 연대기는 사도행전 18장 1-3절과 12-17절의 역사적 사건을 중심으로 연대기를 정하고 구성합니다.[113] 여기서 두 인물이 나오는데 한 사람은 글라우디오(행 18:2)이고 한 사람은 아가야 총독 갈리오(행 18:12)입니다. 성경의 글라우디오는 클라우디우스 황제(AD 41년 1월 25/26일-54년 10월 13일)로서 역사적으로 AD 49년 로마에서 클라우디우스 칙령을 내려 유대인을 추방하던 시기에 브리스길라와 아굴라 부부도 추방되어 고린도에 왔고 바울이 고린도를 선교하기 위해 왔을 때 이들 부부와 바울은 고린도에서 만나게 됩니다. 사도행전 18장 12절에서 아가야 지방 갈리오 총독이 바울을 심문하는데 그리스 델피 신전에서 발견된 비문에 의하면 아가야 지방의 총독인 갈리오의 임기가 AD 51년 5월에서 52년 5월까지입니다. 바울이 고린도에서 18개월 머물며 하나님의 말씀을 가르쳤다고(행 18:11) 기록하고 있습니다. 갈리오에 의해 심문 받은 사건을 중심으로 갈리오 임기 18개월 전인 날짜를 계산하면 바울은 AD 49년 또는 50년경에 고린도에 왔을 것으로 추정할 수 있습니다. 그래서 AD 49년 클라우디우스 황제의 칙령으로 로마를 떠나 고린도에 오게 된 브리스길라와 아굴라 부부를 이 시기에 만난 것이 거의 확실한 역사적인 사실로 보여집니다. 그래서 이시기를 전후해서 바울의 선교년도를 추정하는 것입니다. 3차 선교여행 이후 예루살렘에 온 시기를 AD 56초로 추정하고 있습니다. 그 후 가이사랴에서 2년 동안 감옥 생활을 했고(행 24:27) 로마로 압송되어 집니다. 그러므로 약 AD 59(60)년경 이후에(베스도 총독 임기 시작이 59/60년경으로 추정하기에) 로마에 도착한 것으로 추정되어집니다.[114] 이 시기 로마는 클라디우스 황제(AD 41년 1월 25/26일에서 54년 10월 13)

---

113) 조경철, <신약성서가 한눈에 보인다>, 땅에 쓰신 글씨, 서울 2007 p.183 바울의 연대기
114) 위키백과 사전 참조(인터넷 참고); 포르키우스 페스투스: 페투스(Festus; 베스도)의 정확한 근무일은 알려져있지 않지만, 직무를 시작한 연도를 서기 55-61년부터 61년까지 비정하고 있다. 그러나 대부분의 학자는 58년부터 60년 사이에 임기를 시작한 것으로 추정하고 있다. F. F. 브루스(Bruce)는 비록 포르키우스 페스투스가 임기를 시작한 연도는 논란중에 있지만, 네로 5년에 발생했던 지방화폐 개혁은 그의 임기를 59년으로 비정하게 하는 근거가 된다고 말한다. 코니베어(Conybeare)와 하우슨(Howson)은 이 연도를 60년으로 추정한다.

이후 네로(AD 54년 10월 13일-68년 6월9일) 황제가 재위하였습니다.[115] 그러므로 바울이 로마에 도착하고 죽었다고 알려진 시기는 네로 황제 시절입니다. 신약 시대에 이스라엘 역사에서 가장 중요한 역사적 사건이 있습니다. 이것은 1차 유대 전쟁으로 기간은 AD 66년에서 70년경입니다. 이때 예루살렘과 예루살렘 성전은 로마에 의해 완전 초토화되었습니다. 돌 위에 돌이 하나도 남아 있지 않았습니다.(막 13:2) 그러므로 바울이 예루살렘에 도착하는 시기가 AD 56년경이라면 불과 10년 후에는 유대와 로마가 제1차 유대전쟁이 시작되는 시기입니다. 이로 인해 이스라엘 전 국토가 이스라엘 독립을 위한 전쟁터가 되었고 로마에 의해 예루살렘과 성전은 초토화되었습니다. 이런 국가의 존망이 걸린 전쟁이 시작되는 시기는 극도의 민족주의가 횡행했을 것이고 특히 열심당원들이 폭력에 의한 독립을 외치던 시절로 추측할 수 있습니다. 그러기에 민족 배반자들을 처형하려는 그들의 시도가 극에 달하였다고 생각할 수 있습니다. 이시기에 바울이 예루살렘을 방문한 것입니다.

바울이 예루살렘에 도착하고 체포된 후 죽이려고 하였습니다.(행 21:27-36) 천사장이 달려와 바울의 폭행을 멈추게 하고 쇠사슬로 바울을 결박하였고 무리의 폭행으로 심하게 다친 바울은 층대에서 군사들에 의해 들려갔습니다. 그러자 바울이 천부장에게 헬라말로 부탁합니다. 나는 다소의 시민으로 백성에게 말할 수 있게 해달라고 요구합니다. 허락을 받고 22:1-21절까지 자신이 가말리엘 문하에서 조상들의 율법에 대해 엄한 교훈을 받았고 하나님께 대하여 열심히 있는 자라고 소개하고 자신이 다메섹으로 가는 도중 예수님을 만난 이후 회심한 사건을 설명합니다. 내가 스데반이 피를 흘릴 때 곁에 서서 찬성하고 죽이는 사람들의 옷을 지켰습니다. 그렇지만 예수님을 만난 이후 나는 예수님을 증언하는 증인이 되었습니다. 예루살렘에 돌아왔을 때 황홀 중에 환상을 보았습니다. 예수님이 말씀하시기를 나를 이방인에게로 보내리라 하였습니다.(행 22:17-21) 여기까지 들은 후 유대 군중들은 바울을 죽이려고 소동하였고 천부장은 바울을 데리고 영내로 들어가서 채찍질하려고 하였습니다.(행 22:22-24) 그러자 바울은 자신은 로마 시민이라고 하자 천부장은 재판 없이 채찍질하고 심문하려던 것을 두려워했습니다.

이튿날 천부장은 바울의 송사를 위해 유대인들의 공회에 바울을 회부하였습니다. 바울은 공회에서 재판을 진행하는 대 제사장 아나니아와 형제들에게 나는 범사에 양심을 따라 하나님을 섬겼다고 선언하였습니다. 그러자 아나니아는 바울의 입을 치라고 명령하였습니다. 그러자 바울은 즉각 반박하였습니다. 회칠한 담

115) 위키백과 사전 참고(인터넷): 로마 황제 목록에서 발췌

이여 하나님이 너를 치시리로다 네가 나를 율법대로 심판한다고 앉아서 율법을 어기고 나를 치라하느냐 하고 항변합니다. 그리고 바울은 기지를 발휘합니다. 공회 안에 사두개인과 바리새파들이 있었습니다. 바울은 "나는 바리새인이요 바리새인 아들인데 죽은 자의 소망인 부활을 말한다고 지금 나를 잡아서 심문한다고 합니다" 하고 외치자 바리새인과 사두개인 사이에 다툼이 일어났습니다. 사두개인은 부활도 없고 천사도 없고 영도 없다하고 바리새인은 다 있다고 주장하기에 그들이 서로 큰 분쟁으로 싸우자 천부장은 바울이 다칠 것을 염려하여 바울을 그들로부터 빼앗아 영내로 들어옵니다. 그날 밤에 바울은 환상을 봅니다. 주께서 바울 곁에서 말씀하시기를 "담대하라 네가 예루살렘에서 나의 일을 증언한 것 같이 로마에서도 증언하여야 하리라" 하셨습니다.(행 23:11) 그리고 오늘 본문의 말씀이 시작되며 바울을 죽이기 위한 음모가 시작되는 것입니다.

40여 명의 결사대는 죽기를 각오하고 비밀 계획을 세웁니다.(행 23:12-13) 대제사장과 장로들에게 바울에게 더 물어 볼 것이 있다고 천부장에게 이야기 하여 바울을 공회로 다시 한 번 불러내라는 것입니다. 그러면 바울이 움직이는 동선마다 매복하여 어떻게 하든지 바울을 죽이겠다고 선언하였습니다. 이 때 바울의 생질(조카)이 이런 사실을 알고 바울에게 알렸습니다. 바울은 백부장을 통하여 천부장에게 바울의 생질을 인도하게 하였습니다.(행 23:16-17) 천부장은 바울의 생질을 통하여 바울을 죽이려는 비밀 결사대의 계획을 알게 되었고 천부장은 백부장 둘을 불려 즉시 명령을 내립니다. 바울의 비밀 이동 작전이 시작된 것입니다.

밤 제 삼시에 예루살렘에서 가이사랴로 갈 때까지 바울을 호송할 군인을 차출하는데 보병 이백 명과 기병 칠십 명과 창병 이백 명을 준비하라고 명령합니다. 바울을 호송하기 위해 짐승을 준비하라고 하였으니 바울은 짐승을 타고 가거나 또는 짐승에 의해 이동되었을 것입니다.(행 23:23-24) 명을 받은 보병이 바울을 신속히 이동시켜 안디바드리에 도착합니다. 예루살렘에서 안디바드리까지는 산악지형이어서 보병이 호송하고 안디바드리에서 가이사랴까지는 평지이므로 기병이 호송을 책임집니다. 그래서 바울은 그 밤에 비밀리에 신속하게 예루살렘을 벗어나 가이사랴에 호송되어 헤롯 궁에 가두고 그를 지키게 하였습니다. 그래서 바울을 죽이려던 40명의 결사대의 계획은 수포로 돌아가게 되었습니다. 천부장 글라우디오 루시아는 바울을 피신시키며 총독 벨릭스에게 편지를 보냅니다. 루시아가 보기에는 율법 문제에 관한 것 뿐 죄가 없는데 유대인이 바울을 죽이려고 하기에 총독께 보낸다고 편지를 써서 보냅니다.

이제 벨릭스 총독(주후 52-59/60년)이 주관하는 재판이 시작되었습니다. 사도행전 24장 1-21절까지 유명한 법정 소송의 문서가 실려 있습니다. 재판장은 벨릭스 총독입니다. 피고는 바울이고 고소인은 대제사장이 임명한 변호사 더둘로입니다. 우리는 이 본문을 통해서 과거 로마시대의 재판 과정을 볼 수 있습니다. 그리고 내용뿐만 아니라 진술하는 방식이 헬라-로마시대에 유행했던 수사학적인 방식을 취합니다.[116] 수사학이란 어떤 주제가 있으면 자기주장이 옳다는 것을 보여주기 위해 논리적으로 서술하는 방식입니다.[117] 당대 최고의 수사학자인 더둘로와 바울의 논리 전쟁을 우리는 이 글에서 읽을 수가 있습니다.

더둘로는 주장하기를 바울은 "흩어진 유대인을 소요하게 하는 자"와 "하나님에 대한 믿음이 다름"을 고발하지만(행 24:5) 바울은 주장하기를 하나님의 믿음에 대하여는 "조상의 하나님을 섬기며 율법과 선지자들의 글에 기록된 것을 다 믿으며 하나님과 사람에 대하여 항상 양심에 거리낌이 없기를 힘썼다"는 논리로 더둘로의 주장을 반박합니다.(행 24:14-16) 다만 죽은 자의 부활을 믿는 신앙으로 저들이 심문한다고 주장합니다. 또한 더둘로가 주장하는 "군중을 소요하게 함으로"라는 정치적인 봉기(민중 봉기)에 대한 고발은 "여러 해 만에 내가 내 민족을 구제할 것과 재물을 가지고 와서 드리는 중에 내가 결례를 행하였고 모임도 없고 소동도 없이 성전에 있는 것을 그들이 보았나이다"하고 주장함으로 바울은 벨릭스 총독에게 정치적인 민중 봉기에 대한 자신의 의심을 불식시킵니다. 벨릭스는 바울의 주장을 받아들여 2년간 연금을 하지만 자유를 주어 친구들이 바울을 돌보아 주는 것을 금하지 말게 합니다.(행 24:23)

그리고 2년의 세월이 지났습니다.(행 24:27) 벨릭스 총독(주후 52-59/60)이 가고 베스도 총독(주후 59/60-62년)이 부임하였습니다.[118] 부임한지 삼 일 만에 가이사랴에서 예루살렘에 올라가서 현지 상황을 알아보고자 하였습니다. 이때도 대제사장과 유대인 중 높은 사람들이 바울을 고소합니다. 이들은 베스도의 호의로 바울을 예루살렘으로 옮기기를 청한 다음 매복하였다가 바울을 죽이려고 다시 계획하였습니다.(행 25:1-3) 베스도는 예루살렘에서 가이사랴에 다시 내려와 바울

116) Burton L. Mack, 유태엽 역, <수사학과 신약성서>, 도서출판 나단 서울 1993

117) 유태엽, 누가의 수사학적 역사기술(Rhetorical Historoigraphy)에 대한 소고-행 24:1-21을 중심으로; 유태엽 교수님은 행 24:1-21을 중심으로 수사학에 대한 자세한 설명을 하고 있다. 사도 바울의 수사학적인 진술은 저자 누가의 수사학적 묘사이지만 이미 바울 서신에서 보여주는 논리적인 편지를 통하여 바울의 수사학적인 표현들을 많이 볼 수 있다.

118) 위키백과 사전 참조(인터넷 참고); 포르키우스 페스투스: 페투스(Festus; 베스도)의 정확한 근무일은 알려져있지 않지만, 직무를 시작한 연도를 서기 55-61년부터 61년까지 비정하고 있다. 그러나 대부분의 학자는 58년부터 60년 사이에 임기를 시작한 것으로 추정하고 있다. F. F. 브루스(Bruce)는 비록 포르키우스 페스투스가 임기를 시작한 연도는 논란중에 있지만, 네로 5년에 발생했던 지방화폐 개혁은 그의 임기를 59년으로 비정하게 하는 근거가 된다고 말한다. 코니베어(Conybeare)와 하우슨(Howson)은 이 연도를 60년으로 추정한다.

을 데려오라고 하고 재판을 시작합니다. 베스도가 재판장이고 예루살렘에서 내려온 유대인들이 고소인이고 바울이 피고소인입니다. 여기서도 바울의 죄를 입증하지 못하자 베스도는 유대인의 마음을 얻고자 예루살렘으로 가서 다시 한 번 심문을 받는 것이 어떤지에 대해 바울에게 물어봅니다. 그러자 바울은 다시 재판을 받는다면 로마 황제 가이사 앞에서 재판을 받게 해달라고 요구합니다.(행 25:9-11) 그리고 베스도는 이를 허락합니다.(행 25:12) 그래서 바울을 죽이려던 계획이 또 다시 실패로 돌아갔습니다. 베스도도 바울에 관한 재판을 해보니 그에게 죄가 없었습니다.(행 25:25) 아그립바 왕이 베스도 총독에게 문안 인사차 가이사랴에 왔을 때 베스도와 함께 바울의 재판을 다시 시작합니다. 그리고 바울의 변론이 시작됩니다.(행 26:1-23) 바울의 변론 일부를 들어 보겠습니다.

아그립바 왕이여 그러므로 하늘에서 보이신 것을 내가 거스르지 아니하고 먼저 다메섹과 예루살렘에 있는 사람과 유대 온 땅과 이방인에게까지 회개하고 하나님께로 돌아와서 회개에 합당한 일을 하라 전하므로 유대인들이 성전에서 나를 잡아 죽이고자 하였으나 하나님의 도우심을 받아 내가 오늘까지 서서 높고 낮은 사람 앞에서 증언하는 것은 선지자들과 모세가 반드시 되리라고 말한 것밖에 없으니 곧 그리스도가 고난을 받으실 것과 죽은 자 가운데서 먼저 다시 살아나사 이스라엘과 이방인들에게 빛을 전하시리라 함이니이다 하니라(행 26:19-23)

성도 여러분 이제 바울이 전하는 선교 현장이 눈에 들어오시나요? 바울의 고난 목록은 고후 11:23b-27절에서 읽어 볼 수 있습니다. 그는 40여 명의 비밀 결사대가 죽이려고 계획했던 것처럼 수많은 죽을 고비를 넘기며 어느 누구에게나 어느 장소를 불문하고 예수 그리스도를 증언하는 일에 목숨 걸고 선교하는 모습을 보면 가슴 뭉클하게 합니다. 아그립바 왕은 바울을 보며 다시 한번 사형이나 결박을 당할 만한 행위가 없다고 증언합니다.(행 26:31) 그러므로 바울이 예루살렘에서 체포된 이후 총독 베스도(행 25:25와 루시아(행 23:29)와 아그립바(행 26:31)의 진술에서 세 번씩 무죄 판결을 받습니다. 예수님도 총독 빌라도에게 세 번이나 무죄 판결을 받는 것과 유사합니다(눅 23:4,14,22)

성도 여러분 이제 사도행전에서 바울에 관한 기사가 참 많지만 이제 마무리하여야겠습니다. 사도 바울은 사도행전 27장을 시작으로 로마로 향합니다. 베스도가 부임한 시기가 AD59/60년경이므로 그 이후입니다. 그리고 로마에 도착하여 온 이태(2년)를 하나님 나라를 전파하고 주 예수 그리스도에 관한 모든 것을 담대하게 거침없이 가르쳤습니다.

바울이 온 이태를 자기 셋집에 머물면서 자기에게 오는 사람을 다 영접하고 하나님의 나라를 전파하며 주 예수 그리스도에 관한 모든 것을 담대하게 거침없이 가르치더라(행 28:30-31)

사도행전에 이어지는 성경은 사도 바울의 서신서 로마서로 이어집니다. 로마서를 기록하며 사도 바울은 꿈을 하나 밝힙니다. 로마를 거쳐 서바나(스페인)로 가서 선교하는 계획을 세웁니다.(롬 15:28) 사도행전에서 밝히는 땅 끝이 로마인지 서바나인지는 알 수 없습니다. 성경은 사도행전을 통하여 바울의 행적을 로마에서 마무리하고 있습니다. 사도행전을 쓸 당시 저자가 사도 바울의 죽음과 제자 베드로의 죽음을 알았는지 몰랐는지 우리는 알 수 없습니다. 다만 베드로의 행적이나 사도 바울의 행적을 살펴보면 예수님의 행적을 많이 닮게 서술하고 있습니다. 그러나 사도행전 저자는 베드로나 사도 바울의 죽음을 서술하지 않고 있습니다.

성도 여러분 우리는 "40여 명의 비밀 결사대"를 통하여 사도 바울의 일생을 돌아보면서 신앙의 선배로서 그가 어떤 삶을 살았는지 사도행전을 통해 알아보았습니다. 그의 삶은 한마디로 요약하면 "겸손과 눈물"입니다. 초대 교회에 도전하는 수많은 내부적인 갈등과 외부의 다양한 종교적인 신앙 공격 즉 유대교와 이방종교의 신앙 공격들을 사도 바울은 때로는 거칠게, 때로는 단호하게, 때로는 논리적으로, 때로는 한없는 사랑으로 내부의 갈등을 봉합하거나 외부의 다양한 신앙 공격을 막아내고 있습니다. 수많은 죽음의 위협과 환난에서도 예수 그리스도에 대한 증인으로서 증언하며 살았습니다. 그리고 사도행전은 긴 여백을 남겨두고 있습니다. 제11과에서 설명하였듯이 사도행전 이후 남겨진 긴 여백은 이제 후배 신앙인들이 채워나가는 성도들의 행전일 것입니다. 성도 여러분이 계신 곳에서 지금 이 시간 채워나가는 "겸손과 눈물"은 예수님이 여러분을 사랑하신 것처럼 여러분도 주님을 사랑하기에 생겨진 눈물입니다.

평신도를 위한
신약성서 해설

로마서 이해하기

제33과

오직 믿음으로, 사도 바울

; 로마서 1:16-17

내가 복음을 부끄러워하지 아니하노니 이 복음은 모든 믿는 자에게 구원을 주시는 하나님의 능력이 됨이라 먼저는 유대인에게요 그리고 헬라인에게로다 복음에는 하나님의 의가 나타나서 믿음으로 믿음에 이르게 하나니 기록된 바 오직 의인은 믿음으로 말미암아 살리라 함과 같으니라(롬 1:16-17)

예수님은 이 땅에 오셔서 하나님의 복음 즉 하나님 나라에 대하여 말씀하셨습니다. 하나님 나라가 어떤 것인지 하나님 나라에 들어가는 자는 누가 들어가는지 하나님 나라에 들어가려면 어떻게 해야 되는지 예수님은 말씀으로 비유로 그리고 이적 또는 표적으로 말씀하고 있습니다. 그렇지만 초대 교회는 예수 그리스도가 누구신지, 그분의 오심과 사역 그리고 십자가에 죽으시고 부활하신 그 자체를 하나님의 복음이라고 믿었습니다. 하나님의 나라는 율법과 선지자에 의해 들어가는 것은 요한의 때까지이고 이제는 예수님에 의한 하나님의 복음으로 하나님 나라에 들어갑니다.(눅 16:16) 그러므로 하나님 나라는 예수 그리스도를 믿는 믿음으로 들어가게 됩니다. 이것이 하나님의 복음이 되었고 이 복음을 믿는 자는 구원받은 하나님의 백성이 된 것입니다. 그러면 예수 그리스도를 믿는 믿음과 하나님 나라 백성이 되는 것은 어떤 의미인지 오늘 우리가 이야기하려는 주제입니다.

구약시대에 하나님 나라는 하나님이 통치하는 나라이고 이 나라에 속한 사람들을 하나님의 백성이라 부르고 이스라엘이라고 부릅니다. 그렇다면 하나님은 이스라엘의 하나님이 되지 다른 민족과는 무슨 상관이 있나요? 너무나도 중요한 질문입니다. 오늘 우리가 이야기하려는 주제인 바울의 "오직 믿음으로" 하나님 나라에 들어가고 하나님의 백성이 되며 이들 나라가 이스라엘이 된다는 바울의 설명이 이 질문에 대한 대답일 것입니다. 바울은 모든 사람이 죄를 범하였을 때 예수 그리스도를 믿음으로 예수님 안에 있는 속량으로 의인이 되어 구원을 받으며, 구원받은 자들이 하나님 나라에 들어가 하나님의 백성이 될 수 있다는 논리를 로마서와 갈라디아서에서 설명하고 있습니다.(롬 3:22-24) 어떻게 그것이 가능한지 바울 사도의 로마서 이야기를 들어 보겠습니다.

바울은 하나를 전제하고 있습니다. 그것은 "하나님은 의롭다"는 것입니다.(롬 9:14) 만일 이 명제에 문제가 있다면 다음 전개를 할 수 없습니다. 그래서 하나님은 의롭기에 하나님의 심판도 의로운 것입니다.(롬 2:5) 이것은 성경의 진리이기 때문에 예수님의 하나님 나라 선포와 바리새파들의 거룩한 하나님 나라 운동에 관한 논쟁에서 다 똑같이 인정하는 대명제입니다. 하나님은 의롭기에 하나님 나라는 의인이 들어가는 것이고 그 속에 속한 사람이 의인이 되는 것입니다. 여기까지는 당연한 논리겠지요. 바울은 하나님은 의로우신데 그 나타나는 방식이 과거에는 율법으로 나타났다고 전제하고 있습니다. 로마서 3:21-22절을 읽어보겠습니다.

이제는 율법 외에 하나님의 한 의가 나타났으니 율법과 선지자들에게 증거를 받은 것이라 곧 예수 그리스도를 믿음으로 말미암아 모든 믿는 자에게 미치는 하나님의 의니 차별이 없느니라(롬 3:21-22)

바울은 구약시대에는 율법에 '하나님의 의'가 나타났었다는 것입니다 율법으로 나타난 것은 이스라엘 역사 속에서 민족적 이스라엘에게 나타난 하나님과의 언약이며 이 언약을 믿는 백성이 의인된 하나님의 백성이 됩니다. 이에 대하여 바울은 율법과 복음을 대조하고 있습니다. 율법에 '하나님의 의'가 나타났었지만 지금은 율법 외에 "하나님의 한 의"가 새롭게 나타났습니다.(롬 3:21) 새롭게 나타난 하나님의 의는 복음으로 나타났는데(롬 1:17, 3:22) 이 복음은 선지자를 통하여 성경에 미리 약속하신 것으로(롬 1:2, 3:21) 모든 믿는 자에게 구원을 주시는 하나님의 능력입니다(롬 1:16, 3:22). 바울은 율법을 통해 나타난 하나님의 의와 새롭게 복음으로 나타난 하나님의 의와 대조하고 있습니다.

바리새파의 사고를 보십시오. 율법에 하나님의 의가 나타났기에 하나님의 백성은 율법을 지키는 자라야 의인이라는 것입니다. 따라서 바리새파의 이런 생각은 유대인과 이방인을 구별할 뿐만 아니라 유대인 중에도 바리새파처럼 율법행위를 하는 사람인지 안 하는 사람인지를 구별하고 있습니다. 율법을 행하지 않는 사람들, 특히 할례를 행하지 않은 이방인을 포함하여 유대인이라도 바리새파처럼 율법을 지키지 않는 가난한 자, 병든 자, 세리들, 여인들을 모두 거룩함을 지키지 못하기에 부정하다고 생각하였습니다. 또한 안식일을 지키는 자들과 십일조를 구별하여 드리는 자들을 거룩히 여겼습니다. 거룩함을 유지하기 위해서는 바리새파 외의 다른 사람들과 접촉을 꺼려했습니다. 이렇게 구별된 공동체를 거룩한 공동체로 여겨 자신들을 의인이라고 하였고 이 공동체를 의인 공동체로 여겼습니다.

사도 바울은 다메섹 도상에서 예수님을 체험하기 이전 사울이라 불리던 시절 바울은 유대교에서 촉망받고 유대민족에서 인정받는 지도자였습니다. 그는 바리새파 소속으로(빌 3:5) 율법에 대하여 옳은지 그른지 다른 사람을 재판할 수 있는 권한을 가질 만큼 율법에 대한 열정과 높은 학식도 있었습니다.(행 8:3, 9:1-2) 또한 다소 사람으로(행 21:39, 22:3) 그는 로마 시민권을 가질 만큼(행 22:25-29) 로마법과 헬라문화에 익숙하고 헬라 지역에 살았으므로 헬라 정통 교육도 받았을 것으로 추정할 수 있습니다.

나는 유대인으로 길리기아 다소에서 났고 이 성에서 자라 가말리엘의 문하에서 우리 조상들의 율법의 엄한 교훈을 받았고 오늘 너희 모든 사람처럼 하나님께 대하여 열심이 있는 자라(행 22:3)

바리새파였던 바울은 가말리엘 문하에서 율법교육을 철저히 받은 사람으로 조상의 전통을 열심히 하던 사람이었습니다.(갈 1:14) 그런 그가 예수를 믿는 제자들을 잡아오기 위해 다메섹으로 가는 도상에서 예수님을 만나고 회심하였습니다. 그리고 예수님이 전하는 하나님 나라 운동에 적극 참여하였습니다. 그는 하나님의 복음을 위해 택정함을 받은 사람으로 예수 그리스도의 종이 되었다고 선언하고 있습니다.(롬 1:1) 그리고 하나님의 복음은 성경에 미리 약속된 것으로 예수 그리스도에 의해 성취되었으며 그분은 하나님의 아들이라고 말씀하고 있습니다.(롬 1:2-4) 이렇게 예수 그리스도의 종이 되었고 사도가 된 바울은 자신이 몸담고 있었던 바리새파를 떠났기에 과거의 바리새파의 하나님 나라 운동과 현재의 예수님에 의한 하나님 나라 운동을 대조하며 잘 설명하고 있습니다. 그는 열심 있는 바리새파 중에 한사람 이였기에 배타적인 바리새파 공동체의 율법적 행위의 문제점들을 너무나도 잘 알고 있었습니다. 신명기 27:26절을 읽어보겠습니다.

이 율법의 말씀을 실행하지 아니하는 자는 저주를 받을 것이라 할 것이요 모든 백성은 아멘 할지니라(신명기 27:26)

모세는 신명기를 선포하며 율법을 수여 받은 후 하나님과 백성 사이에 언약을 맺습니다. 하나님께서 규례와 법도를 행하고 지키면 보배로운 백성이 되고 여호와의 성민이 되게 하시겠다고 말씀하고 있습니다.(신 26:16-19) 그리고 지키지 아니하면 저주를 받을 것이라고 말씀하고 있습니다.(신 27:26) 바리새파로 열심을 다했던 바울은 어떤 사람도 모든 율법과 규례를 지킬 수 없을 뿐만 아니라 하나라도 어기면 저주 아래에 있는 것이기에 모든 인간이 율법으로는 의롭게 되지 못한다는 것을 잘 알고 있었습니다(갈 3:10). 율법의 행위로는 하나님 앞에서 의롭다 하심을 얻을 육체가 없다는 것입니다(롬 3:20). 바울은 유대인 너희도 이방인과 마찬가지로 모두 다 죄 아래에 있다고 선언하고 있습니다(롬 3:9). 그렇다면 유대인인 너희가 율법으로도 의롭게 되지 못한다면 어떻게 하나님의 의를 얻을 수 있는지 바울은 율법과 복음을 대비하여 설명하고 있습니다.

율법 외에 하나님의 한 의가 나타났으니 이것은 하나님의 복음으로서 율법과 선지자들에게 증거를 받은 것 즉 성경에 기록된 것입니다(롬 3:21, 1:2). 곧 예수 그리스도를 믿음으로 생기는 것으로 모든 믿는 자에게 미치는 "하나님의 의"이므로 이 의는 모든 민족에게 차별이 없습니다.(롬 3:22) "모든 사람이 죄를 범하였으매~" 이 서술은 사도 바울의 사고방식이 바리새파와 차이점을 분명히 드러내고 있습니다. 바리새파는 모든 민족에서 유대인이 하나님 백성이고 그중에서도 바리새파와 같이 율법적 행위를 하는 사람들이 의인이므로 하나님 백성이고 참 아브라함 자손이고 이스라엘이라고 생각했습니다. 그런데 사도 바울은 유대인도 이방인과 마찬가지로 죄 아래 있다고 선언하고 있습니다. 이 선언은 아주 중요한 전환점이 되고 있습니다. 선택받은 하나님의 백성 즉 아브라함 자손 개념이 달라진 것입니다.

사도 바울은 참 하나님 나라의 백성이 되려면 죄를 벗어나 의인이 되어야 하는데 이는 바리새파처럼 율법주의에 있지 않다고 설명하고 있습니다. 유대인이라도 율법의 행위로는 죄와 하나님의 진노에서 벗어 날 수 없기에 유대인도 이방인과 마찬가지로 회개에 합당한 열매를 가진 자라야 하나님의 의를 얻을 수 있습니다.(롬 3:20) 죄를 벗어나 하나님 백성으로 사는 방법이 세례요한까지는 하나님의 의가 나타난 율법으로 가능하지만, 어떤 사람도 율법의 조문을 따라 백 퍼센트 지킬 수 있는 사람이 없기에 새롭게 나타난 하나님의 복음의 "하나님의 의"를 따르면 의인이 될 수 있습니다.

그러면 하나님의 복음이 무엇인가요? 하나님의 복음은 모든 사람이 죄를 범하였기에 하나님의 영광에 이르지 못하므로 예수 그리스도를 믿음으로 모든 믿는 자에게 미치는 "하나님의 의"로서 이는 모든 믿는 자에게 차별이 없이 의가 주어집니다.(롬 3:21-22) 이것이 예수 그리스도를 믿는 믿음에서 생기는 "하나님의 의" 인데 이렇게 예수를 믿는 믿음으로 의롭다 하심을 얻는 자가 된 것은 노력으로 되는 것이 아니라 전적으로 "값없이 주신 하나님의 은혜"입니다. 이 믿음 공동체가 의인 공동체이고 구원 공동체이며 이스라엘이 됩니다. 따라서 하나님의 백성이 되려면 이스라엘 사람처럼 행동하는 민족적인 개념의 행위가 중요한 것이 아니라 믿음으로 이루어진 구원 공동체가 참 구원 공동체가 되며 이 구원 공동체가 하나님 나라 즉 이스라엘이 됩니다.

그렇다면 예수 안에 있는 속량(죄 사함)으로 말미암아 모든 죄를 범한 사람들이 오직 하나님의 은혜로 죄인에서 의인되게 하셨다는 것이 어떻게 가능한지를 설명하고 있습니다. 바울은 예수님이 십자가에서 죽으시고 피를 흘리심은 죄를 지은 인간을 용서하고 간과하시는 하나님의 의를 나타내는 화목제 사건으로 설명하고 있습니다. 예수님이 십자가에 죽으시고 피 흘리심은 하나님이 예수님을 화목제물로 삼으시고 하나님과 인간 사이에 있는 모든 죄를 간과하심으로 죄인을 의인되게 하신 사건으로 결국 예수님의 죽으심이 "인간을 용서하시는 하나님의 의로우심"을 나타내는 사건이 됩니다. 이렇게 "하나님의 의"를 나타내심은 하나님 자신도 의롭게 되지만 예수 그리스도의 피로 인해 예수님을 믿는 모든 사람에게도 의롭게 하셨다고 바울을 설명하고 있습니다. 그러므로 바울은 믿음으로 의롭게 된 우리에게 예수 그리스도로 말미암아 하나님과 화평을 누리게 되었다고 선언하고 있습니다.(롬 5:1)

그러므로 우리가 믿음으로 의롭다 하심을 받았으니 우리 주 예수 그리스도로 말미암아 하나님과 화평을 누리자(롬 5:1)

이것이 바울이 말하려는 신령한 은사이고 하나님의 복음입니다. 우리는 예수 그리스도를 믿음으로 하나님과 화평을 누리는 하나님의 백성이 되었습니다. 바울은 이 복음을 부끄러워하지 아니하고 자랑스럽게 외칩니다. 왜냐하면 이 복음은 모든 믿는 자에게 구원을 주시는 하나님의 능력이기 때문입니다.

내가 복음을 부끄러워하지 아니하노니 이 복음은 모든 믿는 자에게 구원을 주시는 하나님의 능력이 됨이라 먼저는 유대인에게요 그리고 헬라인에게로다 복음에는 하나님의 의가 나타나서 믿음으로 믿음에 이르게 하나니 기록된 바 오직 의인은 믿음으로 말미암아 살리라 함과 같으니라(롬 1:16-17)

예수 그리스도의 종 바울은 사도로 부르심을 받고 오직 이 복음을 위하여 택정함을 입은 자로 하나님의 복음을 선포합니다. 하나님의 복음에는 하나님의 의가 나타나서 믿음으로 믿음에 이르게 하기 때문에 "오직 의인은 믿음으로 말미암아 살리라 함과 같다"고 선언하고 있습니다. 이것이 바울이 로마 교회를 향하여 나누어 주는 신령한 은사인 하나님의 복음으로 그들로 하여금 믿음이 견고해지길 원하기 때문이라고 말씀하고 있습니다.(롬 1:11)

이제 우리는 오늘의 주제인 하나님 나라에 들어가는 방법인 "오직 예수 그리스도를 믿음으로"를 정리해야겠습니다. 바리새파들의 주장은 하나님의 의는 율법으로 나타나고 율법의 행위로 하나님의 의를 이룰 수 있다고 보았습니다. 따라서 이들은 하나님의 백성은 이스라엘로 한정하여 이해하였고 특히 유대인 중에서 바리새파처럼 철저히 율법의 행위를 하여 구별된 사람이 거룩한 백성으로 하나님의 백성 이스라엘로 본 것입니다. 그러기에 이방인이 하나님을 믿으며 하나님의 백성이 되려면 유대인처럼 율법적인 행위를 하는 것이 하나님 백성이 되는 것으로 이해하였습니다. 즉 바울의 주장대로 유대인들은 하나님의 백성이란 유대인처럼 율법을 지키는 행위를 하는 아브라함 후손인 이스라엘 사람으로 만드는 것으로 민족적인 개념으로 생각했습니다.

그러나 바울은 하나님의 백성은 아브라함 후손인데 아브라함을 모든 민족의 조상으로 생각하고 유대인과 이방인 모두의 조상으로 생각했습니다.(롬 4:9-16) 아브라함 후손은 아브라함이 의로 칭함을 받은 것은 할례를 받기 전인 관계로 꼭 할례를 통한 민족적 개념이 아니라 믿음을 통한 약속의 개념으로 보았고 이들이 하나님의 상속자가 되는 것이라고 주장하였습니다. 이미 바울은 "아브라함의 자손"이라는 이해는 민족적인 개념을 벗어나고 있습니다. 하나님의 백성은 민족적 개념이 아니라 유대인이나 이방인이나 죄 아래에 있기에 죄를 벗어난 의인이 하나님의 백성이 됩니다. 죄를 벗어나려면 예수의 속량으로 믿음을 통하여 하나님의 은혜로 의롭다 하심을 얻은 자가 의인이 됩니다. 따라서 의인 공동체는 예수 그리스도를 믿는 공동체인지 아닌지에 따라 구별되고 있습니다. 모든 민족에서 유대인이나 이방인 상관없이 예수 그리스도를 믿는 공동체가 의인이 되고 하나님의 백성이 되며 하나님의 상속자가 됩니다.

아브라함은 예수 그리스도를 믿는 자들의 조상이 되고 예수 그리스도를 믿는 자들이 아브라함 후손이 되며 이들이 속한 하나님 나라가 이스라엘이 됩니다. 이때 사용되는 이스라엘 개념은 이미 민족적 개념을 벗어나서 민족 공동체에서 신앙공동체로 옮겨가게 되고 신앙 공동체가 의인 공동체이며 구원받은 공동체가 됩니다. 구원받은 공동체가 하나님의 상속자가 됩니다.(롬 4:13)

예수 그리스도는 모든 믿는 자에게 의를 이루기 위해 율법의 마침이 되셨습니다.(롬 10:4) 이제 예수를 주라 시인하고 하나님께서 그를 죽은 자 가운데서 살리신 것을 마음에 믿으면 구원을 받게 됩니다. 누구든지 주의 이름을 부르는 자는 구원을 받습니다. (롬 10: 9-13) 오직 의인은 믿음으로 말미암아 살리라 함과 같습니다.(롬 1:16-17)

제34과

부르심(Calling)에 관하여 (1부, 로마서를 중심으로)

; 롬 8:26-39

우리가 알거니와 하나님을 사랑하는 자 곧 그의 뜻대로 부르심을 입은 자들에게는 모든 것이 합력하여 선을 이루느니라(롬 8:28)

지난 시간 제33과에서 바울이 말하는 "오직 믿음으로"에 대하여 이야기하였습니다. 바울은 롬 1:1절에서 자신을 소개하기를 예수 그리스도의 종이며 하나님의 복음을 위하여 택정함을 입어 사도로 부르심(Calling)을 받은 자로 소개하고 있습니다. 그리고 로마 교회 성도를 향해 하나님의 사랑하심을 받고 성도로 부르심(Calling)을 받은 자들이라고 성도의 정체성을 설명하고 있습니다. 오늘은 부르심(Calling)에 대하여 이야기하며 부르심을 받은 자들이 의인이며 그들이 모인 공동체가 구원받은 공동체임을 이야기할 것입니다. 부르심에 대한 주제가 로마서를 이해하는데 중요하기에 로마서를 중심으로 1부를 설명하고 고린도전서를 중심으로 2부로 나누어 이야기하도록 하겠습니다.

우선 부르심에 대한 성경 이야기를 먼저 하겠습니다. 오늘 살펴볼 성경의 본문은 로마서 8장 26절에서 39절까지입니다. 이 본문에서 오늘 주제에 관한 단어인 28절에 '부르심'이 나오고 30절에 '부르시고 부르신'으로 두 번 연속에서 단어를 사용하고 있습니다. 한글 성경에는 이렇게 번역되어 있지만 영어 성경 번역본인 NIV에서는 28절의 부르심은 have been called로 30절은 called로 번역하였습니다. 이렇게 영어성경에서 부르셨다고 표현된 28절과 30절은 성경의 헬라어 원문과 비슷하게 번역되어 있습니다. 우선 28절의 '부르심'으로 되어 있는 헬라어는 *κλητός*로 *κλητοῖς*의 수동태 분사형이고 30절에 사용된 '부르시고, 부르신'에 사용된 헬라어 단어는 *καλέω*로 *ἐκάλεσεν*의 단순 과거형을 사용하고 있습니다[119](각주 참고하세요). 위 두 단어는 사실 어원으로 보면 같은 계통이지만 두 단어가 성경에서 사용된 경우를 보면 약간 다르게 사용하고 있음을 알 수 있습니다. 28절의 부르심은 신약 성경 전체에서 10군데에서 사용하고 있습니다. 마 22:14, 롬 1:1, 1:6, 1:7, 8:28, 고전 1:1, 1:2, 1:24, 유다서 1:1, 계시록 17:14에서 사용되고 있음을 알 수 있습니다. 그리고 로마서 8장 30절에 사용된 부르시고 부르신~ 사용된 단어는 신약 성경 전체에서 148번 사용되고 있어 보다 폭 넓고 빈번하게 사용되고 있음을 봅니다. 로마서에서만 보면 8:30(2), 9:7, 9:12, 9:24, 9:25, 9:26절에 일곱 번 사용하고 있습니다.

그래서 *καλέω*는 일반적으로 to call(부르는), name(이름 불리어지는), invite(초대되는)의미로 광범위하게 사용되는 것을 볼 수 있습니다. 그런데 28절에 사용되는 *κλητός*(부르심)는 성경에서 상당히 제한적으로 사용되어지는 것을 볼 수 있습니다. 우선 로마서에서 보면 8:28에 '하나님을 사랑하는 자'와 '그 뜻대로 부르심을 입은 자'를 같은 의미로 사용하고 있음을 알 수 있습니다. 즉 하나님의 뜻대로 부르심을 입은 자들이 하나님을 사랑하는 자들이 될 것입니다. 그러면 나머지 구절 롬 1:1, 1:6, 1:7절에서 부르심을 사용한 경우를 보겠습니다. 롬 1:1의 부르심은 '사도로 부르심을 받은'에 사용되었고 1:6절의 부르심은 로마 교회를 향하여 '그리스도의 것으로 부르심을 받은 자'에 사용되었고 1:7절의 부르심은 로마에서 하나님의 사랑하심을 받은 사람으로 '성도로 부르심을 받은 모든 자'에게 할 때 사

119) 두 단어를 설명하는 임진수 교수님의 설명을 들어 보세요. 이미 말씀드린 것처럼 καλέω 동사가 수동태 분사형으로 변한 것이 κλητός(κλητοῖς) 같은 단어입니다. 로마서 8장의 문맥에서 28절에서 부르심을 받은 자들은 (부르신 분)의 의도에 따라서 존재한다는 의미를 가지고 있습니다. 그리고 30절의 ἐκάλεσεν은 그가 불렀다로 되어 있습니다. 무엇보다 단순과거형으로 하나님이 일회적인 결정적인 순간에 그의 목적이나 의지를 실현하기 위하여 신자(성도)들을 불렀다는 의미를 가집니다. 교수님의 설명이 참 은혜롭습니다.

용되고 있습니다. 로마서 1:7절에서 사용된 '부르심을 입은 자'는 사도에서 사용되었고, 모든 이방인중에 예수 그리스도의 것으로 구별된 사람에 사용되었고, 성도로 부르심을 받은 모든 자에게 사용되고 있음을 알 수 있습니다.

성도 여러분 이제 바울이 부르심이라는 단어를 어느 경우에서 사용하는지 어떤 의미로 사용하고 있는지 그 의도를 조금은 알 수 있으신가요? 바울은 부르심이라는 단어를 일반적으로 불리어지는 것에도 사용되지만 특별히 "사도"로 "예수 그리스도의 것으로 구별된 자"로 그리고 너무나도 귀중한 "성도"로 부르심을 입은 자들에게 사용되는 "신적 부르심(Divine Calling)"에 사용되고 있는 것을 알 수 있습니다.

로마서 외의 책들도 살펴보겠습니다. 마태복음서에서 사용된 22:14은 청함과 택함을 비교하며 사용하고 있습니다.[120] 고린도 전서 1:1은 '그리스도 예수의 사도를 부르심을 받은 바울' 그리고 1:2은 '성도로 부르심은 받은 자'에 사용되었습니다. 고전 1:24에는 이렇게 부르심을 받은 자들에게는 그리스도가 하나님의 능력이요 하나님의 지혜가 된다고 설명하고 있습니다. 유다서 1:1은 '부르심을 받은 자 곧 하나님 아버지에서 사랑을 얻고 예수 그리스도를 위하여 지키심을 받은 자'로 표현하고 있습니다. 마지막으로 요한 계시록 17:14을 보면 "어린 양은 만주의 주시오 만왕의 왕이시므로 그들(짐승들)을 이길 터이요 그와 함께 있는 자들 곧 부르심과 택하심을 받은 진실한 자들도 이기리로다."로 부르심과 택하심을 받은 진실한 자들은 어린양과 함께 짐승들과 싸우는 인 침 받은 백성들이 되고 짐승들에게 핍박을 받지만 이기는 성도들이 되는 것입니다[121].

성도 여러분 예수님은 때가 차매 이 땅에 오셔서 하나님 나라의 백성을 모으며 하나님 나라에 들어가는 자와 어떤 사람이 하나님 나라에 들어가는지 말씀으로 비유로 이적 또는 표적으로 그리고 자신의 사역 모든 것으로 설명하였습니다. 예수 그리스도의 부르심에 응답하고 이 자리에 계신 여러분이 부르심을 받은 귀한 성도이자 하나님 나라의 백성입니다. 사도 바울의 말씀대로 하나님 나라에 들어가는 자는 예수 그리스도를 믿음으로 들어갈 수 있습니다. 이 믿음을 가진 여러분이 의인이고 성도입니다. 그리고 오늘을 살아가는 여러분은 부르심은 받은 성도이기에 이 믿음을 끝까지 지켜내야 한다고 말씀드렸습니다. 그러나 종말의

120) 복음서에 유일하게 사용된 마태복음 22:14에서는 "청함을 받은 자는 많되 택함을 입은 자는 적으니라"에서 청함과 택함을 대조하는 데 사용되고 있습니다. 바울이 사용한 부르심에 한 번 더 나가는 말씀입니다. 부르심을 받은 모든 자가 다 천국에 들어가지 못한다는 비유에 사용하고 있습니다. 이것은 마태복음에서 천국에 들어가는 자에 대한 예수님의 비유로 마태와 마태 공동체에서 보여주는 신학적 특징입니다.

121) 요한 계시록은 부르심과 택하심을 동시에 사용하고 있습니다. 계시록의 신학적 특성으로 이해하시면 됩니다.

중간 시대를 살아가는 현실은 너무나 어렵고 힘듭니다. 하루하루 어떻게 살아내야 할지 많은 고민을 할 때가 많습니다. 그러나 힘내십시오. 오늘 본문의 말씀을 읽어보겠습니다.

로마서의 구조는 조경철 교수님의 로마서 강해 구조를 따라 설명하겠습니다.[122] 항상 어떤 책의 구조를 설명할 때는 학자마다 약간의 차이가 있습니다. 로마서는 서론부분 1:1-17절과 결론부분 15:14-16:27절까지로 정하고 본문은 1:18-15:13절까지 이루어졌습니다. 로마서 본문을 크게 두 개로 나눈다면 1:18-11:36절까지 "하나님의 의"를 설명하고 12:1-15:13절까지 "하나님의 의를 실천"하는 본문으로 구성되었습니다. 이 본문을 세 개로 나눈다면 1:18-8:39절까지 "하나님의 의"를 설명하고 9:1-11:36절까지 "하나님의 의와 이스라엘"을 다루고 12:1-15:13까지 "하나님의 의와 성도의 삶"에 대하여 다루고 있습니다.

그러므로 8장은 로마서에서 중요한 본문으로 알려진 "하나님의 의"를 논증하는 서술 단락인 1:18-8:39절에서 마지막장을 이루고 있습니다. 본문의 시작은 유대인과 이방인은 모두 죄 아래에 있음을 논증하며 시작하고 있습니다. 모든 사람이 죄를 범하였기에 율법 외에 하나님의 한의가 새롭게 나타났습니다. 곧 예수 그리스도를 믿음으로 모든 믿는 자에게 미치는 하나님의 의입니다. 성도는 그리스도 예수 안에 있는 속량으로 하나님의 은혜로 값없이 의롭다 하심을 얻은 자가 되었습니다.(롬 3:21-24) 이렇게 믿음으로 의롭다 하심을 얻는 자는 주 예수 그리스도로 인하여 하나님과 화평을 누릴 수 있습니다.(롬 5:1) 예수 그리스도를 믿음으로 예수 그리스도와 합하여 세례를 받은 사람은 예수님의 죽으심과 합하여 세례를 받은 사람들이며 다시 사심으로 새 생명을 얻은 사람들입니다.(롬 6:3-4) 이들은 율법으로부터 자유함을 얻은 사람입니다.(롬 7:6) 이렇게 율법으로부터 자유함을 얻고 그리스도 예수 안에 있는 사람은 결코 정죄함이 없다고 바울은 선언하고 있습니다.(롬 8:1) 예수 그리스도를 믿음으로 의인이 된 자는 예수 안에 있는 사람이고 성령의 법을 따르는 사람이 됩니다(롬 8:2). 그래서 성령의 사람이 됩니다. 그러므로 성도들은 육신을 따르지 않고 성령을 따라 살아야 합니다.

그러므로 형제들아 우리가 빚진 자로되 육신에게 져서 육신대로 살 것이 아니니라 너희가 육신대로 살면 반드시 죽을 것이로되 영으로써 몸의 행실을 죽이면 살리니(롬 8:12-13)

---

122) 조경철, <신약성서가 한눈에 보인다>, 땅에쓰신글씨, 서울 2007 p.189

하나님의 영으로 사는 사람은 하나님의 아들이 됩니다. 하나님의 자녀가 된 하나님의 상속자는 그리스도와 함께 영광과 고난도 함께 받습니다.

그러나 현재를 살아가는 우리는 고난이 이루 말할 수 없이 크지만, 장차 우리에게 나타날 영광이 그 고난과 비교할 수 없이 더 크기에 우리는 참음으로 기다릴 수 있습니다(롬 8:18). 때로는 우리의 연약함을 아시고 성령님이 우리가 어떻게 기도해야 할지 막막할 때 말할 수 없는 탄식으로 친히 간구하여 주시는 것입니다(롬 8:26). 그 성령이 하나님의 뜻대로 우리 성도를 대신하여 간구합니다(롬 8:27).

그리고 오늘 우리가 이야기하려는 롬 8:28절 부르심에 대한 본문이 시작됩니다. 성도 여러분, 여러분은 하나님을 사랑하는 자입니다. 하나님의 뜻대로 "부르심"에 동참하는 분들입니다. 비록 현실에서 힘들고 어려워도 많은 핍박과 환난에도 하나님을 사랑하고 하나님의 뜻대로 살겠다고 고백하는 성도들은 성령님의 도우심으로 합력하여 선을 이룰 것입니다(롬8:28). 계시록의 표현대로 한다면 짐승들과의 싸움에서 이길 수 있습니다(계 17:14).

우리가 알거니와 하나님을 사랑하는 자 곧 그의 뜻대로 부르심을 입은 자들에게는 모든 것이 합력하여 선을 이루느니라(롬 8:28)

사도 바울은 이렇게 연약한 우리가 어려운 환경 속에서도 선을 이루고 영적 전투에서 이길 수 있는 황금과 같은 이유를 다음과 같이 설명하고 있습니다. 사도 바울의 표현을 그대로 옮겨 놓겠습니다. 하나님을 사랑하는 자인 성도 여러분, 여러분은 하나님이 미리 아신 분들입니다. 그리고 하나님의 아들인 예수 그리스도를 본받게 하기 위하여 미리 정하셨습니다. 그래서 미리 정한 여러분을 부르셨습니다. 부르신 여러분을 의인이 되게 하셨습니다. 의인된 여러분을 하나님이 영화롭게 하셨습니다. 롬 8:29-30을 읽어보겠습니다.

하나님이 <u>미리 아신 자들</u>을 또한 그 아들의 형상을 본받게 하기 위하여 <u>미리 정하셨으니</u> 이는 그로 많은 형제 중에서 맏아들이 되게 하려 하심이니라 또 미리 정하신 그들을 또한 <u>부르시고 부르신</u> 그들을 또한 <u>의롭다 하시고</u> 의롭다 하신 그들을 또한 <u>영화롭게 하셨느니라</u>(롬 8:29-30)

하나님이 성도를 위해 "아시고-정하시고-부르시고-의롭다 하시고-영화롭게 하심" 이렇게 다섯 단계로 진행하고 계시는데 그 하나님의 깊은 섭리를 느끼십니까? 조경철 교수님은 이 다섯 가지 고리를 황금고리라고 설명하고 있습니다.[123)]

사도 바울은 이 황금 고리와 같은 하나님의 깊은 섭리를 우리 주 예수 안에 있는 하나님의 사랑이라고 결론을 내립니다(롬 8:39). 그러기에 이렇게 성도된 여러분들은 이제 환난이나 곤고나 박해나 기근이나 적신이나 위험이나 칼에서도 그 어느 것도 우리를 그리스도의 사랑에서 끊을 수 없습니다(롬 8: 35). 우리를 사랑하시는 예수 그리스도로 말미암아 어떤 환난도 넉넉히 이길 수 있습니다. 바울의 우렁찬 울림의 설교입니다.

내가 확신하노니 사망이나 생명이나 천사들이나 권세자들이나 현재 일이나 장래 일이나 능력이나 높음이나 깊음이나 다른 어떤 피조물이라도 우리를 우리 주 그리스도 예수 안에 있는 하나님의 사랑에서 끊을 수 없으리라(롬 8:38-39)

사도 바울이 로마서에서 “하나님의 의”를 논증하며 확신해 차서 선언하고 있습니다. 다른 어떤 피조물이라도 우리를 우리 주 그리스도 예수 안에 있는 하나님의 사랑에서 끊을 수 없다고 선포하고 있습니다.

로마서를 중심으로 우리가 이해하려는 부르심(소명; Calling)에 대한 주제 1부의 결론을 내려야겠습니다. 예수님은 우리들 모두 차별 없이 똑같이 성도로 부르셨습니다. 부르심을 받은 우리는 먼저 하나님이 우리를 미리 아시고 정하시고 부르셨습니다. 부르심을 받은 우리를 의인되게 하시며 세상의 누구보다도 영화롭게 하셨습니다. 현실은 세상의 악과 싸워야 하고 그 싸움에서 힘들고 때로는 지치기도 합니다. 세상에서 우리가 비록 그리스도의 영적 전투에서 연약할지라도 우리 안에 계신 성령님은 부르심을 받은 우리를 위해 하나님께 친히 간구하심으로 도우실 것입니다. 그리고 모든 것이 합하여 선을 이루실 것입니다. 왜냐하면 하나님이 우리를 위하시고(롬 8:31) 예수 그리스도께서 하나님 우편에 계셔서 우리를 위하여 간구하시기 때문입니다.(롬 8:34) 이제 우리가 부르심을 받고 성도가 되었기에 세상의 어떤 피조물이라도 여러분과 저를 주 예수 그리스도 안에 있는 하나님의 사랑에서 끊을 수 없습니다.(롬 8:35) 여러분은 “부르심”을 받은 성도로 하나님 나라에 들어가게 되었고 하나님 나라 백성이 되었습니다. 예수 그리스도를 믿어 의인이 되었습니다. 하나님은 성도들에게 지금은 힘들지라도 영화롭게 하실 것입니다. 이제 우리는 부르심을 받은 성도로서 오직 예수 그리스도만이 나의 구원의 알파와 오메가요 처음과 마지막이요 시작과 마침임을 고백하는 성도가 되었습니다(계 22:13). 예수 그리스도 이름 이외는 구원을 받을 수 없습니다. 왜냐하면 천하사람 중에 구원을 받을 만한 다른 이름을 우리에게 주신 일이 없기 때

123) 조경철, 로마서 강해 노트에서

문입니다(사도행전 4:12). 오늘도 귀하디귀한 성도로 부르심을 받은 여러분, 여러분이 하나님을 사랑하기에 하나님의 뜻대로 부르심을 입은 자가 되었습니다. 그러기에 성도님들 안에 계신 성령님의 도우심으로 모든 것이 합력하여 선을 이룰 것입니다.

제35과

"하나님의 의와 이스라엘"

; 롬 9-11장을 중심으로

그들은 이스라엘 사람이라 그들에게는 양자됨과 영광과 언약들과 율법을 세우신 것과 예배와 약속들이 있고 조상들도 그들의 것이요 육신으로 하면 그리스도가 그들에게서 나셨으니 그는 만물 위에 계셔서 세세에 찬양을 받으실 하나님이시니라 아멘(롬 9:4-5)

로마서를 신약 신학의 꽃이라고 부릅니다. 그렇지만 로마서가 신약의 모든 신학을 다 포함하고 있다고 생각하면 안 됩니다. 가장 중요한 신학 사상을 가지고 있지만 로마서에서 주장하는 "하나님의 의" 신학 외에도 다른 책에서는 다양한 신학들이 존재하고 있습니다. 다음 이야기는 조경철 교수님이 수업 시간에 바울 복음을 설명하며 중요하게 강조하는 내용입니다. 조경철 교수님의 강의 한 부분을 소개하겠습니다.

신약 시대에 바울은 여러 선교 지역을 방문하며 다양한 선교를 하였습니다. 비록 이방인 사도라고 자신을 소개하고 있지만 이방 지역에 가면 대체로 그 지역에 있는 유대인 회당을 찾는 경우가 많았습니다. 바울이 이방지역을 선교할 때는 두 개의 트랙을 가지고 있습니다. 하나는 이방지역이라도 유대인 대상으로 선교를 할 때면 유대인의 율법과 예수 그리스도의 하나님의 복음을 대조하며 선교하였습니다. 또 하나의 선교 방향은 이방지역에서 이방인을 대상으로 하는 선교입니다. 이방인을 대상으로 하는 이방선교 때는 율법을 이야기할 필요가 없습니다. 이때는 예수 그리스도에 대한 믿음과 다른 믿음 즉 우상숭배에 관한 논쟁을 함으로서 참다운 믿음이 무엇인지에 대하여 선교하고 설교하고 있습니다. 이렇게 바울은 자신이 선교하는 현장에서 예수 그리스도를 설명할 때 그 상황에 맞게 어디서든 누구에게든 예수 그리스도에 대한 복음을 전파하기 위하여 논쟁하며 설명하고 있습니다. 자신이 세운 교회나 자신이 직접 세우지 않았다고 하더라도 성도들의 믿음을 견고히 하게하고 교회에서 발생한 문제를 해결하기 위한 방법으로 바울은 편지 형식을 가진 설교를 많이 하고 있습니다. 편지는 편지를 쓰려고 하는 사람의 일방적인 의견이 제시되는데 그 의견은 편지를 받는 자의 현재 상황과 문제점에 대한 주제가 내용의 주요 의제가 될 것입니다.[124]

유대인 선교를 할 때 바울의 주장은 하나님의 백성이 되려면 의인이 되어야 하는데 의인이 되는 방법의 차이를 가지고 유대인 특히 바리새파의 입장과 논쟁합니다. 의인이 되는 방법의 차이는 유대인(바리새파)은 율법의 행위를 가지고 하나님의 의를 이룬다고 보지만 바울은 예수 그리스도를 믿음으로 하나님의 의가 이루어진다고 설명합니다. 이때 대두되는 논쟁이 율법과 믿음의 대조 또는 대비 논쟁입니다. 하나님 나라에 들어가는 방법이 율법의 행위인지 믿음인지를 두고 대비하는 것입니다. 이것은 같은 하나님을 믿으며 누가 진정한 하나님의 백성이 되는지 어떻게 해야 하나님 나라에 들어가는지에 대한 논쟁입니다. 이 논쟁에 해당하는 성경이 로마서와 갈라디아서입니다. 우리는 로마서와 갈라디아서를 편하게 읽고 있지만 바울 시대에는 이 복음이야말로 유대인과 첨예한 논쟁거리이며 당시에는 이 주장으로 바울 자신이 상당한 위험에 노출되어 있었습니다. 특히 사도 바울이 바리새파 출신이기에 자신이 교육받고 배운 지식에 반하는 주장을 하고 있으므로 같은 바리새파였던 바리새인들로부터 많은 공격을 받았습니다. 또 하나의 선교 트랙은 이방인 지역에서 이방인을 위한 선교입니다. 이방인 지역에서 이방인 선교는 율법을 이야기할 필요가 없습니다. 율법과 믿음을 대조할 이유가 없기 때문입니다. 그러면 이방지역에서 사도 바울의 논쟁은 예수 그리스도를 믿는 믿음과 우상숭배에 대한 논쟁입니다. 예수 그리스도를 믿고 하나님의 백성이 되는 것 외에는 다른 믿음은 하나님 나라에 들어 갈 수 없기에 모두 우상숭

124) 조경철 교수님의 강의 노트에서

배라는 것입니다. 이러한 논쟁은 이방지역에서 선교할 때 바울 복음이 갖는 예수 그리스도의 믿음은 다른 믿음을 거부하는 사상으로 이방지역 선교 지역에서 커다란 위험을 가지고 있습니다. 이렇게 사도 바울은 유대지역이든 이방지역이든 그의 선교 현장은 항상 커다란 위협과 위험 속에 있지만 그 환난과 고난을 감수하며 자신의 신앙을 지키며 선교하였습니다. 우리는 오늘 로마서와 갈라디아서의 "하나님의 의" 논쟁을 다룰 텐데 이 때는 유대인 특히 바리새파와의 논쟁이라는 생각을 머리에 꼭 두고 읽어나가야 이해할 수 있습니다.

조경철 교수님의 로마서 강의는 자신이 해석한 로마서 노트를 중심으로 수업을 진행합니다. 그런데 로마서 강의 노트만 수백 페이지에 해당하고 소개하는 참고 도서와 논문만도 족히 백 권도 넘을 것입니다. 그러기에 우리가 여기서 로마서를 요약하거나 이야기하는 것은 그야말로 로마서의 빙산의 일각을 이야기하는 것으로 로마서의 한 면을 보는 것입니다. 그러기에 필자는 성도님들에게 로마서를 주해하는 수많은 책들 중에서 로마서를 이해하는 하나의 방법을 소개하며 일반 성도님들이 어떻게 하면 로마서를 쉽게 읽을 수 있을까 고민하면서 쓰도록 하겠습니다. 우선 로마서를 이해하려면 지난 시간 설명드린 로마서 이해하기 "오직 믿음으로"와 "부르심"에 대한 글을 읽으셔야 합니다. 오늘은 로마서의 구조를 보면서 로마서에서 바울이 이스라엘 논쟁을 하는 9-11장을 중심으로 "로마서 이해하기"를 해 보겠습니다.

로마서 구조 분석은 조경철 교수님과 김영봉 교수님의 구조를 비교하며 설명하도록 하겠습니다. 로마서는 서론부분 1:1-17절과 결론부분 15:14-16:27절까지로 정하고 있습니다. 김영봉 교수는 롬 1:1-15절까지 서론으로 보고 롬 1:16-17절을 본문에 해당하는 롬 1:18-15:13절의 서론으로 해설을 하고 있습니다. 그렇지만 1:1-17절 전체를 서론으로 보고 1:18-15:13절까지 본문으로 보아도 무리는 없을 것으로 보입니다. 그래서 롬 1:16-17절은 로마서에서 너무나도 중요한 구절로 로마서의 대헌장으로 불리기도 합니다.[125)]

내가 복음을 부끄러워하지 아니하노니 이 복음은 모든 믿는 자에게 구원을 주시는 하나님의 능력이 됨이라 먼저는 유대인에게요 그리고 헬라인에게로다 복음에는 하나님의 의가 나타나서 믿음으로 믿음에 이르게 하나니 기록된 바 오직 의인은 믿음으로 말미암아 살리라 함과 같으니라(롬 1:16-17)

바울은 로마서에서 강조하려고 하는 복음과 믿음 그리고 구원과 하나님의

125) 조경철, <신약성서가 한눈에 보인다>, 땅에쓰신글씨, 서울 2007 p.190; 김영봉, <신약성서이해>, 서울 1995 p.171

능력 그리고 하나님의 의와 의인이라는 주제를 이 구절에서 아주 잘 요약하여 신앙 고백형식으로 선언하고 있습니다. 그리고 편지의 마무리 부분은 15:14-16:27절까지입니다. 편지의 마지막에 자신을 소개하며(롬 15:14-21) 서바나와 예루살렘으로 갈 여행계획을 밝히고(롬 15:22-33) 인사말을 하고 마무리하고 있습니다. 바울이 마지막으로 자신을 소개하는 롬 15:16절을 읽어보겠습니다.

이 은혜는 곧 나로 이방인을 위하여 그리스도 예수의 일꾼이 되어 하나님의 복음의 제사장 직분을 하게 하사 이방인을 제물로 드리는 것이 성령 안에서 거룩하게 되어 받으실 만하게 하려 하심이라(롬 15:16)

이렇게 로마서 결미 부분은 로마서 서문인 1:1-17절과 연결되어 있습니다. 바울 자신은 예수 그리스도의 종이고 사도로서 하나님의 복음을 위해 택정함을 받은 자로(롬 1:1) 이 은혜로 이방인의 사도가 되어 하나님의 복음의 제사장 직분을 하게 함으로 이방인을 제물로 드리는 것이 바울의 사역이 됩니다.(롬 15:16) 이는 이방인의 제물들이 성령 안에서 거룩하게 되어 하나님이 받게 하시기 위함이라고 로마서를 쓰고 있는 자신을 소개하고 있습니다.(롬 15:15-16)

그러므로 내가 그리스도 예수 안에서 하나님의 일에 대하여 자랑하는 것이 있거니와 그리스도께서 이방인들을 순종하게 하기 위하여 나를 통하여 역사하신 것 외에는 내가 감히 말하지 아니하노라 그 일은 말과 행위로 표적과 기사의 능력으로 성령의 능력으로 이루어졌으며 그리하여 내가 예루살렘으로부터 두루 행하여 일루리곤까지 그리스도의 복음을 편만하게 전하였노라(롬 15:17-19)

사도 바울의 이방지역에서의 자신의 행적과 사역은 "말과 행위로 표적과 기사의 능력으로 성령의 능력으로 이루어졌으며"로 표현하고 있으며 이는 예수님의 행적과 사역과 유사합니다. 그렇지만 바울의 사역은 어디까지나 "예수 그리스도 안"에서입니다. 사도 바울이 자주 사용하는 "예수 그리스도 안"이라는 단어는 자신의 계시를 예수님의 계시 안에 두고 있으며 자신의 계시를 예수 그리스도의 계시 안에 종속시키는 것입니다. 요한복음에서 예수 그리스도와 제자간의 관계를 설명한 것과 같습니다.

로마서 본문인 1:18-15:13절까지는 학자들은 두 부분으로 나눌 때는 1:18-11:36절까지 하나님의 의를 설명하고 있고 12:1-15:13절까지 하나님의 의를 실천하는 본문으로 나눕니다. 그래서 김영봉 교수님은 1:18-11:36절까지를 교리적인 부분으로 복음의 원리(orthodoxy)로 설명하고 12:1-15:13절까지 윤리부분을 복음의 실천(orthopraxis)으로 나누어 설명하기도 합니다.[126] 이렇게 나누는 경우 가장 큰 장점은 바울은 하나님의 의를 설명하며 복음의 원리도 설명하고 복음의 실천도 똑같이 설명하고 있다는 점이 중요합니다. 하나님의 의가 무엇이며 의인 되려면 믿음을 가져야 하는데 믿음을 가지 의인이 이 땅에서 살아가면서 어떠한 삶을 가져야 하는지 복음의 원리 부분과 복음의 실천부분을 똑같이 설명하고 있습니다. 하나님의 의를 실천하며 선한 싸움을 싸우고 성도로서 달려갈 길을 마치고 믿음을 지킨 사람에게는(디모데후서 4:7) 하나님께서 각 사람에게 그 행한 대로 보응하실 것을 말씀하고 있습니다. 롬 2:6-11절을 읽어보겠습니다.

하나님께서 각 사람에게 그 행한 대로 보응하시되 참고 선을 행하여 영광과 존귀와 썩지 아니함을 구하는 자에게는 영생으로 하시고 오직 당을 지어 진리를 따르지 아니하고 불의를 따르는 자에게는 진노와 분노로 하시리라 악을 행하는 각 사람의 영에는 환난과 곤고가 있으리니 먼저는 유대인에게요 그리고 헬라인에게며 선을 행하는 각 사람에게는 영광과 존귀와 평강이 있으리니 먼저는 유대인에게요 그리고 헬라인에게라 이는 하나님께서 외모로 사람을 취하지 아니하심이라(롬 2:6-11)

이런 바울의 설교는 갈라디아서에도 볼 수 있습니다. 김영봉 교수님의 갈라디아서 구조 분석을 따르면 로마서와 같이 복음의 원리(orthodoxy)를 갈 2:15-4:31절에서 설명하고 복음의 실천(orthopraxis)을 5:1-6:16절까지 설명함으로서 복음의 교리적인 설명뿐 아니라 원리에 따른 실천을 그만큼 강조했다는 것을 알 수 있습니다.

이제 로마서 1:18-11:36절까지 복음의 원리를 설명하는 부분을 어떻게 이해하여야 하는지가 오늘의 관건입니다. 조경철 교수님은 이 부분을 다시 1:18-8:39절에 나타나는 "하나님의 의" 부분과 9:1-11:36절까지 "하나님의 의와 이스라엘"이라는 주제로 나누어 설명하고 있습니다. 따라서 조경철 교수님은 이 두 부분을 나누어서 본문 전체를 크게 세 부분으로 나눕니다. 롬 1:18-8:39절 "하나님의 의" 부분과 9:1-11:36절 "하나님의 의와 이스라엘" 부분과 12:1-15:13절까지 "하나님의 의와 성도의 삶"이라는 세 부분의 큰 몸통으로 본문을 나누어 해석하고 있습니다. 필자가 여러분에게 로마서를 해석하는 방식은 로마서 9-11장을 중심으로 설명할 것이며 다양한 로마서 구조이해 방법론이 있지만 이 글은 성도 여러분에게 로마서를 이해하기 위한 하나의 방법론으로서 설명하겠습니다.

---

126) 조경철, <신약성서가 한눈에 보인다>, 땅에쓰신글씨, 서울 2007 p.190; 김영봉, <신약성서이해>, 서울 1995 p.171

설명하고자 하는 해석의 가장 큰 주안점은 9-11장에 이르는 부분입니다. 조경철 교수님이 설명하는 두 번째 몸통부분인데 이 부분을 어떻게 이해하고 설명하는지에 따라 로마서의 해석의 주안점이 달라질 수 있습니다. 학자들의 설명처럼 로마서의 구조도 갈라디아서처럼 롬 1:18-8:39절에서 "하나님의 의"(복음의 원리)를 설명하고 9-11장을 생략하고 롬 12:1-15:13절 "하나님의 의를 실천하는 삶"(복음의 실천) 부분으로 넘어가도 전체 본문의 진행상 전혀 어색하지 않습니다. 그런데 그 사이에 9-11장에 해당하는 이스라엘 논쟁이 여기에 들어 있습니다. 학자들의 9-11장에 관한 여러 논쟁은 여기서는 하지 않겠습니다. 필자는 9-11장에 있는 이 본문이 로마서를 이해하는 중요한 본문으로 로마서를 이해하는 키와 같은 역할을 하고 있다고 설명하려 합니다. 이 부분은 이스라엘이라는 개념을 통하여 아브라함 자손은 누구인지를 설명하는 아주 중요한 대목이기 때문입니다. 로마서 9:1-5절까지 읽어보겠습니다.

내가 그리스도 안에서 참말을 하고 거짓말을 아니하노라 나에게 큰 근심이 있는 것과 마음에 그치지 않는 고통이 있는 것을 내 양심이 성령 안에서 나와 더불어 증언하노니 나의 형제 곧 골육의 친척을 위하여 내 자신이 저주를 받아 그리스도에게서 끊어질지라도 원하는 바로라 그들은 이스라엘 사람이라 그들에게는 양자됨과 영광과 언약들과 율법을 세우신 것과 예배와 약속들이 있고 조상들도 그들의 것이요 육신으로 하면 그리스도가 그들에게서 나셨으니 그는 만물 위에 계셔서 세세에 찬양을 받으실 하나님이시니라 아멘(롬 9:1-5)

여기서 말하는 "이스라엘 사람"이라는 바울의 이야기를 잘 이해하셔야 합니다. 바울은 우선 자신의 큰 근심과 고통을 먼저 이야기합니다. 자신의 육신의 친척들 즉 유대인을 뜻하고 "그들은 이스라엘 사람"이라고 정의하고 이스라엘 사람만이 가질 수 있는 장점을 소개합니다. 이들 "이스라엘 사람"은 우리가 믿음 안에 알고 있는 조상들 즉 아브라함-이삭-야곱이 그들 혈통의 조상들이고 우리가 믿는 예수 그리스도도 이스라엘 사람으로 나셨다는 것입니다. 그 예수님은 만물 위에 계셔서 세세에 찬양을 받으실 하나님이시지만 아브라함과 다윗의 자손으로 오셨고 이스라엘 민족의 혈통을 따라서 오셨음을 먼저 이야기합니다. 이렇게 이스라엘 사람들은 민족적으로 아브라함 혈통을 가지고 있고 예수 그리스도도 다윗의 자손인 이스라엘 혈통을 타고 나셨다는 커다란 장점을 가지고 있습니다. 또한 이 민족은 다음과 같은 여섯 가지 장점을 가지고 있습니다. 첫 번째는 하나님의 양자됨이고 두 번째는 하나님의 영광을 가진 사람들이고 세 번째는 하나님과 언약을 가진 민족이며 네 번째는 하나님이 수여한 율법을 가지고 있고 다섯 번째는 하나님께 예배를 드리고 있으며 여섯 번째는 하나님과 약속의 관계에 있는 사람들이라는 것입니다. 필자는 이 여섯 가지가 로마서 구조에서 어떤 의미로 사용하고 있는지 알아볼 것입니다.

첫 번째는 이스라엘 사람들은 하나님의 "양자 됨"에 속한 사람들입니다. 하나님의 아들이라는 개념은 이미 구약에 있습니다. 하나님과 언약을 맺은 백성은 하나님 나라의 백성이며 호세아는 이들이 이방지역 어디에 있든지 하나님의 믿음을 잘 간직하면 그 백성은 하나님의 아들이라 불릴 것이라고 예언합니다.(호 1:10) 호세아는 이런 하나님의 백성을 원래는 하나님의 백성이 아닌 자에게 내백성이라고 한다고(호 2:23) 선언하고 있습니다. 바울은 이 두 구절에 나와 있는 말씀을 가지고 구약에 있는 하나님의 아들(양자)이라는 개념을 롬 9:25-26절에서 그대로 인용하며 하나님의 백성과 하나님의 아들(양자) 됨에 대한 개념을 새롭게 조명하고 있습니다. 다시 설명하면 이스라엘 개념이 바뀐 것입니다. 이스라엘과 이스라엘 사람을 설명하는 롬 9:1-5절을 설명하고 바로 이어서 롬 9:6절에 "이스라엘에게서 난 그들이 다 이스라엘이 아니요"라고 선언하고 이스라엘 개념이 바뀌었음을 이야기하고 있습니다. 그리고 이어지는 롬 9:7-8절에 아브라함의 자손의 의미가 바뀐 것을 알 수 있습니다.

또한 아브라함의 씨가 다 그의 자녀가 아니라 오직 이삭으로부터 난 자라야 네 씨라 불리리라 하셨으니 곧 육신의 자녀가 하나님의 자녀가 아니요 오직 약속의 자녀가 씨로 여기심을 받느니라(롬 9:7-8)

아브라함 자손의 개념이 혈통이 아니라 약속의 개념으로 바뀐 것입니다. 그러기에 "무릇 하나님의 영으로 인도함을 받는 사람은 곧 하나님의 아들이라"(롬 8:14)고 바울은 선언하고 성령을 받은 성도들에게 "너희는 다시 무서워하는 종의 영을 받지 아니하고 양자의 영을 받았으므로 우리가 아빠 아버지라고 부르짖느니라"고 말씀하고 있습니다. 즉 구약에서 하나님의 아들됨 즉 "양자 됨"은 예수 그리스도를 믿고 양자의 영을 받은 사람이 하나님의 자녀가 되어 하나님을 아빠 아버지로 부를 수 있는 자격이 된다고 설명하고 있습니다. 그래서 믿음으로 하나님의 자녀가 된 자들이 하나님의 자녀가 되며 하나님의 상속자가 됩니다. 롬 8:16-17절을 읽어보겠습니다.

성령이 친히 우리의 영과 더불어 우리가 하나님의 자녀인 것을 증언하시나니 자녀이면 또한 상속자 곧 하나님의 상속자요 그리스도와 함께 한 상속자니 우리가 그와 함께 영광을 받기 위하여 고난도 함께 받아야 할 것이니라(롬 8:16-17)

그러므로 예수 그리스도를 믿고 하나님의 백성으로 살아가는 성도들은 하나님의 자녀로서 하나님의 상속자가 되었습니다. 예수 그리스도와 함께 하나님의 상속자가 된다는 것은 예수 그리스도와 더불어 하나님의 영광을 받는 자리지만 예수 그리스도가 십자가를 지신 것처럼 고난도 함께 받는 자가 진정한 하나님의 상속자가 되는 것입니다.

두 번째는 이스라엘 사람들이란 하나님의 영광을 가진 사람들입니다. 구약시대 하나님의 영광을 가진 사람이란 의미는 하나님과 함께하는 사람들입니다. 하나님의 영광을 가진 사람이란 진정한 하나님의 백성이며 하나님의 임재를 가지는 사람들입니다. 에스겔서의 하나님의 영광은 하나님의 한 모습으로 나타납니다. 하나님의 영광은 바퀴달린 보좌에 앉아 있습니다.(에스겔 1:22-28) 바퀴달린 보좌의 의미는 이동성에 있는 것이겠지요. 에스겔서의 하나님은 예루살렘 성전의 우상숭배와 같은 패악으로 성전을 떠나는 장면이 나옵니다.(에스겔 11:22-25) 바벨론 포로지역 그발 강가에 나타납니다.(에스겔 10:15,20-22) 하나님의 영광은 새로운 도성 예루살렘(여호와삼마)과 성전을 만들고 이곳으로 돌아옵니다. 이처럼 하나님의 영광은 하나님과 함께 하는 백성의 특징이기도 합니다. 그래서 "모든 사람이 죄를 범하였으매 하나님의 영광에 이르지 못하더니"(롬 3:23)의 의미는 모든 사람들이 죄를 범하였기에 하나님과 멀어져 하나님 백성이 되지 못하였다는 뜻입니다. 그러므로 바울은 예수 그리스도를 믿음으로 견고하여져서 하나님께 영광을 돌리며(롬 4:20b) 믿음으로 의롭다 하심을 받은 성도들은 하나님과 화평을 누리며 그로 말미암아 우리가 믿음으로 서 있는 이 은혜에 들어감을 얻었으며 하나님의 영광을 바라고 즐거워한다(롬 5:1-2)고 고백하고 있습니다. 그러기에 하나님의 영광은 예수 그리스도 안에 있고 예수 그리스도를 믿음으로 하나님의 백성 안에 있는 것입니다.

세 번째는 이스라엘 사람들은 하나님과 언약을 가진 민족입니다. 구약성경을 읽어보면 하나님과 이스라엘 백성 간에 여러 번 계약이 나옵니다. 버나드 W. 앤더슨의 구약신학에서 시대로 구분된 계약사에 노아계약(창 9:1-17), 아브라함 계약(창 17:1-14), 시내산 계약(출 31:16)을 서술하고 있습니다.[127] 앤더슨에 의하면 이들 계약을 영원한 계약(베리트 올람)으로 불립니다. 앤더슨의 해석을 인용하겠습니다.

그러므로 이 계약사가 창조의 시작으로부터 향하여 움직이고 있는 목표는

127) 버나드 W. 앤더슨, 최종진 역, <구약신학>, 한들 출판사, 서울 2002 p.148-156

거룩한 하나님이 예배하는 공동체 혹은 회중 가운데 거하시는 것이다. 이스라엘 백성들은 "영원한 계약" 혹은 "모든 시대의 약속"(레 24:8,NJPSV)으로 하나님과 결속되었다.(버나드 W. 앤더슨의 구약신학 p.151)

앤더슨은 한마디로 요약하면 "이스라엘은 거룩한 하나님 앞에서 사는 거룩한 백성이다"로 설명하고 있습니다. 출애굽기 19:5-6절을 읽어보겠습니다.

세계가 다 내게 속하였나니 너희가 내 말을 잘 듣고 내 언약을 지키면 너희는 모든 민족 중에서 내 소유가 되겠고 너희가 내게 대하여 제사장 나라가 되며 거룩한 백성이 되리라 너는 이 말을 이스라엘 자손에게 전할지니라(출애굽기 19:5-6)

구약성경에는 또 하나의 중요한 계약이 있습니다. 그것은 하나님과 다윗이 맺은 언약으로 궁정계약입니다. 이 계약은 시내산과 대비되는 시온산이 중요한 장소로 사용되고 있습니다.[128)]

네 수한이 차서 네 조상들과 함께 누울 때에 내가 네 몸에서 날 네 씨를 네 뒤에 세워 그의 나라를 견고하게 하리라 그는 내 이름을 위하여 집을 건축할 것이요 나는 그의 나라 왕위를 영원히 견고하게 하리라(사무엘하 7:12-13)

네 집과 네 나라가 내 앞에서 영원히 보전되고 네 왕위가 영원히 견고하리라 하셨다 하라(사무엘하 7:16)

구약에서 이어져 내려오는 노아, 아브라함과 모세, 다윗을 포함한 여러 언약들은 신약시대에 예수님에 의해 새롭게 언약을 맺습니다.

그들이 먹을 때에 예수께서 떡을 가지사 축복하시고 떼어 제자들에게 주시며 이르시되 받으라 이것은 내 몸이니라 하시고 또 잔을 가지사 감사기도 하시고 그들에게 주시니 다 이를 마시매 이르시되 이것은 많은 사람을 위하여 흘리는 나의 피 곧 <u>언약의 피</u>니라(마가복음 14:22-24)

또 떡을 가져 감사기도 하시고 떼어 그들에게 주시며 이르시되 이것은 너희를 위하여 주는 내 몸이라 너희가 이를 행하여 나를 기념하라 하시고 저녁 먹은

128) 버나드 W. 앤더슨, 최종진 역, <구약신학>, 한들 출판사, 서울 2002 p.320

후에 잔도 그와 같이 하여 이르시되 이 잔은 <u>내 피로 세우는 새 언약</u>이니 곧 너희를 위하여 붓는 것이라(눅 22:19-20)

사도 바울은 이런 언약들을 롬 4:13절에 요약하고 있습니다. “아브라함이나 그 후손에게 세상의 상속자가 되리라고 하신 언약은 율법으로 말미암은 것이 아니요 오직 믿음의 의로 말미암은 것이니라”고 말씀하고 있습니다. 아브라함 자손에게 하나님이 약속하신 하나님의 상속자는 율법으로 이루어지는 것이 아니라 예수 그리스도를 믿음으로 이루어지는 것으로 새롭게 언약을 맺은 것입니다.

네 번째는 이스라엘 사람들은 율법을 세우는 사람들입니다. 구약시대의 율법은 모세에 의해 주어졌습니다. 그렇지만 은혜와 진리는 예수 그리스도에 의해 온 것입니다.(요 1:17) 율법은 하나님과 하나님의 백성 사이에 맺은 언약으로서 바리새파들의 율법의 행위로 지켜지는 것이 아니라 바울은 예수 그리스도를 믿음으로 율법을 더욱 굳게 세운다고 설명하고 있습니다.

그런즉 우리가 믿음으로 말미암아 율법을 파기하느냐 그럴 수 없느니라 도리어 율법을 굳게 세우느니라(롬 3:31)

다섯 번째는 이스라엘 사람들은 하나님께 예배를 드리는 사람들입니다. 구약성경에 나와 있는 많은 문헌 중에 제사장 문헌들이 많이 있습니다. 요약하면 하나님은 거룩하시기에 백성들도 거룩하여야 하는데 거룩하게 되기 위한 많은 제사들 즉 예배가 있습니다. 하나님께 드리는 예배는 하나님과 바른 관계 속에 있는 예배를 의미합니다. 바울은 이 예배가 예수 그리스도를 믿은 믿음의 공동체에 있다고 선언합니다.

그러므로 형제들아 내가 하나님의 모든 자비하심으로 너희를 권하노니 너희 몸을 하나님이 기뻐하시는 거룩한 산 제물로 드리라 이는 너희가 드릴 영적 예배니라(롬 12:1)

하나님과 바른 관계에서 드려지는 진정한 예배는 예수 그리스도를 믿음으로 의인이 된 자들의 삶을 통한 예배로서 전적으로 자신의 몸을 예수 그리스도의 사랑으로 거룩하게 제물로 드려지는 영적 예배라는 것입니다.

여섯 번째는 이스라엘 사람들이란 하나님과 약속이 있는 사람들이라는 것입니다. 창세기 17장 3-8절의 하나님과 아브라함의 약속을 읽어보겠습니다.

보라 내 언약이 너와 함께 있으니 너는 여러 민족의 아버지가 될지라 이제 후로는 네 이름을 아브람이라 하지 아니하고 아브라함이라 하리니 이는 내가 너를 여러 민족의 아버지가 되게 함이니라 내가 너로 심히 번성하게 하리니 내가 네게서 민족들이 나게 하며 왕들이 네게로부터 나오리라 내가 내 언약을 나와 너 및 네 대대 후손 사이에 세워서 영원한 언약을 삼고 너와 네 후손의 하나님이 되리라 내가 너와 네 후손에게 네가 거류하는 이 땅 곧 가나안 온 땅을 주어 영원한 기업이 되게 하고 나는 그들의 하나님이 되리라(창세기 17:3-8)

바울은 하나님이 아브라함에게 하신 약속에 대하여 설명합니다. 아브라함은 행위로 의롭다 하심을 얻은 것이 아니요 하나님을 믿으매 그것이 아브라함에게 의로 여겨진 것이기에 오직 하나님의 은혜라고 설명하고 있습니다.

아브라함이나 그 후손에게 세상의 상속자가 되리라고 하신 언약은 율법으로 말미암은 것이 아니요 오직 믿음의 의로 말미암은 것이니라 만일 율법에 속한 자들이 상속자이면 믿음은 헛것이 되고 약속은 파기되었느니라(롬 4:13-14)

그러기에 바울은 이스라엘에서 난 그들이 다 이스라엘이 아니요 아브라함의 씨가 다 그의 자녀가 아니라고 선언하고 있습니다. 곧 육신의 자녀가 하나님의 자녀가 아니요 오직 약속의 자녀가 씨로 여기심을 받느니라(롬 9:6-8)고 설명하고 있습니다.

성도 여러분 바울은 자신처럼 이스라엘 사람인 민족적인 혈통으로 난 사람들의 장점을 소개하였습니다. 그들은 조상들이 저희들 것이고 예수 그리스도도 이스라엘 사람의 혈통을 따라 나셨지만, 이제 롬 9:6-8절을 통하여 "이스라엘"은 아브라함의 자손으로 된 민족적 이스라엘이 아님을 선언하고 있습니다. 바울은 이에 대한 논증으로 롬 9-11장까지 이스라엘 논쟁을 하는 것입니다. 바울이 말하는 이스라엘이란 모든 민족에서 예수 그리스도를 믿은 믿음의 공동체 즉 구원 공동체를 이스라엘로 보는 것입니다. 물론 예수를 믿는 공동체 안에는 실제로 유대인과 이방인이 함께 포함되어 있습니다. 이렇게 민족적인 이스라엘에서 믿음의 공동체로 넘어간 것은 하나님의 자유함으로 설명하고 있습니다. 아브라함 자손 중에 약속으로 난 이삭이 정통성을 이어받았고 이삭의 자손 중에서 하나님의 뜻으로 야곱이 이스라엘의 조상으로 인정받았듯이 이런 아브라함-이삭-야곱의 조상 선택은 전적으로 하나님의 자유로운 선택으로 이루어졌으며 따라서 하나님의 자유로운 선택하심으로 이스라엘이 형성된 것입니다.(롬 9:6-14) 그러기에 이런 하나님의 선택이 의롭다면 토기장이가 그릇을 만들 때 자유롭듯이 하나님이 하나님 백성으로 선택하는 기준은 유대인을 택하든 이방인을 택하든 전적으로 하나님의 자유로서, 하나님의 부르심을 입은 자들이 하나님의 백성이며 하나님의 아들이라 불릴 것이라고 말씀하고 있습니다.(롬 9:24-26) 이렇게 하나님의 자유로 불린 하나님의 백성이 이사야 선지자가 말씀한 이스라엘 수가 비록 바다의 모래 같이 많을 지라도 하나님의 백성으로 남아 있는 "남은 자"에 해당한다고 설명하고 있습니다.

사도 바울은 이렇게 9장에서 예수 그리스도를 믿는 믿음의 공동체인 이스라엘을 설명하고 그 공동체에 들어 있는 실질적인 유대인과 이방인의 관계를 10-11장에서 설명하고 있습니다. 사도 바울은 믿음의 공동체에 들어 있는 유대인과 이방인의 관계를 설명하기 이전에 예수 그리스도에 대하여 다시 한번 설명합니다. 바울은 모세가 기록한 "율법으로 말미암는 의"와 예수 그리스도에 의한 "믿음으로는 말미암는 의"를 대조하여 비교합니다. 롬 10:5-7절을 읽어보겠습니다.

모세가 기록하되 율법으로 말미암는 의를 행하는 사람은 그 의로 살리라 하였거니와 믿음으로 말미암는 의는 이같이 말하되 네 마음에 누가 하늘에 올라가겠느냐 하지 말라 하니 올라가겠느냐 함은 그리스도를 모셔 내리려는 것이요 혹은 누가 무저갱에 내려가겠느냐 하지 말라 하니 내려가겠느냐 함은 그리스도를 죽은 자 가운데서 모셔 올리려는 것이라(롬 10:5-7)

모세가 기록한 "율법으로 말미암는 의"는 율법의 행위로 산다고 한 레위기 18:5절과 신명기 4:1절의 말씀을 근거로 하고 있습니다. 예수 그리스도에 의한 "믿음으로 말미암는 의"는 다음과 같이 설명할 수 있습니다. 신명기 30:12절 이하의 구절에서 "하늘에 있는 것이 아니니 네가 이르기를 누가 우리를 위하여 하늘에 올라가 그의 명령을 우리에게로 가지고 와서 우리에게 들려 행하게 하랴 할 것이 아니요"라고 기록되어 있는데 이는 다음과 같이 해석할 수 있습니다. 하나님의 율법이 모세에 의해 계시되어 땅에 있으므로 더 이상 다른 계시를 받기 위해 하늘에 올라가지 않아도 된다는 모세의 말씀이지만 바울은 예수 그리스도께서 하늘에서 하나님의 말씀을 가지고 내려왔다고 선언하고 있습니다. 모세는 중재자를 통해서 율법의 계시가 이루어졌다면(갈 3:19-22) 예수 그리스도는 하나님으로부터 모든 것을 직접 받은 계시로서 율법과 하나님의 복음을 대조하고 있습니다. 또한 예수 그리스도의 십자가의 죽음을 통하여 부활하신 예수님을 무저갱에서 다시 모셔 올리는 것으로 표현하며 예수님의 말씀이 하나님으로부터 직접 온 참 계시이고 부활하심으로 예수님을 믿는 우리도 참 생명을 얻게 되었다고 말씀하고 있습니다. 그러기에 예수 그리스도를 믿으면 그 믿음의 말씀이 하나님의 말씀이기에 우리 마음에 있고 입에 가까이 있습니다.(롬 10:8) 그래서 사도 바울은 "네가 만일 네 입으로 예수를 주로 시인하며 또 하나님께서 그를 죽은 자 가운데서 살리신 것을 네 마음에 믿으면 구원을 받으리라"고(롬 10:9) 선언하고 있습니다.

사람이 마음으로 믿어 의에 이르고 입으로 시인하여 구원에 이르느니라(롬 10:10)

성도 여러분 이제 사도 바울이 이스라엘이라는 개념을 처음에는 율법으로 인한 민족적 이스라엘로 칭하다가 현재는 믿음으로 인한 하나님의 백성으로 이루어진 하나님의 나라를 이스라엘로 칭하는 것을 알 수 있습니다. 그러기에 이런 하나님의 나라에 들어가는 것은 예수 그리스도를 믿어 의인이 되어 하나님 나라 백성이 되며 구원받은 공동체가 된다는 사실을 증명하고 있는 것입니다. 여기에는 유대인이나 헬라인이나 차별이 존재하지 아니하고(롬 10:12) "누구든지 주의 이름을 부르는 자는 구원을 받으리라"(롬 10:13)고 선언하고 있습니다. 그래서 사도 바울은 그리스도는 율법의 마침이라고 선포하고 있습니다.

그리스도는 모든 믿는 자에게 의를 이루기 위하여 율법의 마침이 되시니라(롬 10:4)

이제 사도 바울은 하나님의 백성과 하나님의 나라에 대한 견해를 좀 더 확장하고 있습니다. 하나님의 구원 역사는 이스라엘 예루살렘에서 시작되었지만 온 인류와 만물에게로 확장하고 있습니다. 이방인의 구원 역사는 이스라엘의 넘어짐과 실패에 있지만(11:11-12) 이방인들은 이것으로 자만하거나 자랑하면 안됩니다.(롬 11:17-18) 왜냐하면 이스라엘은 참감람나무이고 이방인을 돌감람나무와 같아서 접붙임으로 함께 이루는 공동체이기 때문입니다. 하나님이 참감람나무인 이스라엘에 해당하는 원 가지를 아끼지 아니한 것처럼 이방인도 믿음을 받아들이지 않으면 아끼지 아니하고(롬 11:21) 다시 온 이스라엘의 구원의 역사가 일어 날 것이라고 말씀하고 있습니다.(롬 11:25-26) 그러므로 사도 바울은 하나님의 복음을 받아들이지 않는 면에서 유대인이나 이방인이나 똑같은데 이는 모든 인류를 구원하기 위한 하나님의 섭리가 여기에 담겨 있다고 설명하고 있습니다. 이것을 사도 바울은 "하나님의 신비"라고 하며(롬 11:25) 하나님의 지혜와 지식이 깊음을 찬송하고 있습니다.(롬 11:33)

깊도다 하나님의 지혜와 지식의 풍성함이여, 그의 판단은 헤아리지 못할 것이며 그의 길은 찾지 못할 것이로다(롬 11:33)

성도 여러분 이제 우리는 로마서 9-11장의 "하나님의 의와 이스라엘"이라는 주제를 살펴보았고 마무리 결론을 내려야겠습니다. 갈라디아서처럼 로마서도 본문을 롬 1:18-8:39절까지 "하나님의 의"에 대한 복음의 원리를 논증하고 롬 12:1-15:13절까지 "하나님의 의의 실천"에 해당하는 복음의 실천으로 넘어가도 로마서 흐름에 전혀 어색하지 않습니다. 그럼에도 불구하고 사도 바울은 롬 9-11장에 이르는 자칫 많은 논쟁에 휩싸일 수 있는 이스라엘 논쟁을 하고 있습니다. 누가 참 의인인가? 누가 참 하나님의 백성인가? 누가 참 이스라엘인가? 하는 논쟁을 사도 바울은 갈라디아서에서 격하게 논쟁하다가 로마서에서 차분하게 논리적으로 풀어나가는 것을 볼 수 있습니다. 그런 의미에서 로마서를 이해하는 주요 키(열쇠) 역할을 하는 부분은 로마서 9-11장으로 생각하는 것입니다.

사도 바울은 자신도 유대인이요 바리새파였기에 이스라엘 논쟁에서 민족적인 감정을 숨길 수 없었을 것입니다. "큰 근심과 마음에 그치지 않는 고통"이 있지만(롬 9:1) 양심에 따라 성령 안에서 증언한다고 서술하고 있습니다. 이스라엘 개념은 이제 율법에 따른 민족적인 공동체 개념이 아니라 믿음에 따른 신앙 공동체임을 선언하고 있습니다. 이스라엘이란 하나님과의 관계에서 "양자됨과 영광과 언약들과 율법을 세우신 것과 예배와 약속들이" 있는 특징을 가지고 있습니다. 아브라함도 민족적 조상이 아니라 믿음에 따른 약속의 조상으로 믿음을 가진 구원 공동체의 "믿음의 조상"이 된 것입니다. 그러기에 예수 그리스도가 아브라함과 다윗의 자손으로 오셨지만 그분은 세세에 찬양받으실 하나님이라고 고백하고 있습니다.(롬 9:5)

이제 예수 그리스도를 믿음으로 우리는 하나님과의 관계에서 롬 1:18-8:39절까지 논증하였듯이 하나님으로부터 값없이 의롭다 하심을 얻은 자들이 된 것입니다. 이렇게 의인된 자는 예수 그리스도를 믿음으로 하나님과 화평하게 되었고(롬 5:1), 세례를 받음으로 예수 그리스도의 죽으심과 합하며 하나님이 예수님을 다시 살리심으로 그 살리심과 합하여 새 생명을 얻게 되었습니다.(롬 6:3-4) 그런 우리는 율법으로부터 자유함을 얻게 되엇습니다.(롬 7:5-6) 그러므로 이제 그리스도 예수 안에 있는 사람들에게는 "이는 그리스도 예수 안에 있는 생명의 성령의 법이 죄와 사망의 법에서 너를 해방하였음이라"(롬 8:2)고 바울은 선언하고 있습니다. 이런 성령을 받은 공동체가 믿음의 공동체이며 구원받은 공동체입니다. 사도 바울은 이런 믿음의 공동체를 롬 9-11장에서 이사야가 말씀하신 구원받은 "남은 자"들이며 이들 공동체를 "참 이스라엘"로 규정하고 있습니다. 성도 여러분 그럼에도 불구하고 사도 바울의 경고를 꼭 들으셔야 합니다. "하나님이 원가지를 아끼지 아니하셨은즉 너도 아끼기 아니하리라"(롬 11:21)고 하신 바울의 음성을 들으며 구원받은 우리가 현실에서 어떻게 살아가야 하는지 로마서 12:1-15:13절까지 복음의 실천을 말씀하고 있습니다. 우리가 이 세대를 본받지 말고 오직 마음을 새롭게 함으로 변화를 받아 하나님의 선하시고 기뻐하시고 온전하신 뜻이 무엇인지 분별하도록 하도록 힘써야 합니다. 롬 12:1-2절의 말씀을 읽어보겠습니다.

그러므로 형제들아 내가 하나님의 모든 자비하심으로 너희를 권하노니 너희 몸을 하나님이 기뻐하시는 거룩한 산 제물로 드리라 이는 너희가 드릴 영적 예배니라 너희는 이 세대를 본받지 말고 오직 마음을 새롭게 함으로 변화를 받아 하나님의 선하시고 기뻐하시고 온전하신 뜻이 무엇인지 분별하도록 하라(롬 12:1-2)

비록 롬 12:1-1513절의 본문 말씀이 당시의 로마교회의 상황적인 윤리를 설명하는 부분이 있을지라도 그 안에는 현재에도 우리가 성도로서 살아가야 할 주옥같은 말씀이 많이 들어 있습니다. 롬 13:8-10절 말씀을 읽어보겠습니다.

피차 사랑의 빚 외에는 아무에게든지 아무 빚도 지지 말라 남을 사랑하는 자는 율법을 다 이루었느니라 간음하지 말라, 살인하지 말라, 도둑질하지 말라, 탐내지 말라 한 것과 그 외에 다른 계명이 있을지라도 네 이웃을 네 자신과 같이 사랑하라 하신 그 말씀 가운데 다 들었느니라 사랑은 이웃에게 악을 행하지 아니하나니 그러므로 사랑은 율법의 완성이니라(롬 13:8-10)

롬 10:4절에 "그리스도는 모든 믿는 자에게 의를 이루기 위하여 율법의 마침이 되시니라"는 구절이 있습니다. 여기서 나오는 "율법의 마침"의 의미를 율법을 마치고 복음을 여는 의미의 불연속적인 의미로 생각하는 학자와 복음은 율법을 완성하였다는 율법의 연속성을 주장하는 학자도 있습니다. 그러나 우리는 예수님의 말씀에서 마태복음에 5:17절에 "율법이나 선지자를 폐하러 온 줄로 생각하지 말라 폐하러 온 것이 아니요 완전하게 하려 함이라"는 말씀과 누가복음 16:16절에 "율법과 선지자는 요한의 때까지요 그 후부터는 하나님 나라의 복음이 전파되어 사람마다 그리로 침입하느니라"는 말씀도 기억하고 있습니다. 바울도 롬 3:20절에 "그러므로 율법의 행위로 그의 앞에 의롭다 하심을 얻을 육체가 없나니 율법으로는 죄를 깨달음이니라"고 선언한 반면 위에 읽은 롬 13:8-10절에서는 십계명을 구체적으로 언급하며 예수 그리스도의 사랑은 율법을 완성하였다고 선언하고 있습니다. 그러기에 우리는 사도 바울이 말하려는 율법의 연속성과 불연속성이 있는 "마침의 의미"를 꼭 기억하셔야 합니다. 예수님을 믿는 구원의 공동체는 율법으로부터 자유롭지만 그럼에도 불구하고 예수님이 가르쳐주신 계명을 꼭 지켜야만 합니다.(갈 5:13) 사도 바울은 이것을 그리스도의 법(갈 6:2)이라고 하기도 하고 예수 안에 있는 생명의 성령의 법이며(롬 8:2) 이는 예수 그리스도의 사랑의 법일 것입니다. 그러기에 성령 안에 있는 사람은 사랑과 희락과 화평과 오래 참음과 자비와 양선과 충성과 온유와 절제와 같은 성령의 열매를 맺어야만 합니다. 그러기에 예수님은 마태복음 22:37-40절에서 율법과 선지자의 강령을 말씀하고 있습니다.

예수께서 이르시되 네 마음을 다하고 목숨을 다하고 뜻을 다하여 주 너의 하나님을 사랑하라 하셨으니 이것이 크고 첫째 되는 계명이요 둘째도 그와 같으니 네 이웃을 네 자신 같이 사랑하라 하셨으니 이 두 계명이 온 율법과 선지자의 강령이니라(마 22:37-40)

성도 여러분 사도 바울은 로마서에서 본문 1;18-8:39절까지 복음의 원리인 "하나님의 의"를 설명하고 9:1-11:36절까지 하나님의 의를 이룬 성도들이 참 이스라엘이라는 것을 설명하고 12:1-15:13절까지 하나님의 의를 이룬 구원 공동체에 속한 성도들이 어떻게 살아가야 하는지 그 실천적 삶을 서술하고 있습니다. 이제 여러분이 살아가는 삶 속에서 예수 그리스도의 십자가의 도를 실천하시기를 간절히 기도합니다. 누구든지 나를 따라오려거든 자기를 부인하고 자기 십자가를 지고 나를 따를 것을 말씀하신 예수님을 따라(막 8:34) 사랑을 실천하는 참 제자가 되시기를 기도합니다.

우리가 살아도 주를 위하여 살고 죽어도 주를 위하여 죽나니 그러므로 사나 죽으나 우리가 주의 것이로다(롬 14:8)

사도 바울의 이런 고백이 나의 삶 속에 있기를 소원합니다.

평신도를 위한

신약성서 해설

고린도 전서 이해하기

제36과 ✝

부르심(Calling)에 관하여 (2부, 고린도 전서를 중심으로)

; 고전 1:18−31, 고전 4:1−2, 고전 15:1−10

우리는 십자가에 못 박힌 그리스도를 전하니 유대인에게는 거리끼는 것이요 이방인에게는 미련한 것이로되 오직 부르심을 받은 자들에게는 유대인이나 헬라인이나 그리스도는 하나님의 능력이요 하나님의 지혜니라(고전 1:23-24)

지난 시간에는 로마서를 중심으로 부르심(Calling; 소명)에 대하여 성경에서 어떤 의미로 사용되었는지를 알아보았습니다. 로마서에서의 부르심(Calling; 소명)의 사용은 사도를 부르실 때(롬 1:1) 사용되었고 모든 이방인 중에 예수 그리스도의 것으로 구별된 사람에게(롬 1:6) 사용되었고, 성도로 부르심을 받은 모든 자에게(롬 1:7) 사용되고 있음을 알 수 있습니다. 그러기에 로마서에서 사용된 부르심

(Calling; 소명)은 신적 부르심(Divine Calling)의 의미를 가지고 있다고 하였습니다. 오늘은 고린도 전서를 중심으로 부르심에 관한 이야기를 로마서 중심 1부에 이어서 고린도 전서 중심 2부를 이야기하도록 하겠습니다.

부르심을 받은 자들은 어떠한 삶의 모습이어야 할까요? 특히 공동체 안에서 어떤 모습이어야 하는지 고민해보는 시간을 갖도록 하겠습니다. 이렇게 서두를 시작하는 이유는 부르심에 대한 이야기를 하려면 나의 현재의 삶의 모습을 생각하며 이야기하지 않을 수 없기 때문입니다. 지난 시간 로마서의 부르심을 통해서 부르심에 대한 성경적 개념을 정리하였다면 이번 시간은 고린도 전서를 통하여 바울이 부르심을 받은 사도로서 부르심에 대한 자신의 삶을 어떻게 정의하고 있는지 살펴볼 것입니다. 그러면서 우리의 삶에서 나타나는 신앙들을 다시 생각해보는 시간을 갖도록 하겠습니다. 나의 바람은 성도님들이 성경을 읽으며 성경은 무슨 이야기를 들려주고 있는지, 그 안에서 나에게 들려주는 은밀한 음성을 들으며 깊은 영적 즐거움을 가질 수 있으면 좋겠습니다.

지난 시간 "부르심을 받은 자"에 대한 구절이 고린도 전서에서 1:1, 1:2, 1:24 세 번 나온다고 하였습니다. "부르심"은 신약 성경 전체에서 10번 사용되었는데 그중 7번이 바울의 편지에서 발견되고 특히 바울의 편지 중에서 로마서에서 4번과 고린도 전서에서 3번 사용된 것을 볼 수 있습니다. 고린도 전서에서 부르심에 대한 세 구절을 다시 한 번 살펴보겠습니다. 고린도 전서 1:1은 '하나님의 뜻에 따라 그리스도 예수의 사도로 부르심을 받은 바울'에 사용되었고 1:2은 '성도로 부르심은 받은 자'에 사용되었습니다. 고전 1:24에는 이렇게 부르심을 받은 자들에게는 그리스도가 하나님의 능력이요 하나님의 지혜가 된다고 설명하고 있습니다. 고린도 전서 1:1과 1:2절은 로마서 1:1과 1:7절과 같이 부르심을 받은 사도와 성도의 의미로 사용되었습니다. 그 외 로마서에서는 롬 1:6절에 부르심은 입은 자는 그리스도의 것으로 표현되었으며 로마서 8:28절에는 "하나님을 사랑하는 자"와 "하나님 뜻대로 부르심을 입은 성도"는 같은 의미로 사용되었다고 말씀드렸습니다. 하나님의 뜻대로 부르심을 입은 성도는 성령의 법을 따르는 성령에 속한 사람이 됩니다. 성령에 속한 사람은 연약할 때에 성령의 도우심으로 모든 것을 합력하여 선을 이룰 수 있습니다. 지난 시간 제34과의 "부르심"의 주제였습니다.

그렇다면 고전 1:24절에 나타난 부르심을 받은 자들에게는 그리스도가 하나님의 능력이요 하나님의 지혜가 된다는 이 의미가 무슨 뜻일까요? 오늘 여러분과 함께 이야기하려는 주제입니다. 성도 여러분 그리스도가 여러분의 삶 속에서 하나님의 능력이 되며 하나님의 지혜가 되고 있나요? 그렇게 되기를 간절히 기도합니다.

고린도 전서는 하나님의 뜻대로 부르심은 받은 성도들과 우리의 주 되신 예수 그리스도의 이름을 부르는 모든 자에게(고전 1:2) 고린도 교회에서 일어난 여러 문제에 관하여 부르심을 받은 사도 바울이 하나님의 지혜를 가지고 자신의 생각을 글로 써서 보낸 편지입니다. 이런 바울의 모습을 보면서 우리의 삶을 되돌아보는 시간을 가지려고 합니다.

사도 바울은 고전 1:1에 자신의 정체성을 이렇게 정의하고 있습니다. 하나님의 뜻에 따라 그리스도 예수의 사도로 부르심을 받은 자라고 자신의 정체성을 설명하고 있습니다. 사도 바울이 "예수 그리스도의 사도"라는 자신의 신분을 고수하기 위해 얼마나 노력했는지 알고 계신가요? 갈라디아서 1:1절에서 바울은 자신의 사도성에 관하여 사람들에게서 난 것도 아니요 사람으로 말미암은 것도 아니요 오직 예수 그리스도와 그를 죽은 자 가운데서 살리신 하나님 아버지로 말미암아 사도가 되었다고 자신의 정체성을 적고 있습니다. 사실 고린도 후서 같은 경우는 그 내용이 거의 자신의 사도에 관한 것으로 자신의 사도성을 설명하는 바울의 절절한 편지입니다. 지금은 당연히 받아들이는 사도로서의 바울은 당시에는 많은 사람으로부터 도전도 받고 때로는 모욕적인 언사를 들었습니다. 그래서 자신의 사도성과 사도의 직무 그리고 거짓 사도에 관하여 눈물로 써내려 간 편지가 고린도 후서입니다(고후 2:4).

이제 우리가 서로 이야기를 나누려는 부르심에 대한 주제를 고린도 전서에 나타난 사도 바울의 삶의 모습을 통하여 이야기하려고 합니다. 오늘 본문인 고전 1:24을 먼저 살펴보겠습니다. 바울은 고린도전서를 통하여 하나님의 뜻대로 부르심을 받은 바울은(고전 1:1) 하나님의 뜻대로 부르심을 받은 거룩한 성도와 예수 그리스도의 이름을 부르는 모든 자에게(고전 1:2) 예수 그리스도가 하나님의 능력이요 하나님의 지혜가 된다고(고전 1:24) 선언하고 있습니다. 하나님의 복음인 "십자가의 도"는(고전 1:18) 하나님의 능력이 되고 하나님의 지혜가(고전 1:24) 된다는 것입니다.

로마서에서는 하나님의 복음은 모든 믿는 자에게 구원을 주시는 하나님의 능력이 되는데 이는 복음 안에는 "하나님의 의"가 있기 때문이라고 설명하고 있습니다(롬 1:16-17). 고린도전서는 부르심을 받은 자 즉 하나님의 복음을 믿는 자에게는 하나님의 능력과 하나님의 지혜가 나타난다고 설명하고 있습니다. 로마서의 주요 주제가 "하나님의 의"라면 고린도전서는 "하나님의 지혜"에 관한 것입니다. 로마서는 부르심은 받은 자는 하나님을 사랑하는 자이고 이들이 하나님의 백성이며 성령에 속한 사람입니다. 고린도 전서는 이들이 하나님의 지혜를 받은 자라고 설명하고 있는 것입니다. 로마서가 하나님의 백성에서 의인이 누구인지 논리적으로 설명하고 있다면 고린도 전서는 교회 공동체로 살아가는 성도들에게 하나님의 지혜를 가질 것을 자신의 삶을 통해서 밝히고 있습니다. 사도 바울은 고린도 교회 성도들을 향해 내가 그리스도 예수 안에서 복음으로 너희를 낳았다(고전 4:15)고 말하고 있습니다. 그래서 바울은 고린도 교회를 향하여 세상의 지혜를 따르지 말고 하나님의 지혜를 따르라고 말하고 있습니다(3:18). 그렇다면 바울이 말하는 하나님의 지혜는 무엇인가요?(다음 언젠가 지혜사상에 관하여 설명하도록 하겠습니다. 특히 묵시적 지혜에 관하여 설명할 텐데 여기서는 넘어 갈게요.) 사도 바울은 그것을 "십자가의 도"라고 설명하고 있습니다.

"십자가의 도"란 바울이 전하는 하나님의 복음인데 바울도 받은 복음입니다(고전 15:1-4). 이 복음은 성경대로 그리스도께서 우리를 위해 죽으시고 장사 지낸 바 되셨다가 성경대로 사흘 만에 다시 살아나셨다는 부활 신앙입니다(고전 15:3-4). 이 말씀의 의미는 지난 시간 로마서를 공부하였던 제33과 "오직 믿음으로" 글을 통해서 말씀드렸습니다. 다시 한번 반복해서 설명 드리겠습니다.

예수 그리스도를 믿음으로 하나님의 의가 드러났습니다. 모든 사람이 죄로 인하여 하나님의 영광에 이르지 못했습니다. 그러나 예수 그리스도가 십자가에 죽으심으로 우리를 죄에서 속량하심으로 값없이 의롭게 하셨습니다. 하나님은 십자가에 죽으신 예수 그리스도의 피로 화목제물로 삼으시고 하나님 자신의 의를 나타내셨으며 예수를 믿는 자도 의인이 되게 하였습니다(롬 3:21-26). 예수는 우리가 범죄한 것 때문에 내줌이 되고 또한 우리를 의롭다 하시기 위하여 살아나셨습니다.(롬 4:25) 이것이 하나님이 우리에 대한 자기의 사랑을 확증하신 것입니다(롬 5:8). 그 예수님을 하나님이 사흘 만에 살리심으로 우리도 예수와 함께 장사되었다가 다시 살리심으로 새 생명으로 살게 하신 것입니다.(롬 6:3-4) 이것이 "십자가의 도"입니다. 꼭 기억하셔야 됩니다. 사도 바울은 이렇게 하나님의 뜻대로 예수 그리스도의 부르심은 받고 십자가의 도를 실천하는 성도들의 정체성을 하나님으로부터 난 자로 그리스도 예수 안에 있는 자로 설명하고 있습니다.

너희는 하나님으로부터 나서 그리스도 예수 안에 있고 예수는 하나님으로부터 나와서 우리에게 지혜와 의로움과 거룩함과 구원함이 되셨으니(고전 1:30)

이 구절에서 성도와 하나님과 예수님과의 관계를 보면 요한복음 17장 고별기도에서 설명한 하나님과 예수님과 제자와의 관계와 정체성에서 유사한 것을 알 수 있습니다. 요한복음 17장에서 예수님의 제자들은 원래는 하나님의 것이었는데 하나님은 이 제자들을 예수님에게 주셨고 그 제자들은 예수님이 하나님으로부터 왔음을 아는 자들입니다.(요 17:3) 예수님은 하나님 아버지로부터 모든 것을 받았기에 예수님의 말씀이 하나님의 말씀입니다.(요 17:7) 그러므로 예수님은 하나님의 지혜와 하나님의 의와 하나님의 거룩함과 구원함이 됩니다. 그래서 부르심을 받은 성도들은 하나님으로부터 모든 것을 받은 예수님 안에 있는 자들인 것입니다.(고전 1:30) 우리가 예수님 안에 있으므로 예수님은 우리에게 지혜와 의로움과 거룩함과 구원함이 됩니다. 그래서 요한 공동체가 자신들의 정체성을 요 1:12-13절에 "하나님의 자녀"와 "하나님께로부터 난 자들"이라고 설명하는 것과 아주 유사합니다.[129]

이렇게 사도 바울은 부르심을 받은 성도에 관한 정체성을 설명하고 고린도 교회 뿐 아니라 모든 선교 현장에서 "십자가의 도"만 전하겠다고 작정했습니다(고전 2:2). 그렇지만 바울이 전하는 "십자가의 도"는 선교 현장에서 심각한 도전을 받았습니다. 왜냐하면 "십자가의 도"는 유대인에게는 거리끼는 것이요 (신명기에 나무에 달려 죽는 자는 저주받은 자라고 써있으므로; 신 21:22-23) 이방인에게는 미련한 것(헬라인들은 이렇게 허망하게 죽은 영웅은 없기에)이라고 주장하기 때문입니다.(고전 1:23) 이에 대해 바울은 "십자가의 도"가 멸망하는 자들에게는 미련한 것이지만 구원을 받은 우리에게는 하나님의 능력이라고 주장합니다.(고전 1:18) 왜냐하면 구원받은 우리들, 즉 부르심을 받은 성도들에게는 이렇게 십자가에 죽으신 예수 그리스도가 하나님의 능력이요 하나님의 지혜가 되기 때문이라고 강조하고 있습니다.(고전 1:24)

사도 바울이 고린도 교회의 여러 문제들을 앞에 놓고 왜 "십자가의 도"를 강조하고 있을까요? 그것은 고린도 교회가 당면한 여러 문제를 해결할 수 있는 유일한 방법이 "십자가의 도"에 있다고 보기 때문입니다.

우리가 무슨 문제가 생기면 어떻게 하나요? 그것을 해결하기 위한 세상적인 지식과 지혜를 동원합니다. 당시 유대 사회는 로마의 식민지 시대였기에 로마의 문화와 정치 사회의 영향은 지대했습니다. 더욱 고린도 지역은 당시 아가야 지역에 속해 있었습니다. 사도행전 18:1절에 따르면 사도 바울은 아덴(아테네)을 떠나 고린도에 도착합니다. 지금은 그리스에 속해 있으며 아테네 옆에 위치하고 있습니다. 이렇게 해상 무역이 발달한 고린도는 바로 옆 나라 로마와 가까이에 있는 지역으로 헬라-로마의 선진 문명이 있는 지역이 됩니다. 바울이 전하는 "십자가의 도"가 이들 지역에서 부딪히는 큰 문제 중 하나가 그들이 가지고 있는 헬라의 철학과 문화 그리고 로마 사회에 존재하는 우월감을 가진 "지혜 사상"과 만

129) 영접하는 자 곧 그 이름을 믿는 자들에게는 하나님의 자녀가 되는 권세를 주셨으니 이는 혈통으로나 육정으로나 사람의 뜻으로 나지 아니하고 오직 하나님께로부터 난 자들이니라(요 1:12-13)

나 논쟁했을 것입니다.

사도 바울의 설명을 들어 보시지요. 고린도 교회의 성도들을 향해 말합니다. 부르심을 받은 성도 여러분 여러분들은 세상에서 지혜와 능력과 문벌도 세상 사람들에 비하면 부족하여 세상에서 미련하고 약하다고 말을 듣지만 여러분이 "십자가의 도" 즉 예수 그리스도를 전하면 세상의 지혜 있는 자와 강한 자들을 부끄럽게 만듭니다. 세상에서 천하다고 하고 때로는 멸시를 받고 그리고 세상에서 가진 것이 없지만 여러분이 가지고 있는 "십자가의 도"는 있는 것들을 폐할 것입니다(고전 1:26-28).

이것이 어떻게 가능할까요? 바울은 다음과 같이 설명하고 있습니다. 내가 선교할 때 세상의 아름다운 지혜로 하였습니까? 아니오, 나는 떨며 두려움으로 오직 "십자가의 도"만 전했는데 성령의 나타나심으로 하나님의 능력이 그 곳에 있게 되었습니다(고전 2:1-5). "십자가의 도"에 나타난 지혜는 세상의 지혜가 아니요 오직 은밀한 가운데 있는 하나님의 지혜를 말하는 것입니다(2:6-7). 이 지혜는 감추어졌던 것인데 하나님이 우리의 영광을 위하여 만세 전에 이미 정해 놓은 것으로 이 지혜가 바로 예수 그리스도인 것입니다(2:7-8). 이러한 하나님의 지혜가 우리의 능력이 되었습니다. 그래서 사도 바울은 이런 지혜를 이 세대의 통치자들이 한 사람도 알지 못하여 예수님을 십자가에 못 박았다고 설명하고 있습니다.[130)]

그래서 사도 바울은 "예수 그리스도의 십자가의 도에 나타난 하나님의 지혜"를 가지고 고린도 교회에서 연락이 오거나 알게 된 많은 문제들, 고전 1:10-4:21; 교회내의 분파 문제, 5:1-6:20; 성도들의 윤리적인 문제들, 7:1-40; 결혼 이혼 독신 등의 문제들, 8:1-11:1; 우상제물의 문제(그리스도인의 자유와 권리), 11:2-34; 예배의 문제, 12:1-14:40; 은사의 문제, 15:1-58; 부활의 문제에 대하여 성령에 따라 권면하며 설교하고 있는 것입니다.[131)]

성도 여러분, 여러분 앞에 놓여 있는 삶의 여러 문제를 앞에 놓고 어떻게 해결하고 있으십니까? 세상의 지혜와 기준과 법으로 해결하고 있으십니까? 바울은 말합니다. 하나님의 지혜로 그리스도의 법으로 해결하라고 권면합니다. "사랑의 법" 말입니다. 그러면 하나님의 능력이 부르심 받은 성도 여러분에게 나타날 것입니다.

사도 바울은 부르심을 받은 자 즉 고린도 교회 성도를 위해 이렇게 외칩니다. 여러분은 "그리스도의 일꾼"이요 "하나님의 비밀을 맡은 자"입니다(고전

130) 제2과 "복음서를 읽는 눈"에서 누가복음 10:21-24절을 설명하며 비슷한 개념을 설명하였습니다.

131) 조경철, <신약 성서가 한눈에 보인다>, 땅에쓰인글씨, 서울, 2007, p.202-203

4:1). 성도 여러분, 부르심은 받은 여러분은 그리스도의 일꾼입니다. 그리고 하나님의 비밀을 맡은 자입니다. 하나님의 비밀을 맡았다는 것은 하나님의 지혜가 있다는 말입니다. 이렇게 하나님의 비밀을 맡은 자가 구할 것은 오직 충성이라고 바울은 고백하고 있습니다.(고전 4:2) 그래서 바울은 자신이 복음으로 낳은 고린도 교회 성도들을 향해 "나를 본받으십시오."라고 크게 외칠 수 있었습니다. 이 말은 다른 말로 한다면 나는 그리스도의 일꾼입니다. 나는 하나님의 비밀을 맡은 자로 하나님의 지혜가 있는 사람입니다. "나를 본받으십시오." 하고 말하는 것입니다.

이렇게 부르심을 받고 성도로서 그리스도의 일꾼 된 여러분, 이제 여러분의 삶의 터에서 어떤 역할을 해야 되는지 아시겠습니까? 작은 모임이나 교회 공동체에서 여러분은 하나님의 지혜가 있는 사람들이 되길 간절히 기도합니다. 그래서 바울은 설명합니다. 그리스도의 일꾼 된 여러분, 여러분은 주님이 주신 성령의 은사(카리스마)가 각각 다릅니다. 그러나 각각 주어진 은사가 다르지만 그 은사는 한 성령, 한 주, 한 하나님으로부터 온 것입니다.(고전 12:4-11).

> **은사는 여러 가지나 성령은 같고**
> **직분은 여러 가지나 주는 같으며**
> **또 사역은 여러 가지나 모든 것을 모든 사람 가운데서 이루시는 하나님은 같으니**
> **각 사람에게 성령을 나타내심은 유익하게 하려 하심이라**
> **어떤 사람에게는 성령으로 말미암아 지혜의 말씀을,**
> **어떤 사람에게는 같은 성령을 따라 지식의 말씀을,**
> **다른 사람에게는 같은 성령으로 믿음을, 어떤 사람에게는 한 성령으로 병 고치는 은사를,**
> **어떤 사람에게는 능력 행함을, 어떤 사람에게는 예언함을,**
> **어떤 사람에게는 영들 분별함을, 다른 사람에게는 각종 방언 말함을,**
> **어떤 사람에게는 방언들 통역함을 주시나니**
> **이 모든 일은 같은 한 성령이 행하사 그의 뜻대로 각 사람에게 나누어 주시는 것이니라(고전 12:4-11)**

이렇게 교회 공동체는 각각 하나님으로부터 귀하게 성도로서 부르심을 받았기에 누구도 차별 없이 구원을 이룬 공동체이지만 교회 공동체에 일하는 직분과 사역은 주어진 은사가 각각 다르므로 다를 수 있음을 말씀하고 있습니다. 이를 비유하기를 그리스도의 몸과 지체로 설명하는 것입니다.

몸은 하나인데 많은 지체가 있고 몸의 지체가 많으나 한 몸임과 같이 그리스도도 그러하니라 우리가 유대인이나 헬라인이나 종이나 자유인이나 다 한 성령으로 세례를 받아 한 몸이 되었고 또 다 한 성령을 마시게 하셨느니라(고전 12:12-13)

우리는 이런 성경구절을 당연하게 받아들이고 있습니다. 그렇지만 예수님 당시의 로마사회에서 이런 선언은 가히 혁명적이 사고입니다. 유대인이나 헬라인이나 종이나 자유인이나 다 한 성령으로 세례를 받아 한 몸이 되었다는 선언은 당시 사회적 환경에서 말하기도 어렵고 받아들이기도 어려웠을 것입니다. 그러나 바울은 너희는 그리스도의 몸이요 지체라고 설명하고(고전 12:27) 그리스도 안에서 한 성령으로 차별이 없음을 선언하며 다만 은사가 다르듯이 직분과 그에 따른 일하는 사역이 다름을 설명하고 있습니다.

하나님이 교회 중에 몇을 세우셨으니 첫째는 사도요 둘째는 선지자요 셋째는 교사요 그 다음은 능력을 행하는 자요 그 다음은 병 고치는 은사와 서로 돕는 것과 다스리는 것과 각종 방언을 말하는 것이라(고전 12:28)

이렇게 한 성령으로 받은 은사가 각각 다름으로 직분이 달라질 수 있고 그 하는 사역이 달라질 수 있지만 공동체는 한 성령으로 세례를 받았듯이 성도들 간의 차별이 없습니다. 그러기에 직분은 여러 가지이지만 섬기는 주는 같으며 이 직분에 따라 공동체에서 이루어지는 사역은 각각 다르지만 하나님의 일을 하는 것으로서 한 하나님의 일을 하는 것임을 말씀하고 있습니다. 그러기에 한 성령, 한 주, 한 하나님을 믿는 공동체가 은사가 다르고 직분이 다르며 사역이 다름에 따른 갈등이 있을 때 어떻게 하면 좋을지를 사도 바울은 설명하고 있습니다. 그것은 공동체에 속한 모든 사람이 한 성령, 한 주, 한 하나님으로부터 받는 가장 큰 은사로서 모두 함께 "사랑의 은사"를 받으라고 힘주어 말하고 있습니다. 이 은사가 성도들이 모인 교회공동체 안에서 미래를 위해 나아갈 가장 좋은 길인 것입니다. 성도 여러분 사도 바울의 이 말 안에는 자신이 평생 선교에 임할 때 지키려 했고 그리고 지켰던 "겸손과 눈물"이(행 20:19) 바탕이 되었을 것입니다. 그리고 그 유명한 고린도전서 13장인 "사랑장"을 써내려 가고 있습니다. 사실 이 주옥같은 "사랑장"은 겸손과 눈물 없이는 읽어내기가 힘듭니다.

내가 사람의 방언과 천사의 말을 할지라도 사랑이 없으면 소리 나는 구리와 울리는 꽹과리가 되고... 그런즉 믿음, 소망, 사랑, 이 세 가지는 항상 있을 것인데 그중에 제일은 사랑이라(고전 13:1-13)

우리는 언제부터인가 우리가 살아가는 삶의 현장에서 교회나 사회에서 이런 사랑을 잃어버리고 살고 있지는 않았는지 나 자신을 돌아보게 합니다.

이제 고린도 전서를 통하여 이야기하려는 부르심에 대한 2부의 결론을 내려야 할 때가 되었습니다. 사도 바울은 고전 15장 1-11절에서 이렇게 자신의 정체성을 고백합니다. 그토록 자신의 사도성에 대하여 처절하게 강조하던(고린도전서 9장) 바울은 게바(베드로)로 시작하는 사도목록(고전 15:5-7)을 서술한 다음 자신을 "만삭되지 못하고 난 자 같은 나"라고 표현합니다. 많이 모자란다는 은유적인 표현입니다. 그러므로 나는 사도 중에서 가장 작은 자라고 고백하고 있습니다. 왜냐하면 나는 하나님의 교회를 박해하였기에 사도로 칭함을 받기를 감당하기 힘들지만 그러나 나는 다른 어느 사도보다 더 많은 수고를 하였다고 고백하고 있습니다. 이렇게 할 수 있었던 이유에 대해 바울 자신은 예수 그리스도의 사도로 자처하고 수많은 고난과 눈물로 지새운 삶의 궤적을 바라보면서도 "나의 나 됨은 하나님의 은혜"라는 그 위대한 고백을 하는 것입니다.(고전 15:10) 성도 여러분 우리도 나의 삶 속에서 이런 고백이 날마다 있기를 기도합니다.

부르심에 응답하고 이 자리에 계신 성도 여러분, 여러분은 하나님의 뜻에 따라 예수 그리스도에 의해 성도로 부르심을 받은 자들입니다.(고전 1:1-2) 그러기에 여러분은 성도로서 하나님의 지혜가 있는 사람들입니다. 그 하나님의 지혜는 십자가의 도입니다. 그 십자가의 도를 실천하면 하나님의 능력이 나타납니다. 하나님의 능력으로 여러분은 각각 받은 은사가 있기에 교회 공동체 안에서 그에 따른 직분으로 사역을 감당할 수 있습니다. 그렇지만 그 은사들 중에 가장 큰 은사인 "사랑의 은사"를 받기를 기도합니다. 가장 큰 은사란 나 자신을 위한 개인적인 은사보다는 공동체를 위한 은사입니다.

우리는 성도로서 때로는 그런 은사를 감당할 수 없을 만큼 연약하고 부족한 사람입니다. 그러나 이 귀한 성도의 자리에 있는 것으로 하나님께 감사 할 수 있습니다. 왜냐하면 성령님이 우리의 연약함을 아시고 우리를 위하여 친히 간구 하실 것입니다.(롬 8:26) 지금 나의 나됨은 온전히 하나님의 은혜임을 고백합니다. 저희도 바울처럼 하나님의 지혜를 받아 하나님의 능력으로 하나님의 일꾼으로서 최선을 다해 살아 갈 수 있기를 소원합니다. 그래서 하나님의 백성으로서 하나님의 영광에 참여하게 하여 주시고 이 믿음을 끝까지 지킬 수 있도록 주님께서 지켜 주시기를 기도합니다. 예수 그리스도의 은혜와 진리가 나의 삶속에서 충만하게 되기를 간절히 기도합니다.

“

”

제37과

사랑으로 이루어진 구원받은 공동체

; 고린도 전서 12:4-11, 28-31

; 에베소서 4:1-16

은사는 여러 가지나 성령은 같고 직분은 여러 가지나 주는 같으며 또 사역은 여러 가지나 모든 것을 모든 사람 가운데서 이루시는 하나님은 같으니(고린도전서12:4-6)

성도 여러분 지난 시간 부르심(Calling; 소명)을 받은 성도들이 성경에서 어떤 의미가 있는지 제34과에서 로마서를 중심으로 부르심에 대한 개념을 이야기하였고 제36과에서 고린도전서를 중심으로 부르심을 받은 성도들의 삶에 대하여 사도 바울의 삶을 중심으로 이야기하였습니다. 오늘은 성도들의 모임인 교회 공동체는 어떤 의미가 있는지 고린도전서를 중심으로 사도 바울의 이야기를 통해 이해할 것입니다.

교회란 당연히 부르심을 받은 성도들의 모임일 것입니다. 예수님은 복음서에서 때가 차매 이 땅에 하나님 나라가 가까이 왔으며 하나님 나라가 무엇인지 하나님 나라에 들어가는 자가 누구인지 말씀과 비유와 이적과 표적으로 하나님 나라를 전파하였습니다. 그리고 제자들을 부르셨습니다. 초대 교회 때 제자들은 때가 차매 예수님이 오셨고 십자가에 죽으시고 부활하셔서 하나님 우편에 앉으시고 심판하시며 언제인가 다시 오실 것을 하나님의 복음으로 전파하였습니다. 이렇게 예수 그리스도를 믿는 성도들이 늘어나고 구원 공동체가 형성되어 초기 기독교는 각 지역에 가정교회처럼 형성되었고 점차 조직되어 커져 갔습니다. 하나님의 복음으로 하나님의 교회가 형성된 것입니다.(고전 1:2) 이런 시기에 교회는 유대교의 핍박과 로마 정치권력의 탄압 그리고 황제숭배와 같은 다른 종교들에 의한 끊임없는 핍박과 탄압이 교회에 지속되었습니다. 더 나아가 영지주의와 같은 유사 종교들이 생겨나게 되고 이런 유사 종교들의 도전으로 초대 기독교에서는 자신들의 교회에 대한 바른 정립과 이단들의 공격에 대한 정확한 변증을 끊임없이 해야만 했습니다. 그러기에 교회는 예수님의 말씀과 이적과 표적을 기록하며 예수님이 이 땅에 오신 이유와 예수님이 누구신지를 기록으로 남기게 되었습니다. 그리고 사도 바울은 개척해서 세운 교회나 기존에 있던 교회를 향해 교회가 당면한 여러 문제를 편지 형식으로 써서 보내게 되었습니다. 또한 요한 문서들처럼 다양한 신앙의 도전 속에서 예수 그리스도에 대한 신앙을 지킬 것을 기록하였고 요한 계시록처럼 이런 위협과 박해 속에서도 믿음을 끝까지 지키라는 설교를 각 교회에 편지를 써서 보냈습니다.

예수님의 오심과 죽으심과 부활로 인해 새로운 시대가 시작되었습니다. 새로운 시작은 종말의 시작과 같은 의미입니다. 종말은 예수님과 함께 시작된 것입니다. 요한 계시록에서 설명하는 것처럼 예수님이 오심을 통하여 종말이 시작되었고 예수님의 다시 오심으로 최종 종말을 고대하며 종말의 중간시대인 현재를 살아가는 것이 성도들의 현재적 삶입니다. 그래서 종말의 시대에 성도들은 구원받은 백성이 되고 새로운 나라와 시대에 사는 새로운 피조물입니다(고후 5:17). 그럼에도 불구하고 이 땅에서 살아가는 성도들과 교회는 환난과 핍박 속에서 여러 가지 세상의 일들과 부딪히며 살고 있습니다. 이것이 오늘날 우리의 현실입니다. 그러기에 지금 이 시간 우리가 함께 이루어 가는 교회 공동체가 어떤 의미가 있는지 이야기하도록 하겠습니다. 교회 공동체에 관한 이야기는 사도 바울의 편지를 많이 인용할 것이며 특히 고린도 전서 교회를 중심으로 이해할 것입니다. 사도 바울은 자신이 개척하여 세운 교회 또는 세워진 교회를 향해 교회에서 발생하고 있는 여러 문제에 대하여 하나님의 지혜를 가지고 편지를 사용하여 답변을 하고 있습니다. 교회가 환난 속에서도 믿음을 잃지 않고 견고해지길 바라는 마음일 것입니다.(롬 1:11) 바울은 교회를 어떻게 생각하고 편지를 쓰고 있을까요?

첫 번째는 하나님의 뜻에 따라 그리스도 예수의 부르심을 받아 택정하여진 구원받은 공동체로 인식하고 있습니다.(고전 1;1-2, 롬 1:1-7) 하나님은 성도들을 미리 아시고-정하시고-부르시고-의인되게 하시고-영화롭게 하시기 위해서 부르셨습니다.(롬 8:29-30) 그러기에 하나님은 예수 그리스도를 믿음으로 모든 믿는 자에게 차별 없이 하나님의 의가 미치게 하였습니다. 예수 안에 있는 속량으로 오직 하나님의 은혜로 값없이 의롭다 하심을 얻은 자가 된 것입니다. 이렇게 하나님의 뜻대로 예수 그리스도를 믿음으로 의인이 된 의인 공동체가 구원 공동체가 되며 구원 공동체에 속한 사람들이 거룩하여져서 성도로 불리게 된 것입니다. 그래서 우리의 주되신 예수 그리스도의 이름을 부르는 모든 성도들이 구원 공동체인 교회가 된 것입니다. 성도는 가장 귀한 그리스도인의 이름입니다. 이 성도들의 공동체가 교회입니다.

두 번째는 교회 공동체를 세례를 받은 사람들의 모임으로 이해하고 있습니다.[132] 바울은 그리스도 예수와 합하여 세례를 받는다는 것은 예수의 십자가의 죽음과 합하여 세례를 받았다고 선언하고 있습니다.(롬 6:3) 그의 죽으심과 합한다는 것은 그의 죽으심과 더불어 장사 되었다가 하나님 아버지의 영광으로 예수님을 죽은 자 가운데서 다시 살리심으로 우리도 새 생명 가운데 살아가게 하는 것입니다. 즉 예수님의 죽으심과 연합 한 것이면 부활도 연합한 것입니다. 그래서 우리는 우리의 옛 사람이 예수와 함께 못 박히고 죽은 자가 되어 죄에서 벗어나 의롭다 하심을 얻은 의인이 되는 것입니다. 그래서 의인이 된 우리는 예수님의 다시 사심으로 새 생명을 얻은 새로운 피조물이 되었고 이런 새 생명을 얻은 구원 공동체가 교회가 되는 것입니다.(롬 6:4-7)

세 번째는 구원받은 성도는 성만찬에 함께 참여하는 것입니다.[133] 성도는 세례를 통하여 새롭게 태어난 것을 의미한다면 성만찬의 참여는 그리스도의 피와 몸에 참여함으로서 그리스도와 나와의 언약의 지속 또는 갱신을 계속하는 것입니다(막 14:24, 마 26:27, 눅 22:20, 고후 3:6). 예수 그리스도의 언약은 하나님의 말씀이 예수 그리스도 안에 있으며 그 말씀을 육의 마음에 새겨 새 언약의 일꾼으로 삼는 사람들의 모임을 교회라고 하는 것입니다.(고후 3:3-6) 또한 성만찬이란 하나님과 그리스도의 언약 백성으로서 그리스도와 연합하며 기념하는 것을 의미합니다(눅 22:19, 고전 11:23-26). 성만찬은 혼자 하는 것이 아니라 공동체가 같이 합니다. 우리가 성만찬을 참여하는 것은 그리스도와 성도들이 공동 식사하는 자리에 참여하는 것입니다. 예수 그리스도를 믿어 구원받은 공동체가 성만찬을 함께 참여하는 교회가 됩니다.

---

132) 조경철, <신약성서 신학>, kmc, 2014 p.243 바울의 성례이해, 세례
133) 조경철, <신약성서 신학>, kmc, 2014 p.243 바울의 성례이해, 성만찬

네 번째는 이렇게 성도로 부르심을 받고 세례를 받으며 성만찬에 참여하는 공동체를 하나님의 교회라고 부릅니다(고전 1:2).[134] 하나님 나라의 하나님 백성이 된 것입니다. 이때 하나님 교회에 속한 성도들은 예수 그리스도를 믿음으로 모든 믿은 자에게 미치는 "하나님의 의"이므로(롬 3:22) 차별이 없습니다. 바울은 "우리가 유대인이나 헬라인이나 종이나 자유인이나 다 한 성령으로 세례를 받아 한 몸이 되었고 또 다 한 성령을 마시게 하셨느니라"고 함으로서 교회에서는 민족적인 차별과 사회적인 계급의 차별 이 없는 공동체로서 당시 로마 사회에서는 가히 혁명적인 사회상을 보여주고 있습니다.

그렇지만 성도들은 교회 안에서 그들이 하는 역할은 다를 수 있습니다. 그들이 받은 은사가 각각 다르기에 그들이 공동체에서 할 수 있는 직분도 다릅니다. 직분이 다르므로 교회 안에서 하는 사역도 다를 수 있습니다. 그렇지만 사도 바울은 고린도 전서 12장 4-6절에서 은사는 여러 가지나 성령은 같고 직분은 여러 가지나 주는 같으며 또 사역은 여러 가지나 모든 것을 모든 사람에게 이루시는 하나님은 같으니라고 설교하고 있습니다. 이것을 바울은 몸과 지체로 설명하고 있습니다. 몸은 여러 지체가 있지만 다 한 몸 안에 있다는 것입니다. 성도는 그리스도의 몸에 참여하는 사람입니다. 따라서 성도들 즉 교회 공동체는 각기 하는 일이 은사와 직분과 사역에 따라 다르지만 모두 하나라는 데 있습니다.

에베소서 4장 1-6까지는 고전 12:4-6절의 이 구절을 확장하고 있습니다. 성령으로 다양한 은사로 부르심을 받은 성도는 겸손과 온유로 오래 참음으로 사랑 가운데서 서로 용납하라고 말씀하고 있습니다. 그래서 성령도 한 분이요 주도 한 분이시오 믿음도 하나요 세례도 하나요 하나님도 한 분이라고 강조하고 있습니다. 예수 공동체 안에서 서로 다른 은사로 교회에 봉사하고 섬기고 있지만 그것을 하게 하신 성령과 주님과 하나님은 같은 분이라는 것입니다. 교회의 일치를 위해 바울은 혼신의 힘을 다하고 있습니다.

하나님이 교회 중에 몇을 세우셨습니다.(고전 12:28) 첫째는 사도요 둘째는 선지자요 셋째는 교사요 그 다음은 능력을 행하는 자요 그 다음은 병 고치는 은사와 서로 돕는 것과 다스리는 것과 각종 방언을 말하는 것과 그리고 고전 12:30절에 통역하는 은사도 있습니다. 성도들이 받은 다양한 은사가 있지만 교회공동체에서 가장 필요한 은사 즉 더욱 큰 은사를 사모하라고 말씀하고 있습니다.(고전 12:31) 은사 중에 가장 큰 은사는 무엇일까요? 그것은 고린도전서 13장에 나오는 "사랑의 은사"입니다.

다섯 번째로 교회는 사랑으로 이루어진 성도들의 공동체입니다. 이것은 교회

134) 조경철, <신약성서 신학>, kmc, 2014 p.251 바울의 교회 이해

내에서 아무리 강조하여도 지나치지 않는 기독교 공동체의 핵심입니다. 바울의 표현을 그대로 표현하겠습니다.

내가 사람의 방언과 천사의 말을 할지라도 사랑이 없으면 소리 나는 구리와 울리는 꽹과리가 되고 내가 예언하는 능력이 있어 모든 비밀과 모든 지식을 알고 또 산을 옮길 만한 모든 믿음이 있을지라도 사랑이 없으면 내가 아무것도 아니요 내가 내게 있는 모든 것으로 구제하고 또 내 몸을 불사르게 내줄지라도 사랑이 없으면 내게 아무 유익이 없느니라(고전 13:1-3)

너희가 방언과 천사의 말을 할지라도 사랑이 없으면 소리 나는 구리와 울리는 꽹과리가 되고 아무리 교회에서 강조하는 예언의 능력으로 하나님의 비밀을 아는 지식이 있다 하더라도 그리고 산을 옮길만한 믿음이 있다고 자부하여도 사랑이 없다면 그것은 아무것도 아닙니다. 너희가 아무리 공동체 안에서 구제하고 희생한다고 자신의 몸을 힘들게 할지라도 그 안에 그리스도의 사랑이 없다면 유익이 될 수 없습니다. 이 구절은 교회 공동체 안에서 신앙 생활하는 우리 모두에게 참으로 많은 생각을 하게하며 겸손하게 합니다. 이런 선언이 어디에서 나왔으며 어떻게 가능할까요? 방언, 천사의 말, 예언의 능력, 하나님을 아는 지식, 믿음, 구제와 희생 그 어느 하나라도 기독교 교회 공동체 신앙생활에서 가장 중요한 삶의 모습인데도 불구하고 사랑이 없다면 아무것도 아니요 유익도 아니라는 바울의 고린도전서 13장 사랑장에서의 선언은 성도로 자부하는 우리에게 참으로 많은 것을 겸손하게 합니다.

사도 바울은 자신이 체험한 환상과 계시를 자랑하지 않습니다(고후 12:1-6). 사도 바울은 자신의 출신 배경과 지식과 같은 자신에게 유익이 되었던 것을 모두 해로 여기고 그리스도를 아는 지식을 위해 모두 버리고 배설물로 여긴다고 선언하고 있습니다(빌 3:5-9). 사도 바울은 예수 그리스도의 십자가상에서의 죽음을 생각하며 오직 예수님이 다시 오실 때까지 오직 그의 죽음 즉 "십자가의 도"만 전하겠다고 선포(고전 11:26)하고 있습니다. 바울이 말하는 사랑의 근본은 "십자가의 도"에 있습니다. 한마디로 표현하면 "겸손과 눈물"입니다.(행 20:19)

성도 여러분 오늘 교회에 관련된 이야기에 대해 이제 결론을 맺어야 할 것 같습니다. 구원받은 공동체인 교회는 부르심으로 택정함을 입은 성도들의 모임입니다. 그들은 예수 그리스도와 합하여 세례를 받음으로 함께 장사되었다가 부활하여 다시 사는데 참여하는 새 생명을 얻은 새로운 피조물입니다. 그래서 그 공동체는 예수 그리스도를 기념하며 예수 그리스도의 몸과 피를 먹고 마심으로 예수 그리스도와의 언약을 지속하고 갱신하는 성만찬에 참여하는 공동체입니다. 비록 은사와 직분과 사역이 다르더라도 같은 성령, 같은 주 예수 그리스도, 같은 하나님을 고백하는 이들이 모인 공동체가 하나님의 교회가 됩니다. 하나님의 나라인 하나님의 백성들이 되는 것입니다. 이들은 종말의 중간기를 사는 백성으로 예수 그리스도의 다시 오심을 기다리며 사는 백성들입니다. 그들이 이 땅에서 사는 삶 속에서 가장 중요한 것은 무엇일까요? 서로 사랑하는 것입니다(요 13:34). 예수님은 지금도 말씀하고 있습니다.

새 계명을 너희에게 주노니 서로 사랑하라 내가 너희를 사랑한 것 같이 너희도 서로 사랑하라 너희가 서로 사랑하면 이로써 모든 사람이 너희가 내 제자인 줄 알리라(요 13:34-35)

새로운 계명입니다. 내가 너희를 사랑한 것 같이 서로 사랑하십시오. 서로 사랑하면 내 제자가 되는 것입니다. 예수 그리스도의 사랑의 공동체에 속한 사람들이 되는 것입니다.

이제 마치려 합니다. 저는 고린도 전서 13장의 사랑장은 사도 바울이 사랑에 대한 우주적인 보편적 사랑을 말하고 있다고 생각합니다. 그렇지만 사랑장(고전 13장)은 교회 안에서 서로 다른 사고방식을 가지고 있거나 사회에서 서로 다르게 살고 있다고 하여도 적어도 교회 안에서 만큼은 주님 주신 십자가의 도를 실천하는 삶 즉 다른 사람을 배려하고 이해하려 노력하고 서로 사랑하는 삶을 살아야 한다는 것입니다. 성도 안에서 서로 가지는 공동체(교회)의 사랑을 사도바울은 무척이나 강조하고 있습니다. 지금 내가 서있는 가장 가까운 사람인 아내와 남편부터 사랑하십시오. 그리고 눈에 보이는 이웃을 먼저 사랑하십시오.(요한 1서 4:19) 사도 바울은 사랑장에서 믿음, 소망, 사랑에 대하여 다음과 같이 결론을 맺고 있습니다.

우리의 구원은 <u>믿음</u>으로 이루어집니다.
우리는 종말의 중간시대를 살면서 주님이 다시 오시는 <u>소망</u>을 갖고 살아야 합니다.
그러나 오늘을 사는 우리는 서로 <u>사랑</u> 안에서 살아야 합니다.
<u>믿음 소망 사랑 이 세 가지는 항상 있을 것인데 그 중에 제일은 사랑입니다</u>.(고전 13:13)

부르심을 받은 성도 여러분 사랑은 하나님께 속하였으므로 우리가 서로 사랑하면 하나님으로부터 난 것이며 하나님을 아는 자가 되는 것입니다.(요한 1서

4:7)

사랑은 여기 있으니 우리가 하나님을 사랑한 것이 아니요 하나님이 우리를 사랑하사 우리 죄를 속하기 위하여 화목 제물로 그 아들을 보내셨음이라 사랑하는 자들아 하나님이 이같이 우리를 사랑하셨은즉 우리도 서로 사랑하는 것이 마땅하도다(요한 1서 4:10-11)

방언, 천사의 말, 예언의 능력, 하나님을 아는 지식, 믿음, 구제와 희생 그 어느 하나라도 기독교 교회 공동체 신앙생활에서 가장 중요한 삶의 모습인데도 불구하고 사랑이 없다면 아무것도 아니요 유익도 아니라는 바울의 선언은 오늘을 사는 우리에게 많은 생각을 하게하고 겸손 하라는 교훈을 주고 있습니다. 사랑은 겸손과 눈물입니다. 사랑은 율법을 바로 세우는 그리스도의 법입니다. 그 예수 그리스도의 사랑 안에 거하는 자들로 이루어진 공동체에는 하나님 나라가 임할 것입니다. 오늘도 주님 사랑 안에 거하며 승리하는 삶이되시기를 기도합니다.

평신도를 위한

신약성서 해설

빌립보서 이해하기

제38과

푯대를 향하여

; 빌립보서 3:12-16

내가 이미 얻었다 함도 아니요 온전히 이루었다 함도 아니라 오직 내가 그리스도 예수께 잡힌 바 된 그것을 잡으려고 달려가노라 형제들아 나는 아직 내가 잡은 줄로 여기지 아니하고 오직 한 일 즉 뒤에 있는 것은 잊어버리고 앞에 있는 것을 잡으려고 푯대를 향하여 그리스도 예수 안에서 하나님이 위에서 부르신 부름의 상을 위하여 달려가노라 그러므로 누구든지 우리 온전히 이룬 자들은 이렇게 생각할지니 만일 어떤 일에 너희가 달리 생각하면 하나님이 이것도 너희에게 나타내시리라 오직 우리가 어디까지 이르렀든지 그대로 행할 것이라(빌립보서 3:12-16)

빌립보서는 옥중 서신중의 하나로 알려져 있습니다. 보통 바울의 옥중 서신으로 알려진 책은 에베소서, 빌립보서, 골로새서, 빌레몬서입니다. 이렇게 네 권의 책에서 옥중서신을 뜻하는 대표적인 구절을 각각 읽어보겠습니다.

이러므로 그리스도 예수의 일로 너희 이방인을 위하여 <u>갇힌 자 된 나 바울</u>

이 말하거니와(에베소서 3:1)

형제들아 내가 당한 일이 도리어 복음 전파에 진전이 된 줄을 너희가 알기를 원하노라 이러므로 나의 매임이 그리스도 안에서 모든 시위대 안과 그 밖의 모든 사람에게 나타났으니 형제 중 다수가 나의 매임으로 말미암아 주 안에서 신뢰함으로 겁 없이 하나님의 말씀을 더욱 담대히 전하게 되었느니라(빌립보서 1:12-14)

나와 함께 갇힌 아리스다고와 바나바의 생질 마가와 (이 마가에 대하여 너희가 명을 받았으매 그가 이르거든 영접하라) (골로새서 4:10)

그리스도 예수를 위하여 갇힌 자 된 바울과 및 형제 디모데는 우리의 사랑을 받는 자요 동역자인 빌레몬과(빌레몬서 1:1)

성도 여러분 이렇게 네 권의 책이 사도 바울이 갇혔거나 매임에 있던 시기에 편지를 쓰고 있음을 알 수 있습니다. 사도 바울이 감옥에 갇혔거나 매임에 있었던 시기를 알려면 사도 바울의 선교 일정에서 사도행전에 나타난 역사적인 사건을 중심으로 대략 시기를 결정하고 있습니다. 바울이 사도행전 18:1절에 아덴(아테네) 떠나 고린도에 도착하는 지점이 글라우디오(클라우디우스 황제) 칙령이 내려진 AD 49년경과 사도행전 18장 12절에 갈리오가 아가야 총독이 되는 시점이, 그리스 델피 신전에서 발견된 비문에 의하면 아가야 지방의 총독인 갈리오의 임기가 AD 51년 5월에서 52년 5월까지이기에 고린도에서 머문 18개월(행 18:11)을 생각하고 이 기간 전후로 대략 선교의 시기를 결정합니다.

빌립보서에 사용된 빌립보는 사도행전에서 빌립보 또는 마게도냐라는 지명으로 사용됩니다. 사도행전 16장 11-15절에서 빌립보에서 두아디라 시에 있던 자색 옷감 장사 루디아 여인을 만나 가정교회를 세우는 시기이므로 2차 전도여행 시작 시기입니다. 그러므로 사도행전 18장 고린도 지역 선교 시기 이전이므로 주후 50년 이전 시기로 추정 할 수 있습니다. 사도행전 20:1절에서 에베소에서 드로아를 거쳐 고린도로 향하는 길에(고후 2:12-13; 7:5; 행 20:1)[135] 마게도냐로 가게 되고 그리스(헬라)에서 예루살렘으로 가기 전에 유대인이 바울을 해하려고 공모하므로 다시 마게도냐를 거쳐 가게 되어 이 시기에 빌립보를 두 번 방문하였습니다.(행 20:2-6) 그리고 빌립보에서 드로아 지역으로 가게 됩니다. 당연히 이 시기는 고린도 18장 고린도 선교 이후 사건입니다.

135) 관주 해설 <성경전서> 개역 개정판, 대한성서공회; 빌립보서 해설부분에서 참조

사도 바울은 "매임"을 당한 어느 시기에 자신이 개척하여 세운 빌립보 교회를 향하여 편지를 쓰고 있습니다. 우리는 사도행전 이해하기에서 예루살렘에 도착한 바울이 어떤 행동을 하였는지 이야기하였습니다. 3차 선교 여행 이후 예루살렘에 온 시기를 대략 AD 56년초?로 추정하고 있습니다. 그 후 가이사랴에서 2년 동안 감옥 생활을 했고(행 24:27) 로마로 압송되어 집니다. 그러므로 약 AD 59(60)년경 이후에(베스도 총독 임기 시작이 59/60년경으로 추정하기에) 로마에 도착한 것으로 추정되어집니다.[136] 사도행전은 마지막 로마에서 바울이 온 이태 동안(2년 동안) 자기 셋집에 머물면서 자기에게 오는 사람을 다 영접하고 하나님 나라를 전파하며 주 예수 그리스도에 관한 모든 것을 담대하게 거침없이 가르쳤다고 기록하고 있습니다.(행 28:30-31) 그래서 우리는 사도 바울의 연대기에서 추정하는 시기이지만 AD56경? 이후에서 AD62~?년(베스도 총독 임기 시기에 따라 달라질 수 있습니다) 어느 시기까지는 예루살렘에서, 가이사랴에서, 로마에서 비록 자유롭게 사람을 만나는 시기가 많았지만 행동에 제약을 받는 감옥에 갇혀 있거나 연금 상태로 매여 있는 시기로 추정할 수 있습니다. 그러므로 이 시기에 옥중 서신들이 작성되어 졌을 것으로 보고 있습니다.

성도 여러분, 이렇게 바울이 편지를 쓰고 있는 현재 상태를 알고 빌립보서를 읽어 나가면 은혜롭습니다. 바울은 빌립보 편지에서 자신이 어려웠을 때 후원하였던(빌 4:15-16, 행 18:5, 고후 11:8) 빌립보 교회를 위해 얼마나 구구 절절 눈물로 예수님의 사랑을 가지고 글을 쓰고 있는지 알 수 있습니다. 사도 바울이 옥중에서 또는 연금 상태로 매여 있는(빌 1:12-14) 상태에서 디모데와 함께 빌립보에 사는 모든 성도와 감독과 집사들에게 편지를 쓰고 있습니다.(빌 1:1) 이 때 바울은 빌립보 교회 공동체를 얼마나 사모하는지, 하나님이 내 증인이라고 고백하며 예수 그리스도의 심장으로 편지를 쓰고 있습니다.(빌 1:8) 그래서 빌립보서는 예수님의 심장을 가지고 바울이 눈물로 쓰고 있기에 그냥 읽기만 해도 은혜가 됩니다.

빌립보 교회는 에바브로디도를 통하여 바울에게 후원금을 보냈고(빌 4:18) 에바브로디도는 바울에게 와서 큰 질병으로 고생한 후 근심을 면할 정도로 회복하여 빌립보로 복귀하였습니다.(빌 2:25-30) 학자들은 이때 에바브로디도가 복귀

136) 위키백과 사전 참조(인터넷 참고); 포르키우스 페스투스: 페투스(Festus; 베스도)의 정확한 근무일은 알려져있지 않지만, 직무를 시작한 연도를 서기 55-61년부터 61년까지 비정하고 있다. 그러나 대부분의 학자는 58년부터 60년 사이에 임기를 시작한 것으로 추정하고 있다. F. F. 브루스(Bruce)는 비록 포르키우스 페스투스가 임기를 시작한 연도는 논란중에 있지만, 네로 5년에 발생했던 지방화폐 개혁은 그의 임기를 59년으로 비정하게 하는 근거가 된다고 말한다. 코니베어(Conybeare)와 하우슨(Howson)은 이 연도를 60년으로 추정한다.

하면서 빌립보서 편지를 교회에 전하였을 것으로 추정하고 있습니다.[137] 그리고 바울을 대신할 디모데를 보내며 나도 속히 가고 싶다고 전하고 있습니다.(빌 2:19-24) 빌립보 교회를 향해 예수님의 심장을 가지고 노래하는 너무나도 유명한 사도 바울의 그리스도 찬가를 여러분 들어 보겠습니다.

너희 안에 이 마음을 품으라 곧 그리스도 예수의 마음이니
그는 근본 하나님의 본체시나 하나님과 동등됨을 취할 것으로 여기지 아니하시고
오히려 자기를 비워 종의 형체를 가지사 사람들과 같이 되셨고
사람의 모양으로 나타나사 자기를 낮추시고 죽기까지 복종하셨으니
곧 십자가에 죽으심이라
이러므로 하나님이 그를 지극히 높여 모든 이름 위에 뛰어난 이름을 주사
하늘에 있는 자들과 땅에 있는 자들과 땅 아래에 있는 자들로
모든 무릎을 예수의 이름에 꿇게 하시고
모든 입으로 예수 그리스도를 주라 시인하여 하나님 아버지께 영광을 돌리게 하셨느니라(빌 2:5-11)

사도 바울은 이렇게 그리스도 예수의 마음을 품을 것을 권면하고 있습니다. 바울은 예수 그리스도에 대한 찬가를 말씀하며 빌립보 교회 성도들에게 "그러므로 나의 사랑하는 자들아 너희가 나 있을 때뿐 아니라 더욱 지금 나 없을 때에도 항상 복종하여 두렵고 떨림으로 너희 구원을 이루라" 하고 권면하고 있습니다. 그리고 사도 바울은 자신이 살아 온 궤적을 돌아보며 자신의 체험을 고백하고 있습니다. 빌 3:5-11절을 읽어 보겠습니다.

나는 팔일만에 할례를 받고 이스라엘 족속이요 베냐민 지파요 히브리인 중의 히브리인이요 율법으로는 바리새인이요 열심으로는 교회를 박해하고 율법의 의로는 흠이 없는 자라 그러나 무엇이든지 내게 유익하던 것을 내가 그리스도를 위하여 다 해로 여길뿐더러 또한 모든 것을 해로 여김은 내 주 그리스도 예수를 아는 지식이 가장 고상하기 때문이라 내가 그를 위하여 모든 것을 잃어버리고 배설물로 여김은 그리스도를 얻고 그 안에서 발견되려 함이니 내가 가진 의는 율법에서 난 것이 아니요 오직 그리스도를 믿음으로 말미암은 것이니 곧 믿음으로 하나님께로부터 난 의라 내가 그리스도와 그 부활의 권능과 그 고난에 참여함을 알고자 하여 그의 죽으심을 본받아 어떻게 해서든지 죽은 자 가운데서 부

137) 조경철, <신약성서가 한눈에 보인다>, 땅에쓰신글씨,서울 2005 p.255

활에 이르려 하노니(빌립보서 3:5-11)

사도 바울이 빌립보서를 쓰는 시기가 옥중 또는 연금 상태에서 썼습니다. 그렇지만 학자들마다 조금씩 이견이 있어서 위에 기술한 옥중 또는 연금이 되었던 역사적 시기에서 어느 시점에서 빌립보서가 쓰였는지는 정확히 알 수 없습니다. 다만 연금 상태에서 다른 사람을 만나기가 쉬웠던 로마에서 쓰지 않았을까 학자들은 추측하고 있습니다.[138] 사도 바울은 자신이 자유로운 몸이 아님에도 불구하고 자신의 삶의 궤적을 돌아보며 무엇이든지 내게 유익하던 것을 내가 그리스도를 위하여 다 해로 여기고 모든 것을 잃어버리고 배설물로 여겼다고 고백하고 있습니다. 그 이유는 예수님을 아는 지식이 가장 고상하기 때문이며 오직 "예수 그리스도를 얻고 그 안에서 발견되려 함"이라고 고백하고 있습니다.(빌 3:8-9) 그리고 오늘 여러분과 함께 읽었던 본문의 말씀을 하고 있습니다.

바울은 1차 2차 3차 여행을 하면서 많은 편지도 쓰고 설교도 하고 옥중에 매임에도 불구하고 선교를 다하고 있는 자신을 본 받으라고 하고 있지만(빌 3:17) 오늘 본문을 읽어보면 끊임없이 예수 그리스도 앞에서 자신을 겸손히 내려놓으며 자신은 예수 그리스도의 마지막 소망을 이룰 때까지 오직 푯대를 향하여 달려갈 것을 결심하고 있다고 고백하고 있습니다. 위대한 사도의 고백인 그의 눈물로 써 내려간 편지를(빌 3:18) 그대로 읽어보겠습니다.

내가 이미 얻었다 함도 아니요 온전히 이루었다 함도 아니라 오직 내가 그리스도 예수께 잡힌 바 된 그것을 잡으려고 달려가노라 형제들아 나는 아직 내가 잡은 줄로 여기지 아니하고 오직 한 일 즉 뒤에 있는 것은 잊어버리고 앞에 있는 것을 잡으려고 푯대를 향하여 그리스도 예수 안에서 하나님이 위에서 부르신 부름의 상을 위하여 달려가노라 그러므로 누구든지 우리 온전히 이룬 자들은 이렇게 생각할지니 만일 어떤 일에 너희가 달리 생각하면 하나님이 이것도 너희에게 나타내시리라 오직 우리가 어디까지 이르렀든지 그대로 행할 것이라(빌립보서 3:12-16)

"내가 이미 얻었다 함도 아니요 온전히 이루었다 함도 아니라~"(12절) 이렇게 고백하는 사도 바울은 우리가 이미 익히 그의 편지들인 로마서 고린도전서 및 수많은 편지를 읽어왔기에 내가 이미 얻었다 함도 아니요 온전히 이루었다 함도 아니라고 고백하는 그의 모습은 그만큼 위대한 신학자요 신앙가임을 알기에 왠지 낯설어 보입니다. 왜냐하면 이어지는 15절에 "우리 온전히 이룬 자들

138) 조경철, <신약성서가 한눈에 보인다>, 땅에쓰신글씨, 서울 2005 p.255; 조경철은 에베소가이사랴 로마중에서 보다 자유로웠던 로마에서 편지를 썼을 것으로 추정하고 있습니다.

은~"하고 성도들을 향하여 "온전히 이룬 자"라고 서술하고 있기 때문입니다. 그렇지만 그가 이렇게 고백하는 이 구절의 의미는 사도행전 20:9절에서 자신의 선교를 요약한 표현한 대로 "겸손과 눈물"로 선교한 그의 삶의 행적 외에는 달리 설명할 방법이 없습니다. 바울은 아직도 나는 주님 주신 마지막 소망 즉 다시 오심으로 하나님 나라를 이루는 소망이 온전히 이루어지는 날까지 나는 오직 내가 잡은 줄로 여기지 아니하고 과거에 내가 순종하며 많은 일을 했다 할지라도 뒤에 있는 것은 잊어버리고 앞에 있는 것을 잡기 위해 오직 푯대를 향하여 달려가겠노라고 선언하고 있습니다. 푯대를 향하는 그곳은 하나님이 위에서 우리를 부르시고, 부르심을 입은 성도들이 믿음을 끝까지 지킴으로 부르심의 상을 받는 하나님 나라로서 사도 바울은 그 소망을 간직하는 것입니다.

우리의 삶을 돌아보면 "지금 여기에서" 내가 어디까지 달려가고 있는지 각자의 현재의 삶 속에서 다 다를 수 있습니다. 그러나 각자 어디까지 이르렀든지 사도 바울처럼 부르심을 입은 성도로서 푯대를 향하여 뒤를 돌아보지 말고 그대로 앞을 향해 달려가야 할 것입니다. 이렇게 푯대를 향하여 달려가는 성도들 앞에는 예수 그리스도로 말미암아 의의 열매가 가득하고 하나님의 영광과 찬송으로 살고 있지만(빌 1:11) 현실은 오히려 핍박과 고난 속에서 살 수 있습니다(빌 1:29). 바울은 예수님을 믿고 예수님의 십자가의 도를 따라가는 삶의 여정에서 어떠한 형편에 있을지라도 믿음을 잃어버리지 않는 마음을 간직할 수 있게 되었다고 고백하고 있습니다. 이런 특별한 비결을 알게 되었다는 바울의 고백을 들어 보겠습니다.

내가 궁핍하므로 말하는 것이 아니니라 어떠한 형편에든지 나는 자족하기를 배웠노니 나는 비천에 처할 줄도 알고 풍부에 처할 줄도 알아 모든 일 곧 배부름과 배고픔과 풍부와 궁핍에도 처할 줄 아는 일체의 비결을 배웠노라 내게 능력 주시는 자 안에서 내가 모든 것을 할 수 있느니라(빌 4:11-13)

"내게 능력 주시는 자 안에서 내가 모든 것을 할 수 있느니라"(빌 4:13)는 고백은 이제 사도 바울이 어떤 상황에서 고백하고 있는지 아실 것입니다. 그는 현재 매우 궁핍한 상태에서 이런 고백을 하고 있습니다. 에바브로디도를 통하여 후원금을 받았기에 풍족하다고 고백하고 있지만 그는 매여 있는 연금 상태거나 옥중에 있을 것입니다. 그럼에도 불구하고 그는 "내게 능력 주시는 자 안에서 내가 모든 것을 할 수 있다"고 선언하고 있습니다. 그러기에 사도 바울은 자신의 삶의 궤적을 돌아보며 언제 순교할지 알 수 없는 상황에서 내가 풍부한 시절도 있었고 궁핍한 시절도 있었지만 나의 주어진 어떤 환경에서도 믿음을 잃어버리지 않고 끝까지 인내하며 자족하기를 배웠다고 고백하고 있습니다.

우리는 풍부함에 있거나 배부름에 있으면 하나님을 모른다고 행하기가 쉽습니다. 또한 비천에 처하거나 배고픔에 있다면 하나님을 욕되게 하거나 원망할 수도 있습니다.(잠언 30:9) 사도 바울은 어떤 환경에서도 믿음을 지키고 세상을 이겨나가는 일체의 비결인 "내게 능력 주시는 자 안에서 내가 모든 것을 할 수 있느니라"는 믿음을 그의 삶 속에서 예수 그리스도의 "십자가의 도"를 통하여 알게 된 것입니다.

성도 여러분 오늘의 주제인 빌립보서 이해하기 "푯대를 향하여"에 대하여 결론을 내려야 하겠습니다. 한 해가 저물어 가는 2020년 12월 성탄절을 앞둔 이 시점에서 우리는 우리의 신앙을 지키는 것이 얼마나 버거운지 아는 시절이 되었습니다. 그 원인이 무엇이라 할지라도 우리는 우리가 가고 있는 삶의 도상에서 푯대를 향하여 계속 나아가기를 기도합니다. 두렵고 떨림으로 하나님의 구원을 이루시기를 바랍니다.(빌 2:12) 수많은 핍박과 환난이 있을지라도 그리고 풍부와 배부름 또는 비천과 배고픔 어떤 환경 속에서도 믿음을 잃어버리지 않는 일체의 비결이 예수님의 말씀 속에 있음을 꼭 기억하셔야 합니다. 바울처럼 온전히 푯대를 향하여 그리스도 예수 안에서 소망을 가지고 하나님이 위에서 부르신 부름의 상을 위하여 달려가기시기를 기도합니다. 우리의 삶 안에 있는 어렵고 험난한 모든 것이 있을지라도 "내게 능력 주시는 자 안에서 내가 모든 것을 할 수 있다는"(빌 4:13) 믿음을 가지고 세상을 이기시는 여러분이 되시기를 기도합니다.

아무것도 염려하지 말고 다만 모든 일에 기도와 간구로, 너희 구할 것을 감사함으로 하나님께 아뢰라 그리하면 모든 지각에 뛰어난 하나님의 평강이 그리스도 예수 안에서 너희 마음과 생각을 지키시리라(빌 4:6-7)

우리의 마음과 생각이 주안에서 사랑과 평강으로 가득 차시기를 기도합니다.

평신도를 위한

신약성서 해설

야고보서 이해하기

“

”

제39과 ✝

믿음과 행함

; 약 2:14, 17

내 형제들아 만일 사람이 믿음이 있노라 하고 행함이 없으면 무슨 유익이 있으리요 그 믿음이 능히 자기를 구원하겠느냐(야고보서 2:14)

이와 같이 행함이 없는 믿음은 그 자체가 죽은 것이라(야고보서 2:17)

성도 여러분, 교회를 오랫동안 다닌 사람일수록 수도 없이 많이 들어 본 설교의 내용이 믿음과 행함에 대한 설교가 그중에 하나입니다. 믿음과 행함에 대한 내용은 많은 설교에서 다른 이름과 용어로 사용되고 있지만 사실은 이들이 설교의 핵심적인 단어들입니다. 그런데 많은 설교를 들어 보아도 믿음과 행함에 대하여 구체적으로 이들 관계가 어떠한지 설명하는 부분들을 찾아보기 어렵습니다. 그래서 오늘은 야고보서에 나와 있는 믿음과 행함에 대하여 알아보고 우리가 지금까지 해왔던 방식으로 믿음과 행함을 따로 구분하여 이해하지 않고 신약 성경 전체에서 믿음과 행함을 어떻게 이해하는 것이 좋은지 이야기할 것입니다. 이 말은 믿음을 강조하는 부분과 행함을 강조하는 성경 부분을 따로따로 설명하지 않고 성경 전체의 구조 안에서 이해할 것입니다.

우리가 "로마서 이해하기"에서 우리의 구원은 믿음에 있다고 하였습니다. 그런데 그 믿음이 행함에 반대되는 개념이 되어서 행함으로는 구원을 받지 못한다는 말이 되었습니다. 그런데 구약은 제쳐두더라도 신약을 조금만 읽어보면 행함이 구원과 연결된 것과 같은 구절이 수도 없이 많이 나오는 것을 알 수 있습니다. 이런 구절을 읽을 때마다 어떻게 이해하는 것이 좋은지 고민될 때가 있습니다. 성도 여러분 다시 한 번 강조하지만 "구원은 믿음으로" 들어갑니다. 그러면 신약 성경 안에 나오는 수많은 행함에 관한 구절을 어떻게 이해하여야 하는지 오늘 우리는 야고보서를 통하여 이해하려고 합니다.

로마서 이해하기에서 하나님의 의를 이루는 사람들은 행함이 아닌 믿음으로 얻는 것이며 이 믿음은 하나님의 은혜로 값없이 주어졌다고 하였습니다.(롬 3:22-24) 그런데 로마서 전체를 보면 윤리적인 부분으로 행함을 강조하는 롬 12:1-15:13절까지를 제외하더라도 롬 2:6-8절의 말씀은 이후에 나오는 "하나님의 의" 논쟁에서 하나님의 의는 행함이 아닌 믿음으로 얻는다는 개념에 앞서 이 말씀이 나오고 있어 "믿음과 행함"을 해석하는데 많이 당황하기도 합니다.

하나님께서 각 사람에게 그 행한 대로 보응하시되 참고 선을 행하여 영광과 존귀와 썩지 아니함을 구하는 자에게는 영생으로 하시고 오직 당을 지어 진리를 따르지 아니하고 불의를 따르는 자에게는 진노와 분노로 하시리라(롬 2:6-8)

사도 바울은 하나님은 모든 사람에게 그들이 행한 대로 보답하시고 응답하시는데 참고 선을 행하면 영생을 주시고 불의를 따르는 자들에게는 진노와 분노를 주신다는 내용합니다. 이어서 나오는 구절에서는 악을 행하면 환난과 곤고가 있고 선을 행하면 영광과 존귀와 평강이 있을 것이며 이는 사람을 외모로 취하지 않는다고 말씀하고 있습니다.(롬 2:9-11) 이런 행함과 영생을 연결하는 구절만 읽어보더라고 우리는 같은 로마서 안에 믿음과 행함을 어떻게 이해하여야 하는지 혼동되기도 합니다. 다른 책들도 읽어보겠습니다.

우리가 신약 성경을 읽기 시작하면 마태복음이 제일 먼저 나오기에 이 책부터 읽기 시작합니다. 성경을 여러 번 읽은 사람은 마태복음의 산상수훈을 읽어나가며 하나의 의문이 생길 수 있습니다. 마태복음에서 말하는 하나님의 의는 무엇이며 바울이 말하는 하나님의 의와 같은지 또는 다른 것인가 하는 질문입니다. 이 질문은 참으로 많은 학자들이 논쟁하며 대답을 하고 있습니다. 여기서는 이런 학자들의 이야기보다 성경 본문에 나오는 이야기와 성경의 본문끼리 대화함으로서 우리의 생각을 조금 정리할 필요가 있습니다. 우선 믿음과 행함에 대한 마태복음에서 나오는 본문과 로마서의 본문과 야고보서를 비교하여 보겠습니다.

누구든지 주의 이름을 부르는 자는 구원을 받으리라(롬 10:13)

나더러 주여 주여 하는 자마다 다 천국에 들어갈 것이 아니요 다만 하늘에 계신 내 아버지의 뜻대로 행하는 자라야 들어가리라(마 7:21)

우리는 위의 두 구절을 읽어보면 반대로 말하는 것 같은 느낌이 듭니다. 사도 바울이 "누구든지 주의 이름을 부르는 자는 구원을 받으리라"고 하면 옆에 있던 마태가 예수님은 "나더러 주여 주여 하는 자마다 다 천국에 들어갈 것이 아니요 다만 하늘에 계신 내 아버지의 뜻대로 행하는 자라야 들어가리라"고 하였다고 말씀하고 있는 것 같은 느낌이 들기 때문입니다.

"그러므로 누구든지 나의 이 말을 듣고 행하는 자는 그 집을 반석 위에 지은 지혜로운 사람 같으리니(마 7:24)"하고 예수님이 말씀하였다고 마태가 말하면 사도 바울은 "그런즉 자랑할 데가 어디냐 있을 수가 없느니라 무슨 법으로냐 행위로냐 아니라 오직 믿음의 법으로니라 그러므로 사람이 의롭다 하심을 얻는 것은 율법의 행위에 있지 않고 믿음으로 되는 줄 우리가 인정하노라(롬 3:27-28)"고 말씀하는 것도 같은 느낌입니다. 그러면 옆에 있던 야고보는 "내 형제들아 만일 사람이 믿음이 있노라 하고 행함이 없으면 무슨 유익이 있으리요 그 믿음이 능히 자기를 구원하겠느냐"고 대답하며 "이와 같이 행함이 없는 믿음은 그 자체가 죽은 것이라(야고보서 2:17)"고 이야기하는 것처럼 보입니다.

성도 여러분 구원은 믿음으로 얻으며 믿음으로 하나님 나라에 들어갑니다. 이것은 아무리 강조해도 지나치지 않습니다. 루터 방식으로 표현하면 구원은 오직 믿음으로 이루어집니다. 구원은 믿음으로 얻어지기도 하고 행함으로 얻어지기도 하는 것이 아닙니다. 구원은 오직 믿음으로만 얻어 구원 공동체에 들어갑니다. 이 사실을 우선 전제하고 믿음과 행함에 관한 성경읽기를 하겠습니다. 성경을 읽다보면 이 말이 선뜻 이해가 가지 않는 경우가 많습니다. 지금까지 교회 안에서 끊임없이 이야기하는 믿음으로만 구원을 이룬다는 표현이 일반 성도들이 어떻게 이해하는 것이 좋은지 알기 쉽게 이야기하도록 하겠습니다.

1517년 가톨릭 사제였던 루터가 비텐베르그성 교회에서 가톨릭 교회와 교황에게 제기한 95개 논제는 종교개혁의 기치를 들게 하였습니다. 그는 오직 믿음으로(Sola fide), 오직 은혜로(Sola gratia), 오직 성서(Sola scriptura)로, 오직 그리스도로(Solus Christus)라는 사상으로 종교개혁의 큰 틀을 세웠습니다. 루터의 "오직 믿음으로"는 이러한 특별한 환경에서 나왔습니다. 특별한 환경이란 16세기경 기독교 왕국으로 이루어진 유럽 사회에서 선언된 것입니다. 당시 유럽이란 대부분 기독교 국가입니다. 따라서 루터가 행함이 아닌 "오직 믿음으로" 구원받는다는 말에 이의가 없습니다. 왜냐하면 기독교 사회 안에서 "오직 믿음으로"라는 말 안에 "예수 그리스도를 믿음으로"라는 말이 들어 있기 때문입니다.

그러나 만일 다 문화 지역이나 다 종교가 있는 지역에서는 "행함이 아닌 오직 믿음으로"란 말을 하면 그들은 쉽게 이해하지 못할 것입니다. 나도 믿음이 있는데 무슨 말을 하는 것이지 하면서 되물을 것입니다. 그렇다면 "오직 믿음으로"란 말은 기독교 사회에서 말할 때는 행함과 대조되는 말이라는 것을 알 수 있지만 다문화나 다 종교 사회에서는 그 말이 무슨 의미인지 알 수 없습니다. 그렇다면 어떻게 해야 다 종교 사회에서 그 말들을 이해 할 수 있을까요? 다 문화 또는 다 종교 사회에서는 "오직 믿음으로"는 "오직 예수 이름을 믿음으로" 구원에 이른다는 말을 해야 정확한 의미가 전달될 것입니다. 그러면 "예수 이름을 믿음으로~"라는 제한된 명제는 이제 타 종교와 구별되는 배타적인 것이 됩니다. 루터가 말하는 오직 믿음으로는 기독교 사회 안에서 믿음과 행함이 대조되는 표현이 되었다면 다문화 사회나 종교에서는 "오직 믿음으로"가 아닌 "예수 이름을 믿음으로"라는 말로 대치되어야 이해가 되는 것입니다.

기독교 사회에서 "오직 믿음으로"라는 뜻은 예수님을 믿을 때 어떻게 믿느냐가 중요한 것입니다. 중세 시기 기독교 사회 안에 천국을 가기 위해 돈을 주고 매수하는 행위라든지 이런 행위는 믿음에 반하는 행위로서 이것에 반대하는 루터의 사상인 "오직 믿음으로 구원을 이룬다"는 선언이 종교 개혁 운동의 핵심 사상입니다. 즉 예수님을 믿는 종교 중에서 오직 "그리스도의 복음"(갈 1:6)을 회복하고 어떻게 하면 믿음과 성서로 돌아가서 오직 그리스도만이 나의 구원이 되심을 고백하며 이 믿음은 하나님의 은혜 없이는 얻을 수 없음을 고백하는 운동이 종교 개혁 운동인 것입니다. 그러므로 종교개혁 운동은 오직 믿음으로, 오직 은총으로, 오직 그리스도로, 오직 성서로 돌아가는 운동이라고 보시면 됩니다. 믿음에 관한 핵심적인 구절 하나를 보겠습니다.

내가 복음을 부끄러워하지 아니하노니 이 복음은 모든 믿는 자에게 구원을 주시는 하나님의 능력이 됨이라 먼저는 유대인에게요 그리고 헬라인에게로다 복음에는 하나님의 의가 나타나서 믿음으로 믿음에 이르게 하나니 기록된 바 오직 의인은 믿음으로 말미암아 살리라 함과 같으니라(롬 1:16-17)

로마서 1:16-17절 말씀은 성경에서 “하나님의 의”를 설명하는 핵심 구절입니다. 믿음으로 의인이 되고 의인된 자만이 하나님 백성이 되며 구원 공동체에 들어 갈 수 있습니다. 이 말에는 율법의 행위로 들어갈 수 없음을 뜻합니다. 사도 바울이 유대인과 “하나님의 의” 논쟁에서 율법과 복음을 대조하며 율법의 행위와 믿음을 대조하고 있습니다. 그런데 이런 주장의 특징은 특히 종교개혁 이후에 율법의 행위뿐만 아니라 어떤 행위나 공로로도 구원으로 들어갈 수 없다고 하는 사상으로 강조하고 있습니다. 이런 사상들은 루터가 사제였던 중세 시대의 가톨릭교회에서 행하는 일부 종교적 행위 즉 자신의 죄에 대한 면죄부를 사기도 하고 파는 행위에 대한 종교개혁을 요구하는 데에서 나왔습니다. 하지만 우리가 예수님을 믿으며 믿음으로 구원을 받는 것은 이해하고 다 알 수 있지만 우리가 여기서 논의하려는 것은 “오직 믿음으로”를 주장함으로 모든 행위를 부정함으로서 종교적인 행위까지 구원에 이르는데 부정적인 요소가 되는지에 대하여 우리가 이야기하려고 합니다.

우선 믿음과 행위를 구별할 수 있는가에서부터 시작하여야 할 것입니다. 믿음이란 상호 관계 속에서 시작됩니다. 믿음이란 믿음의 대상이 없다면 성립될 수 없습니다. 그러므로 관계 속에서 성립되는 것이 믿음입니다. 기독교는 하나님을 믿습니다. 그 하나님이 예수님에게 자신의 모든 것을 주었으므로 우리는 예수님을 믿음으로 하나님을 바로 알 수 있게 되었습니다. 하나님을 바로 알면 하나님이 모든 것을 주신 예수님이 그리스도가 되시고 하나님의 아들 됨을 믿는 것이 기독교입니다. 하나님은 이스라엘과 언약을 맺습니다. 하나님과 하나님이 선택한 백성이 언약을 맺으며 “나는 너의 하나님이 되고 너는 내 백성이 되는 것”이 상호 관계성에 나타나는 언약 사상입니다. 이 하나님의 언약은 백성들에게 증표로 무지개와 할례와 율법을 주어 관계성을 가지는 것입니다.

그렇다면 기독교는 예수님과 새 언약을 맺습니다. 그리고 예수님을 믿음으로 하나님의 백성이 되고 예수 공동체가 하나님의 백성이 됩니다. 이때 하나님 백성이 되는 기본 조건이 예수님을 믿는지 안 믿는지에 있습니다. 예수님을 믿는 자들만 하나님의 백성이 됩니다. 왜냐하면 하나님을 믿는 언약의 중심에는 율법의 행위가 아니라 예수님을 믿는 믿음에 기인하기 때문입니다. 이때 작용하는 기전이 유대인과 이방인 사이에 차이가 없다는 것입니다. 왜냐하면 유대인은 하나님의 백성이 되려면 모든 율법을 지켜야 되는데 어느 누구도 율법을 완전히 지킬 수 없으며, 이방인도 죄 아래에 있기에 양심에 반하는 어떤 죄도 질 수 있으므로 해아래 있는 모든 인간은 죄에서 벗어날 수 없습니다. 이때 예수님은 십자가에 죽으심으로 모든 인류의 죄를 감당하셨습니다. 예수님을 믿으면 우리의 죄가 예수 그리스도 안에 있는 속량함으로 인해 하나님의 의를 이루게 되고 하나님도 자신의 의를 드러내며 예수님을 믿는 자가 의인이 된다는 뜻입니다.

따라서 예수를 믿는 자만이 의인이 되며 구원받은 구원 공동체가 됩니다. 그러면 이 믿음 안에 행위가 전혀 없는 것인가? 이 믿음과 행위가 분리될 수 있는 것인가? 하는 문제가 오늘 우리가 이야기하려는 주제입니다. 우리는 여기서 믿음과 믿음의 행위를 세 가지로 구분하여 이야기하려 합니다. 첫째는 믿음이라는 행위 그 본질적인 행위입니다. 두 번째는 종교적 행위를 이야기하고 세 번째는 윤리적 행위를 이야기하려고 합니다.

첫째 이야기는 사도 바울이 설명하는 믿음은 값없이 주신 하나님의 은혜입니다. 그러기에 믿음은 인간의 공로나 노력으로 얻어지는 것이 아닙니다. 그렇지만 믿음은 하나님과 우리 사이에 놓여 있는 관계성 안에 놓여 있는 것으로 믿음이 하나님으로부터 주어지는 것이지만 관계성 안에서 믿음을 갖는 주체는 인간에 속한 것입니다. 여기서 말하는 하나님과 인간 사이에 존재하는 관계성 안에 주어지는 믿음으로 전적인 하나님의 은혜로 고백하는 것이지만 믿음은 인간 안에 있습니다. 이 믿음은 하나님과 인간 사이의 관계성으로서 존재하는 언약으로 약속 안에 주어진 값없이 주어진 은총으로서의 믿음을 뜻합니다. 즉 하나님이 하나님의 백성으로 부르심을 받은 자와의 관계 속에 주어진 믿음은 인간에게는 믿음의 행위가 되는 것입니다. 비록 이 믿음이 전적으로 하나님으로부터 주어진 것임에도 불구하고 믿음은 인간이 가지고 있는 실존입니다. 하나님의 예정된 백성들로 부르심에 응답하는 인간은 믿음을 가져야 하는데 주어진 믿음을 갖는 인간의 실존은 믿음의 행위입니다. 이 믿음의 행위는 본질적으로 믿음 안에 있기에 관계성 안에 믿음의 행위는 믿음 속에 있는 것입니다. 믿음을 표현하는 롬 1:17은 이 믿음을 잘 설명해 주고 있습니다.

복음에는 하나님의 의가 나타나서 믿음으로 믿음에 이르게 하나니 기록된 바 오직 의인은 믿음으로 말미암아 살리라 함과 같으니라(롬 1:17)

하나님의 복음 안에 하나님의 의가 나타납니다. 하나님의 의가 믿음에서 믿음에 이르게 한다고 표현하고 있습니다. 믿음으로 믿음에 이른다는 표현이 믿음의 본질을 나타내는 것입니다. 믿음이란 하나님과 하나님 백성 사이에 있는 믿음이라는 본질적인 매개를 뜻하며 이것이 하나님 백성 안에 믿음으로 나타나는 것입니다. 이것은 믿음이지만 관계성 안에 존재하는 인간의 믿음의 행위입니다. 이 믿음은 삶의 실상에서 믿음으로 살아가는 인간의 행위 안에 있습니다. 율법으로 "사는" 것이 아니라 믿음으로 "사는" 것입니다. 그렇다고 하여 이 믿음을 믿음 없는 행위로 생각하면 안 됩니다. 이 인간의 행위는 믿음 안에 있는 속성입니다.

이 의미를 히브리서는 다음과 같이 표현하고 있습니다.

믿음은 바라는 것들의 실상이요 보이지 않는 것들의 증거니 선진들이 이로써 증거를 얻었느니라(히 11:1-2)

믿음이란 주어진 것으로 인간의 바람(소망)과 같은 것으로 보이지 않는 것입니다. 이것은 본질이지 실존과 관계없습니다. 그런 보이지 않는 바람(소망)이 예수 그리스도의 은총으로 실상으로 나타나는 실존의 삶으로 나타납니다. 이 현상이 믿음의 증거가 되는 것입니다. 그러므로 본질적인 믿음은 실존적인 믿음으로 나타납니다. 하나님과 하나님 백성 사이의 예수 그리스도를 통한 새 언약에서 믿음이 존재하는 것입니다. 믿음이 있는 자는 믿음으로 사는 것입니다. 이 믿음은 본질적인 믿음의 행위를 포함하는 것으로 믿음의 행위는 믿음 그 자체입니다.

두 번째는 믿음의 행위 안에 있는 종교적인 행위를 이야기할 차례입니다. 우리는 오직 믿음으로 구원을 받는다면 종교적인 행위는 믿음인가요 아니면 행함인가요? 이렇게 질문 할 수 있습니다. 이 질문은 자칫 잘못하면 행함으로는 구원을 받을 수 없다고 전제하면 모든 종교적인 행위마저 부인하기 쉽습니다. 사도 바울은 이방 선교의 사도라고 스스로 지칭하고 있습니다. 사도 바울이 이방지역에 가면 이방인만 선교한 것이 아닙니다. 오히려 맨 처음 이방지역에 가면 이방지역에 있는 유대인 회당에 들어가 예수 그리스도에 대한 복음을 전하였습니다. 이때 가장 많이 사도 바울의 설교에 공감한 사람들이 회당에 있었던 하나님을 두려워하는 이방인들이었습니다. 따라서 사도 바울은 비록 이방지역이지만 유대인과 이방인들에게 모두 선교하였습니다. 이때 사도 바울은 두 가지 선교전략을 세워 그들과 논쟁합니다. 첫째는 유대인 선교에서는 믿음과 율법을 대조하며 선교하였습니다. 율법의 행위가 아닌 믿음 안에 생명이 있고 구원이 있음을 설교하며 선교한 것입니다. 두 번째는 이방인 선교에서는 어떤 믿음이 참된 믿음인지를 논증하고 선교하였습니다. 즉 예수 그리스도를 믿는 믿음이 참되며 구원에 있어 다른 이름을 주신 적이 없다고 선언하는 것입니다.

다른 이로써는 구원을 받을 수 없나니 천하 사람 중에 구원을 받을 만한 다른 이름을 우리에게 주신 일이 없음이라 하였더라(행 4:12)

믿음이 생기면 그 믿음에 대한 예배(경배)가 있습니다. 마태복음도 예수 그리스도에 대한 경배로 시작하여 경배로 마무리합니다. 이런 종교적인 행위는 믿음을 이야기할 때 너무나도 중요합니다. 사도 바울은 하나님의 의를 실현하는 것이 율법의 행위가 아니라 믿음으로 됨을 강조하고 있습니다. 이 말은 하나님 백성으로서 예수 그리스도를 믿음으로 하나님의 의를 이룬다는 말입니다. 이는 유대인이나 이방인도 동일한 조건입니다. 따라서 믿음이란 "예수 그리스도의 이름으로~"가 중요합니다. 만일 믿음을 갖되 하나님과 예수님에 대한 믿음을 갖지 않는다면 이는 우상숭배라고 규정하고 있는 것입니다. 다시 말하면 기독교가 아닙니다. 이는 유일신을 믿는 종교가 갖는 배타적인 특성입니다. 따라서 예배행위는 예수 그리스도를 믿는 믿음의 행위입니다. 만일 누가 믿음이 있다고 하며 다른 이름을 믿는다면 성경은 구원에 있어 다른 이름을 준 적이 없다고 말하고 있습니다. 바울이 말하는 "산 제사"의 특징이 여기에 있습니다. 예배가 이스라엘에 주어진다는 말은 구원의 공동체가 예수 그리스도를 믿는 믿음 안에 예배가 있다는 말입니다. 실존적인 예배가 본질적인 믿음 안에 속하는 이유입니다. 여기서 우리는 예배 속에 나타나는 여러 가지 현상은 믿음의 본질 즉 구원받은 공동체의 행위 안에 있음을 알 수 있습니다. 죄로부터 구원에 이르는 것을 돈을 주고 사고파는 면죄부에 있지 않습니다. 이는 믿음의 본질과 다르기 때문입니다. 참 된 예배가 믿음의 본질입니다.

세 번째 믿음과 윤리적인 행위를 이야기할 차례입니다. 이 윤리적인 행위의 가장 큰 문제점은 윤리적인 행위가 인간의 노력으로 구원에 이르게 하는 것인가 하는 문제입니다. 이를 다른 말로 표현하면 인간의 공로로 구원을 받을 수 있느냐는 것입니다. 성경은 어디서에서도 이런 공로 또는 행위로 구원에 이른다는 말이 없습니다. 그렇다면 바울이 말하는 많은 윤리적인 행위와 복음서와 요한 문서에 나오는 많은 윤리적인 행위는 무엇을 뜻하는 것일까요?

우리는 성경 안에 있는 많은 윤리적인 말씀 중에 절대적인 윤리와 상황적인 윤리가 있음을 알고 있습니다. 약 2000년 전에 있었던 당시 시대의 상황적인 교훈들이 있어 오늘날과 다른 윤리가 일부 있다 할지라도 성경에는 믿음을 가진 자들이 지켜야 할 윤리적인 행위가 수도 없이 기록되어 있습니다. 사도 바울은 항상 자신이 말하려고 하는 주제의 논리를 펼친 다음 이 주장을 현장에서 실천할 수 있도록 윤리를 설명하고 있습니다. 이 믿음의 행위는 선한 마음이며 악한 마음을 버리라는 것입니다. 믿음을 통한 선한 마음을 가지면 아름다운 열매를 맺습니다. 이 아름다운 열매는 성령의 열매이며 믿음으로 악의 목록들을 버리라고 강조하고 있습니다. 이는 그리스도의 법 또는 사랑의 법이라고 갈라디아서와 로마서 등 바울의 편지 속에서 수도 없이 강조하고 있습니다. 하나님을 사랑하듯 네 이웃을 사랑하라는 말 속에는 믿음의 본질 안에 믿음의 행위인 사랑이 반드시 있어야 한다는 의미입니다. 야고보서에 나오는 행함을 믿음과 반대로 생각하는 사람이 있습니다.

내 형제들아 만일 사람이 믿음이 있노라 하고 행함이 없으면 무슨 유익이 있으리요 그 믿음이 능히 자기를 구원하겠느냐(야고보서 2:14)

이와 같이 행함이 없는 믿음은 그 자체가 죽은 것이라(야고보서 2:17)

마치 야고보서의 "행함"은 사도 바울이 설명한 "오직 믿음으로" 구원을 얻을 수 있다는 논제에 반대의 개념으로 보일 수 있습니다. 그렇지만 야고보서 1장을 읽기 시작하면 1:3,6, 2:1절에서 믿음을 먼저 이야기하며 행함은 믿음을 기본으로 하고 있음을 바로 알 수 있습니다. 이 말씀들은 믿음을 가진 자들이 믿음의 행위를 어떻게 하여야 올바른지를 강조하는 말입니다. 야고보서의 말씀들은 마태복음의 산상수훈과 일맥상통하는 부분이 많습니다. 또한 바울의 갈라디아서 로마서 고린도전후서등 서신 속에 나타난 많은 윤리 사상과 통하고 있습니다. 이를 마치 바울이 말하는 롬 1:17절 "의인은 믿음으로 말미암아 살리라"는 말과 다르다고 생각하면 안 됩니다. 여기서 한 번 더 강조하여야겠습니다. 구원은 예수 그리스도를 믿음으로 이루어집니다. 그렇지만 예수 그리스도를 믿음으로 이루어지는 수많은 윤리들 즉 사랑의 법을 실천하는 행위들 그 자체도 믿음인 것입니다. 히브리서 13:16절의 말씀을 읽어보겠습니다. 선한 행함은 예배와 같은 것입니다.

오직 선을 행함과 서로 나누어 주기를 잊지 말라 하나님은 이 같은 제사를 기뻐하시느니라(히 13: 16)

이처럼 바울이 말하는 그리스도의 법과 사랑의 법은 율법을 바로 세우는 것일 뿐만 아니라 선을 행함과 나누어 주는 행위는 제사 즉 예배와 같은 것입니다. 이러한 윤리적인 사랑의 "믿음의 행위"도 믿음 안에 있는 속성 중 하나입니다. 우리는 믿음으로 구원을 이룹니다. 그 믿음 안에는 믿음의 행위가 포함되어 있습니다. 예수 그리스도를 믿는 믿음 없이 행해지는 훌륭한 윤리적 삶을 볼 수 있습니다. 이런 사람들이 있다면 우리는 존경할 수 있습니다. 그러나 기독교의 윤리는 예수님을 믿음으로 나타나는 윤리이며 이런 믿음에 따른 행위는 구원받은 자의 행위입니다. 그러므로 기독교 윤리는 예수님을 믿는 믿음에 따른 윤리입니다.

오늘의 주제인 "믿음과 행함"에 관한 내용을 정리하며 결론을 내려야 할 때가 되었습니다. 우리는 오직 예수 그리스도를 믿음으로 구원을 얻을 수 있습니다. 믿음 없이 이루어지는 공로나 행함으로는 구원을 이룰 수 없습니다. 예수 그리스도를 믿는다면 우리는 예수 그리스도를 경배하여야 하며 믿음으로 예배를 드려야 함은 당연한 것입니다. 믿음을 가지고 있다고 하면서 믿음의 대상이 달라

지면 기독교의 믿음이 아닌 것이며 성경은 이를 우상숭배라고 말하고 있습니다. 이렇게 믿음을 통한 종교적인 예배도 단순한 행위가 아닌 믿음입니다. 예수 그리스도 이외에 다른 믿음의 행위를 한다면 그것은 기독교가 아닙니다. 예수 그리스도를 믿는 믿음을 가지고 있다면 선한 열매를 맺어야 합니다. 이 선한 믿음의 열매는 성령의 열매로서 제사(예배)와 같은 것입니다. 선한 열매는 믿음에서 나오는 것입니다. 따라서 믿음은 믿음의 행위를 포함하고 있습니다.

사도 바울은 이방인에게 할례와 같은 율법행위를 하게 함으로 이스라엘인이 되게 만드는 행위는 우상숭배와 다름없다고 강조하고 있습니다.(갈 4:8-11) 우리는 기독교의 구원에 있어 믿음보다 어떤 행위가 먼저 되어서는 안 됩니다. 구원은 예수 그리스도를 믿음으로 이루어집니다. 그러나 주여 주여 하는 자마다 하나님의 백성이 될 수 없습니다. 믿음의 행위가 드러나야 하는 것입니다. 그러므로 믿음의 행위는 믿음의 본질 속에 속합니다. 사도 바울이 에베소서에서 믿음과 행함을 강조하는 말을 들어 보십시오.

너희는 그 은혜에 의하여 믿음으로 말미암아 구원을 받았으니 이것은 너희에게서 난 것이 아니요 하나님의 선물이라 행위에서 난 것이 아니니 이는 누구든지 자랑하지 못하게 함이라 우리는 그가 만드신 바라 그리스도 예수 안에서 선한 일을 위하여 지으심을 받은 자니 이 일은 하나님이 전에 예비하사 우리로 그 가운데서 행하게 하려 하심이니라(엡 2:8-10)

사도 바울은 로마서 3:24절의 "하나님의 은혜"와 롬 3:28절의 "믿음으로 얻는 의"에 대하여 에베소서에 다시 한 번 강조하고 있습니다. 예수 그리스도의 속량으로 얻어진 의를 통하여 구원받은 백성은 오직 믿음으로 구원받은 자로 하나님의 은혜에 속한 것입니다. 이것은 율법의 행위가 아닌 믿음으로 이루어짐으로 값없이 주신 하나님의 선물입니다. 사도 바울은 이렇게 설명하고 바로 이어서 구원받은 하나님의 백성은 새 사람을 입은 피조물로서(엡 2:15) 이렇게 새롭게 만드신 구원 받은 백성들은 선한 일을 행하기 위해 지으심을 받은 자들임을 강조하고 있습니다. 사도 바울의 표현대로 믿음으로 구원을 받은 새로운 피조물들은 선한 사랑의 행위를 행하기 위해 예비 된 자임을 꼭 기억하셔야 합니다.

그러기에 성도 여러분 믿음을 가진 자는 인내하여야 한다고 복음서와 바울서신과 히브리서 그리고 요한 계시록까지 계속해서 강조하고 있습니다. 믿음의 인내는 예수 그리스도의 사랑을 뜻합니다. 요한 계시록에 나오는 믿음의 행위는 예수 그리스도에 대한 믿음을 끝까지 지켰는지가 가장 중요합니다. 이렇게 믿음을 끝까지 지킨 사람이 생명책에 기록되는 것입니다.

또 내가 보니 죽은 자들이 큰 자나 작은 자나 그 보좌 앞에 서 있는데 책들이 펴 있고 또 다른 책이 펴졌으니 곧 생명책이라 죽은 자들이 자기 행위를 따라 책들에 기록된 대로 심판을 받으니(계 20:12)

신약성경은 예수 그리스도에 대한 믿음의 고백이며 믿음을 지키는 자들의 책입니다. 우리가 성경책을 읽는다는 것은 믿음이 전제되어야 합니다. 믿음의 눈으로 성경을 읽어야 깨달음을 얻고 예수님의 제자가 될 수 있습니다. 믿음을 가지고 성경책을 읽고 이해하는 것은 마태복음에서 시작된 행함의 강조와 이 행함으로 생명책에 자신의 이름이 기록된다고 강조하는 요한 계시록까지 성경이 왜 행함을 강조하는지 그 행함을 예수님의 계시로서 하나님의 말씀임을 믿음으로 이해할 수 있습니다. 마태복음에서 시작된 행함의 강조는 바울서신과 요한 문서를 거쳐 마지막 요한 계시록까지 예수 그리스도의 언약을 통한 행함이 신약 성경 전체를 싸고 있는 것으로 본다면 이 “행함”은 오직 예수 그리스도를 믿음으로 구원을 얻은 공동체가 이 땅에서 살아갈 때 부딪히는 수많은 환난과 핍박 속에서도 믿음을 지키며 예수 그리스도에 대한 믿음을 잃어버리지 말 것을 “행함으로” 설명하며 기록하고 있다고 볼 수 있습니다. 예수 그리스도의 새로운 계명입니다.

새 계명을 너희에게 주노니 서로 사랑하라 내가 너희를 사랑한 것 같이 너희도 서로 사랑하라 너희가 서로 사랑하면 이로써 모든 사람이 너희가 내 제자인 줄 알리라(요 13:34-35)

그러므로 믿음과 믿음 안에 있는 행함은 구별할 수 없습니다. 다시 한 번 강조하지만 행함으로 구원을 얻는 것이 아닙니다. 오직 믿음으로 구원을 얻습니다. 그러나 믿음은 행함을 가지고 있습니다. 이 믿음은 하나님이 예수 그리스도안에 있는 속량으로 값없이 주신 은혜이지만, 이 믿음은 행함으로 나타나는 것입니다. 믿음으로 인한 행함은 우리의 예배 속에서 나타나고 그리고 우리의 삶 속에서 행함이 믿음으로 나타나는 것입니다.

우리의 구원은 믿음으로 이루어집니다.
우리는 종말의 중간시대를 살면서 주님이 다시 오시는 소망을 가지고 살아야 합니다.
그러나 오늘을 사는 우리는 서로 사랑 안에서 살아야 합니다.
믿음 소망 사랑 이 세 가지는 항상 있을 것인데 그중에 제일은 사랑입니다. (고전 13:13)

성도 여러분 믿음은 믿음의 행위를 포함하고 있습니다. 믿음의 행위란 어떤 환난 속에서도 인내하며 믿음을 끝까지 지키는 것입니다. 예수님의 새 계명인 "서로 사랑하라"를 지키는 자들이 예수님의 제자들입니다.(요 13:34-35) 그러기에 믿음의 행위는 예수님 사랑 안에서 사랑을 행하는 그 자체가 믿음입니다. 이와 같이 행함이 없는 믿음은 그 자체가 죽은 것입니다.(야고보서 2:17)

평신도를 위한

신약성서 해설

요한계시록 이해하기

제40과

묵시의 의미, 주기도문을 중심으로

; 마태복음 6:9-15

그러므로 너희는 이렇게 기도하라 <u>하늘에 계신 우리 아버지여</u> 이름이 거룩히 여김을 받으시오며 나라가 임하시오며 <u>뜻이 하늘에서 이루어진 것 같이 땅에서도 이루어지이다(마 6:9-10)</u>

우리가 오늘 알아보려는 "묵시"라는 단어는 교회에서 많이 사용하지 않는 용어이기에 다소 생소할 수 있습니다. 그러기에 우선 묵시, 묵시록, 묵시문학, 묵시현상과 같은 단어를 먼저 정의하고 나서 다음 설명을 하여야 합니다. 물론 묵시라는 단어도 연구자에 따라 또는 시대 상황에 따라 다르기에 하나로 정의하기가 쉽지 않습니다. 그렇지만 최근에 연구되어진 논문과 책을 중심으로 일반 성도님들이 이해할 수 있도록 설명하겠습니다.

신약학자 중에 케제만(Ernst Käsemann)은 "묵시현상(apocalypticism)은 모든 기

독교적인 사상의 어머니"라고 말을 한 이후 묵시와 관련된 책을 읽기 시작하면 많은 책들이 항상 이 말부터 시작하며 설명을 하는 것을 알 수 있습니다. 그만큼 신약성경을 이해하는데 묵시를 아는 것이 필요하다는 뜻입니다. 신약 성경의 세계는 묵시의 세계와 묵시적 환경이 중요함을 알려주는 이야기입니다. 그러면 우리가 읽고 있는 신약 성경이 어떻게 묵시와 묵시 사상과 연결되고 있는지 이야기해보겠습니다. 더 자세한 묵시문학 연구를 하고 싶으시면 추천 드리는 책이 있습니다.

왕대일 교수님의 〈묵시문학과 종말론(다니엘의 묵시록, 새롭게 읽기)〉과 배정훈 교수님의 〈정경해석 방법으로 바라본 묵시문학〉을 추천합니다. 배정훈 교수님 책은 박사학위 논문을 책으로 펴낸 것이기에 어렵겠지만 왕대일 교수님 책은 그래도 필체가 읽기가 쉽게 쓰여 있어 다른 책 보다 쉽게 읽을 수 있습니다. 그 외에 J. J. Collins의 〈묵시문학적 상상력〉과 폴 헨슨의 〈묵시문학의 기원〉도 묵시문학을 연구하는 연구사적인 의미가 있는 책입니다. 그 밖에도 많지만 이렇게 간단히 책을 먼저 소개하는 이유는 묵시문학이 가장 꽃피웠던 시기가 B.C. 3세기경에서 AD 100년까지가 왕성했던 시기입니다. 묵시의 역사는 B.C. 3세기 이전 시기까지 거슬러 올라가기도 하고 AD 100년 그 이후에도 여러 묵시문학 책들이 나오고 있어 묵시와 관련된 시기도 학자마다 조금씩 다릅니다. 그러기에 묵시 문학이 왕성하게 이루어진 이 기간이 대부분 구약과 신약의 중간시기이고 신약 책들이 나오기 이전이거나 겹치는 시기이므로 학자들은 신약의 많은 사상들이 구약 사상에 이어서 신구약 중간시대의 사상들이 신약의 사상에 많은 영향을 주었다고 설명하고 있습니다. 그러기에 케제만은 묵시현상을 기독교 사상의 어머니라고 표현하고 있습니다. 이 신구약 중간기 시대의 연구는 이 시대를 연구한 책과 논문이 많은 도움을 주기에 묵시문학과 관련된 책을 소개한 것입니다. 묵시에 관련된 많은 연구가 있지만 콜린스(J. J. Collins)가 연구하고 서술한 묵시의 정의부터 알아보겠습니다.

콜린스(J. J. Collins)가 속해 있는 미국 성서학회의 묵시문학 그룹(Apocalyptic Group of the Society of Biblical Literature)에서 묵시의 문학적 유형을 다음과 같이 정의하고 있습니다.

묵시란 일종의 계시문학이다. 그것은 어떤 초현실적인 존재가 특정한 인간을 수령자로 하여 전하는 계시를 이야기 형식으로 기록하고 있는 글이다. 묵시는 시간적, 공간적 차원의 초월적인 실체를 은밀히 보도한다. 즉 묵시는 종말론적 구원을 애타게 그리고 있다는 점에서 시간적이고, 저 세상 또는 다른 초자연적인 세계를 희구하고 있다는 점에서 공간적인 차원을 지닌 초월적 실재에 대한 계시

이다.139)

묵시를 정의한 위 개념도 처음 읽는 사람은 무엇을 말하는지 어렵게 묘사되어 있습니다. 묵시(Apocalyse, Revelation)라는 단어는140) 요한계시록 1장 1절에 나오는 첫 단어가 ἀποκάλυψις로 시작하는 단어와 같습니다. 성경은 이 단어를 계시라고 번역하고 있습니다. 그러므로 묵시와 계시의 의미는 큰 차이 없이 혼용해서 쓰기도 합니다. 묵시라는 헬라어 단어를 성경에서도 계시와 묵시로 번역하기 때문입니다. 그러나 묵시가 일종의 계시이지만 그 용어상의 의미는 약간 다릅니다. 교회 용어 사전을 찾아보겠습니다.

'묵시'를 뜻하는 헬라어 '아포칼립시스'는 '덮개를 벗기다', '감추인 것을 드러내 보이다', '비밀을 폭로하다'는 뜻을 지닌 명사형으로, 하나님께서 감춰진 뜻을 성령을 통해 알려주시는 것을 말한다. 따라서 이 말은 '계시'(啓示)라고도 번역될 수 있다. 하지만 '계시'란 말이 넓은 의미로 피조 세계에 대한 하나님의 모든 구속사적인 뜻을 나타내 보이는 것이라면, '묵시'란 그 가운데서도 특별히 세계 끝날의 일, 곧 종말적인 문제를 집중 거론하고 나타내 보이는 것을 가리킨다. 즉, 묵시는 계시의 일부로서 대개 세상 종말, 특히 미래에 도래할 하나님 나라와 관련된 사건을 회화적으로 묘사한 일종의 문학적 술어이다.

[네이버 지식백과] 묵시 [默示, apocalypse, revelation] (교회용어사전 : 교리 및 신앙, 2013. 9. 16., 가스펠서브)

계시는 하나님의 비밀을 드러내는 폭 넓은 의미로 사용된다면 묵시는 그 중에서 종말에 나타날 하나님의 계시가 강조되는 계시라고 이해하면 됩니다. 그래서 왕대일 교수님은 묵시의 특징을 콜린스(J. J. Collins)가 주관하는 묵시그룹에서 정의한 개념을 중심으로 세 가지의 특징으로 이야기하고 있습니다.141)

첫 번째는 묵시는 계시를 나타내는 글쓰기로 일종의 문학 장르에 속합니다.142) 그러기에 묵시문학(apocalyptic literature)은 묵시라는 글쓰기를 통한 계시 문

139) 왕대일, <묵시문학과 종말론>, 대한기독교서회, 서울 2009 p.26 ; 묵시문학과 종말론에서 재인용 p.26

140) 배정훈, <정경해석방법으로 바라본 묵시문학>, 한국학술정보, 파주, 2008 p.105-111; 배정훈 교수는 묵시라는 단어를 apocalytic과 apocalyse로 구분하여 문헌적인 유래을 설명하고 다양한 연구를 통해 용어 사용을 추적하고 있다.

141) 왕대일, <묵시문학과 종말론>, 대한기독교서회, 서울 2009 p.25-36

142) 왕대일, <묵시문학과 종말론>, 대한기독교서회, 서울 2009 p.25-36 ; 이후에 나오는 내용은 왕대일 교수님 책과 배정훈 교수님의 책 내용이 많이 요약되어 있고 그 의미를 해석하고 있습니다.

학입니다. 두 번째는 어떤 초현실적인 존재(천사 같은 존재)가 특정한 인간을 수령자로 하여 전하는 계시를 이야기 형식으로 기록하고 있는 글입니다. 이때 계시의 수령자는 과거 유명한 영웅들의 이름으로 표현되는 것이 보통이라고 설명하고 있습니다. 예를 들면 아브라함, 에녹, 다니엘, 에스라, 아담, 엘리야 등이 있습니다. 세 번째는 묵시의 내용입니다. 묵시의 정의에서 보듯이 묵시는 시간적, 공간적 차원의 초월적인 실체를 은밀히 보도합니다. 여기서 시간적이라는 말은 태초에서 종말에 이르는 역사적인 묵시를 의미합니다. 역사적인 묵시는 역사적인 세상의 끝인 종말론적인 구원을 그리고 있습니다. 공간적이란 하늘과 땅의 공간에서 "저 세상으로의 여행"을 통해서 하늘의 비밀을 알게 되는 저 세상 또는 다른 초자연적인 세계를 희구하고 서술하고 있다는 점입니다. 이처럼 시간적인 역사적 묵시와 공간적인 차원을 지닌 초월적 실재에 대한 계시가 묵시이며 이런 장르의 문학이 묵시문학이 되는 것입니다. 성경은 요한이 적은 묵시문학 작품을 요한 묵시록 또는 요한 계시록이라고 부르고 있습니다. 따라서 이런 묵시문학에 나오는 묵시적인 사상들을 묵시사상 또는 묵시현상으로 영어로 아포크리티시즘(apocrypticism)이라고 합니다. 제가 오늘 설명 드리는 주제가 묵시인데 이런 묵시적인 사고방식과 묵시 현상이 신약성경에 어떻게 영향을 주고 있는지 일부분을 설명할 것입니다.[143)]

이제는 묵시라는 단어가 무엇인지 조금 알 수 있나요? 묵시가 성경에 잘 나오지 않는 용어이기 때문에 생소하여 아직은 정확한 개념을 잡기 힘들겠지만 실제로 신약 성경 안에서 어떻게 이해되고 있는지 설명하겠습니다. 성도여러분 여러분은 묵시의 세계를 잘 모르고 있지만 우리가 실제로 교회에 다니며 하고 있는 많은 신앙 고백들은 이미 예수님 당시의 묵시적인 신앙고백을 지금도 하고 있습니다. 성경 곳곳에 묵시적인 표현이 많이 있지만 우리는 그중에서 몇 가지 묵시적인 표현이 있는 곳을 찾아 읽어보겠습니다. 먼저 예수님이 알려주신 주기도문을 마태복음을 읽어보고 같은 평행본문인 누가복음도 읽어보겠습니다.

그러므로 너희는 이렇게 기도하라 <u>하늘에 계신 우리 아버지여</u> 이름이 거룩히 여김을 받으시오며 나라가 임하시오며 <u>뜻이 하늘에서 이루어진 것 같이 땅에서도 이루어지이다</u> 오늘 우리에게 일용할 양식을 주시옵고 우리가 우리에게 죄 지은 자를 사하여 준 것 같이 우리 죄를 사하여 주시옵고 우리를 시험에 들게 하지 마시옵고 다만 악에서 구하시옵소서 (나라와 권세와 영광이 아버지께 영원히 있사옵나이다 아멘) (마 6:9-13)

143) 왕대일, <묵시문학과 종말론>, 대한기독교서회, 서울 2009 p.25-36; 왕대일 교수님의 설명을 요약한 것입니다.

예수께서 이르시되 너희는 기도할 때에 이렇게 하라 아버지여 이름이 거룩히 여김을 받으시오며 나라가 임하시오며 우리에게 날마다 일용할 양식을 주시옵고 우리가 우리에게 죄지은 모든 사람을 용서하오니 우리 죄도 사하여 주시옵고 우리를 시험에 들게 하지 마시옵소서 하라(눅 11:2-4)

위에 있는 성경 구절은 마태복음과 누가복음에 나와 있는 주기도문에 대한 구절을 적어 놓았습니다. 마태복음의 주기도문은 산상수훈에서 제자들에게 기도를 가르치는 중에 나왔다면 누가복음은 예루살렘을 향하는 여정 중에서 제자들에게 교육하며 주기도문을 가르치고 있습니다. 시기적으로 보면 마태복음에서 주기도문은 제자들을 선교 현장에 파송하기 전에 갈릴리 선교의 시작 부분에 있다면 누가복음은 갈릴리 사역을 끝내고 열두 제자들을 파송 보내고 그리고 70명의 제자들을 파송 보낸 후 누가복음에서 누가 신학이 잘 나타나는 예루살렘 여행 부분에서 주기도문을 가르치고 있습니다.

먼저 마태복음에서 나오는 주기도문을 중심으로 묵시 사상에 대하여 이야기하겠습니다. 마태복음과 누가복음에 나오는 주기도문을 눈여겨보십시오. 중요한 두 가지 차이점을 발견할 수 있는데 밑줄 친 부분입니다. 하나는 하나님 아버지가 계신 장소에 대한 내용입니다. 마태복음에 있는 주기도문에는 하나님 아버지께서 하늘에 계시다고 선언하고 있습니다. 두 번째 기도의 차이점은 마태복음에는 "뜻이 하늘에서 이루어진 것 같이 땅에서도 이루어지이다"라는 진술이 마태복음에는 나오지만 누가복음에는 나오지 않고 있습니다. 다른 차이점도 있지만 이 두 차이점을 가지고 성경 전반에 흐르고 있는 묵시 사상을 조금 이해함으로서 성도님들이 성경에 대하여 깊이 있는 묵상과 바른 성경 해석에 도움이 되었으면 합니다.

묵시적인 고백에서는 하나님 아버지는 하늘에 계십니다. 하늘에 계신 그 하나님이 구약에서 모세를 통해 성막을 지으시고 성막에 임재하시는 것이 모세 오경의 핵심 사상입니다. 그러기에 다윗-솔로몬 시대에는 하나님이 계시는 곳은 성전이며, 특히 지성소에 임재하시는 것이 가장 큰 특징입니다. 그러기에 유대민족은 성전중심의 신앙생활을 하였습니다. 묵시에서는 하나님 아버지는 하늘에 계시고 모든 사람은 땅에 있습니다. 하늘과 땅은 공간적 차원입니다. 땅에서 이루어지는 사건들은 하늘에서 이미 이루어졌던 일들입니다. 땅에서 이루어지는 역사는 이미 하늘에서 이루어졌기에 땅에서 이루어지는 것입니다. 그러므로 하늘과 땅의 공간적 차원에서 태초부터 종말에 이르는 땅의 역사는 하늘에서 미리 이루어지는 것입니다. 이런 사고방식을 묵시사상 또는 묵시현상이라고 합니다. 우리가 읽은 주님께서 가르쳐주신 기도(주기도문) 중에서 하늘에 계신 아버지께서 이 땅에 사는 성도들의 삶에 개입하시고 하늘에서 성도들을 위한 계획이 이 땅에서 이루어지기를 기대하는 기도를 하게 하신 것입니다. 이런 주기도문이 마태복음에서 보여주는 묵시적인 고백입니다. 그러므로 우리가 날마다 하는 주기도문 자체가 이미 묵시적인 기도를 하고 있는 것입니다. 그렇다고 하여 마태복음이 누가복음에 비하여 더 묵시적인 책이라고 하는 것은 아닙니다. 필자의 개인적인 생각으로는 마태복음은 공간적인 묵시현상을 강하게 표현하고 있다면 누가복음은 역사를 강조하는 시간적인 묵시현상을 더욱 강조한다고 보면 이해하기가 쉽습니다. 그 외에도 복음서 안에 묵시 현상은 참 많이 있습니다. 그러면 우리가 공부했던 바울 서신 두 군데를 찾아보겠습니다. 로마서에 나오는 바울의 부르심에 대해 다시 읽어보겠습니다.

하나님이 미리 아신 자들을 또한 그 아들의 형상을 본받게 하기 위하여 미리 정하셨으니 이는 그로 많은 형제 중에서 맏아들이 되게 하려 하심이니라 또 미리 정하신 그들을 또한 부르시고 부르신 그들을 또한 의롭다 하시고 의롭다 하신 그들을 또한 영화롭게 하셨느니라(롬 8:29-30)

하나님이 성도들을 부르실 때 미리 아시고-미리 정하시고-부르시고-의롭다 하시고-영화롭게 하시는 하나님의 섭리는 상당히 묵시적인 표현이라고 할 수 있습니다. 바울이 주장하는 하나님의 은혜로 그리스도 예수님을 믿는 모든 사람들을 미리 아시고 정하시고 부르셔서 예수 안에 있는 속량으로 값없이 의롭다 하심을 받고 영화롭게 하는 것도 상당히 묵시적인 사고방식인 것입니다. 이런 형태가 요한 계시록에 예수 그리스도가 어린양이 되어 성도를 이끌고 하나님 보좌로 나가는 구원의 여정으로 표현되어 있는데 이 표현이 바울의 부르심에 대한 묵시적 현상입니다.

전형적인 묵시문학 형태는 시간적으로 보면 역사적인 묵시형태로서 태초에 있는 창조에서부터 종말에 이르는 재창조의 기간을 의미하고 역사의 끝인 종말론에 관심이 있습니다. 공간적으로는 하늘과 땅에서 이루어지는 사건들을 “저 세상으로의 여행(otherworldly journey)”을 통해서 창조의 비밀, 별자리, 천상의 세계의 비밀을 알고 해설하는 방식으로 묵시 문학적으로 표현한 것입니다. 이 땅에서 이루어지는 역사가 아무 이유 없이 일어나는 것이 아니라 하늘에서 이루어지는 것이 땅에서도 이루어지는 현상을 묵시적이라고 표현하고 있습니다. 하늘에서 미리 아시고 정하여 부르시기에 성도가 되었다고 고백하는 것이 묵시적인 사상입니다.

신약성서에서 많은 곳을 찾아볼 수 있지만 한 가지 더 예를 들어 보겠습니다. 고전 2:6-8절을 읽어보겠습니다.

그러나 우리가 온전한 자들 중에서는 지혜를 말하노니 이는 이 세상의 지혜가 아니요 또 이 세상에서 없어질 통치자들의 지혜도 아니요 오직 은밀한 가운데 있는 하나님의 지혜를 말하는 것으로서 곧 감추어졌던 것인데 하나님이 우리의 영광을 위하여 만세 전에 미리 정하신 것이라 이 지혜는 이 세대의 통치자들이 한 사람도 알지 못하였나니 만일 알았더라면 영광의 주를 십자가에 못 박지 아니하였으리라(고전 2:6-8)

사도 바울이 "십자가의 도"를 설명하는 부분입니다. 십자가의 도는 유대인에게는 거리끼는 것이요 이방인에게는 미련한 것이 되지만 부르심을 받은 성도들에게는 십자가에 죽으신 그리스도 예수는 하나님의 능력이요 하나님의 지혜가 되는데 그 이유는 십자가의 도는 하나님의 지혜가 되기 때문이라고 설명하고 있습니다. 사도 바울은 십자가의 도는 즉 다시 설명하면 예수 그리스도의 오심과 십자가의 죽으심과 부활은 "은밀한 가운데 있는 하나님의 지혜로 실제는 감추어졌던 것인데 하나님이 우리의 영광을 위하여 만세 전에 미리 정하신 것"이라고 설명하고 있습니다. 이렇게 감춰진 것을 드러나게 하는 방식이 계시 또는 묵시인데 이 때 나타나는 하나님의 지혜를 우리는 묵시적인 지혜라고 이해하시면 됩니다. 성령의 은사 중에서 어떤 사람은 지혜의 말씀을 어떤 사람에게는 같은 성령으로 지식의 말씀을 주었다고 바울은 설명합니다.(고전 12:8) 성경에서 지혜와 지식은 서로 혼용하여 쓰기도 합니다. 그러나 고린도 전서에서는 지혜와 지식을 구별하고 있습니다. 이때 사용되는 지혜는 지식과 달리 하나님 나라의 은밀한 것을 알고 드러내는 은사로 묵시적인 지혜를 뜻합니다.

이렇게 신약성서 안에는 마태복음에서 바울서신과 요한문서들 그리고 요한계시록까지 상당부분 묵시적인 표현들이 많이 들어 있습니다. 성도 여러분 그렇다고 하여 신약성경 사상들을 전부 묵시적으로 해석할 필요는 없습니다. 비록 신약학자 케제만(Ernst Käsemann)이 "묵시현상(apocalypticism)은 모든 기독교적인 사상의 어머니"라고 한 말을 이해 할 수는 있지만 신약성경 안에는 묵시사상 외에도 아주 다양한 신학들이 많이 있습니다. 그렇지만 마태복음과 누가복음 서문에서 주의 사자 또는 천사가 해석하고 설명하는 동정녀 마리아의 예수님 탄생 이야기부터 예수님의 말씀과 비유 그리고 십자가상에서 죽으심과 부활은 묵시 현상을 이해하여야 쉽게 이해할 수 있습니다. 기독교 사상을 이루는 사도 바울의 서신과 요한 공동체의 사상들도 "묵시"라는 틀을 알아야 깊게 이해하고 깨달을 수 있습니다. 묵시 형태의 성경 이야기인 요한 계시록은 당연히 초대 교회의 예수님에 대한 사상을 구약의 언어와 형태로 묵시문학을 형성하고 있어 묵시사상을 이해하여야만 쉽게 이해할 수 있습니다.

성도 여러분 이제 묵시에 대한 설명을 마무리하여야겠습니다. 사도 바울은 나는 유대교에 있을 때 예수를 믿는 하나님의 교회를 박해하며 성도들을 멸하던 자였는데 이제 예수 그리스도를 믿고 예수님의 계시를 받아 사도가 된 자신을 바라보며 “내가 나 된 것은 하나님의 은혜로 된 것”(고전 15:10)임을 이야기하거나 또는 자신을 표현할 때 “그러나 내 어머니의 태로부터 나를 택정하시고 그의 은혜로 나를 부르신 이가”(갈 1:15) 같은 표현은 상당히 묵시적인 표현으로 볼 수 있습니다. 이런 표현은 자신이 걸어 온 삶의 궤적을 돌아보며 현재의 나를 생각하면 도저히 하나님의 은혜 아니면 설명하기 어려운 현재의 삶에 대한 존재의 이유를 과거를 반추하며 스스로 묵시적인 고백을 하고 있는 것입니다.

성도 여러분 우리가 성서 안에서 고백되어진 많은 부분이 묵시적인 사상을 따라 고백하고 인식하고 있다는 것을 알 수 있나요? 우리는 오늘도 조용히 우리의 삶을 돌아보며 오늘 하루도 주님 주신 은혜 가운데서 세상이 주는 두려움과 얽매임으로부터 예수 그리스도로 인하여 참 자유 하였으면 좋겠습니다. 세상을 살면서 부딪치는 수많은 순간들이 있고 지치고 힘든 순간에도 하나님의 깊은 섭리 안에 나의 삶을 맡기고 주어진 하나님의 일에 청지기로서 충성을 다했으면 좋겠습니다. 어느 날 때가 되면 하나님은 우리의 눈물을 닦아주시며 위로하실 것입니다.

모든 눈물을 그 눈에서 닦아 주시니 다시는 사망이 없고 애통하는 것이나 곡하는 것이나 아픈 것이 다시 있지 아니하리니 처음 것들이 다 지나갔음이러라 보좌에 앉으신 이가 이르시되 보라 내가 만물을 새롭게 하노라 하시고 또 이르시되 이 말은 신실하고 참되니 기록하라 하시고 또 내게 말씀하시되 이루었도다 나는 알파와 오메가요 처음과 마지막이라 내가 생명수 샘물을 목마른 자에게 값없이 주리니 이기는 자는 이것들을 상속으로 받으리라 나는 그의 하나님이 되고 그는 내 아들이 되리라(계 21:3-7)

성도 여러분 이렇게 예수 그리스도와 함께 믿음을 끝까지 지킨다면 우리는 하나님의 상속자가 되고 하나님의 자녀(아들)가 되는 것입니다.

나는 선한 싸움을 싸우고 나의 달려갈 길을 마치고 믿음을 지켰으니 이제 후로는 나를 위하여 의의 면류관이 예비되었으므로 주 곧 의로우신 재판장이 그 날에 내게 주실 것이며 내게만 아니라 주의 나타나심을 사모하는 모든 자에게도니라(디모데후서 4:7-8)

<u>하늘에 계신</u> 우리 아버지여 이름이 거룩히 여김을 받으시오며 나라가 임하

시오며 뜻이 하늘에서 이루어진 것 같이 땅에서도 이루어지이다(마태복음 6:9-10)

여호와께서 내게 대답하여 이르시되 너는 이 묵시를 기록하여 판에 명백히 새기되 달려가면서도 읽을 수 있게 하라 이 묵시는 정한 때가 있나니 그 종말이 속히 이르겠고 결코 거짓되지 아니하리라 비록 더딜지라도 기다리라 지체되지 않고 반드시 응하리라(하박국 2:2-3)

오늘도 조용히 주님께서 가르쳐주신 기도를 하여봅니다. 지금 여기에 나의 삶 속에서 하나님 아버지의 이름이 거룩하기에 우리도 예수님 안에서 거룩하기를 기도합니다. 예수님 안에 있는 하나님의 지혜와 의로움과 거룩함과 구원함이 우리가 예수 그리스도 안에 있기에 우리 것이 되었습니다.(고전 1:30) 그래서 우리는 하나님 나라가 임하기를 기도하며 하늘에서 이루어진 역사가 이 땅에서 이루어지기를 기도하고 있습니다. 주의 나타나심을 간절히 사모하는 이 기도는 요한 계시록 공동체가 마지막으로 간절히 기도하는 것처럼 "마라나타; 주 예수여 오시옵서소"라고 기도하고 있습니다. 성도 여러분 오늘날의 현실도 우리의 신앙을 끝까지 지키며 살고 싶지만 많은 고난과 환난으로 인해 하나님 장막으로 가는 길이 결코 쉽지 않음을 잘 알고 있습니다. 그렇지만 하늘에서는 저희를 위해 의의 면류관이 준비되어 있습니다. 세상에서 선한 싸움을 싸우고 그리스도의 일꾼으로 충성을 다하며 믿음을 끝까지 지키는 성도들이 되시기를 기도합니다. 주의 나타나심을 간절히 사모하는 모든 이에게 주님의 축복이 함께 하실 것입니다. 아멘.

제41과

순교할지라도

; 계시록 1:1-3, 22:18-21

예수 그리스도의 계시라 이는 하나님이 그에게 주사 반드시 속히 일어날 일들을 그 종들에게 보이시려고 그의 천사를 그 종 요한에게 보내어 알게 하신 것이라. 요한은 하나님의 말씀과 예수 그리스도의 증거 곧 자기가 본 것을 다 증언하였느니라. 이 예언의 말씀을 읽는 자와 듣는 자와 그 가운데에 기록한 것을 지키는 자는 복이 있나니 때가 가까움이라(요한 계시록 1:1-3)

내가 이 두루마리의 예언의 말씀을 듣는 모든 사람에게 증언하노니 만일 누구든지 이것들 외에 더하면 하나님이 이 두루마리에 기록된 재앙들을 그에게 더하실 것이요 만일 누구든지 이 두루마리의 예언의 말씀에서 제하여 버리면 하나님이 이 두루마리에 기록된 생명나무와 및 거룩한 성에 참여함을 제하여 버리시리라 이것들을 증언하신 이가 이르시되 내가 진실로 속히 오리라 하시거늘 아멘 주 예수여 오시옵소서 주 예수의 은혜가 모든 자들에게 있을지어다 아멘(요한 계시록 22:18-21)

이제 우리는 성경의 마지막 책에 와있습니다. 요한 계시록이 우리의 성경 맨 마지막에 위치해 있지만 우리는 요한 계시록을 평상시 접하거나 읽어 볼 기회가 많지 않습니다. 혹여 읽어 볼 기회가 있어도 읽는 내내 많은 상징 언어와 우리가 흔하게 접하지 않는 용어로 인해 쉽게 읽어지지 않습니다. 분명 우리의 정경인 성경의 맨 마지막을 차지하는 책에는 많은 의미가 있을 것으로 예상하지만 막상 요한 계시록을 읽고 나면 무슨 말을 하려고 하는지 이해하기 어렵습니다. 더군다나 요한 계시록의 내용 일부를 가지고 마치 다음 세상에 일어나는 일들을 예상하거나 예언하는 일들을 볼 수 있고 흔히 영화(666 영화 같은)에서나 책에서 보듯이 악마와 선의 싸움을 주제로 그려지거나 지구의 종말에 관한 이야기를 볼 수 있습니다. 그래서 요한계시록을 미래를 여는 상상의 문헌이나 책으로 오해하는 경우가 많이 있습니다. 또는 일부 종교단체에서는 마치 자신들의 공동체가 요한 계시록에서 설명하는 공동체인양 상징들을 곡해함으로 계시록을 마치 자신들을 위한 계시로 이야기하기도 합니다. 오늘은 이런 오해를 벗어나기 위해 요한 계시록이 쓰인 목적과 전반적인 이야기를 하도록 하겠습니다.

신약성경 안에 요한 계시록이 정경으로 자리 맺음 하였고 이 책은 구약 성경에서 시작된 성경의 마지막을 장식함으로서 구약의 예언이 신약에서 예수 그리스도에 의해 성취되었음을 말하고 있습니다. 예수 그리스도가 이 땅에 오심과 사역의 의미 그리고 죽으심과 부활에 대한 계시로서 언젠가는 심판하기 위해 다시 오시며 새 예루살렘과 새 하늘과 새 땅을 이루는 새 창조의 구원 공동체를 이야기를 하는 것으로서 성경 전체의 결말의 의미를 가지고 있습니다. 오늘은 특히 신약성경에서 요한 계시록이 갖는 의미를 생각함으로서 요한 계시록의 공동체가 무엇을 위해 이 기록들을 남기게 되었는지 이야기할 것입니다.

앞선 제1과 "예수 그리스도와 하나님 나라"에서 예수님은 때가 되었을 때 이 땅에 하나님 나라를 전파하시기 위해 오셨다고 말씀드렸습니다. 이것이 하나님의 복음인데 예수님은 하나님 나라에 들어가는 사람들과 어떻게 들어가는지 말씀과 비유로 그리고 이적과 표적으로 하나님 나라를 전파하였습니다. 초대 교회는 예수님이 이 땅에 오심과 십자가에 죽으심과 부활을 하나님의 복음으로 믿었고 이를 전파 하였습니다. 사도 바울은 하나님 나라에 들어가는 길이 오직 예수 그리스도를 믿음으로 들어가게 되고 예수 그리스도 안에 있는 속량으로 의인이 되며 그가 죽은 자 가운데서 다시 살아난 것을 믿고 고백하며 그 이름을 믿는 자들은 구원받은 백성으로서 하나님 나라의 구원 공동체가 되는 것이라고 설명하였습니다.

초대교회의 사도들과 바울의 선교로 여러 지역에 교회가 세워지고 하나님 나라가 이 땅에서 확장되었습니다. 이렇게 교회가 세워진 후 교회는 초대 기독교 역사에서 유대교의 핍박과 로마 정치권력으로부터 받는 고난과 황제 숭배와 같은 이단들의 도전에 부딪혔고 이에 많은 신앙인들이 환난으로부터 믿음이 흔들리고 있었습니다. 특히 로마 시대에 황제 숭배에 대한 핍박으로 많은 교회가 흔들렸고 많은 신앙인들이 이탈하게 됨으로서 참으로 교회는 가슴 아픈 일이 되었습니다. 또한 영지주의자와 같은 이단들의 도전과 압박은 교회 공동체에 커다란 시련으로 다가왔습니다. 이때 요한계시록 저자 요한은 바울이 선교한 지역 소아시아를 중심으로 7개 교회를 대표하여 기독교인들의 신앙의 모습과 교회 상태를 서술하고 앞으로 신앙공동체 즉 교회가 나아가야 할 지향점에 대하여 편지를 쓰게 되었습니다. 이때 편지를 쓰면서 형식은 묵시라는 문학적 방법을 이용하고 있습니다. 그래서 요한이 쓴 묵시록 또는 계시록이 탄생하게 된 것입니다. 요한 계시록을 설명하기 이전에 다 알고 계시는 전반적인 성경에 대하여 간단한 도입설명을 하여야겠습니다.

우리에게 주어진 성경은 구약은 39권 신약은 27권으로 이루어졌습니다. 구약에서 모두 다 중요하지만 모세 오경(창세기, 출애굽기, 레위기, 민수기, 신명기)이 가장 중요합니다. 그리고 모세 오경의 사상을 중심으로 예언서(역사서 포함)들이 있고 성문서들이 있습니다. 신약은 이런 구약 즉 모세의 율법과 선지자의 글과 시편에서 예수를 가리켜 기록된 것을 예수님이 이루시고 이렇게 이룬 일들을 신약에서 기록하고 있습니다(누가복음 24:44). 다시 말씀드리면 구약에서 예언된 것이 신약에서 성취되는 것입니다. 신약은 27권 모두 중요합니다. 따라서 신약은 27권의 사상을 모두 종합하는 것이 무엇보다 중요합니다. 그런데 오늘 말씀드리려는 요한 계시록이 신약의 마지막을 장식하고 있습니다.

오늘날 우리에게 주어진 정경(성경)은 기독교의 구심점입니다. 우리에게 주어진 이 성경은 더 이상 확장할 수 없습니다. 다시 한번 강조해서 말씀드리면 성경(정경)은 요한 계시록이 마지막입니다. 예수님 승천 이후 약 2000년의 기독교 역사에서 아주 위대한 신학자들이 쓴 많은 신학 서적들을 볼 수 있습니다. 이런 훌륭한 신앙 서적들은 우리의 신앙생활에 큰 도움이 될 수 있습니다. 그러나 만일 요한 계시록을 넘어서 어떤 문헌이 예수 그리스도 이외에 어떤 사람의 계시의 형태로 써지고 성경처럼 작용하고 있다면 그것을 믿는 단체는 예수님을 믿는 기독교가 될 수 없습니다. 정경으로서 성경은 요한 계시록을 끝으로 기독교에서는 닫혀 있는 것입니다. 이 말씀을 이해하는 것이 요한 계시록을 이해하는 데 가장 중요한 키(열쇠) 같은 것입니다.

요한 계시록은 저자가 요한입니다.(계 1:1-2, 22:8) 요한 계시록은 묵시문학 형태를 띠고 있습니다. 사실 묵시문학을 연구하는 학자들에 따르면 묵시문학의 특징이 여러 가지가 있는데 그중 하나가 저자의 익명성입니다. 묵시문학의 형태는 성경에 나오는 유명한 인물을 상징적으로 내세워 자신의 계시를 사용하는 경우가 많습니다. 그러나 요한계시록은 이 책을 쓴 저자의 이름을 요한이라고 밝힙니다. 그러기에 어떤 학자는 요한계시록은 묵시문학임이 중요하지만 요한이 아시아에 있는 일곱 교회에 쓴 편지라는 것을 더 강조합니다. 즉 요한 계시록은 요한이 쓴 묵시문학 형식의 편지라는 것입니다.(계 1:4)

요한 계시록은 요한이 듣고 본 것에 대한 기록입니다. 요한은 하나님의 말씀과 예수 그리스도의 증거 곧 자기가 본 것과 들은 것을 요한 계시록에 다 증언하고 있습니다.(계 1:2, 22:8) 요한이 들었다는 것과 본 것은 하나님 나라의 비밀들입니다. 그 내용은 하나님의 말씀이며 예수 그리스도의 증거입니다. 이것만 보면 요한 계시록의 계시는 요한의 계시입니다. 그래서 책 제목이 요한계시록이 된 것입니다. 그런데 여기서 가장 중요한 것은 요한이 자기가 본 것과 들은 것들인 자신에게 주어진 계시를 자신의 계시로 보지 않는다는 것입니다. 자신이 본 것과 들은 것의 계시의 내용이 전적으로 예수 그리스도의 계시인 것입니다.(계 1:1)

예수 그리스도의 계시라 이는 하나님이 그에게 주사 반드시 속히 일어날 일들을 그 종들에게 보이시려고 그의 천사를 그 종 요한에게 보내어 알게 하신 것이라(계 1:1)

다시 한번 가장 중요한 사실 하나를 반복해서 말씀드려야겠습니다. 요한 계시록은 요한이 보고 들은 계시이지만 자신의 계시를 철저히 예수 그리스도의 계시 안에 종속시키고 있습니다. 자신의 계시이지만 내용은 예수 그리스도의 계시인 것입니다. 그런 이유로 요한 계시록이 기독교의 정경이 되었습니다. 오늘날에도 교회에서 많은 사람들이 계시를 말합니다. 이때 주의할 점은 그 계시가 자신의 계시로 드러나면 안 됩니다. 자신을 감추고 철저히 예수 그리스도의 계시 안에 자신의 계시를 종속시켜야 합니다.(계 1:1) 요한은 예수 그리스도를 알파요 오메가요 처음과 마지막이요 시작과 마침이라고 한 예수님의 말씀을 자신의 계시로 고백하고 있습니다.(계 22:13) 성도 여러분, 여러분도 요한처럼 예수 그리스도만이 나의 구원의 알파요 오메가라고 고백하는 여러분이 되기를 간절히 소망합니다.

요한 계시록은 모세오경에 나오는 창조사상과 모세에 의해 출애굽하여 구원받는 이스라엘 백성을 상징하는 구원 역사의 흐름과 많은 연관이 있습니다. 이스라엘 백성이 모세에 의해 홍해를 건너 가나안 땅으로 나아가듯 요한 계시록은 어린양을 따라가는 하나님 백성이 유리바다를 건너 하나님 보좌에 이르는 구원의 역사를 그리고 있습니다. 에스겔서의 보좌 환상과 "여호와 삼마(여호와께서 거기에 계시다 겔 48:35)"[144]를 포함한 여러 사상과 묵시문학 형태를 띠고 있는 다니엘서 그리고 예언서들인 요엘서, 스가랴서, 이사야서 등 여러 선지자들의 사상을 계시록 안에 상징으로 표현하고 있습니다. 또한 시편에 나오는 다윗 사상과 성문서에 나오는 지혜사상들도 상징으로 표현하고 있습니다. 이런 여러 상징들을 초대 기독교에서 예수 그리스도에 관한 고백들을 이 상징들과 연결시켜 이해하고 예수 그리스도에 관한 기독교 사상을 구약의 상징으로 표현하며 요한 계시록을 서술하고 있습니다. 그 내용은 우리가 지금까지 배운 대로 예수 그리스도의 나심과 죽으심과 부활과 승천과 다시 오심과 심판에 대한 고백들을 구약의 상징들과 연결시키고 있습니다. 예수 그리스도는 하나님의 지혜이며 능력인데 이는 만세 전에 미리 정하여 감추어졌던 것을 우리를 위해 은밀한 가운데 드러내는 것으로 하나님의 지혜에 속하는 것입니다.(고전 2:6-9)

그는 보이지 아니하는 하나님의 형상이시요 모든 피조물보다 먼저 나신이시니 만물이 그에게서 창조되되 하늘과 땅에서 보이는 것들과 보이지 않는 것들과 혹은 왕권들이나 주권들이나 통치자들이나 권세들이나 만물이 다 그로 말미암고 그를 위하여 창조되었고 또한 그가 만물보다 먼저 계시고 만물이 그 안에 함께 섰느니라(골로새서 1:15-17)

예수 그리스도는 요한복음의 고백처럼 처음 창조에 관여한 분으로 종말의 새 창조에도 관여하는 분입니다. 이 땅과 세상 만물은 하나님의 뜻으로 하나님의 말씀으로 창조되었고 하나님의 형상대로 창조된 인간은 죄로 말미암아 죽을 수밖에 없을 때, 때가 차매 예수님이 오셨습니다. 하나님은 예수님을 이 땅에 보내시고 "자기 백성을 그들의 죄에서 구원할 자"가 되게 하였습니다.(마 1:21) 예수님이 이 땅에 오심은 세상에 존재하는 사탄과 악을 물리치고 하나님 백성을 하나님 나라로 인도하는 사역을 담당하고 있습니다. 예수님은 아브라함과 다윗의 후손으로 오셔서 그리스도가 되시고 하나님의 아들이 되었습니다. 이 사역을 감당하기 위해 예수님은 십자가에 죽으시고 죽음을 이기신 후 부활하셔서 하나님 우편에 앉으시고 심판하러 오실 것입니다.

그날 환난 후에 즉시 해가 어두워지며 달이 빛을 내지 아니하며 별들이 하

144) 에스겔서에서 새로운 성읍을 세우는데 그 성읍의 이름은 "여호와 삼마"입니다. 여호와 삼마는 "여호와께서 거기에 계시다"는 뜻으로 중의적인 의미를 가지고 있습니다.(겔 48:35)

늘에서 떨어지며 하늘의 권능들이 흔들리리라 그때에 인자의 징조가 하늘에서 보이겠고 그때에 땅의 모든 족속들이 통곡하며 그들이 인자가 구름을 타고 능력과 큰 영광으로 오는 것을 보리라 그가 큰 나팔소리와 함께 천사들을 보내리니 그들이 그의 택하신 자들을 하늘 이 끝에서 저 끝까지 사방에서 모으리라(마 24:29-31)

그리고 에스겔서의 새 예루살렘과 도성에 대한 이야기와 이사야서의 환상인 새 하늘과 새 땅에 대한 이야기를 합하여 요한은 하나님과 어린양의 도성인 새 예루살렘과 새 이스라엘인 새 하늘과 새 땅을 어린양 예수님이 새롭게 재창조하신 후 하나님의 백성과 함께 영원히 살 것임을 기록하고 있습니다.

성도 여러분 이렇게 예수님은 하나님의 창조에서 재창조에 이르는 구원 역사에 관여하시며 예수님을 믿는 구원 받은 성도들인 하나님의 백성을 데리고 하나님이 거하시는 하나님의 장막으로 인도하여 눈물과 고통이 없는 새 예루살렘에서 살 것입니다. 이렇게 요한 계시록은 과거 창조에서부터 현재를 살며 미래에 새 하늘과 새 땅을 살아갈 하나님의 백성인 성도들을 어린양이 이끌어 가는 이야기를 담은 책입니다.

요한 계시록의 시점은 과거와 현재와 미래 중에 무엇이 가장 중요한 시점일까요? 요한 계시록은 하나님을 표현할 때 “이제도 있고 전에도 있었고 장차 올 자요”라고 서술함으로서 하나님을 하나님의 구원 역사에서 과거에 있었던 처음 창조에서부터 지금 살아가고 있는 현재와 미래의 종말에 이르기까지 전 시점에 계시는 분으로 서술하고 있습니다. 당연히 하나님으로부터 모든 것을 받은 어린양 예수 그리스도가 알파와 오메가요 처음과 마지막이요 시작과 마침임으로 전 시점에 관여하며 계시는 분입니다.(계 22:13)

요한 계시록은 하나님의 처음 창조도 중요하고 미래에 있을 새 하늘과 새 땅의 재창조도 중요하지만 현재가 가장 중요한 시점입니다. 요한이 요한 계시록을 쓰려는 목적이 현재 시점인 지금 여기에 있는 교회에 있습니다. 우리는 요한 계시록을 보며 미래에 있을 이야기에 집중하고 있습니다. 미래에 오실 재림 예수님에 관한 것이라든지, 새 하늘과 새 땅의 모습은 어떤 것인지, 온다면 언제 올 것인지 하는 궁금증을 이야기할 수 있습니다. 성도님들은 미래에 예수님이 다시 오심에 대한 소망을 가지고 살아야 하며 이것은 기독교에서 간직하여야 할 아주 중요한 신앙입니다. 그럼에도 불구하고 요한 계시록의 가장 중요한 시점은 현재입니다.

구약에 있는 유일한 묵시문학 책은 다니엘서입니다. 다니엘서의 시점은 미래적입니다. 다니엘서는 1장에서 다니엘의 활동 기간을 명시하고 있습니다. 단 1:1절에 여호야김 3년은 주전 606년경이고 단 1:21절에 고레스 왕 원년까지 활동한 것으로 보면 주전 538년경입니다. 그러므로 다니엘은 주전 약 6세기경 인물로 다니엘서를 기록하며 활동하였다고 볼 수 있습니다. 그리고 이 책은 계속 봉함되어 있다가 70이레가 지나는 시점에서 한 때 두 때 반 때(약 3년 6개월) 전에 이 기록이 세상에 드러나는 것입니다. 그러면 70이레에 해당하는 마지막 때를 다니엘서는 주전 164년 성전이 정화되는 시점으로 본다면 이 책은 주전 2세기경에 세상에 나타나서, 당시 안티오커스 에피파네스(VI세)에 의해 저질러진 성전과 이스라엘에 대해 종교적인 탄압이 극에 달하고 이로 인해 사회적으로 극도로 혼란과 환란을 당하는 시기에 다니엘서가 개봉되는 것입니다. 다니엘서를 통해서 지금의 고난과 환난은 끝이 있음을 묵상하게 함으로서 시대적 상황을 이겨내려는 묵시문학입니다. 그러므로 다니엘서는 주전 6세기의 예언이 주전 2세기에 예언이 성취되는 미래적인 예언을 하는 미래적인 시점을 가지고 있습니다. 그러나 요한 계시록은 다릅니다. 요한 계시록은 저자 요한이 요한계시록을 쓰고 인봉하지 말 것을 명합니다.(계 22:10) 왜냐하면 때가 가깝기 때문입니다.

또 내게 말하되 이 두루마리의 예언의 말씀을 인봉하지 말라 때가 가까우니라(계 22:10)

요한계시록은 요한이 받은 계시이지만 내용은 예수 그리스도의 계시에 관련된 묵시문학 형태의 이야기입니다. 그런데 내용이 묵시문학 형태를 가지고 있어도 그 내용이 예수님이 누구인지 그리고 예수님의 오심과 죽으시고 부활 승천하셔서 심판하러 다시 오실 것에 대한 과거 현재 미래의 시점에 관하여 이야기하고 있습니다. 그렇지만 그 형식은 미래적 예언이 아니라 현재에 관한 이야기입니다. 지금 현실에서 부딪힌 문제들을 이겨내는 방법과 현재 살고 있는 세상에서 악으로부터 이겨내고 승리하여 믿음을 지키는 이야기를 묵시문학 형태로 쓰고 있습니다. 더욱 요한은 아시아에 있는 일곱 교회를 향해 교회가 안고 있는 여러 문제를 서술하고 요한이 보고 들은 예수 그리스도의 계시를 묵시문학 형태로 기록함으로서 이 묵시의 예언을 보고 들으며 교회가 당면한 문제를 이겨내고 어떤 어려움에도 신앙을 지킬 것을 편지로 쓰고 있는 것입니다. 이렇게 편지를 쓰고 있다는 것은 미래적이지 않습니다. 편지는 현재의 상황을 기반으로 하고 있습니다. 묵시문학의 형식이 새 예루살렘과 새 하늘과 새 땅에 관한 재창조의 미래적인 내용이 들어 있어도 요한은 지금 여기에서(Here and Now) 환난을 겪고 있는 성도들과 교회에 대해 신앙상태를 경고하고 유대교의 핍박과 로마 정치권력의 압박과 환난 그리고 황제숭배와 같은 이단의 거짓 선동과 핍박 속에서도 요한계시록의 묵시를 통해서 어린양 예수 그리스도의 다시 오심에 대한 소망을 가지고 "참음"으로 이겨나갈 것을 이야기하고 있습니다. 성도님들에게 지금 여기에서 예수 그리스도에 대한 믿음을 잃지 않고 지키며 어떤 환난에도 세상을 이겨내어 신앙이 흔들리지 말 것을 편지로 당부하고 있는 것입니다.

성도 여러분 오늘은 요한 계시록이 어떤 책인지 전체적인 개념과 목적을 이야기하였습니다. 지금까지 공부한 대로 요한계시록은 예수 그리스도가 누구인지 고백하는 내용과 사역 그리고 십자가에 죽음과 부활하셔서 그리스도(메시아)가 되시고 하나님의 아들이 되었다는 사실을 묵시적인 상징 언어를 사용하여 표현하고 있습니다. 예수님은 이 땅에 오셔서 하나님의 백성들을 모아 하나님 나라를 만들어 가고 예수님을 따르는 성도님들이 역사적인 구원 공동체임을 고백하며 이 구원 공동체는 어린양 혼인잔치에 참여하는 공동체이며 미래에 심판에 이를 때 구원받아 하나님의 장막에 거하는 자로서 새 예루살렘과 새 하늘과 새 땅에 거하는 구원 공동체임을 요한은 요한 계시록의 말씀 속에 표현하고 있습니다. 참 어렵지요. 구약의 사상들을 기독교의 관점에서 상징으로 표현하고 묵시적인 문학 방법으로 서술하고 있기 때문입니다.

요한 계시록에서 여러분은 하나님의 뜻에 따라 그리스도 예수의 성도로 부름 받은 백성으로 하나님 나라에 속한 백성입니다. 예수 그리스도를 영접하고 그 이름을 믿는 자들에게는 하나님의 자녀가 되는 권세를 주셨고 하나님께로부터 난자들입니다.(요 1:12-13) 이렇게 성도로 부르심을 받은 자는 하나님으로부터 난 자이기에 하나님으로부터 모든 것을 받은 예수 그리스도 안에 있습니다. 예수 그리스도 안에 있는 성도는 예수님 안에 있는 지혜와 의로움과 거룩함과 구원함을 받은 사람이 됩니다.(고전 1:30) 이렇게 주 예수 그리스도를 믿고 그 이름을 부르며 구원받은 백성이 이마에 인침을 받은 사람들이고(14만 4천 상징 숫자들)(계시록 7:1-4) 예수 그리스도의 혼인 잔치에 참여하는 사람들이며(계 19:4-10) 여러분이 예수님이 백마를 타고 심판하실 때 희고 깨끗한 세마포 옷을 입고 백마를 타고 예수님을 따르는 군대가 되는 것입니다.(계 19:11-16) 성도 여러분이 생명책에 기록된 사람들이며(계 20:12) 새 예루살렘에 사는 백성이 되고 새롭게 창조된 새 하늘과 새 땅에 사는 하나님의 장막에 거하는 백성이 되는 것입니다.(계 21:1-3) 하나님은 눈물과 고통 없는 그곳에서 성도님들의 모든 눈물을 닦아 주시며 성도님들은 하나님의 상속을 받는 상속자인 하나님의 아들로서 언약을 맺습니다.(계 21:4-7) 요한계시록을 통하여 예수 그리스도 외에는 구원에 있어 다른 어떤 것도 끼어 들어가서는 안 됩니다. 예수 그리스도만이 알파와 오메가요 처음과 마지막이요 시작과 마침임을 꼭 기억하셔야 합니다.

내가 이 두루마리의 예언의 말씀을 듣는 모든 사람에게 증언하노니 만일 누구든지 이것들 외에 더하면 하나님이 이 두루마리에 기록된 재앙들을 그에게 더하실 것이요 만일 누구든지 이 두루마리의 예언의 말씀에서 제하여 버리면 하나님이 이 두루마리에 기록된 생명나무와 및 거룩한 성에 참여함을 제하여 버리시리라(계 22:18-19)

요한은 요한계시록 마지막에 요한 계시록 외에 더 이상 보태거나 빼지 말라는 선언을 하고 있습니다. 이 말씀은 정경으로서 요한계시록의 결론을 말하고 있지만 정경을 가진 우리는 성경 전체를 두고 하는 말씀입니다. 우리가 가진 정경은 요한계시록이 마지막입니다. 오직 예수님만이 알파요 오메가요 처음과 마지막이요 시작과 마침이기에 정경 외에 어떤 사람의 계시가 성경에 들어가 더해지거나 빼면 요한 계시록이 기록된 대로 유황불에 던져질 것이요 생명나무 및 새 하늘과 새 땅인 하나님의 도성에 참여할 수 없습니다.

이제 우리는 오늘의 주제인 요한계시록이 쓰인 목적과 이유에 대하여 결론을 내려야겠습니다. 성도 여러분 초대 교회는 커다란 위기에 봉착했습니다. 초기 기독교 시기는 로마 정부로부터 공인이 되지 않은 종교단체였습니다. 로마 사회에서 기독교는 정부로부터 공인되지 않은 종교이기에 예수님을 믿고 세례를 받는 것만으로도 그 사회 안에서 큰 위험에 노출될 수 있으며 많은 사회적인 불이익을 당하였을 것입니다. 주후 313년에 콘스탄티누스 대제에 의해 칙령으로 기독교가 공인 되었습니다. 그러기에 요한계시록은 초기 기독교에서 유대교로부터의 핍박과 황제숭배라는 이단의 압박과 로마 정치권력으로부터 환난과 고난을 당하고 있는 현재 삶의 자리에서 신앙을 지킬 것을 묵시를 통해서 말씀하고 있습니다. 로마 사회에서 황제 숭배를 강요하는 사회적 현실에서 오직 예수 그리스도만이 구원임을 믿고 믿음을 지키는 것은 쉽지 않았을 것이며 실제로 믿음의 사람들이 신앙을 잃어버리거나 예수를 믿으며 황제숭배 사상을 좇아가는 사람들이 많았을 것입니다. 요한은 어린양을 따라가는 많은 백성들에게 황제숭배를 강요하는 무리들을 사탄(용)-첫 번째 짐승-두 번째 짐승으로 표현하고 있습니다. 이들에 의해 예수님만이 나의 구원이심을 믿는 신앙을 버리고 황제숭배를 따라가는 사람은 생명책에서 지워지는 것입니다. 요한 계시록에 기록된 생명나무와 거룩한 성에 참여할 수 없습니다. 이렇게 성도들을 미혹하는 마귀와 짐승과 거짓 선지자는 사탄-첫 번째 짐승-두 번째 짐승으로 유황 못에 던져지게 되는 것입니다. (계20:10)

그러기에 성도 여러분 오늘날에도 사회적으로 예수님을 믿는다는 것으로 많은 사회적 압박과 핍박이 있습니다. 또한 예수님만이 나의 구원임을 믿는 신앙인들을 미혹하여 우상숭배하게 하는 이단들이 많이 있습니다. 요한 계시록 저자는 로마 시대에 믿음을 가진 자들이 이런 환난과 핍박 속에서 쓰러지지 않고 "환난과 나라와 참음에 동참하는 자"로서(계 1:9) 비록 순교의 현장에 있을 지라도 인내하며 하나님의 계명과 예수에 대한 믿음을 잃지 않고 지키도록 하기기 위해(계 14:12) 요한 계시록을 쓰고 있습니다. 그러므로 요한 계시록 안에는 어떠한 환난 속에서도, 비록 순교할지라도 오직 예수님만이 알파와 오메가라는 믿음을 지키는 피 흘림의 순교자 정신이 잘 나타나 있습니다(계 13:10).

사로잡힐 자는 사로잡혀 갈 것이요 칼에 죽을 자는 마땅히 칼에 죽을 것이니 성도들의 인내와 믿음이 여기 있느니라(계 13:10)

현재의 고난은 장차 올 영광에 비하면 아무것도 아니라는(롬8:18) 사도 바울의 고백처럼 요한 계시록 안에는 예수 그리스도에 대한 믿음을 목숨 걸고 지키려는 성도들의 순교의 신앙이 잘 나타나 있습니다. 그러기에 요한 계시록 공동체는 예수 그리스도가 속히 오시기를 기대하며 "마라나타; 주 예수여 오시옵소서"라고 크게 기도하고 있습니다.(계 22:20, 고전 16:22) 성도 여러분 이제 교회 공동체는 여러분이 지키셔야 합니다. 여러분 안에 하나님의 구원하심이 있고 여러분 안에 성령의 검인 말씀으로 무장하여 나와 가족과 우리가 사랑하는 구원 공동체를 지키는데 온 힘을 다하여야 할 것입니다.

제42과

요한 계시록 구조 이해하기, 마라나타 ; 주 예수여 오시옵소서

; 요한 계시록 12-13장을 중심으로

하늘에 큰 이적이 보이니 해를 옷 입은 한 여자가 있는데 그 발아래에는 달이 있고 그 머리에는 열두 별의 관을 썼더라 이 여자가 아이를 배어 해산하게 되매 아파서 애를 쓰며 부르짖더라 하늘에 또 다른 이적이 보이니 보라 한 큰 붉은 용이 있어 머리가 일곱이요 뿔이 열이라 그 여러 머리에 일곱 왕관이 있는데 그 꼬리가 하늘의 별 삼분의 일을 끌어다가 땅에 던지더라 용이 해산하려는 여자 앞에서 그가 해산하면 그 아이를 삼키고자 하더니 여자가 아들을 낳으니 이는 장차 철장으로 만국을 다스릴 남자라 그 아이를 하나님 앞과 그 보좌 앞으로 올려가더라(계 12:1-5)

사로잡힐 자는 사로잡혀 갈 것이요 칼에 죽을 자는 마땅히 칼에 죽을 것이니 성도들의 인내와 믿음이 여기 있느니라(계 13:10)

요한 계시록에 관한 책들이 시중에 참 많이 나와 있습니다. 요한 계시록을 해석하는 주해서들도 참 많습니다. 그렇지만 요한 계시록을 이해하기 위해 쓴 책일지라도 그 책을 일반 성도들이 읽기에는 참 어렵습니다. 왜냐하면 그 해석조차 전문적이기 때문에 일반적인 성경 지식으로는 계시록 해설서를 읽기가 난해합니다. 그래서 많은 학자들은 요한 계시록을 읽기 위하여 많은 주제를 가지고 구조를 분석하고 있습니다. 그중에서 필자는 요한 계시록에서 많이 알려진 "7"과 같은 상징성을 가진 구조로 분석을 하지 않겠습니다. 왜냐하면 제가 분석하는 구조는 예수 그리스도를 나타내는 상징들을 중심으로 이해하며 구조를 분석하겠습니다.145)

---

145) 장영, "요한 계시록의 문학적 구도의 여러 제안들에 대한 비평적 분석", 「개신논집」5, 서울: 개신대학원대학교, 2005.9, p.159-186 ; 장영의 요한 계시록의 문학적 구조의 여러 제안들에 대한 비평적 분석에서 Kempson의 분류법에 따라 다음과 같이 구별하여 분석하고 있습니다. 2005년도 논문이므로 참고하시면 됩니다. 요한 계시록을 분석하는 많은 방법들이 있음을 알 수 있습니다.

A. 외적 접근들(external approaches)

(1) 과거의 문학에 기초를 둔 접근들; Glasson-에스겔서와 비교

(2) 제의적 패턴에 기초를 둔 접근들; Shepherd-초대교회의 유월절 예배형식

(3) 드라마에 기초한 접근들: Bowman-그레코 로망 무대에 히브리-기독교 문학구조

(4) 심볼리즘에 기초한 접근들; Farrer-일주일, 유대의 제의 달력과 축제 달력, 조디악의 궁도를 사용

(5) 구조주의에 기초를 들 접근들-Fiorenza, Gager; Gager는 7중구조와 신화의 이중구조로 설명하였고 Fiorenza는 구조주의적 기술과 관점으로 요한의 신학적 의도를 알려고 하는데 중점을 두어 통일성과 전체성을 강조하였다.

B. 내적 접근들(internal approaches)

(1) 7중 구조적 접근들: 일곱 편지들, 일곱 인봉들, 일곱 나팔들, 일곱 대접들

(2) 내용접근들; Swete의 '자연스런 사고단위들'-42개 소단위 단락으로 시작하여 소단위를 줄이며 두 주요 부분으로 구조를 설명하였다.

(3) 구절 접근들;"성령으로"(1:10; 4:2; 17:3; 21:10), "반드시 속히 될 일"(1:1; 1:19; 4:1; 22:6). "번개와 음성과 뇌성이 나고"(4:5; 8:5: 11:19; 16:8), 영광송(4:8-11; 5:8-14; 7:9-12; 11:15; 15:3-4; 19:1-8)

(4) 양파껍질적 접근들(Concentric Approaches ABCDC'B'A'); 교차 대칭적 구조, Fiorenza의 actantial model.

(5) 개괄론적 접근들; AD 303년 교부 Victorinus 주석적 이론; 7중구조가 의도적으로 단순 반복이 아닌, 강화(intensification)와 진행(progression)을 위해 서술 되었다고 본다. Lambrecht(1980) 구조 참조

(6) 전이적 접근: Charles는 요한 계시록의 논리적 흐름이 깨어지는 현상을 편집자의 재작업으로 보고 순서와 전개에 대하여 자기요구에 맞는 틀을 보여주었다. 그렇지만 저의 생각에는 이런 구조 해석은 더 큰 오류를 보인다고 생각하고 있다.

요한 계시록은 많은 상징과 숫자들이 나옵니다. 그리고 이런 상징들은 구약에서 있었던 사건들을 상징적 언어로 서술하고 있습니다. 이런 상징의 언어의 의미는 예수 그리스도에 대한 초기 기독교의 신앙 고백이 많이 포함되어 있습니다. 그러기에 요한 계시록을 읽고 해석하는데 이런 상징들은 당시에는 요한 공동체에서 서로가 약속한 은어(비밀 언어)처럼 사용되는 언어라고 생각할 수 있습니다. 그중 어떤 상징 언어는 그 당시에 어떤 의미로 사용했는지 지금은 정확히 알 수 없어 해석이 어려운 경우도 있습니다. 그래서 필자는 요한 계시록을 읽을 때면 계시록에서 보여주는 어떤 상징이나 숫자에 빠지지 않으려고 노력합니다. 요한 계시록을 읽거나 관련된 글을 접할 때 어떤 숫자나 상징에 빠지면 요한 계시록을 이해하고 해석할 때 많은 미로를 만나게 되고 미로에 한 번 들어가면 거기에서 빠져나오기 힘든 것을 알 수 있습니다. 성도 여러분 이제는 요한 계시록을 읽으며 수많은 미로를 만날 텐데 그 많은 길 중에서 필자와 함께 하나의 길을 지나가 보겠습니다.

혹시 로마 신화에 나오는 "아리아드네의 실"이라는 이야기를 들어보신 적 있으신가요? 내용은 알 필요 없지만 아리아드네가 사랑하는 남자였던 테세우스가 괴물을 죽이기 위해 미로로 들어가는데 괴물을 죽이더라도 미로로 인하여 밖으로 빠져나올 수 없어 죽을 수밖에 없을 때 아리아드네는 들어가기 전에 테세우스에게 실타래를 줍니다. 그리고 입구의 손잡이에 실을 묶어 실타래를 풀면서 들어가게 한 다음 괴물을 죽인 후 실을 따라 나오게 하는 신화 이야기입니다. 물론 테세우스가 후에 아리아드네를 배반하고 혼자 도망을 가지만 여기서는 그런 신화 이야기를 하려는 것이 아닙니다. 요한 계시록을 읽으면 그 해석을 할 때 마치 들어가되 나오기 어려운 미로에 들어가는 것 같은 생각이 들어서 말씀드리는 것입니다. 요한 계시록을 읽게 되면 많은 미로를 만나고 함정에 빠집니다. 이때 다시 나올 수 있는 '아리아드네의 실'과 같은 역할을 하는 것이 있습니다. 그것이 무엇일까요? 서론에서 미리 말씀드렸습니다. 요한 계시록을 읽으며 예수 그리스도라는 '실'을 떠나면 요한 계시록은 끝까지 읽기가 매우 어렵습니다.

요한 계시록에 나오는 많은 상징들과 숫자에 빠지면 안 됩니다. 예를 들면 666이라는 숫자가 나오면 수비학(숫자로 어떤 의미를 나타내는 당시 시대의 숫자 놀이라고 생각하시면 됩니다.)으로 네로를 상징하는 히브리 숫자를 의미한다든지 하는 상징들에 빠지면 헤어 나오기 힘듭니다.[146] 그냥 짐승의 숫자이고 하나님의 백성에 해당하는 숫자인 777(또는 144000)과 같은 숫자에서 하나씩 모자라는 숫자 또는 상대적 언어로 생각하고 넘어가시면 됩니다.[147]

146) 임진수, 짐승의 숫자 666 : 요한 계시록 12-13장의 비평적 연구, 신학과 세계, 2005년 여름 통권 53호 p.87-115

이렇게 요한 계시록을 상징과 숫자에 연연하지 않고 읽어 나가면 우리가 지금까지 복음서와 바울서신과 요한문서를 통해서 배운 예수 그리스도에 대한 고백으로 어느 정도 이해할 수 있습니다. 모세의 율법과 선지자들의 글과 시편에서 예언되었던 예수가 메시아 되심과 하나님의 아들 됨에 대한 상징들로 읽을 수 있습니다. 예수 그리스도가 누구인지 그리고 예수 그리스도가 이 땅에 오심과 사역 그리고 십자가에 죽으심과 부활 승천하시고 그리고 심판 주로 다시 오심에 대한 의미를 묵시적으로 서술하고 그 하나하나의 의미를 구약의 상징을 가지고 묵시문학방법으로 서술하고 있는 것이 요한 계시록이기 때문입니다. 이 시간은 요한 계시록의 12-13장을 중심으로 요한 계시록 전체를 이해하는데 주력할 것입니다. 여러분도 나와 함께 요한 계시록의 미로를 한번 들어가 보겠습니다.

요한 계시록은 요한이 계시를 받아 쓴 글입니다. 그렇지만 요한은 요한 계시록 1장 1절에 요한은 자신이 기록한 계시를 예수 그리스도의 계시임을 분명히 하고 있습니다. 요한은 자신이 쓰고 있는 이 기록은 "하나님의 말씀과 예수 그리스도의 증거"로서 자신이 본 것을 증언하기 위해 쓰고 있습니다. 요한은 자신이 본 것을 두루마리에 써서 일곱 교회(에베소, 서머나, 버가모, 두아디라, 사데, 빌라델비아, 라오디게아)에 편지를 보냅니다(1:4, 11). 편지의 내용은 요한이 본 것과 지금 있는 일과 장차 될 일을 기록하여 보내는 것입니다. 우선 계시록 2-3장에 일곱 교회의 지금 있는 교회 상황들을 서술하고 이들 교회에 묵시로 이루어진 요한이 본 것과 장차 될 일들을 4장-22장 5절까지 내용을 써서 보내게 됩니다.

요한 계시록에는 예수 그리스도를 나타내는 여러 상징들이 있습니다. 대표적인 것이 "인자 같은 이", "어린양", "12장에서 보여주는 여자의 아들", "백마를 탄 기수", "어린양 혼인 잔치의 신랑" 등과 같은 상징들이 사용되고 있습니다. 1장 11절에 "인자 같은 이"가 나옵니다.[148] 이는 다니엘서 7장 13절에 나오는 "인자 같은 이"가 여기에서 상징으로 나옵니다. 다니엘서 7장 9절에 "옛적부터 항상 계신 이"는 하나님을 상징하고 7장 13절 하늘 구름 타고 온 "인자 같은 이"는 예수 그리스도를 상징합니다.

4장부터 본격적인 환상으로 묵시를 기록합니다. 4장은 보좌 환상으로 다니엘서의 "옛적부터 항상 계신이"로 하나님을 뜻하는 보좌 환상은 에스겔 1장의 환상을 중심으로 그리고 있지만 조금 다르게 서술합니다.(이사야 6:8절도 참조) 5장은 예수 그리스도를 어린양으로 상징하고 있습니다. 어린양은 요한복음 1:29에 나오

147) 임진수, 위 논문 참조
148) 임진수, 요한 계시록의 "인자와 같은 이"-1장 13절, 14장 14절의 주석학적 접근

는 "세상 죄를 지고 가는 하나님의 어린양"으로 고백한 초기 기독교의 사상을 포함하고 있지만 요한 계시록은 일곱 뿔과 일곱 영을 가진 눈을 지니고 있는 강력한 어린양으로 묘사합니다.

어린양은 다윗의 뿌리를 가진 메시아이고 하나님의 두루마리(비브리온)를 취하십니다.(계 5:7) 에스겔서 2장의 두루마리와 다니엘서 7장의 "인자 같은 이"를 형상화한 것입니다. 여기서는 어렵지만 읽고 넘어가시면 됩니다. 그리고 초대교회의 신앙 고백들 마태복음 24:31 "큰 나팔소리와 함께 천사들을 보내리니 그들이 그의 택하신 자들을 하늘 이 끝에서 저 끝까지 사방에서 모으리라"와 같은 종말의 징조에 있을 이야기들이 세상의 심판이야기를 중심으로 서술하고 있습니다. 6장 1절에서 8장 1절까지 7봉인 환상을 서술하고 8장 2절에서 11장 19절까지 7나팔 심판 환상을 서술합니다. 그리고 12:1에서 13:18까지 아기 예수의 탄생을 서술합니다. 예수 그리스도의 탄생은 이 땅에 악을 무너뜨리기 위함인데 하늘에서 쫓겨난 용과 두 짐승이 하나님을 대적하는 거대한 세력이 됩니다.[149] 14장 1-20까지 시온에 선 어린양과 구원받은 자들을 서술하고 15장 1절에서 16장 21까지 7대접 심판 환상을 보여줍니다. 7나팔과 7대접 심판 환상은 모세와 이스라엘 민족이 애급을 탈출할 때 벌어진 10가지 재앙과 유사하게 그리고 있습니다. 그리고 17장 1절에서 19장 10절까지 창녀 바벨론(로마)의 멸망을 서술하고 어린양을 따르는 자들은 어린양의 혼인 잔치에 청함을 받은 자들이 됩니다. 요한 계시록 19장 11절에서 백마 타고 오는 자가 하늘의 군대들이 되어 하나님의 말씀으로 만국을 치며 다스립니다. 그리고 성도들을 괴롭히던 짐승과 땅의 임금을 물리치고 성도들을 유혹하던 거짓 선지자들 모두 유황불 못에 던져집니다.(계19:20) 그 후 용 즉 옛 뱀이요 마귀요 사탄이 사로잡혀 무저갱에 결박하고 1,000년(상징 숫자입니다)이 지난 후 그 옥에서 놓인 사탄과 성도들이 최후의 전투를 벌입니다. 사탄을 따르는 수많은 무리들이 성도들을 에워싸지만 하늘에서 불이 내려와 성도들이 사탄을 물리칩니다. 그리고 성도들은 자기의 행위대로 생명책에 기록되어 있으므로 최후의 심판이 있은 후 성도들에게 하늘로부터 내려오는 새 예루살렘 환상을 보여주고(계 21:2) 새 하늘과 새 땅을 보여줍니다(계 21:1). 그리고 하나님과 어린양이 계신 새 하늘과 새 땅에서 생명수가 강같이 흐르는 새 도성을 보여줍니다.(계 221-5) 환난 속에서 인내하는 성도들에게 새 하늘과 새 땅을 보여주며 최후의 승리를 얻는 소망을 알려줍니다. 그곳에서 하나님은 성도들의 모든 눈물을 닦아 주시고 사망과 고통이 없는 그곳에서 하나님의 상속자가 되고 하나님의 자녀(아들)가 됩니다. 마지막으로 22장 6-21에서 예수님은 "보라 내가 속히 오리니" 말씀하시고 많은 핍박과 환난 속에 있는 성도들은 마라나타 즉 "주 예수여

---

149) 누가복음 10:17-20 참조하시오.

오시옵소서"라고 화답합니다.

이렇게 이 땅에서 이루어질 일들은 이미 하늘에서는 이루어진 것으로 요한은 "하나님의 말씀과 예수 그리스도의 계시"를 묵시문학으로 서술하고 있고 이를 요한이 본 계시로 기록하고 있습니다. 그러므로 성도들은 지금은 환난과 핍박 속에 있지만 미래에는 승리가 있기에 주님을 기다리며 인내하며 지금은 주님이 다시 오시는 소망을 갖고 살아가는 존재입니다. 그러기에 "참음"으로 기다릴 수 있으며 속히 오시기를 기도하는 것입니다.

여기까지 읽으셨다면 위 구조를 모두 잊으셔도 됩니다. 오늘은 이 많은 미로 중에 제가 중요하다고 생각하고 여러분에게 꼭 들려주고 싶은 이야기 하나를 설명하겠습니다.

요한 계시록에 나오는 12-13장을 설명하며 어린양과 성도들에 관해 이야기 하겠습니다. 12장에는 해를 옷 입은 한 여인이 아들을 낳게 되는데 이 아이는 만국을 다스릴 남자이며 하나님 보좌에 올라간 자입니다.(계 1:1-6) 다시 말하면 예수 그리스도가 이 땅에 오심은 자기 백성을 그들의 죄에서 구원할 자로 예수라 칭하는데 마태복음 1장 18-25절에서 임마누엘 즉 하나님과 함께 계심을 뜻하는 기독교 전승을 서술하고 있습니다. 특히 누가복음에 나오는 1장에서 2장에 이르는 네 개의 노래에 나타나는 예수 그리스도의 이미지가 이곳에 있습니다. 이렇게 예수님의 등장은 그리스도시오 하나님의 아들로서, 하나님 나라를 만들어 가는 새로운 세상을 의미하는 동시에 세상을 심판하는 종말의 의미를 가지고 있습니다. 예수님이 세상을 하나님 나라로 확장해 나가는 일에 세상은 하나님의 일을 거역하는 용이 나타나는데 이 용은 하늘에서 쫓겨난 용, 뱀, 마귀 같은 존재로서 예수께서 태어날 때 예수님을 제거하려하는 악의 존재 들입니다. 이렇게 보면 예수 그리스도의 등장은 벌써 세상을 심판하러 오셨다는 초기 기독교의 종말 사상을 볼 수 있습니다. 그러므로 하나님과 어린양 그리고 어린양을 따르는 성도와 용, 뱀, 마귀로 상징하는 예수를 죽이려는 적그리스도 세력과 이들을 따르게 하는 짐승들과 짐승의 무리들과 이 세상을 두고 싸움을 할 수 밖에 없습니다.

이때 13장에 첫 번째 짐승과 두 번째 짐승이 나타납니다. 용이 첫 번째 짐승에게 용의 능력과 보좌와 권세를 주고 첫 짐승은 용에게 경배하고 짐승을 따르는 무리는 신성모독 하는 첫 짐승을 경배합니다. 이 짐승을 따르는 무리들이 성도들을 괴롭히고 싸워 많은 성도들이 죽게 되고 이 짐승의 나라에서 짐승을 경배하는 자들이 많아집니다. 이들은 생명책에 기록되지 못하고 성도들은 잡히고 죽임을 당하는 순교가 일어납니다. 성도들에게는 인내와 믿음만이 있을 뿐입니다. 이때 두 번째 짐승이 나타나는데 두 번째 짐승은 첫째 짐승의 권세를 이어받아 이적을 행하고 짐승의 우상을 만들어 경배하게 하고 경배하지 않은 사람들을 다 죽입니다. 그래서 그들을 따르는 무리들은 손이나 이마에 짐승의 표를 달게 하고 이 표는 짐승의 이름이나 수입니다. 이때 짐승의 수를 세어보면 666이 됩니다.

이렇게 하나님과 어린양 그리고 어린양을 따르는 성도로 만들어진 나라는 용(뱀, 마귀)와 첫째 짐승과 둘째 짐승과 이들을 따르는 무리들과 이 세상은 마주치며 살게 됩니다. 4장에서 보좌에 앉으신 하나님은 5장에서 어린양에게 하나님의 말씀과 모든 것을 줍니다. 어린양은 7장에서 이마에 하나님의 인침을 받은 성도들을 모읍니다. 이스라엘 지파중 144,000(구원을 받은 백성의 상징 숫자라고 하였습니다)명과 각 나라와 족속에서 흰옷을 입고 종려가지를 든 많은 무리들이 "구원하심이 보좌에 앉으신 우리 하나님과 어린양에 있도다"라고 외칩니다. 이들이 지난 시간 설명드린 바울이 말하는 유대인과 이방인들로 모두 죄인이었다가 예수 그리스도를 믿음으로 성도가 된 유대인과 이방인 모두를 말하는 것입니다.

이 무리들이 12장과 13장에서 하나님으로부터 택함을 받은 어린양을 따르는 성도가 됩니다. 하나님-어린양-성도로 이루어진 나라와 용-첫 번째 짐승-두 번째 짐승을 따르는 어둠의 무리들과 세상에서 대립하게 되고 42개월[150](상징 숫자입니다: 1,260일; 계12:5, 한 때와 두 때와 반 때; 계 12:15, 42개월; 계 13:5) 동안 이들이 어린양과 성도들을 핍박하게 됩니다. 이런 큰 환난에서 성도들은 믿음을 지키기 위해 많은 순교를 당합니다. 이때 14장에서 어린양은 믿음을 지켜낸 성도들을 데리고 시온 산에 서게 되고 이 성도들이 어린양 예수를 따라가는 참 제자들로서 어디를 가든 어린양이 인도하는 대로 따라가게 됩니다. 이렇게 짐승의 핍박을 견뎌내고 이기고 벗어난 자들이 불이 섞인 유리바다에서 모세의 노래와 어린양의 노래를 부르며 홍해를 건너가듯 건너갈 수 있습니다. 유리 바다를 건너면 하나님의 보좌가 있는 곳입니다. 구원받은 하나님 나라의 백성이 됩니다. 그리고

150) 계시록의 42개월은 1년이 12개월이면 42개월은 3년 반이 됩니다. 1년을 360일로 계산하면 3년 반은 1,260일이 됩니다. 3년 반의 기간을 한 때와 두 때와 반 때로 표시하고 있습니다. 이 기간은 다니엘서에 나오는 "한 때와 두 때와 반 때"의 의미로 주전 177년경에서 174년경에 이르는 약 3년 반의 기간이며 지독한 헬라의 셀레우코스 왕조의 안티오커스 4세 에피파네스에 의한 탄압과 환난의 시기를 서술하는 기간입니다. 마태복음 24:15; 그러므로 너희가 선지자 다니엘이 말한바 "멸망의 가증한 것이 거룩한 곳에 선 것을 보거든"(다니엘서 9:27, 11:31, 12:11)에 해당하는 기간입니다. 그리스도가 참 빛으로 세상에 와서 각 사람에게 비추었지만 세상과 자기 백성이 예수를 영접하지 아니하고 수난을 당한 것을 상징하는 것입니다.(요한복음 1:9-11) 영접하는 자 그 이름을 믿는 자들에게는 하나님의 자녀가 되는 권세를 주었습니다. 이렇게 복음서의 내용들이 요한 계시록에 상징으로 서술되어 있습니다. 특히 묵시의 내용인 마태복음 24장과 마가복음 13장 누가복음 21:5-38과 같은 종말의 상징들이 서술되어 있습니다.

최후의 심판으로 이어집니다. 생명책에 기록된 성도들은 새 하늘과 새 땅에서, 새 예루살렘에서, 하나님과 어린양과 함께 생명수 강이 흐르는 새 창조된 세상(도성)에서 살게 될 것입니다. 그곳은 눈물도 없고 사망도 없고 애통하는 것도 없고 아픈 곳이 없는 새 세상이 될 것입니다.(계 21:4) 여러분은 이제 요한 계시록에 있는 여러 미로와 함정에서 하나의 미로를 통과하고 빠져나왔습니다.

요한 계시록 22장 18절과 19절의 말씀입니다.

내가 이 두루마리의 예언의 말씀을 듣는 모든 사람에게 증언하노니 만일 누구든지 이것들 외에 더하면 하나님이 이 두루마리에 기록된 재앙들을 그에게 더하실 것이요. 만일 누구든지 이 두루마리의 예언의 말씀에서 제하여 버리면 하나님이 이 두루마리에 기록된 생명나무와 및 거룩한 성에 참여함을 제하여 버리시리라.(요한 계시록 22:18-19)

이제 오늘의 이야기를 결론 내어야 할 것 같습니다. 요한 계시록 첫 시간에 요한 계시록이 성경의 마지막을 장식하고 있다고 하였습니다. 더 이상 성경(정경)을 확장할 수 없습니다. 요한 계시록은 22:18-19에 스스로 요한 계시록의 계시 외에 다른 것을 더하거나 제하면 계시록에서 기록된 재앙이 그들에게 임할 것이요 생명나무와 거룩한 성 즉 새 예루살렘과 새 하늘과 새 땅에 참여할 수 없다고 못 박고 있습니다. 제1과에서 예수님은 하나님 나라를 하나님의 복음으로 선포하셨습니다. 초기 기독교는 예수의 오심과 십자가에서 죽으심과 부활을 하나님의 복음으로 전파하였고 예수 그리스도를 믿고 그 이름을 부르는 자는 하나님의 백성이 되고 하나님의 자녀가 된다고 설명하였습니다. 이것을 구약의 배경 하에 묵시문학으로 형상화 시킨 것이 요한 계시록인 것을 여러분에게 여러 번에 걸쳐 설명 드렸습니다.

요한 계시록은 오직 하나님과 예수 그리스도만이 알파와 오메가가 되심을 고백하고 있는 성경입니다. 어린양 예수를 따라가는 자만이 하나님 백성으로 하나님의 장막에 거하는 자이고 하나님과 어린양과 함께 사는 새 예루살렘과 새 하늘과 새 땅에 사는 새 창조의 백성이 되는 것입니다. 여기까지가 요한에게 요한 계시록을 계시하신 "하나님의 말씀과 예수 그리스도의 증거"입니다.

만일 여기에서 자신을 하나님이라고 하는 사람이 있다면 알파가 틀린 것입니다. 알파+A, B, C 이것은 벌써 요한 계시록의 알파가 아닙니다. 요한 계시록에 있는 알파에다가 무엇인가를 붙여놓은 것입니다. 이것은 성경을 이용하여 자신들의 종교를 만든 것입니다. 또한 자신을 생명수라고 하거나 보혜사라고 하거나 재림 예수라 칭하는 사람이 있습니다. 이것은 오메가가 틀린 것입니다. 오메가+L, M, N로서 요한 계시록 오메가에다가 무엇인가를 더하기 한 사람으로 이것을 믿는 종교는 기독교가 될 수 없습니다. 요한 계시록에 의하면 이런 종교는 자신들의 교리에 해당하는 성경만 인용하고 사탄, 용, 짐승에 해당하는 자신들의 구절은 빼버리는 다른 종교입니다.

요한 계시록은 기독교를 심하게 탄압하는 로마의 어느 시대에 쓰여진 책입니다. 이 시기에 예수를 믿는 자에게 황제숭배를 강요하였습니다. 예수를 믿으며 황제를 숭배하라는 이 시기에 많은 그리스도인들이 박해를 받으며 신앙을 잃어버릴 때 이런 황제숭배 신앙을 전하는 무리들을 사탄, 용, 짐승으로 표현하였습니다. 엄청난 박해를 받은 시기에 다니엘서에 나타난 사상을 중심으로 박해의 끝을 묵상하는 묵시를 요한 계시록에 기록하고 지킴으로 우리 신앙의 선조들은 순교할지라도 믿음을 지키겠다는 고백을 이 책에서 하고 있습니다.

요한 계시록 안에는 예수 그리스도가 심판 주로 다시 오심과 하나님과 어린양을 중심으로 성도들과 함께 거룩한 도성을 이루어 만물이 새롭게 창조된 세상을 이룬다는(계 21:5) 묵시를 가지고 있습니다. 이 묵시를 읽으며 지금은 비록 고난과 환난 속에 있다 할지라도 그날을 기다리는 소망을 성도들은 마음 깊이 담고 있는 것입니다. 만일 누군가가 예수를 믿다가 예수와 어느 사람을 함께 믿는 종교를 믿게 되면 지금까지 설명 드린 오직 예수님만을 믿는 백성이 다른 사람을 숭배하는 우상 숭배하는 종교로 넘어가게 됩니다. 요한 계시록에 따르면 이렇게 성도들을 유인하여 다른 우상을 섬기게 하는 용, 첫째 짐승, 두 번째 짐승으로 표현된 이런 우상숭배자는 유황이 타는 못에 던져질 것입니다.(계 19:20) 불행하게도 예수님만을 믿는 믿음을 버리고 이런 종교에 간 사람들은 요한 계시록이 말하는 생명책에서 지워지게 되는 것입니다. 오직 어린양의 생명책에 기록된 자들만 새 하늘과 새 땅에 들어갈 수 있습니다.(계 21:27)

오늘날에도 세상의 핍박과 환난과 어려움이 많이 있습니다. 성도 여러분 고린도 후서 11장 14-15절에 보면 거짓 사도들이 그리스도의 사도처럼 가장하고 속이고 있다고 바울 사도는 경고하고 있습니다. 이들은 사탄임에도 불구하고 광명한 천사처럼 가장하기도 하고 사탄의 일꾼들도 마치 자기가 의의 일꾼처럼 가장하고 있다고 경고하고 있습니다. 여러분이 세상을 살아가면서 많은 힘든 일에 부딪히더라도 어린양 예수 그리스도만이 나의 구원이 되심을 고백하고 그분만이 알파와 오메가가 되심을 요한처럼 고백하시기 바랍니다. 그러면 여러분이 하나님의 백성이 되고 하나님이 함께 계셔서 여러분의 모든 눈물을 여러분의 눈에서 닦아 주실 것입니다. 오직 하나님만이 생명수 샘물을 여러분에게 줄 것입니다. 세상을 이긴 여러분이 어린양 예수 그리스도와 함께 새 창조된 세상에서 살 것이고 여러분이 상속받는 하나님의 아들이 될 것입니다.(계 21:3-7)

어린양 예수 그리스도는 이 시간도 우리에게 말씀하고 계십니다. “내가 진실로 속히 오리라.” 그 음성을 듣는 성도 여러분 “아멘 주 예수여 오시옵소서”라고 기도하는 성도님이 다 되시기를 간절히 기도합니다. 성도 여러분, 오늘도 세상 속에서 승리하시고 최후 승리를 얻기까지 참음에 동참하며 하나님의 말씀을 바로 알고 예수님을 증언하는 증인이 되시기를 기도합니다. 예수님의 크신 은혜가 여러분에게 있을 것입니다. 아멘.